e des 14. Jahrhunderts

Gerhard Herm

Glanz und Niedergang des Hauses Hohenzollern

Gerhard Herm

Glanz und Niedergang des Hauses Hohenzollern

ECON Düsseldorf

1996

I. 1 S. 1. Kap.
2 S. 1. Kap. Fort.

II 1 Sp. 1. Kapt. Forts.
+ Anfang 2 Kapitel

2. Sp. Forts. von Kap. 2

III 1. Sp. " " " "
und Anfang K. 3
2 Sp. Forts. Kap. 3

IV 1 Sp. " " 3 Anfang K. 4
2 " " " 4

Die Deutsche Bibliothek – CIP-Einheitsaufnahme

Herm, Gerhard: Glanz und Niedergang des Hauses Hohenzollern / Gerhard Herm. – Düsseldorf: ECON, 1996
ISBN 3-430-14459-0.

 Lektorat: H. Dieter Wirtz, Mönchengladbach. Karten: Joachim Zwick, Gießen. Gesetzt aus der Garamond, Berthold. Satz: Dörlemann Satz, Lemförde. Papier: Papierfabrik Schleipen GmbH, Bad Dürkheim. Druck und Bindearbeiten: Bercker Graphischer Betrieb, Kevelaer. Printed in Germany.
ISBN 3-430-14459-0

Inhalt

I.

Die feindlichen Brüder

Über den Türmen von Prag schwebte siegreich der preußische Adler – so sahen es die Zeitgenossen. In ganz Europa verbreitete sich die Nachricht von der einen blutigen Schlacht, die König Friedrich II. das ganze habsburgische Böhmen eingebracht habe. Württembergische Soldaten, deren Herzog mit Österreich verbündet war, liefen scharenweise von der Fahne, um nicht gegen einen protestantischen Glaubensbruder kämpfen zu müssen. Andere deutsche Alliierte der Kaiserin erklärten plötzlich ihre Neutralität. Sogar in Frankreich, das ebenfalls zur antipreußischen Koalition gehörte, wurde Friedrichs Sieg bejubelt. Kein Zweifel, daß er den vor knapp einem Jahr ausgebrochenen Krieg bereits für sich entschieden hatte. Der einzige, der an seinem Glück noch zweifelte, war Friedrich selbst.

Die am 6. Mai 1757 ausgetragene Schlacht von Prag hatte auf beiden Seiten mehr Opfer gefordert als je eine andere. Rund zwölftausend Gefallene zählte man auf preußischer, ungefähr ebenso viele auf österreichischer Seite. Weit schwerer wog jedoch der Umstand, daß zu den Toten einige von Friedrichs besten und erfahrensten Offizieren gehörten, unter ihnen Generalfeldmarschall Kurt Christoph von Schwerin, sein wohl fähigster Stratege. Am Tag von Prag, sollte er denn später klagen, seien »die Säulen der preußischen Armee« gestürzt. Aber da wußte er auch schon, daß der scheinbar entscheidende Sieg keinen Blitzkrieg, sondern den »Siebenjährigen« eingeläutet hatte.

Auf den Sieg von Prag folgte Friedrichs erste schwere Niederlage seit dem Beginn seiner Auseinandersetzung mit Österreich. Der »Erste Schlesische Krieg«, begonnen 1740, beendet zwei Jahre später, war für den Preußenkönig ein militärischer Spaziergang gewesen.

Der zweite hatte nur ein Jahr gedauert und ihm die begehrte Provinz im Süden seines Landes endgültig eingebracht. Trotzdem glaubte

Friedrich, 1756 ein weiteres Mal losschlagen zu müssen; Kaiserin Maria Theresia schien im Begriff, eine übermächtige Koalition gegen ihn auf die Beine zu bringen. Er überfiel deshalb Sachsen und marschierte anschließend in Böhmen ein. Schon sah es so aus, als gehöre ihm auch dieses habsburgische Königreich. Da erwies es sich, daß Prag, dessen Hauptstadt, mit den dezimierten preußischen Kräften nicht zu nehmen war.

Sechs kostbare Wochen liegt Friedrich vor der belagerten Festung, ohne auch nur den geringsten Fortschritt zu erzielen. In dieser Zeit führt der österreichische Oberbefehlshaber Leopold von Daun eine fünfundvierzigtausend Mann starke Entsatzarmee heran und besetzt mit einhundertfünfzig Kanonen die beherrschende Hügelkette jenseits der alten Stadt Kolin an der Elbe. Mit nur dreißigtausend Mann steht der Preußenkönig solcherart plötzlich zwischen zwei Feuern, befindet sich also selbst in einer Art von Belagerung. Befreien kann er sich aus dieser mißlichen Situation nur noch durch eines jener überraschenden Manöver, die spätestens seit der Schlacht von Hohenfriedberg im Zweiten Schlesischen Krieg als seine Spezialität gelten. Wie schon damals, versucht er es auch jetzt mit einer Strategie, die zwar ungewöhnlich anmutet, in Wirklichkeit aber bereits von dem Karthager Hannibal in vorchristlicher Zeit angewandt worden war.

Ein Flügel seiner Armee soll den Gegner an der Flanke umgehen, um plötzlich mit gefälltem Bajonett anzugreifen, während das Gros den Gegner nur hinhält – und damit festhält. Erst nachdem die kleine Stoßgruppe Dauns Front aufgerissen hat, wird auch Friedrichs Hauptmacht aktiv: die Verwirrung in den feindlichen Linien ausnutzend, stürzt sie sich mit voller Wucht auf die österreichische Phalanx. Es ist ein Plan, der von Witz, Raffinesse und Einfallsreichtum zeugt, doch weist er einen entscheidenden Schwachpunkt auf: das ganze Unternehmen kann nur gelingen, wenn die Koordination zwischen den beiden getrennt operierenden Formationen präzise funktioniert.

Zunächst scheint alles gutzugehen. Die Preußen haben das Überraschungsmoment für sich. Ihr Angriffskeil dringt tief in den rechten österreichischen Flügel ein – leider geschieht dies zu früh. Der Feind ist noch keineswegs völlig umgangen – aus dem Angriff über die Flanke wird ein reiner Frontalangriff, der zudem noch bergauf vorangetragen werden muß. Dort oben aber stehen Dauns Geschütze.

»Als wir näher kamen«, berichtet ein Teilnehmer der Schlacht, »wurden wir von Kartätschenkugeln dermaßen begrüßt, daß ganze Haufen der Unseren zur Erde gestreckt niedersanken.« Der Frontalangriff hatte in die Katastrophe geführt. Des Königs Witz war stumpf geworden an der feindlichen Artillerie. Auch Friedrichs bewährter Reiterführer Hans Joachim von Zieten und der gerade erst aufgehende Stern am militärischen Himmel, Friedrich Wilhelm von Seydlitz, können das Blatt nicht mehr wenden. Von Panik gepackt, weichen die preußischen Grenadierbataillone zurück, das Rückgrat der Armee.

Kolin ist jene Schlacht, in der Friedrich seine fliehenden Soldaten angeschrien haben soll: »Kerls, wollt ihr denn ewig leben?« Vor ihrer völligen Zerschlagung wurde die Armee des Zollern dann in letzter Minute durch die »Potsdamer Wachtparade« gerettet, jenes vom Vater des Königs geschaffene Schul- und Eliteregiment, das auch im stärksten Feuer völlig exerziermäßig operierte: lange gerade Linien, drei Salven pro Minute, alles im Takt der Trommeln – keine Spur von Raffinesse. Böhmen, daran konnten indes auch die Soldaten mit den hohen versteiften Zipfelmützen nichts mehr ändern, das eben erst gewonnene Böhmen war schon wieder verloren, der Friede in weite Ferne gerückt. Friedrich wußte es. Der Mann, welcher eine ganze Welt in die Schranken gefordert hatte, träumt auf einmal von dem »kleinen Fleck Erde«, der ihm das bisher nie gefundene Glück gewähren könne. Ja, warum, wenn er sich nur danach sehnte, war er dann vor siebzehn Jahren aufgebrochen, um das »Rendezvous des Ruhms« zu suchen? Hätte er das bißchen Glück nicht auch in den märkischen Schlössern finden können? Anders als seine gekrönten Zeitgenossen war er doch ein »roi-philosophe«, ein keineswegs nach Macht, sondern nach Erkenntnis strebender Herrscher. Und da mußte er sich in das brutale Geschäft des Eroberns stürzen? Jetzt, da er bei Kolin gescheitert ist, möchte Friedrich sogar lieber sterben als länger des Lebens Lasten ertragen. Die Götter haben ihn vernichtet. Er ist am Ende. So sieht es auch sein jüngerer Bruder Heinrich. Als vor Prag, wo der Prinz mit der Belagerungsarmee steht, die Nachricht von Friedrichs Niederlage eintrifft, läßt er Champagner servieren und stößt mit seinen Offizieren auf das Debakel an.

Heinrichs älterer Bruder August Wilhelm, General der Infanterie und Friedrichs erkorener Nachfolger, steht derweil bei den vor Kolin geschlagenen Truppen. Er bekommt Order, den Rückzug der Armee aus Böhmen mit einer eigenen Heeresgruppe zu decken.

Von den drei jüngeren Söhnen Friedrich Wilhelms I. war Heinrich der bei weitem begabteste: scharfzüngig, witzig, eigenwillig, ein bedeutender Soldat, wohingegen von August Wilhelm vor allem überliefert ist, daß er stets heiter, liebenswürdig und ein ausgesprochener Ästhet gewesen sei. Schimmernd in Silber, Rosé und Bleu paradierten die Soldaten der ihm unterstehenden Regimenter durch die Stadt. Den Park von Oranienburg, das Sommerschloß des Prinzen, schildern Zeitgenossen als eine kühle, angenehme Halbwildnis, in der man abends speisen konnte, »ohne daß die Luft die Kerzen auslöschte«. August Wilhelms Gartenfeste waren beliebter als die seines regierenden Bruders, weil sich auf ihnen niemand gezwungen sah, mit geistreichen Bemerkungen über Literatur, Philosophie oder Politik zu brillieren. Auch seine Ehe galt als ausgesprochen glücklich.

Sowohl Heinrich wie August Wilhelm hatten am 27. August 1730 miterlebt, wie ihr Vater ins Zimmer stürzte, Wilhelmine, seine älteste Tochter, ohrfeigte und rot vor Zorn hinausbrüllte, er werde sie hinrichten lassen, sobald ihm der endgültige Beweis vorliege, daß sie Friedrich bei seiner versuchten Flucht ins Ausland behilflich gewesen sei. Schreiend hatten sich die beiden damals vier- und achtjährigen Prinzen an ihre Mutter geklammert (Ferdinand, der jüngste der insgesamt vier Königssöhne, lag noch in der Wiege), vermutlich ohne zu verstehen, was überhaupt vor sich ging. Aber wie hätte man zwei Kindern auch erklären können, daß in der Familie Zollern schon seit Jahren ein Vater-Sohn-Konflikt schwelte, in dem es nun buchstäblich um Leben und Tod ging? Friedrich Wilhelm hatte seinen Ältesten gefangengesetzt und der Fahnenflucht angeklagt – eines Verbrechens, das nur mit der Kapitalstrafe geahndet werden konnte. Erst sehr viel später dürften beide erfahren haben, wie das alles gekommen war, wie ihr Bruder sich gegen die überstrenge Zucht des Königs aufgelehnt und ihn damit derart gereizt hatte, daß dieser schließlich glaubte, dem rebellischen Sprößling nur noch mit Prügel beikommen zu können, was wiederum bewog, einen dilettantisch geplanten Fluchtversuch zu unternehmen.

Auch davon, wie die beiden dann langsam wieder zueinanderfanden, wie der Sohn sich doch dem Vater beugte und Friedrich Wilhelm auch ihm entgegenkam, mögen die beiden Prinzen noch wenig mitbekommen haben. Vielleicht, daß sie den Bruder gelegentlich in Rheinsberg besuchen durften, dem märkischen Schlößchen, das ihm der versöhnte König geschenkt hatte und in dem Friedrich endlich allen seinen Neigungen leben konnte, der (französischen) Literatur, der Philosophie und der Musik. Von dem, was wirklich im Kopf des Thronfolgers vorging, erfuhren Wilhelm und Heinrich jedoch sowenig wie dessen engere Gefährten. Friedrich gab sich gegenüber seinen Geschwistern als wohlwollender, älterer Freund, ermahnte sie, fleißig zu lernen und vor allem die schönen Künste nicht zu vernachlässigen, womit er freilich nur bei einem von ihnen offene Türen einrannte: Heinrich teilte nahezu alle Vorlieben des Kronprinzen – was diesem die Flöte war, war ihm die Geige. In den vom Kronprinzen gegründeten, nach dem französischen Ritter Bayard benannten Geheimorden wurden beide Brüder ebenfalls aufgenommen und damit – glaubten sie wenigstens – zu Angehörigen eines inneren Führungszirkels erhoben, der nach Friedrich-Wilhelms Tod dem Land Preußen ein neues Gesicht geben würde.

Das von allen Rheinsbergern herbeigesehnte friderizianische Zeitalter beginnt dann im Jahr 1740. Der achtundzwanzigjährige König, so scheint es, hat in der Tat nicht die Absicht, seinen ungezwungenen Lebensstil zu ändern. Zusammen mit August Wilhelm unternimmt er eine Lustreise nach Straßburg, er selbst unter dem Namen Graf du Four, der Prinz mit dem Paß eines Grafen Schaffgotsch. Auch Michael Gabriel Fredersdorf, des jungen Herrschers Kammerdiener und Intimus, »ein großer schöner Mensch, nicht ohne Geist und Feinheit«, ist mit von der Partie. Im »Gasthof zum Raben« steigt die kleine Gesellschaft ab. Friedrich lädt einige Offiziere der Straßburger Garnison zum Souper und erfährt bei dieser Gelegenheit, daß er für einen Deutschen erstaunlich viel Verstand besitze und Französisch fast so gut wie ein Franzose spreche. Seine nächste Station ist Wesel, die preußische Festung am Niederrhein, in der er nach seiner Flucht festgesetzt worden war. Von dort reist er weiter nach Schloß Moyland bei Kleve, dem damaligen Aufenthaltsort seines Idols Voltaire. Nach ihrer Rückkehr schenkt der Ältere dem Jüngeren das unweit Berlins gelegene Schloß

Oranienburg. August Wilhelm kann sich wahrhaftig nicht über den großen Bruder beklagen. Er ist zu dieser Zeit auch schon Chef des Regiments »Kronprinz zu Pferde«, dient aber daneben als subalterner Oberstleutnant bei einer Grenadiereinheit. – Preußischen Prinzen wird einfach unterstellt, daß sie geborene Soldaten mit Führungsqualität sind. Fragt sich jetzt nur noch, ob sie – auch der vierzehnjährige Heinrich trägt bereits die Rangabzeichen eines Obristen – ihre Fähigkeiten je unter Beweis werden stellen müssen. Friedrich Wilhelm hat ihnen eine der stärksten Armeen Europas hinterlassen, aber selbst nur ein einziges Mal Krieg geführt. Wie wird sich sein Sohn verhalten?

Eigentlich hält Friedrich das Militär für einen überflüssigen Luxus, den sich die Fürsten nur aus Eitelkeit leisten. Um ihre Schlösser vor Dieben und Räubern zu schützen, bräuchten sie im Grunde doch nur ein paar tüchtige Nachtwächter. Und schon gar nicht sei es ihre Aufgabe, Eroberungen zu machen oder nach kriegerischem Ruhm zu gieren, vielmehr hätten sie die Pflicht, das Volk glücklich zu machen und dem eigenen Staat nach besten Kräften zu dienen – zumindest steht es so in seiner wohl berühmtesten Schrift, dem *Antimachiavell*, einer Widerlegung des von Niccolò Machiavelli verfaßten Fürstenspiegels *Il principe*. Zu Papier gebracht hatte er den Traktat während der Rheinsberger Jahre, was jedermann, der ihn las, in der Hoffnung bestärken durfte, er werde auch als König so leben wie dort an dem märkischen See – ein den Künsten, der Wissenschaft, der Wohlfahrt seines Volkes lebender Friedensfürst.

Wer die Schrift genauer studierte, etwa ihr 26. Kapitel, hätte allerdings auch zu anderen Schlüssen kommen können. Darin nämlich beleuchtet Friedrich mit geradezu bohrender Intensität die uralte Frage, ob denn ein »bellum justum«, ein gerechter Krieg, vorstellbar sei und, falls ja, wie man ihn definieren müsse. Für sich und seine Zeit kommt er dabei zu dem Schluß, das Ziel jeglicher vertretbarer Politik sei der Friede, »Die Ruhe Europas«. Erst wenn dieser Zustand bedroht werde, etwa duch das Aufkommen eines übermächtig starken Staates, könne es erlaubt oder sogar geboten sein, das gestörte Gleichgewicht durch einen »guten Krieg« wiederherzustellen. Ebenso könne es erlaubt oder geboten sein, geschlossene Verträge zu verletzen, sollte das Staatsinteresse es verlangen. Denn, so lautet Friedrichs entscheidende These, besser ein Fürst wird wortbrüchig und gibt so seinen guten Ruf preis, als daß er das ihm anvertraute Volk zugrunde gehen läßt. Das wiederum kann auch heißen: »Besser zum Angriffskriege schreiten, solange man noch zwischen Ölzweig [erzwungenem Friedensangebot] und Lorbeer [Durchsetzung des eigenen Willens] wählen kann, als warten, bis die Lage derart verfahren ist, daß mit einer Kriegerklärung die Versklavung oder der völlige Ruin nur noch um Augenblicke hinausgeschoben werden können.« Und dies endlich heißt: Im Zweifel ist selbst der eigenmächtige von Zaun gebrochene Präventivkrieg moralisch vertretbar (eine Maxime, der vermutlich auch Friedrichs Urgroßvater, der »Große Kurfürst«, zugestimmt hätte, pflegte doch der nach dem noch großzügiger auslegbaren Grundsatz zu handeln: »Necessitas non habet legem«, Not kennt kein Gebot).

War aber der preußische König zur Zeit seiner Thronbesteigung von irgendeiner fremden Macht derart bedroht oder das politische Gleichgewicht in Europa so sehr gefährdet, daß er losschlagen mußte, um Schlimmeres zu verhindern? Das ist die nächste entscheidende Frage.

Die Antwort lautet: Friedrich war überzeugt, daß es so sei. Oder vielmehr: Er redete es sich ein. In einer anderen Schrift aus seinen Rheinsberger Tagen heißt es, alle europäischen Fürsten trachteten danach, ihre Staaten zu vergrößern; dieser Trieb sei so etwas wie ein »permanentes Prinzip«, das man unglücklicherweise ins Kalkül ziehen müsse. Gäben nämlich die starken Herrscher des Kontinents, etwa der französische oder österreichische, ihren entsprechenden Neigungen hemmungslos nach, dann könne, ja müsse es zu einer ganzen Reihe von Umwälzungen kommen, die (da Friedrich französisch schreibt, heißt es bei ihm »révolutions«) nur Trümmer der bestehenden Ordnung zurückließen und zur Errichtung einer völlig neuen Art von Herrschaft führten.

Das klingt, als habe er den Zusammenbruch der bourbonischen Monarchie und den Aufstieg Napoleons vorausgesehen. Freilich, es klingt nur so. In Wirklichkeit wollte Friedrich wohl nur einen furchterregenden Popanz aufbauen, dessen Existenz seine für später ins Auge gefaßte Politik rechtfertigte. Denn natürlich galt auch für einen König von Preußen das Recht, »de s'agrandir«, das Recht, sich zu vergrößern. Es galt sogar um so mehr, als sein Staat eine unzusammenhängende Ländermasse darstellte, die, mit vielen großen Lücken dazwischen, von Obergeldern bis Tilsit reichte: das Kernland Brandenburg war durch einen breiten polnischen Keil von Ostpreußen getrennt; die westfälischen und rheinischen Besitzungen des Hauses Zollern glichen winzigen Inseln in einem Meer anderer Fürstentümer. Konnte man es, nur um des lieben Friedens willen, auf Dauer dabei belassen? Dies wäre, schrieb Friedrich an Karl Dubislaw von Natzmer, einen der engsten Vertrauten während seiner Kronprinzenzeit, die denkbar schlechteste Politik. Zugleich gestand er jedoch ein, daß es ihn durchaus auch reize, »von Land zu Land, von Eroberung zu Eroberung« zu schreiten und »wie Alexander [der Große] stolz neue Welten zu erobern«. Neue Welten? Fürs erste dachte er lediglich an Mecklenburg und das schwedische Vorpommern im Norden, an Polnisch-Preußen im Osten und im Westen an das Herzogtum Jülich-Kleve, auf das seine Familie schon seit 1609 Anspruch erhob, ohne es bisher gänzlich in die Hand bekommen zu haben.

Ähnliche Überlegungen wie der preußische Thronfolger stellten auch – freilich aus anderen Gründen als er – die meisten übrigen europäischen Herrscher an. Ihr Blick war dabei auf Wien gerichtet. Karl von Habsburg, der letzte männliche Sproß seines Geschlechts und sechste deutsche Kaiser dieses Namens, hatte 1716 ein Haus- und Staatsgesetz mit dem Titel »Sanctio Pragmatica« veröffentlichen lassen, das als »Pragmatische Sanktion« in die Geschichte einging.

Ihr wichtigster Punkt: da Karl keine Söhne hatte (und wohl auch keine mehr zeugen würde), sollte nach ihm seine älteste Tochter Maria Theresia den ungeteilten habsburgischen Besitz übernehmen, ein Reich, das von der mittleren Oder bis an die Adria, vom Bodensee bis an den Plattensee reichte und auch noch beträchtliche Teile Oberitaliens sowie das heutige Belgien umfaßte. Der internationalen Absicherung dieses Familienpapiers hatte Karl seine ganze Kraft gewidmet und in zähen Verhandlungen durchgesetzt, daß es von nahezu allen europäischen Mächten anerkannt worden war, auch vom preußischen König Friedrich Wilhelm I. Boten die gesammelten Unterschriften jedoch wirklich Gewähr für den Fortbestand des habsburgischen Riesenbesitzes und damit auch der herkömmlichen Ordnung auf dem Kontinent? Kaum jemand dürfte ernsthaft daran geglaubt haben.

Die Kurfürsten von Bayern und Sachsen etwa, beide mit Töchtern von Karls Bruder verheiratet, gedachten keineswegs, ihre Ansprüche aus diesen Verbindungen so ohne weiteres aufzugeben. Frankreich, seit Jahrhunderten der Erzrivale Österreichs, hatte die »Sanctio« zwar ebenfalls anerkannt, doch existierte in Versailles eine starke Partei, die davon ausging, daß die Karten ohnehin neu gemischt werden würden, wenn Karl erst einmal unter der Erde läge. Österreichs Armee war ausgeblutet, sein Staatsschatz erschöpft. Die Chance, eine »schwache« Frau in die Zange zu nehmen, dürfte sich so schnell nicht wieder bieten. Und das hieß eben: nichts schien wahrscheinlicher, als daß die von Friedrich befürchteten »révolutions« durch die Thronbesteigung Maria Theresias tatsächlich ausgelöst werden könnten. Insgeheim sehnte sogar jeder sie herbei, auch der junge Preuße selbst – dabei hatte Friedrich den bevorstehenden Herrscherwechsel in Wien bisher überhaupt noch nicht ins Auge gefaßt gehabt. Das änderte sich erst vier Monate nach seiner Thronbesteigung.

Am 20. Oktober 1740 starb Karl VI. – und sofort ließ der neue König seine Absicht fallen, Jülich-Berg durch nachdrückliche Verhandlungen mit Frankreich und England-Hannover endlich ganz an Preußen zu bringen. Blitzartig wurde ihm klar: »Dies ist der Augenblick der völligen Umwandlung des alten politischen Systems.« Das niederrheinische Ländchen von seiner Wunschliste streichend, richtete er den Blick umgehend auf Schlesien. Es war, als zöge er eine Trumpfkarte aus dem Ärmel und werfe sie der jungen Habsburgerin hin.

Auf das zum Königreich Böhmen gehörende Herzogtum, das an seiner schmalsten Stelle eine gemeinsame Grenze mit Preußen besaß, glaubten die Zollern seit Generationen eine ganze Reihe verschiedenartiger Ansprüche, meist erbrechtlicher Natur, zu besitzen. Und bereits der Große Kurfürst hatte die Ansicht vertreten, daß es geradezu Brandenburgs Pflicht sei, die schlesischen Protestanten vom österreichisch-katholischen Joch zu befreien. Diese geheime Absichtserklärung nun schien Friedrich besonders gut ins Konzept zu passen.

Triumphierend legte er das erst kurz zuvor wieder aufgetauchte Papier seinem außenpolitischen Berater Heinrich von Podewils vor, hinzufügend, die Gelegenheit, das »Testament« des heldischen Vorfahren endlich zu vollstrecken, sei nie günstiger gewesen. Ein allgemeiner Erbfolgestreit um den Besitz der jungen Herrscherin schien unausweichlich zu sein. Ergo gelte es, die eigenen Ansprüche so schnell wie möglich anzumelden. Das sah auch der an sich habsburgfreundliche

Podewils ein. Er schlug vor: erst verhandeln, dann militärisch nachsetzen. Friedrich erwiderte jedoch: umgekehrt werde ein Schuh daraus, erst einmarschieren, dann verhandeln.

»Meinem Fieber«, erklärte er (einer Art Malaria, die ihn regelmäßig heimsuchte), »muß ich den Laufpaß geben, denn ich habe meine Maschine nötig.« Podewils war abgefertigt; der König ließ sich Chinarinde bringen.

Am 12. Dezember 1740 besuchte Friedrich in Berlin noch einen Maskenball. Tags darauf reiste er zu den an der schlesischen Grenze aufmarschierten Streitkräften. Seine letzte Ansprache an die Regimentskommandeure endete mit den Worten: »Leben Sie wohl, meine Herren, brechen Sie auf zum Rendezvous des Ruhms, wohin ich Ihnen ungesäumt folgen werde.« Keine drei Wochen später, am 3. Januar 1741, standen die preußischen Truppen vor Breslau. Ein Stadtsoldat wollte ihnen den Einzug verwehren. Schwerin gab dem Mann eine Ohrfeige. Schlesiens Hauptstadt gehörte Friedrich. So einfach war das, wenn man eine starke Armee geerbt hatte und sich von rechtlichen Bedenken nicht über Gebühr beeindrucken ließ.

Um diese Zeit waren auch die von Podewils vorgeschlagenen Verhandlungen mit Wien schon in Gang gekommen.

Maria Theresia, Königin von Ungarn und Böhmen, Erzherzogin von Österreich, hatte gegenüber Friedrichs Sondergesandten Gustav Adolf von Gotter einen schweren Stand – zumindest schien es so. Der Preuße bemühte sich gar nicht erst, die Ansprüche seines Herrn auf die vier schlesischen Fürstentümer Jägerndorf, Liegnitz, Brieg und Wohlau mit legalistischen Argumenten zu belegen; dazu wäre er auch kaum in der Lage gewesen. Außer einem alten Professor der Universität Halle gab es niemanden, der genau nachweisen konnte, auf welche Weise sie einst an die Zollern gekommen und ihnen dann wieder abhanden gekommen waren. Selbst Friedrich interessierte sich kaum für diese alten Geschichten; dem Gelehrten hatte er sogar nahegelegt, seine Kenntnisse möglichst für sich zu behalten. Für ihn war ganz Schlesien einfach »jenes Stück Land, auf das wir das meiste Recht haben«.

Gotter entledigte sich seiner Aufgabe denn auch mit Vorbringungen von völlig anderer Art. Sein Gebieter, sagte er, biete dem Haus Österreich mit der einen Hand die Rettung vor dem sicheren Untergang und die Kaiserkrone für Franz Stephan von Lothringen, Maria Theresias Mann. Preußens Truppen und Preußens Finanzmittel stünden Habsburg zur Verfügung, weitere Verbündete, wie England, Rußland und die Niederlande, werde Friedrich Wien zuführen; darauf könne sie bauen. Da es aber in der gegenwärtigen Situation nicht ungefährlich sei, der von Neidern umzingelten Familie Habsburg beizustehen, müsse König Friedrich, zumal in Anbetracht der Zerrissenheit seiner eigenen Länder, rechtzeitig Garantien für deren Fortbestand zugesichert bekommen. Mit einem Wort: »Weniger als ganz Schlesien könne die Königin ihm nicht geben.«

Es war – und das wußte auch Gotter – reine Erpressung. Es war die Anwendung des Prinzips »Macht geht vor Recht«, vorgetragen in einer Art Frère-et-cochon-Attitüde: Wir wissen doch beide, wie die Dinge liegen, gute Frau. Du bist in den Miesen, wir haben die Kohle und die Kanonen, also mach keine Schwierigkeiten. Es war, sagt der britische Friedrich-Biograph George Peabody Gooch, eines der sensationellen Verbrechen der Neuzeit. Nicht einmal Ludwig XIV. von Frankreich hatte einst die Stirn gehabt, seine Raubkriege derart unbeschönigt anzukündigen. Friedrich tat es und eröffnete damit auch das vorletzte Kapitel der Geschichte des Heiligen Römischen Reiches Deutscher Nation – das letzte sollte Napoleon schreiben.

Daß sie für ebendieses über achthundert Jahre alte Staatswesen sprechen konnte, verstärkte jedoch die rechtliche Position Maria Theresias auf nicht unbeträchtliche Weise und machte sie moralisch noch unangreifbarer, als sie es ohnehin schon war.

Was ist es denn gewesen, das von Gott gewollte Imperium der germanischen Völker, dessen Kaiser sich als Nachfolger Karls des Großen betrachteten? Voltaire, einer der geistigen Ziehväter Friedrichs II., pflegte zu sagen, schon seit langem sei es »ni sacré, ni romain, ni empire«, weder heilig, noch römisch, noch gar ein Imperium. Mit rationalen Argumenten hätte sich dieses Diktum tatsächlich nur schwer widerlegen lassen, was jedoch keineswegs heißt, es sei auch zutreffend gewesen.

Das römisch-deutsche Reich bildete die Brücke zwischen Antike und Nachantike, war der Übergang vom heidnischen Rom zum christlichen Europa und gehörte schon deshalb zu den bedeutendsten kulturellen und geistigen Schöpfungen der Menschheit. Heilig hatte dieses Reich einst genannt werden müssen, weil den Menschen des Mittelalters eine nicht direkt von Gott begründete Ordnung kaum zu vermitteln gewesen wäre. Um sie für einen Staat zu gewinnen, bedurfte es der ständigen Berufung auf den seinen Herrschern erteilten himmlischen Auftrag. Dementsprechend fühlten sich die gekrönten Häupter auch für das Seelenheil der Reichsbürger zuständig. Es machte sogar den wichtigsten Teil ihrer Legitimation aus, weshalb die deutschen Kaiser diesen Anspruch gegenüber den Päpsten, die ebenfalls darauf pochten, jahrhundertelang zu verteidigen suchten – um den Kampf am Ende zu verlieren.

Gleichwohl hatten sich im Schatten dieser Auseinandersetzungen fast überall in Europa politische Verhältnisse herausbilden können, die dem Entstehen von Staaten aller nur denkbaren Provenienzen dienlich waren: republikanischen, monarchischen, nationalstaatlichen, parlamentarischen. Das Kernland des einst halb Europa umspannenden Heiligen Reiches wurde zu so etwas wie einem Prüfstand der verschiedensten Verfassungsmodelle (was seine eigene politische Substanz nahezu völlig aufzehrte). Zur Zeit Voltaires gab es rund um Deutschland herum starke auf einen König hin ausgerichtete Staaten wie Frankreich, Republiken wie die Vereinigten Niederlande, aber auch bereits Gemeinwesen, in denen das Parlament die wichtigsten Entscheidungen traf: England. Sie alle verdankten ihre jeweiligen Errungenschaften zum überwiegenden Teil den zuvor in Deutschland unternommenen Experimenten. Dort selbst waren nur noch Spuren solcher Versuche zu finden: Stadtrepubliken, geistliche Fürstentümer, weltliche Fürstentümer, Stammesherzogtümer oder völlig unorganisch zusammengestückelte Gemeinwesen wie etwa Preußen. Nach innen und außen hin wurden sie alle – zumindest auf dem Papier – von einem Parlament repräsentiert, das sich Reichstag nannte, und einem Kaiser, der nach wie vor den Anspruch erhob, von Gott berufen zu sein. Auch eine Verfassung hatte dieses Reich der Deutschen, dazu sämtliche zum Rüstzeug ordentlicher Staaten gehörenden Institutionen: länderübergreifende Verwaltungsbezirke, oberste Gerichte, gemeinsame Verteidigungsorgane. Was der immer noch imponierenden Maschinerie abging, war lediglich eine zentrale Antriebswelle. Spätestens der Dreißigjährige Krieg hatte diese Achse aus ihren Lagern gerissen – was man ebenfalls dem Preis hinzuaddieren könnte, den die Deutschen für die Ehre bezahlten, bei der allgemeinen politisch-geistigen Entwicklung auf dem Kontinent die Vorreiterrolle übernommen zu haben.

Luther war es gewesen, der allen geistlich begründeten Herrschaftsansprüchen mittelalterlicher Herkunft am Ende den Boden entzog. Wäre aus seiner Reformation die bürgerliche Revolution hervorgegangen, nicht nur ein mißglückter Bauernaufstand, hätte man hinterher vielleicht sogar sagen können, Europa sei von den Deutschen in eine völlig neue, zumindest vordemokratische Zeit hineingeführt worden. Statt dessen war es zu jener verheerenden dreißigjährigen Auseinandersetzung gekommen, die als Religionskrieg begann, sich dann zum reinen Machtkampf auswuchs und schließlich den Zerfall eines Reiches herbeiführte, das, wie einst Byzanz, ursprünglich als »corpus politicum mysticum« gedacht gewesen war, als zugleich sakrale und weltliche Gemeinschaft.

Zu den Totengräbern des »Sacrum Imperium« gehörten freilich auch, ja sogar in erster Linie, Deutschlands Fürsten. Unternehmern gleich, hatten sie nach dem Niedergang der Staufer, des letzten starken Kaisergeschlechts, begonnen, ihre Claims abzustecken, Macht anzuhäufen und deren Besitz zu begründen. Adelige Herkunft, vornehme Abstammung, Stammbäume, die echt oder geschönt, bis in die fernsten Zeiten zurückreichten, ersetzten alle anderen denkbaren Legitimationen. Wer hoch hinauswollte, mußte hochgeboren sein; blaues Blut ging vor Verdienst. Als Großmeister in dieser neuen Disziplin erwies sich die Familie Habsburg. Ihr gelang es nicht nur, ein Weltreich zusammenzuheiraten, das auf dem Höhepunkt seiner Geschichte sogar Teile Südamerikas umfaßte, sie adelte sich auch selbst zum vornehmsten aller Herrschergeschlechter, zum »Erzhaus«, und brachte die Kaiserkrone (praktisch) in ihren erblichen Besitz.

Erfolg war den Nachfahren eines aus der heutigen Schweiz stammenden Grafen bei solchem Treiben beschieden gewesen, solange die römische Kirche ihre Ansprüche absichern konnte oder sie zumindest nicht vehement bestritt. Luther hatte dann auch diesen wichtigen Pfeiler habsburgischer Macht unterminiert, was in erster Linie den Rivalen des Erzhauses nützte und einen Familienstreit auslöste, der ganz Europa (einschließlich Indiens und Nordamerikas) zum Schlachtfeld werden ließ. Ludwig XIV. von Frankreich, enger Verwandter des Wiener Geschlechts, entwarf seinen Staat als getreue, aber »modernere« Kopie des Heiligen Reiches: hinter der byzantinisch anmutenden Prunkfassade von Versailles verbarg sich ein straff geführter, auf den Mann an der Spitze zugeschnittener Staatsapparat. Und fast wäre es dem Sonnenkönig auch gelungen, jene Stellung einzunehmen, die einst den Kaisern vorbehalten gewesen war. Ludwigs Pech indessen: Europa wollte keinen neuen Kaiser haben. Nach drei blutigen Kriegen, deren längster (von 1697 bis 1715) um das habsburgische Spanien geführt wurde, mußte der Franzose seine ehrgeizigen Pläne beerdigen. Ebenso schwach wie er selbst ging freilich der habsburgische Rivale aus dieser ersten globalen Auseinandersetzung der Neuzeit hervor. Das wiederum kam dem Haus Zollern zugute.

Die Grafen, Burggrafen, Markgrafen, schließlich Kurfürsten und Könige, die es im Lauf ihrer Geschichte von Franken nach Brandenburg verschlagen hatte, standen schon genausolange auf der politischen Kampfbahn wie die Habsburger; allerdings spielten sie nicht in einer Liga mit ihnen. Meist am Rockzipfel der erfolgreichen Konkurrenten hängend, verfolgten sie, bald planvoll, bald eher im Zickzackkurs segelnd, ihre eigenen Ziele, gingen mit der Zeit immer größere Risiken ein und hatten meist Glück. Ihr Übertritt erst zum Luthertum, dann zum Kalvinismus brachte sie anfänglich in ernste Schwierigkeiten, erwies sich aber später als wichtiger Schritt auf dem Weg zur Unabhängigkeit von Kaiserhaus und Reich. In die Auseinandersetzungen zwischen Ludwig XIV. und dessen Wiener Verwandten glaubten sie bereits als selbständige Macht eingreifen zu können; das beruhte zwar auf Selbstüberschätzung, aber Friedrichs Urgroßvater hatte es zumindest versucht und das Abenteuer mit Bravour bestanden. Der Sohn des Großen Kurfürsten trotzte dem von Frankreich bedrängten Erzhaus schließlich sogar das Recht auf die Königskrone ab, wohingegen der nächste im Herrscheramt, Friedrich Wilhelm I., zwar wieder eine eher ängstliche Politik betrieb, dafür jedoch aus Preußen die stärkste Militärmacht auf deutschem Boden machte – und zugleich die friedlichste Provinz des Reiches. Nie wäre der »Soldatenkönig« auf die Idee gekommen, seine schönen Regimenter einem echten Kugelhagel auszusetzen, und am allerwenigsten hätte er je mit dem Gedanken gespielt, Habsburg offen herauszufordern. Für ihn war der Kaiser noch eine unanfechtbare Autorität und seine Krone das magische Symbol des Sacrum Imperium. Aber nun saß ja Friedrich II. auf dem Thron in Berlin – ein Verehrer Voltaires.

Das Wort des Franzosen »ni sacré, ni romain, ni empire«, hätte gewiß auch Preußens dritter König unterschrieben. Für ihn war das Reich ein »corps si mal composé«, ein Mißgebilde, seine Verfassung galt ihm »suranné et bizarre«, veraltet und wunderlich. Nicht die geringste innere Beziehung verband den aufgeklärten Zollern mit diesem Staatswesen, obwohl er seinem höchsten Gremium, dem Kurfürsten-Kollegium, angehörte. Die Absicht, es zu zerstören oder nur aus den Angeln zu heben, lag ihm freilich ebenfalls fern.

Eher betrachtete er das Reich als eine Art Jagdrevier, in dem adelige Räuber gleich ihm auf Beute gehen konnten. Allein von dieser Möglichkeit gedachte er denn auch Gebrauch zu machen – was zumindest einer seiner engsten Mitarbeiter für politisch falsch hielt. Hans Karl von Winterfeldt, brauchbar und nützlich wie kein zweiter in der Umgebung des Königs, als Organisator und Soldat ebenso tüchtig wie als Diplomat, dazu auch noch geistreich, von untadeligem Geschmack und zur Freundschaft begabt, dieser pommersche Adelige vertrat die Ansicht, Preußen könne keinen Krieg vom Zaun brechen, nur um eine neue Provinz zu gewinnen, es müsse zumindest versuchen, auch das Reich zu reformieren. Das aber geschehe am besten dadurch, daß sein Herrscher nach der Kaiserkrone greife und also versuche, die katholische Dynastie Habsburg durch eine protestantische, nämlich das Haus Zollern, zu ersetzen. Ähnlich wie Winterfeldt dachten der bereits von Legenden umwitterte Fürst Leopold I. von Anhalt-Dessau, genannt der »Alte Dessauer«, sowie Heinrich von Podewils. Beide, im Herzen reichstreuer als ihr König, glaubten, nur ein derart hehres Ziel rechtfertige den Einmarsch in Schlesien, alles andere sei reiner Raubkrieg und Verfassungsbruch. Friedrich speiste sie indessen ab, ohne auf ihre Vorschläge näher einzugehen. Nur Winterfeldt ließ er weiterhin in der Illusion leben, er werde es sich vielleicht doch noch anders überlegen. Tatsächlich hielt er den Kaisertitel jedoch für eine leere Hülse. Die eigene Macht auszuweiten und zu stabilisieren, darauf allein kam es ihm an – freilich, wie er zugab, auch auf »gloire«, die Befriedigung seiner Eitelkeit.

So kam es denn, daß Gustav Adolf von Gotter der in der ganzen Würde des Erzhauses prangenden, mit Rechtstiteln nahezu gepanzerten Maria Theresia ohne das kleinste legalistische Feigenblatt entgegentreten und mit den krudesten, dazu auch noch scheinheiligen Argumenten begründen mußte, warum Friedrich vorhabe, ihr Schlesien wegzunehmen. Weder Preußens vorgebliche Erbansprüche auf das vierteilige Herzogtum durfte er ins Spiel bringen noch den Anschein erwecken, sein König gedenke das Reich zu reformieren. Es war ihm aufgegeben, die Habsburgerin allein mit den nackten Tatsachen kirre zu machen: Ich, der Stärkere von uns beiden, bin entschlossen, dir, der Schwächeren, Schaden zuzufügen. Nimm es hin, und zeige gute Miene zum perfiden Spiel!

Friedrich, so schien es, fand Gefallen an seinem eigenen Zynismus. Oder hatte er einfach keine Lust, die Dinge schönzureden? Vor allem begehrte er in der Tat, ein Held zu sein. Maria Theresia bot ihm die Gelegenheit dazu: sie lehnte Gotters heuchlerische Offerten rundweg an. Europa verwandelte sich in ein Drachennest.

In dem tumultuösen Spiel, das nun begann, war das Reich gewiß kein ernstzunehmender Faktor. Und schon gar nicht konnte es geschehen, daß man seinetwegen erneut einen konfessionell motivierten Krieg führte wie den Dreißigjährigen. Dafür griffen diesmal andere Gesetze, nämlich jene einer vom hohen Adel beherrschten Welt, in der alle Ansprüche familienrechtlich begründet wurden und Auseinandersetzungen jeglicher Art Familienzwiste waren. Richtigerweise hießen diese Kriege der neueren Art deshalb allesamt Erbfolgekriege. Auch Friedrichs Raubzug wurde dieser Kategorie zugerechnet, obwohl er sich beinahe obstinat geweigert hatte, ihn mit Ansprüchen zu begründen, die ihm aufgrund irgendwelcher Testamente oder anderer Urkunden vielleicht zugestanden hätten.

Was das bedeutete, wird einigermaßen klar, wenn man die jüngeren Erbfolgekriege unter einem Blickwinkel betrachtet. Der Polnische, ausgetragen zwischen Frankreich, Spanien und Sardinien auf der einen, Österreich und seinen Verbündeten (darunter Preußen) auf der anderen Seite, hatte 1733 begonnen und war sechs Jahre später zu Ende gegangen. Er lag somit erst ein Jahr zurück, als Friedrich 1740 in Schlesien einmarschierte und die beiden Österreichischen Erbfolgekriege eröffnete. Diese dauerten, mit zweijähriger Unterbrechung, bis

1748, hatten sich aber schon früh (und zwangsläufig) zu Koalitionskriegen ausgeweitet, in denen Frankreich, Spanien, Bayern, Sachsen und Preußen gegen Österreich und England standen. 1756 begann dann die letzte Auseinandersetzung, bei der es vorgeblich um Schlesien, tatsächlich aber längst um die weit darüber hinausreichenden Interessen der regierenden Familien Europas ging. Frankreich, Spanien, Schweden, Rußland, Sachsen sowie das Reich kämpften jetzt an Österreichs Seite, England hingegen war ins preußische Lager übergetreten; sieben Jahre später ging dieser Kampf zu Ende. Reiht man nun alle genannten militärischen Konflikte aneinander, dann ergibt sich, daß sie insgesamt genau dreißig Jahre ausfüllten, die Zeitspanne zwischen 1733 und 1763. Amerikanische Historiker, deren Land ebenfalls davon betroffen war, bezeichnen deshalb den ganzen Geschichtsabschnitt gerne als zweiten Dreißigjährigen Krieg. Und Briten fügen aus ihrer Perspektive hinzu, in Wirklichkeit sei er um die Herrschaft über Kanada und Indien geführt worden.

Diese für ihn unvorhersehbare Entwicklung aber läßt den jungen Friedrich als einen zwar heimtückischen, vor allem jedoch naiven Siegfried erscheinen. Mit einem Husarenstück hatte er seinen Staat vergrößern wollen – und einen Weltkrieg ausgelöst. Erst nach der Schlacht von Kolin dürfte ihm dies allerdings bewußt geworden sein.

Ob die Prinzen August Wilhelm und Heinrich begriffen, was ihren älteren Bruder antrieb, ist so unbekannt wie unwahrscheinlich. Sicherlich hatten sie miterlebt, wie Friedrich sich nach dem Tod des Soldatenkönigs derart veränderte, daß man glauben konnte, ihm sei eine neue Haut gewachsen. Ganz à la mode gekleidet, den zierlichen Kavaliersdreispitz auf die schneeige Perücke gedrückt, war er dem heiteren Rheinsberger Dasein entschritten, um sich den Berlinern als strahlender »roi charmant« zu präsentieren. Schon bald erfuhren indessen die Mitglieder seines kleinen Musenhofes, daß ihre Hoffnung, nach dem Regierungsantritt des Freundes mit hohen Staatsämtern bedacht zu werden, getrogen hatte und daß der neue König auch keineswegs die Absicht hegte, sein Land als Friedensfürst, als oberster Schutzherr der Künstler und Gelehrten zu regieren, sondern, wovon sie nie erfahren hatten, offensichtlich entschlossen war, vollkommen andere Wege zu beschreiten. Selbst Elisabeth Christine, Friedrichs Frau, wurde über Nacht zur Unperson. Abgeschoben, ja verstoßen mußte sie auf Schloß Schönhausen das Leben einer verheirateten Witwe führen; ihren Mann sah sie nur noch bei offiziellen Anlässen, bekam aber selbst da kaum ein persönliches Wort zu hören. Friedrich schien einen ganzen Lebensabschnitt einfach aus seinem Gedächtnis streichen und alles Vergangene abstreifen zu wollen. Die in dem märkischen Idyll gewonnenen Erfahrungen und erlebten Genüsse wurden als ungenügend eingestuft, neue Reize waren gefragt. Man könnte beinahe annehmen, er habe die Grenzen seiner eigenen Möglichkeiten ertasten wollen, was ihn zu so etwas wie einem praktizierenden Existentialisten machte. Auf jeden Fall waren die Brüder zu jung, um ihn durchschauen oder gar verstehen zu können; dabei blieb es auch in den unmittelbar folgenden Jahren.

Am Einmarsch in Schlesien nahmen die Prinzen teil, der eine knapp sechzehn-, der andere achtzehnjährig; jeder von ihnen befehligte ja ein Regiment. Heinrich erhielt seine »Feuertaufe« in der Schlacht von Mollwitz nahe Brieg, einem Treffen, das bereits verloren schien, als Schwerin es in letzter Minute noch herumriß. August Wilhelm, der nicht dabei war, erfuhr eine Woche später per Brief: »Gott behüte uns vor einer zweiten blutigen Schlacht wie dieser.« (Keineswegs erfuhr er jedoch, daß Friedrich das Feld in Panik verlassen hatte, nachdem seine schwerfällige Reiterei von der österreichischen Kavallerie auseinandergetrieben worden war, zumindest nicht vom Bruder selbst.)

Das verlustreiche Gemetzel von Mollwitz (je fünftausend Gefallene auf beiden Seiten) hatte am 10. April 1741 stattgefunden. Und kaum war es ausgestanden, da mutierte der nackte Raubkrieg zum Erbfolge- und Koalitionskrieg. In Friedrichs Feldlager fanden sich zwei hochrangige Diplomaten ein, John Earl of Hyndford aus London und Charles Louis Fouquet Comte de Belleisle aus Versailles. Der Brite wollte den siegreichen Preußenkönig zu einem für Österreich günstigen Frieden bewegen, der Franzose war gekommen, um eben dies zu verhindern und ihn statt dessen für ein antiösterreichisches Bündnis zu gewinnen. Was beide jeweils bezweckten, lag klar auf der Hand.

Eine von Belleisle angeführte Partei am Versailler Hof träumte noch immer davon, Habsburg so kräftig zurückzustutzen, daß ihm keine überregionale Bedeutung mehr zukäme. Im Bündnis mit Spanien, Sachsen und Bayern sollten ihm seine oberitalienischen Provinzen sowie Böhmen, Oberösterreich, Tirol und der Breisgau abgenommen, dann der Anspruch des Erzhauses auf die Kaiserkrone bestritten und endlich der wittelsbachische Kurfürst Karl Albrecht zum neuen Reichsoberhaupt gewählt werden. Preußen, bot Belleisle an, könne, nach dem erfolgreichen Abschluß des Unternehmens, Niederschlesien kassieren, vorausgesetzt natürlich, es beteilige sich überhaupt daran.

Anders der Earl of Hyndford. Da England mit Spanien bereits im Krieg lag und Österreich sein traditioneller Partner auf dem Kontinent war, mußte der Brite alles daransetzen, nun seinerseits das französische Manöver zu durchkreuzen. Auf den ersten Blick schien er sogar die besseren Karten in der Hand zu halten. Hatte Friedrich sich Maria Theresia gegenüber nicht erbötig gemacht, ein prohabsburgisches Bündnis mit den protestantischen Seemächten zustande zu bringen, wenn sie ihm Schlesien überlasse? Wohlan, mit Hyndfords Hilfe konnte er dieses Versprechen einlösen, sein Schaden solle es nicht sein und den natürlichen Gegebenheiten werde es ohnehin am besten gerecht: Englands König, George II. aus dem Haus Hannover, war schließlich des Preußen Onkel.

Dennoch, der Earl reiste unverrichteter Dinge ab. Friedrich hatte sich für die von Frankreich geführte Allianz entschieden und war so – eben – in einen Erbfolgekrieg eingetreten. Karl Albrecht von Bayern und August II. von Sachsen-Polen fochten ja die Pragmatische Sanktion an, das Testament Karls VI. Deren Vorgehen billigend, zückte der Zollern nun doch dieselbe Waffe wie sie, holte das Papier des hallensischen Professors aus der Lade, in dem alle Ansprüche des Hauses Zollern auf Schlesien akribisch zusammengestellt waren, und ließ es veröffentlichen. Zunächst sah es so aus, als sei dies sogar ein glücklicher Entschluß gewesen.

Karl Albrecht fiel in Österreich ein und stieß, ohne Widerstand zu finden, bis nach St. Pölten in Niederösterreich vor, womit er bereits einen halben Tagesmarsch vor Wien stand. Statt die Kaiserstadt anzugreifen, wandte er sich dann jedoch nach Norden, eroberte gemeinsam mit einer sächsischen Armee Prag und ließ sich dort die böhmische Wenzelskrone aufs Haupt setzen. Nochmals vier Wochen später wurde der Wittelsbach in Frankfurt als Karl VII. zum römisch-deutschen Kaiser gewählt. Habsburg erlebte eine der schwersten Krisen seiner bisherigen Geschichte, und Friedrich profitierte davon, denn die so schwer bedrängte Maria Theresia war nicht mehr fähig, ihm Schlesien streitig zu machen.

Angesichts dieser Lage erschien abermals der Earl of Hyndford bei dem Zollern, diesmal als Bevollmächtigter der Wiener Herrscherin. Sein Angebot: ganz Niederschlesien plus der Hälfte des Fürstentums Neiße, wenn er seinen Angriffskrieg einstelle. Konnte aber das Mitglied einer auf fünfzehn Jahre abgeschlossenen gegen Österreich gerichteten preußisch-französischen Allianz dieses Ansinnen überhaupt ernsthaft in Betracht ziehen? Ganz der ruchlose Abenteurer, als den er sich offenbar sah, ging Friedrich darauf ein, bat sich allerdings Geheimhaltung aus, und schloß fast gleichzeitig einen neuen Vertrag mit Bayern und Sachsen, in welchem den Wettinern Mähren samt Oberschlesien, den Wittelsbachern Böhmen plus Oberösterreich zugesichert wurde. Aber natürlich kam alles ans Licht – und das auch noch zu einem für den Preußen besonders ungünstigen Zeitpunkt.

Mit ihrem legendären Appell an den ungarischen Landtag war es Maria Theresia mittlerweile gelungen, den stets oppositionell eingestellten magyarischen Adel für sich einzunehmen, was vor allem der ohnehin vorzüglichen österreichischen Kavallerie zugute kam. Entsprechend gestärkt, konnte Feldmarschall Andreas Graf Khevenhüller daraufhin die in Niederösterreich stehenden Bayern attackieren und sie bis kurz vor München zurückwerfen. Am selben Tag, an dem Karl Albrecht in Frankfurt gekrönt wurde, dem 12. Februar 1742, fiel dann auch die wittelsbachische Residenzstadt selbst. Für Friedrich, der damals bei den sächsischen Truppen in Mähren stand, war dies der Anlaß, sich vorsichtshalber nach Böhmen zurückzuziehen. Maria Theresia, ebenso siegessicher, wie sie sich noch Wochen zuvor verzweifelt gezeigt hatte, beschloß, einen Mann dort hinzuschicken, den sie besonders schätzte, weil er der Bruder ihres Gatten war. Mit dreißigtausend Mann sollte Karl von Lothringen Prag zurückerobern. Leider erwies es sich, daß die Königin eine schlechte Wahl getroffen hatte.

Bei dem Örtchen Chotusitz, südöstlich von Prag (und nicht allzuweit von Kolin) gelegen, erwartete ihn der Preußenkönig, und wieder war dessen Bruder Heinrich mit dabei. Die im Morgengrauen des 17. Mai 1742 beginnende Schlacht sollte die erste sein, welche Friedrich selbst leitete, und die letzte dieses Krieges. Sie begründete seinen Ruf, ein guter Feldherr zu sein, hohe Verluste aber keineswegs zu scheuen. Am Nachmittag lagen viertausendachthundert tote Preußen auf dem Feld, Karl von Lothringen hatte sechstausenddreihundert Mann verloren. Erneut trat der Earl of Hyndford auf den Plan.

Maria Theresia, konnte er diesmal bekanntgeben, sei bereit, ganz Nieder- und Oberschlesien, mit Ausnahme einiger südöstlicher Provinzen, hinzugeben, wenn sie dafür den Frieden bekäme. War es Friedrich genug? So lautete die eine Frage. Aber immer noch galt auch die andere: Durfte er überhaupt Frieden schließen? Seine Verträge mit Frankreich, Sachsen und Bayern bestanden nach wie vor. Zur ersten Frage gab der König die Antwort: »Man muß verstehen, zur rechten Zeit innezuhalten; das Glück erzwingen wollen, heißt es verlieren.« Zur zweiten ließ er verlauten: »Kein Professor des Rechts oder der politischen Moral wird von mir verlangen, bei einer Allianz auszuharren, wenn der eine Partner gar nichts tut, der andere alles verkehrt anfängt und ich überdies fürchten muß, daß der Mächtigere von beiden [nämlich Frankreich] mich sofort im Stich läßt ... wenn mir ein Unglück zustößt.« Mit anderen Worten: er akzeptierte. Der knapp zweijährige Krieg hatte ihm mehr als eine Million neue Untertanen eingebracht und sein Kernland um ein gutes Drittel vergrößert. Belleisle aber, der, von den Österreichern eingeschlossen, in Prag saß, erkannte, daß er nur für den König von Preußen gearbeitet habe. »Trotz seines Antimachiavell«, sagte er, sei Friedrich »eine wahre Verkörperung Machiavellis«, der Inbegriff des ruchlosen Machtpolitikers. Fünf Monate nach dem Frieden von Breslau, der den Krieg zwischen Preußen und Österreich beendete, mußte der Franzose die böhmische Hauptstadt dann räumen.

Etwa zu der Zeit, da Friedrich seine Kriegsbeute einstrich, wurde der französische Abenteurer Joseph Dupleix zum Gouverneur des südindischen Pondichéry eingesetzt, und zwar von König Ludwig XV. Dupleix, ein eben so einfallsreicher wie intriganter Machtmensch, mischte sich geschickt in die Erbfolgekriege zwischen den Nachfahren Aurangzebs, des letzten bedeutenden Großmoguls, ein und gewann dabei für seinen eigentlichen Auftraggeber, die Ostindische Handelskompanie, im Hochland von Dekkan ein Gebiet, das Frankreich an Größe übertroffen haben soll. Mit ähnlichen Methoden wie er arbeitete im Auftrag der British East India Company Robert Clive aus Styche in Shropshire. Unvermeidlich, daß die Hilfsvölker der beiden Konkurrenten aneinandergeraten mußten; das geschah auch. Zwölf Jahre trugen Hindukämpfer und Moslemkrieger ihre Haut für zwei europäische Unternehmen zu Markte. Nachdem alles vorüber war, kehrte Dupleix zwar mit einem riesigen Vermögen nach Paris zurück, aber Südindien gehörte den Briten.

Mehr Glück war den Franzosen (zunächst) in Nordamerika beschieden, wo sich seit 1740 der nach Friedrichs Onkel benannte »King George's War« zäh dahinschleppte. Die von Frankreich verteidigten Forts hießen Neuf Orléans, Chartres, Crèvecœur, Saint Louis, Détroit, Sault St. Marie, Montreal und Quebec. Alle Gebiete westlich dieser Niederlassungen beanspruchte Ludwig XV., wohingegen sich seine Kontrahenten auf die britischen Küstenstädte Charleston, Wilmington, Philadelphia, New York und Boston stützten. Es war, meinte Voltaire, auch ein Kampf zwischen Menschen völlig unterschiedlicher Wesensart und Lebensauffassung. »Bei den Protestanten«, schrieb er, »ist das Gold im Umlauf, während es bei den Katholiken [seinen Landsleuten] die Knochen der Heiligen schmückt; die einen bringen reiche Ernten ein, bei den anderen vergeht die Zeit mit unnützen Festen und Zeremonien.« Was er damit andeuten wollte, liegt auf der Hand: so geschickt die mit den Indianern zusammenarbeitenden französischen Waldläufer ihre Mittel auch einzusetzen wußten, auf Dauer würden sie doch unterliegen, denn ihre Gegner verkörperten eine in Voltaires Augen bessere, nämlich die neue Zeit. Als Preußen den Frieden von Breslau schloß, schienen die »Français sauvages«, Ludwigs halbwilde Trapper, noch die Oberhand zu haben. Erst 1743 kam es im King George's War zu einer entscheidenden Wendung – nicht am Missouri indessen, sondern am Main.

Nahe dem deutschen Städtchen Dettingen hatte die sogenannte »Pragmatische Armee«, eine britisch-hannoveranisch-hessische Streitmacht unter Führung Georges II., die vorgeblich zur Verteidigung der Pragmatischen Sanktion aufgestellt worden war, dem Aufgebot des französischen Generals Grammont eine herbe Schlappe beigebracht. Die Nachricht von diesem Sieg ihres Königs beflügelte die britischen Kolonisten Neuenglands derart, daß sie binnen kürzester Frist einen Haufen Bewaffneter auf die Beine brachten und die kanadische Festung Louisbourg vor der Mündung des Sankt-Lorenz-Stromes, das »Gibraltar des Westens«, mit einigen wütenden Attacken zur Übergabe zwangen. Nach englischem Kalkül konnte dieser Erfolg nur ausgebaut werden, wenn man die Franzosen auf dem alten Kontinent weiterhin so unter Druck setzte, daß sie ihre Landsleute in der Neuen Welt nicht mehr kraftvoll genug unterstützen konnten. Schon kurz nach der Schlacht von Dettingen schloß George II. deshalb einen neuen Vertrag mit Österreich, genannt der »Wormser Traktat«. Dritter Kontrahent dieses Abkommens war König Karl Emmanuel I. von Sardinien aus dem Haus Savoyen. Er sollte in Italien eine zweite Front gegen Frankreich errichten. Für den mit der zollernschen Markgrafentochter Karoline von Ansbach verheirateten britischen Herrscher dauerte der Österreichische Erbfolgekrieg also ebenso fort wie für Habsburg selbst, allerdings betrachtete George ihn nur als eine von vielen Operationen im Kampf um Nordamerika.

Diese Auseinandersetzung wiederum hatte eigentlich schon 1667 begonnen, als Ludwig XIV. die (damals) Spanischen Niederlande, das spätere Belgien, an sich zu reißen versuchte. Großbritannien, zu jener Zeit schon längst in Übersee engagiert, griff in den Streit ein und erzwang einen Frieden, um alsbald zu erkennen, daß es damit eine scheinbar unendliche Tragödie eröffnet hatte. Deren einzelne Akte trugen, um nur die wichtigsten zu nennen, Namen wie »King William's War« (Amerika) »Spanischer Erbfolgekrieg« (Europa) »Yamassee War« (Amerika) und »Spanisch-Englischer Krieg« (Atlantik). Mittlerweile war man eben beim »King George's War« (drüben), dem »Österreichischen Erbfolgekrieg« (hüben) angelangt, und noch immer schien kein Ende in Sicht.

Das aber hieß: Mit seinem Angriff auf Schlesien hatte Friedrich genaugenommen lediglich einem bereits seit über siebzig Jahren andauernden Weltkrieg neuen Auftrieb verliehen. Hätte es da nicht einem Wunder geglichen, wenn ihm in Breslau das Kunststück gelungen wäre, sich still von der Bühne des großen Welttheaters zu stehlen und seine Beute unbehelligt in Sicherheit zu bringen? Er scheint selbst nicht erwartet zu haben, daß man ihn so billig würde davonkommen lassen, und witterte deshalb sofort neue Gefahren, als in Berlin die Nachricht von dem Bündnis zwischen den Häusern Habsburg, Hannover und Savoyen eintraf. Warum, wenn nicht in böser Absicht, hatten die Urheber des Wormser Traktats ihm keinerlei Kunde davon gegeben, daß und weshalb sie koalierten? Es konnte doch nur heißen, ihr Pakt enthalte auch eine antipreußische Komponente.

Umgehend, noch vor Ende 1743, wurde Friedrich wieder aktiv. Podewils gelang es, eine Reihe von gegenseitigen Beistandsverträgen mit deutschen Regionalherrschern abzuschließen. Im Juni 1744 ging Preußen dann eine zweite Allianz mit Frankreich ein. Erklärte Absicht beider unterfertigenden Parteien: Der seiner Stammlande beraubte Wittelsbach, Kaiser Karl VII., sollte nach München zurückgebracht und außerdem mit Oberösterreich sowie dem größeren Teil Böhmens bedacht werden. Die nächste militärische Auseinandersetzung war programmiert. Ein weiteres Mal gedachte Friedrich an den großen Welthändeln teilzunehmen, also gewissermaßen in einer Front mit federgeschmückten Kriegern aus den Stämmen der Algonkin- und der Micmac-Indianer zu kämpfen.

Bevor es neuerlich ins Feld ging, erfuhr August Wilhelm, daß der königliche Bruder ihn zu seinem präsumtiven Nachfolger bestimmt habe und er fortan den Titel »Prinz von Preußen« führe. Heinrich, der die zwei Friedensjahre heftig genossen und einen gewaltigen Schuldenberg angehäuft hatte, übernahm sein altes Füsilierregiment, nicht als preußischer General indessen, sondern als Offizier der »Kaiserlichen Hilfsvölker«, denn so nannte Friedrich die Armee, mit der er, über Sachsen marschierend, Ende August 1744 in Böhmen einfiel. Es schien wieder ein militärischer Spaziergang zu werden.

Prag wurde beschossen und ergab sich. Das erklärte Ziel der Operation war schon wenig später erreicht. Dank französischer Hilfe konnte Karl VII. nach München zurückkehren, starb jedoch schon Anfang des nächsten Jahres. Da sein Sohn daraufhin das Testament Karls VI. anerkannte, hätte man eigentlich auch den Österreichischen Erbfolgekrieg für beendet erklären können (die sächsischen Wettiner standen ohnehin längst auf habsburgischer Seite). Trotzdem dachte keine Seite daran, in ihre Ausgangsstellungen zurückzukehren. Jetzt verteidigte Friedrich eben seinen neugewonnenen schlesischen Besitz, und Bruder Heinrich erntete weitere Lorbeeren.

In der Schlacht von Hohenfriedberg (nahe dem niederschlesischen Striegau), der ersten, die von der preußischen Reiterei, dem Dragonerregiment »Ansbach-Bayreuth«, entschieden wurde, hielt sich der inzwischen Neunzehnjährige so gut, daß Friedrich bereits ein militärisches Genie in ihm zu sehen glaubte. Die Briten wollten nach dem grandiosen Sieg ihres Gegners Friedensverhandlungen anbahnen. Auch Friedrich wäre dazu bereit gewesen, aber jetzt blieb Maria Theresia hart. Da Berlin ihrer Ansicht nach den Breslauer Vertrag gebrochen hatte, meinte sie wieder berechtigte Ansprüche auf Schlesien anmelden zu können – um drei weitere Schlachten (Soor, Groß-Hennersdorf und Kesselsdorf) später zu erkennen, daß Österreichs Armee diese nicht durchsetzen konnte. Im Frieden von Dresden bekam Friedrich die umkämpfte Provinz erneut zugesprochen, räumte dafür das besetzte Sachsen und erkannte den mittlerweile gewählten Franz I. von Habsburg-Lothringen als Kaiser an.

Ein zweites Mal war es ihm gelungen, die Bühne der weltweiten Auseinandersetzung durch eine Hintertür zu betreten und sie auf demselben Weg, die Beute mit sich nehmend, wieder zu verlassen. Doch dürfte es keineswegs dieser Coup gewesen sein, den die Berliner bei seiner Rückkehr durch die Verleihung des Titels »Fridericus Magnus« honorierten. Auch von den indianischen Bündnispartnern ihres nunmehr »der Große« genannten Königs, den Micmacs und Algonkins, wußten sie vermutlich nichts.

Der Österreichische Erbfolgekrieg wie auch der King George's War dauerte indes noch drei weitere Jahre an. Als beide 1748 zu Ende gingen, brachen sofort neue Feindseligkeiten aus – fürs erste nur in Amerika.

In Europa hingegen schien ein Frieden zu herrschen, den man für stabil halten konnte. Daß er auch nicht ewig halten würde, erkannte Friedrich jedoch spätestens 1755 und bekundete es mit dem Hinweis auf den im damaligen Europa wohl bekanntesten aller Indianer. Sein Hofkapellmeister Karl Heinrich Graun bekam ein Libretto aus königlicher Hand überreicht samt dem Auftrag, es zu vertonen. Held des Stückes war der letzte Aztekenherrscher; sein Titel: »Montezuma«; das eigentliche Thema: eine Warnung vor allzu großer Vertrauensseligkeit gegenüber heimtückischen Feinden. Man könnte das Werk auch als musikalische Überleitung zum nächsten europäischen Krieg bezeichnen.

Den dritten Jahrestag des Friedens von Dresden feierte Friedrich mit einem Maskenball im neuen Opernhaus unter den Linden. »Hof und Adel«, berichtet ein Teilnehmer, »wurden an sechs großen Tafeln bewirtet, alle anderen fanden überall reichlich besetzte Buffets ... Das Fest dauerte bis in den Morgen, und die Masken fanden den Wein des Königs vortrefflich.« Trotzdem erklärte hinterher der Gastgeber: »Ich werde den Spaß nicht wiederholen.« Die Berliner hatten mitgehen lassen, was nicht niet- und nagelfest war; die in den Gängen herumliegenden betrunkenen Gäste dürften ebenfalls nicht nach Friedrichs Geschmack gewesen sein.

Tatsächlich begann damals des Zollern nächste Häutung. Der vor Lebenslust sprühende »roi charmant«, der ihn ablösende, nach Ruhm dürstende jugendliche Held – beide Verpuppungen wurden abgestreift. Ein in sich gekehrter, etwas mürrischer älterer Herr (von sechsunddreißig Jahren) schien aus den beiden Österreichischen Erbfolgekriegen zurückgekehrt zu sein. Zumindest dürfte Friedrichs Freund, der Architekt Georg Wenzeslaus von Knobelsdorff, diesen Eindruck gewonnen haben.

Welch grandiose Baupläne hatten die beiden doch während der strahlenden Rheinsberger Tage entwickelt! Ein helles, festliches Zentrum sollte Berlin zum Schmuckstück unter den Städten Europas machen: am unteren Teil »der Linden« ein »Forum Fridericianum«, gesäumt von der Akademie, dem Opernhaus, einem neuen Schloß und einer Kirche im zierlich-strengen klassizistischen Stil; unter freiem Himmel sollten Bürgerschaft und Hof auf diesem weitläufigen Areal feiern, Konzerte hören oder warme Sommernächte durchtanzen. Mit Schwung war Knobelsdorff auch darangegangen, die Anlage zu entwerfen. Aber nun, fünf Jahre später, stand lediglich die Oper auf dem vorgesehenen Platz, alle anderen Projekte waren eingefroren, ja, schlimmer noch, sie interessierten den König nur noch beiläufig. Am neuen Schloß zwar ließ er weiterbauen, darin zu wohnen begehrte er nicht mehr. Ebenfalls weiter vorangetrieben wurden die Vorhaben Hedwigskirche und Bibliothek, doch keines davon nach Knobelsdorffs Plänen. Anders als der auf Paris fixierte Hofbaumeister bevorzugte Friedrich auf einmal geschwungene Prunkfassaden im Stil des Wiener Barock. Ihn selbst aber zog es nach Potsdam, die bereits von seinem Vater bevorzugte Gartenstadt an den Havelseen. Dort sollte ihm Knobelsdorff eine Art Prachtbungalow mit »Punschbowlen«-Dach, einem kuppelgekrönten Mittelpavillon und rundbogigen, durch kolossale Atlantenpaare getrennten Fenstertüren an der Südseite errichten. Das Ganze auf einem von Terrassen gegliederten Hügel, den das einstöckige Gebäude keineswegs krönte, sondern nur abschloß. Knobelsdorff, fünfzehn Jahre älter als der König, fand auch dessen eigenhändigen Entwurf zu altmodisch, stellte dann jedoch seine »moderneren« Vorstellungen hintan und machte daraus das in seinen Augen Beste: Sanssouci.

Der Name des Schlosses wurde zum Synonym für Friedrichs vorläufig letzte Häutung: vom Feldherrn zum besonnenen Staatslenker und harten Arbeiter.

Den von Friedrich Wilhelm I. geschaffenen Verwaltungsapparat hatte Preußens dritter König so gestrafft, daß alle wichtigen Vorgänge auf seinen Schreibtisch gelangten und von ihm abgesegnet oder verworfen werden konnten; zehn bis zwölf Kabinettsordres waren das tägliche Soll, die Essenz unzähliger Vorschläge, Berichte, Vollzugsmeldungen, Analysen. Solche Art zu regieren, erfuhr Bruder August Wilhelm, mache einen König zu seinem eigenen Kabinettschef, setze allerdings voraus, daß er über sämtliche Vorgänge im Staat genauestens informiert sein müsse. Nebenbei hieß es jedoch, Friedrich halte niemanden für fähig, das gesamte Gemeinwesen zu überblicken und im Griff zu halten, außer sich selbst. Bei ihm allein hatten darum sämtliche Fäden zusammenzulaufen, nur er war in der Lage, richtige Entscheidungen zu treffen. Und des weiteren hieß es, er habe als einziger das dafür notwendige Mandat, denn eine vollkommenere Regierungsform als die absolute Monarchie gebe es nicht. In der Tat waren ihm Wahlkönigreiche, wie etwa Polen, zutiefst suspekt, hielt er Parlamente gleich dem britischen für staatsgefährdende Institutionen und mißtraute allen mehrheitlich getroffenen Entscheidungen überhaupt. Nur sorgfältig abwägende, souverän handelnde, zur Souveränität geborene Einzelpersonen vermochten im richtigen Moment das Richtige zu tun. Keineswegs hieß indessen wiederum das, sie könnten auf »secours« verzichten, die Unterstützung durch Spezialisten, Zuträger, ausführende Organe. Aber so, wie ihm der eigene Körper als »Maschine« galt, sah er auch im Korps der Beamten nur einen Apparat, der vom Mann an den Schalthebeln gesteuert wurde. Funktionieren mußten seine Staatsdiener, am besten mit maschinenhafter Präzision. Und das endlich hieß: zur wichtigsten Ausstattung des königlichen Amtes gehörte Einsamkeit.

Der aus zwei Kriegen zurückgekehrte Friedrich schien, anders als sein jüngeres Ich, geradezu ein Bedürfnis nach Abschottung von der Welt gehabt zu haben. Nicht nur Sitzungen, Konferenzen und Kollegien waren ihm ein Greuel, auch mit seinen fürstlichen Standesgenossen unterhielt er so gut wie keine persönlichen Kontakte. Wenn Vereinbarungen mit fremden Potentaten getroffen werden mußten, schickte er Diplomaten aus. Lud man ihn selbst zu Besuchen, etwa nach Hannover oder (später) Sankt Petersburg, pflegte er in der Regel höflich zuzusagen, um alsbald Gründe zu finden, die eine Verschiebung der Reise ad infinitum rechtfertigten. Seinem Onkel George II. gegenüber begründete er dieses an Ziererei grenzende Gebaren einmal mit dem Argument, bei Spitzentreffen gekrönter Häupter sei noch nie etwas Gescheites herausgekommen. Friedrichs engere Umgebung hingegen erfuhr gelegentlich, was ihn wirklich davon abhielt, an derartigen Veranstaltungen teilzunehmen: er verachtete fast alle, mit denen er dabei zusammengetroffen wäre. Sie waren ihm zu ungebildet, zu gewöhnlich oder auf zu dünkelhafte Weise von sich und ihrer Bedeutung eingenommen – was andersherum allerdings genauso galt. Maria Theresia, an der er relativ wenig auszusetzen fand, hielt ihn für einen abgefeimten Gauner und Rechtsbrecher; sie wäre nicht einmal bereit gewesen, dieselbe Luft mit Friedrich zu atmen. Selbst seinen Namen gebrauchte die Kaiserin so gut wie nie; in ihren Augen war er »der böse Mann« – und damit basta. Ähnlich ablehnend oder feindselig stand man dem Preußen an einigen anderen europäischen Höfen gegenüber, zum einen, weil er für arrogant und überheblich gehalten wurde, zum anderen, weil er das zwischenstaatliche Recht oder andere fürstliche Gepflogenheiten eben doch schon zu oft mit Füßen getreten hatte. Der Club der regierenden Häupter erkannte ihn nicht mehr als Mitglied an – und das wiederum war Friedrich bekannt. Vor allem deshalb scheute er denn auch vor den Monarchenkongressen zurück; es wäre ja möglich gewesen, daß die bei solchen Gelegenheiten ausgetauschten Förmlichkeiten nur dem Schokoladenüberzug geglichen hätten, der die Pille aus Bittermandelessenz umhüllt. Und deshalb sollte er sich solch unangenehmen Situationen aussetzen? Mit anderen Worten:

Seine Einsamkeit war keineswegs nur selbstgewählt, sie war auch selbstverschuldet.

Als vollkommener Eremit hat er jedoch trotzdem nicht gelebt. Auch dafür steht der Name Sanssouci.

Wer ihn ausspricht, denkt an Flötenkonzert, Tafelrunde, zwanglose Geselligkeit in heiteren, eleganten Räumen. Kristalleuchter überschütten bestickte Galaröcke und edelsteinflimmernde Damenroben mit Kaskaden von Lichtreflexen. Die Gespräche sind witzig, geschliffen, auf hohem Niveau, die Sprache Französisch. Zu den häufigsten Gästen des Königs gehören Jean Baptiste de Boyer, Marquis d'Argens aus Aix-en-Provence, von Beruf »Zeitkritiker«, seit 1744 Kammerherr und Akademiedirektor; Pierre Louis Moreau de Maupertuis aus der Bretagne, Physiker, Mathematiker und Philosoph, nunmehr Akademiepräsident; Francesco Algarotti aus Venedig, genannt »der Schwan von Padua«, Kunstkenner und Modeschriftsteller, jetzt Friedrichs Gesprächspartner, Arrangeur von Festen und, selten genug, sein Reisebegleiter. Als Vorleser beschäftigt der König ebenfalls Franzosen, den zu Hause als Atheist geächteten Kaufmannssohn De la Mettrie und den ehemaligen Gesandtschaftssekretär Darget. Seine erkorenen Lieblinge sind jedoch zwei Schotten: der von Friedrichs Verwandten, den Oraniern, ins Exil vertriebene Stuart-Anhänger Lord Marishal George Keith und dessen jüngerer Bruder Jacob, ein abenteuernder Militär, der sich auf allen möglichen Schlachtfeldern herumgetrieben hatte, ehe er in Potsdam ein ruhiges Plätzchen fand.

Um diesen Kern der »Tafelrunde« scharen sich noch eine Reihe weiterer Italiener, unter ihnen der katholische Geistliche Bastiani. Dazu kommen etliche Schweizer, ein paar Süddeutsche, Sachsen, aber kaum ein geborener Preuße. Es ist ein seltsames Sammelsurium von Menschen, eher durch Zufall zusammengeweht als nach bestimmten Kriterien ausgewählt. Und einigen der Königsgefährten mangelt es durchaus nicht an kauzigen Zügen.

D'Argens zum Beispiel verbringt den größten Teil seiner freien Zeit im Bett, weil er sich vor Erkältungen fürchtet, und ist derart abergläubisch, daß ihm schon ein umgefallenes Salzfaß den Tag verdirbt. Maupertuis hat die Neigung, aus seinen naturwissenschaftlichen Erkenntnissen die gewagtesten theologischen Thesen abzuleiten, um sie dann mit großem Wortaufwand zu verteidigen. Von dem »guten Mylord«

Keith hingegen ist vor allem überliefert, daß er an unheilbarem Heimweh nach Schottland litt, den König aber wieder an die menschliche Tugend glauben ließ, weil er auch dann noch bei ihm ausharrte, als er längst wieder dorthin hätte zurückkehren können.

Wie man in diesen Kreis hineingeraten konnte, belegen einige Anekdoten. Von Friedrich gefragt, ob es viele Adelige gebe, die, gleich ihm, an fremden Höfen herumspionierten, soll der Italiener Lucchesini erwidert haben: »So viele, Sire, als es deutsche Fürsten gibt, die töricht genug sind, ihnen Orden zu verleihen.« Die kesse Antwort brachte dem Marquis das Amt eines Bibliothekars mit 2000 Gulden Jahresgehalt ein. Den Umgangston an der königlichen Tafel beleuchtet hingegen die folgende Geschichte. Ein Tischspringbrunnen, der seine Dienste zunächst verweigerte, sprang plötzlich doch noch an, worauf Friedrich, an den Abbé Bastiani gewandt, bemerkte: »Nicht wahr, wenn das in einem katholischen Lande geschehen wäre, würde man es für ein Mirakel erklären.« Des Geistlichen Replik: »In Eurer Majestät Gegenwart schwerlich.« Friedrich soll sich entschuldigt haben. Er wollte ja nicht unbedingt das letzte Wort behalten, sondern lediglich als freier Geist unter anderen Freigeistern geistreich sein. Zumindest galt das so lange, bis es ihm gelungen war, einen anerkannten Geistesfürsten, »de posséder«, zu besitzen.

1750 kam sein Idol, François-Marie Arouet, der sich Voltaire nannte, nach Potsdam. Und da erst mußte es sich zeigen, welche Rangordnung nun wirklich galt an der Tafel von Sanssouci. Stand das Universalgenie über dem Herrscher, war es umgekehrt, oder bewegten sich beide auf der gleichen gesellschaftlichen Ebene? Anfangs hatte Friedrich noch erklärt, er hoffe, der große Franzose – Historiker, Dichter, Philosoph – werde sich nicht dem höfischen Reglement unterwerfen, sondern vielmehr herablassend genug sein, ihn, den König, als Ebenbürtigen anzuerkennen. Nachdem Voltaire Kammerherr geworden war, erfuhr dieser jedoch, daß solches Regelwerk eben doch zu respektieren sei. Wenn der König rief, mußte er kommen (weigerte sich freilich oft genug, es zu tun). Als Mitglied des Hofstaats hatte auch er zu »funktionieren«. Denkhilfe erwartete Friedrich von ihm, Aufhellung der geistigen und politischen Horizonte, Unterstützung also bei der Regierungsarbeit. Und im Streitgespräch mit dem Gastgeber durfte Voltaire keineswegs auf seinen höheren geistigen Rang bestehen, den nämlich beanspruchte Friedrich durchaus für sich selbst. Kurz und schlecht: es klappte nicht so zwischen den beiden, wie man nach ihrem langen, fruchtbaren Briefwechsel hätte annehmen sollen. Unter anderem dürfte dies ein Grund (von vielen) gewesen sein, der Voltaire bewog, schon 1753 Preußen wieder zu verlassen. Alle anderen Mitglieder der Tafelrunde hingegen hielten sich in Sanssouci, einmal weil es ihnen nicht in den Sinn kam, Friedrichs Anspruch, er sei auf jedem Gebiet der Erste, in Frage zu stellen, zum anderen weil es ihnen nicht gerade schlechtging an seinem Tisch.

Zwölf Köche arbeiteten für den König: Franzosen, Italiener, Russen, Briten und Deutsche. Jeder versuchte mit den Spezialitäten seiner Heimat zu brillieren. Vor allem liebte ihr Dienstherr es deftig: Aalpasteten, Schinken mit Kohl und ganz besonders das italienische Armeleutegericht Polenta aus Mais und Käse. Täglich punkt zwölf kamen nacheinander acht Gänge auf den Tisch, die meisten scharf gewürzt, dazu französische Weine oder Champagner. Gegen drei Uhr erschien der diensttuende Küchenchef, um sich loben oder tadeln zu lassen. Danach eine halbe Stunde Flötenspiel und endlich die Kabinettsräte mit den am Vormittag diktierten Ordres, Briefen, Verfügungen. Am späteren Nachmittag widmete Friedrich sich der Lektüre oder seinen eigenen schriftstellerischen Arbeiten, etwa der *Histoire de mon temps*, einer sehr offenherzigen Beschreibung der beiden Kriege um Schlesien – offenherzig deshalb, weil sie ursprünglich nicht für das breite Publikum gedacht war, sondern nur der Belehrung seines Nachfolgers dienen sollte.

Der Höhepunkt des Tages aber fiel auf den Abend, da wurde musiziert: zwei Violinen, Bratsche, Cello, Fagott und Klavier, dazu das Soloinstrument, die Flöte. Friedrich bevorzugte italienische Musik, spielte aber auch Werke deutscher Komponisten, etwa jene der bei ihm angestellten Brüder Graun. Von polyphonen Kompositionen, die jeder Stimme ihre eigene melodische Bedeutung zukommen lassen, hielt er wenig. Sein eigenes Instrument mußte stets dominieren, besonders bei den langsamen Sätzen, die es erlaubten, Gefühl zu zeigen und – möchte man zumindest vermuten – Mitgefühl einzufordern. Der preußische Kriegsheld galt als Virtuose der Adagios. Ein häufiger Besucher seiner Konzerte wollte beobachtet haben, daß er sie dennoch nie »ohne Zittern« vortrug. War es ihm denn so wichtig, daß seine

Zuhörer verstanden, was er ihnen mitteilen wollte? Etwa über sich selbst?

Elisabeth Christine, Friedrichs Frau, sollte Sanssouci nie von innen zu sehen bekommen, wohl verkehrten dort aber andere Damen. Eine von ihnen hatte der Schloßherr sich nahezu gewaltsam verschafft: die aus Parma stammende Tänzerin Barbara Campanina, genannt »die schöne Barberini«. Von einer Eskorte war sie über Böhmen nach Berlin geschafft worden, um fortan, für die fürstliche Gage von 12000 Talern, an der Oper unter den Linden aufzutreten. Ihr von Antoine Pesne gemaltes Bild hing über Friedrichs Schreibtisch. Bei allen Hofmaskenbällen pflegte er sie im Separée zu empfangen, und an den intimeren Gesellschaften in Potsdam, der »Konfidenztafel«, nahm die Parmesanerin ebenfalls teil. Zu den anderen Mitgliedern dieses Kränzchens gehörten eine Tochter des Generals von Schwerin sowie die Gräfinnen Dönhoff, Camas und Kannenberg. Kennengelernt hatte Friedrich das Quartett der adeligen Grazien bei seiner Schwester Amalie, und auch sie liebte er – auf seine Art.

Friedrich Wilhelms I. jüngste Tochter erlebte oder durchlitt während ihres langen Lebens zwei große Liebesaffären. Im Alter von siebenundzwanzig Jahren wollte sie unbedingt einen Wittelsbach, den Herzog von Zweibrücken, heiraten. Der Erkorene hätte auch gewiß seine Freude an ihr gehabt. »Die Prinzessin Amalie«, so eine Momentaufnahme aus dem Jahr 1745, »empfing die Huldigungen, die ihrer Schönheit dargebracht wurden; sie trug ein Korsett von schwarzem Atlas, das in weißer Seide gesteppt war, und darunter ein silbergesticktes Kleid. In diesem Kostüm stand sie da [auf der Terrasse von Schloß Oranienburg] und übte sich im Flötenspiel.« »Aber nein«, behauptet ein anderer Zeitgenosse, der britische Diplomat Hanbury-Williams, »Nero [Friedrich] gab ihr zu verstehen, daß sie nie heiraten dürfe. Er möchte, daß sie Äbtissin von Quedlinburg werden soll, was jährlich etwa 5000 Pfund abwirft. Das Geld soll sie dann in Berlin ausgeben.« So geschah es auch. Amalie trat dem lutherischen, zum zollernschen Erbbesitz gehörenden Damenstift bei – in der Absicht, es nie öfter als unbedingt notwendig zu besuchen. Zu dieser Zeit hatte ihr zweiter Geliebter schon eine zweijährige Kerkerhaft in der Festung Glatz hinter sich.

Friedrich Freiherr von der Trenck aus Königsberg war in seinen jungen Jahren Friedrichs erklärter Liebling gewesen. Er galt als brillanter Offizier, besaß Bildung und Geschmack, dazu den Körper eines Herkules. Nach seiner Rückkehr aus dem zweiten Krieg um Schlesien beging der Ostpreuße jedoch den unverzeihlichen Fehler, sich in Amalie zu verlieben und ein Verhältnis mit ihr einzugehen, das wahrhaft leidenschaftlich gewesen sein muß; es brachte ihn um Rang, Stellung sowie alle wohlverdienten Orden. Unter der Anschuldigung, er habe seinem Vetter, dem österreichischen Pandurenführer Franz von der Trenck, wichtige Informationen zukommen lassen, wurde der damalige Flügeladjutant verhaftet und eingesperrt. Doch Friedrich hatte den Mann unterschätzt.

An einem Januartag des Jahres 1747 sprang Trenck von der Glatzer Festungsmauer, tötete einige Soldaten, die ihn zu verfolgen suchten, und entkam nach Böhmen. 1749 setzte »Trenck der Pandur« den Vetter zum Erben seines riesigen Vermögens ein. Trenck der Preuße fuhr daraufhin nach Wien, nicht ahnend, daß Friedrich ihn die ganze Zeit über mit riesigem Aufwand hatte observieren lassen. Als der Verfolgte die weitere Unvorsichtigkeit begeht, das neutrale Danzig zu besuchen, wird er von Schergen seines ehemaligen Dienstherrn überfallen und, ohne Rücksicht auf geltendes Recht, in die Festung Magdeburg geschafft. Dort erwartet ihn eine enge, lichtlose, feuchte Zelle, ein Grabstein, in den sein Name eingemeißelt ist, und die ausgeklügeltste Martervorrichtung, die ein Menschengehirn ersinnen kann: gemauerter Schemel, auf dem er Tag und Nacht sitzen wird, um den nackten Leib einen eisernen, an der Rückwand festgeschmiedeten Reif, beide Gelenke in Handschellen, zwischen den Handschellen eine Eisenstange, die verhindert, daß eine Hand die andere berührt, an den Füßen schwere Ketten. Im übrigen vollkommene Isolation. Niemand spricht mit ihm, niemand beantwortet seine Fragen. Er lebt in seinem eigenen Grab. Wessen Idee? Etwa die des aufgeklärten Königs von Preußen? Wenn ja, woher rührt dieser abgrundtiefe Haß und diese barbarische Lust am qualvollen Tod eines anderen?

Abermals hatte Friedrich den ehemaligen Günstling indes unterschätzt. Jeder normale Mensch wäre in dem stinkenden Loch wahrscheinlich wahnsinnig geworden, nicht so Friedrich von der Trenck. Immer wieder gelingt es ihm, seine Fesseln abzustreifen und die Tür des Gefängnisses aufzubrechen. Immer wieder werden seine Ausbruchsversuche jedoch in letzter Minute vereitelt. Erst 1763 läßt man den zähen Häftling, ohne Angabe von Gründen, frei. Trenck schreibt eine dreibändige Autobiographie, die ihn berühmt macht, lebt in allen möglichen Ländern und reist 1794 ins revolutionsgepeitschte Paris, wo er, zwei Tage nach Robespierre, guillotiniert wird. Amalie ist zu dieser Zeit schon seit sieben Jahren tot, gestorben als halbblinde, halbgelähmte, zum Skelett abgemagerte Greisin. Bis zuletzt war ihr jedoch eines geblieben: die Liebe des Bruders.

Keine Frage: er hat geliebt, dieser König. Seiner älteren Schwester Wilhelmine Friedrike Sophie schrieb er einmal: »Ich habe auf Erden keinen besseren Freund als Dich, weshalb Du sicher sein kannst, daß ich Dir mein Herz öffne wie Gott allein.« Da die engste Gefährtin seiner Kindheit und Jugend 1731 mit dem Markgrafen Friedrich von Bayreuth aus der fränkischen Linie des Hauses Zollern verheiratet worden war, mußte Friedrich überwiegend brieflich mit ihr verkehren. Wilhelmine, in der ländlichen Residenz am Rande des Fichtelgebirges lebend, sehnte sich ebenso nach dem Bruder, wie dieser ihre Nähe vermißte. Und immer hoffte sie, es werde »eine Veränderung« eintreten, die es ihr erlaube, wieder nach Berlin zurückzukehren. Als es dann zu der Veränderung kam, zog die Markgräfin sich jedoch nur den Unwillen des Königs zu.

Markgraf Friedrich war den Reizen der Freiin von der Marwitz, einer Hofdame seiner Frau, erlegen. Um das offene Verhältnis der beiden zu beenden, verheiratete Wilhelmine die preußische Generalstochter kurzerhand mit einem Grafen Burghauß, was sofort des Bruders Mißtrauen erweckte. Burghauß stand in österreichischen Diensten, und Friedrich bereitete gerade seinen zweiten Krieg um Schlesien vor. Ohne auch nur nach den Motiven der Schwester zu fragen, drohte er an, die Marwitz enterben zu lassen, wenn Wilhelmine sie nicht umgehend nach Berlin schicke. Als diese sich aber weigerte, seinem Befehl nachzukommen, schrieb Friedrich nach Bayreuth: »Ein altes Sprichwort sagt, man solle die Leute nach ihren Taten, nicht nach ihren Worten beurteilen. Wenn dem so ist, dann kannst Du Dir leicht denken, was ich von Deinen Taten halte.« Der Draht zu Wilhelmine war gerissen. Erst während des nächsten Krieges, des Siebenjährigen, begann Friedrich der Schwester wieder sein Herz auszuschütten, so etwa nach der für ihn verheerenden Schlacht von Kolin. »Die schlechte

Kriegsführung meines Bruders [August Wilhelm]«, erfuhr sie umgehend, »hat mich genötigt, Leitmeritz [in Nordböhmen] aufzugeben, aber ich hoffe, seine Torheiten wieder gutmachen zu können, wenn das menschenmöglich ist.« Von seinen eigenen Fehlern kein einziges Wort.

Auch der Draht zu den beiden älteren Brüdern Friedrichs war damals längst gerissen. Keiner von ihnen hatte sich die »Freundschaft« des Königs auf Dauer erhalten können. Wem aber der König nicht Freund war, der lernte ihn als Feind kennen. Und seinem Haß, das mußte nicht nur Trenck erfahren, gab Friedrich der Große rückhaltloser nach als allen anderen Leidenschaften. Nach Kolin erfuhr dies August Wilhelm.

Preußens König war geschlagen worden wie noch nie zuvor. Seine reduzierten Streitkräfte reichten nicht mehr aus, Böhmen zu halten. In dieser Situation erreichte ihn auch noch die Nachricht, seine Mutter sei gestorben. »O Gott, o Gott«, schrieb er an Amalie, »welches Verhängnis für mich. Ich bin mehr tot als lebendig.« Dennoch mußten Entschlüsse gefaßt werden. Friedrich der Feldherr traf sie.

Er teilte sein Heer in zwei Korps. Das eine wollte er selbst nach Sachsen zurückführen, mit dem anderen sollte August Wilhelm in Richtung Lausitz abrücken, um Schlesien zu sichern. Als Stabschef teilte ihm der Bruder den fähigen Strategen Hans Karl von Winterfeldt zu. Davon indessen schienen auch die Österreicher Wind bekommen zu haben, denn sie verfolgten nicht den König, sondern dessen erkorenen Nachfolger – ihre Rechnung ging auf.

Von Daun unablässig bedrängt, verlor August Wilhelms Truppe eine Einheit nach der anderen, büßte nahezu seine ganze Fourage ein und erreichte die Festung Bautzen mit Mühe und Not. Wessen Fehler? Hatte der erfahrene Winterfeldt versagt oder der weniger erfahrene Prinz von Preußen? Winterfeldt gelang es, Friedrich zu überzeugen, nicht er trage die Schuld an dem Debakel, sondern August Wilhelm. So kam es zu einer Szene, die jedem, der sie miterlebte, kalte Schauer über den Rücken jagte.

Um August Wilhelm und seine Offiziere wurde ein sogenannter »Parolekreis« gebildet. Diesen Zirkel mußte Winterfeldt betreten, um den Angeschuldigten im Namen des Königs erklären, sie hätten alle verdient, daß sie vor ein Kriegsgericht gestellt würden, dessen Urteil ihnen die Köpfe kosten könne. Indes wolle ihr Herrscher so weit nicht gehen, weil er im General auch den Bruder sehe. »Der König«, berichtet ein Augenzeuge, »stand unweit des Kreises und horchte, ob Winterfeldt sich auch strikte der ihm befohlenen Ausdrücke bediene. Winterfeldt tat es, aber mit Schaudern, und er konnte den Eindruck seiner Worte sogleich sehen, denn der Prinz trat augenblicklich aus dem Kreis und ritt, ohne den König zu sprechen, weg.«

August Wilhelm zog sich nach Oranienburg zurück, in der Absicht, sein restliches Leben als Privatmann zu verbringen. Schon weniger als ein Jahr später war er jedoch tot.

»Nervenfieber«, befanden die Ärzte. Daß er von seinem königlichen Bruder öffentlich hingerichtet worden war, wagte niemand zu sagen – auch Heinrich nicht, der doch schon auf Friedrichs Niederlage bei Kolin einen Champagnertoast ausgebracht hatte.

II.

Friedrichs Sieg über die drei Damen

Auf einem Maskenball in Stockholm wurde am 17. März 1792 König Gustav III. von Schweden durch einen Schuß in den Rücken getötet. Rund vierzig Jahre später ließ sich der französische Stückeschreiber Eugène Scribe von dem Attentat zu einem Drama inspirieren, das wiederum Giuseppe Verdi für seine Oper »Un ballo in maschera« verwendete. Ehe das Werk aufgeführt werden durfte, mußte er aus dem Herrscher freilich einen amerikanischen Gouverneur machen, weil die italienische Zensur es nicht für angebracht hielt, das Volk darauf hinzuweisen, daß selbst gekrönte Häupter Anschlägen zum Opfer fallen können. In Berlin dürfte diese Verfügung ebenfalls begrüßt worden sein; Gustav war ein Neffe Friedrichs des Großen.

Die Mutter des Mordopfers, Luise Ulrike, drittälteste Tochter Friedrich Wilhelms I., hatte 1744 den damaligen Kronprinzen Adolf Friedrich aus dem Haus Holstein-Gottorp geheiratet und 1751 mit ihm den Thron bestiegen. Ein stabiler Sitz war dieser Sessel allerdings nicht. In dem nordischen Königreich ging die eigentliche Macht weniger von der Krone aus als von den in zwei Parteien gespaltenen Ständen. Eine davon, die Fraktion der »Hattar«, der Hütte, orientierte sich nach Frankreich hin, während die »Mässor«, die Mützen, mit Rußland liebäugelten, dem bedrohlich starken Nachbarn im Osten, der Schweden bereits einen Teil Finnlands abgenommen hatte. Mit dieser in ihren Augen unhaltbaren Situation gedachte die selbstbewußte Zollerntochter nun Schluß zu machen, und zwar durch einen Staatsstreich von oben. Bruder Friedrich in Potsdam, der davon Wind bekam, warnte vor dem Unternehmen – zu Recht, wie sich herausstellen sollte. Luise Ulrike und ihre Sympathisanten scheiterten auf der ganzen Linie. Die Macht der Hattar und damit der Einfluß Frankreichs auf Stockholm verstärkten sich noch mehr. Günstig für den Preußenkönig? Schließlich war er immer noch mit Versailles verbündet.

Auch zu Kaiserin Elisabeth von Rußland unterhielt Friedrich ein gutes Verhältnis. Die ebenso schöne wie lebenslustige Tochter Peters des Großen hatte des öfteren erklärt, an dem Preußen finde sie nichts auszusetzen, »und alles übrige kümmert mich nicht«. Wie auch anders? Schließlich war der russische Thronfolger Peter von Holstein-Gottorp-Romanow mit der Tochter eines preußischen Generals verheiratet, und Friedrich hatte diese Ehe praktisch gestiftet. Für derart gesichert hielt er deshalb seine Beziehungen zu Sankt Petersburg, daß Berlin nicht einmal einen Botschafter an den Zarenhof entsandte. Doch dann sollte sich eben dort eine Entwicklung anbahnen, die des Königs Lagebeurteilung vollkommen ad absurdum führte. Den Anstoß dazu hatte er selbst gegeben.

1755, noch im tiefsten Frieden, riet Friedrich seinem französischen Bündnispartner, gegen Hannover vorzugehen, den deutschen Stammsitz der britischen Könige. Was er sich davon erhoffte, blieb für alle Beteiligten schleierhaft. Die Franzosen weigerten sich denn auch, auf das Ansinnen einzugehen, wohingegen England sofort Schritte zur Sicherung des bedrohten Kurfürstentums unternahm. In Petersburg erschien jener Charles Hanbury-Williams, der den Zollern für einen zweiten Nero hielt, und bot der kaiserlichen Regierung Subsidien in Millionenhöhe an, wenn sie bereit sei, Soldaten zur Verfügung zu stellen, die, im Fall eines französischen Angriffs auf Hannover, vom Baltikum aus nach Niedersachsen verschifft werden könnten. Entsprechende Vorschläge hatte der Brite zuvor Maria Theresia gemacht. Erst am Hof der Zarin kam er jedoch zum Zug. Aleksej Bestuschew-Rjumin, Elisabeths allmächtiger Kanzler, zeigte niemandem die kalte Schulter, der bereit war, zunächst einmal seine eigenen Taschen zu füllen. Und die preußische Generalstochter Sophie von Anhalt-Zerbst, nunmehr Großfürstin Katharina und russische Thronfolgerin, hatte ständig enorm hohe Spielschulden, die ja irgendwie beglichen werden mußten. Mit einem Wort: das von England gewünschte Abkommen kam zustande, was wiederum dem österreichischen Geschäftsträger Nikolaus Graf Esterhazy ausgezeichnet ins Konzept paßte.

Der märchenhaft reiche ungarische Magnat geizte sowenig mit Geld wie der Brite, wenn es darum ging, Leute gleich Bestuschew für die eigene Sache zu gewinnen. Sein Auftrag aber lautete, das Zarenreich in eine möglichst allumfassende antipreußische Koalition einzubinden. Esterhazy war bereits auf dem besten Weg, das vorgegebene Ziel zu erreichen. Schon 1746 hatten die beiden Kaiserinnen vereinbart, gemeinsam aktiv zu werden, wenn Friedrich Österreich, Polen oder Rußland angreife. Für dieses auf eine reine Hypothese gegründete Defensivabkommen konnte jetzt möglicherweise noch England gewonnen werden, Österreichs Verbündeter in zwei Kriegen. Es hätte sogar die Möglichkeit eröffnet, das lockere Verteidigungsbündnis zur Offensivallianz auszubauen. Maria Theresia war längst wieder entschlossen, Schlesien um jeden Preis zurückzuerobern.

Obwohl Preußen keine diplomatische Vertretung in Petersburg unterhielt, war sein König über alles, was dort vorfiel, dennoch bestens informiert. Friedrich hatte den Kanzleichef des sächsischen Premierministers Heinrich von Brühl, eines seiner Intimfeinde, bestechen lassen. Von ihm – der Mann hieß Menzel – bekam er alle Depeschen zugespielt, die zwischen dem russischen, englischen und österreichischen Hof hin- und hergingen. (Dresden war eine Art Schaltstelle zwischen den drei Mächten und Sachsen bereits ein heimliches Mitglied der geplanten antipreußischen Koalition.) Schon 1753 konnte der Zollern bekanntgeben, was man ihm hinterbracht hatte; er tat es auf seine eigene Weise, mit einer Satire. Die später von Lessing ins Deutsche übertragenen »Trois Lettres au Public« waren, ihrem Titel zum Trotz, keineswegs offene Briefe an die Allgemeinheit, sondern verklausulierte Warnungen an jene Insider, welche von den Petersburger Intrigen wußten. Da aber mit derartigen Nadelstichen naturgemäß wenig bewirkt werden konnte, machte Friedrich noch einen, seiner eigenen Einschätzung nach, genialen diplomatischen Schachzug.

Onkel George II. in London wurde darauf hingewiesen, daß es doch etwas aufwendig sei, Hannover durch russische Truppen schützen zu lassen. Werde derselbe Zweck nicht erreicht, wenn England und Preußen sich verpflichteten, den Frieden in Europa aufrechtzuerhalten, einander nicht anzugreifen und gegen jede in Deutschland eindringende fremde Macht vorzugehen? (Als Kurfürst von Hannover gehörte der Welfe zu den höchsten Würdenträgern im Reich, war also keineswegs Ausländer.) Am Hof von St. James fand man Friedrichs

Vorschlag derart überzeugend, daß Anfang 1756 die »Konvention von Westminster« zwischen England und Preußen zustande kam. Der Zollern frohlockte: damit habe er den russischen Bären »an die Kette gelegt«. Er hatte seine Schulaufgaben nicht gemacht.

Friedrich war (immer noch) Frankreichs Alliierter und nun auch mit England im Bund. Wenn diese Konstellation getragen hätte, wäre ihm die Quadratur des Kreises gelungen. Anzunehmen, man könne beide rivalisierenden Großmächte in einem Boot unterbringen, grenzte an Naivität.

Schon seit 1754 lagen Paris und London wieder im Krieg miteinander, diesmal um das Ohio-Tal. (Die Annalen sprechen vom »French and Indian War«.) Zu Land waren die französischen Truppen im Vorteil, auf See die Briten. Ein weiteres Streitobjekt zwischen ihnen bildeten wiederum die Österreichischen Niederlande, das heutige Belgien. Hätte Frankreich sie gewonnen, wären England die kontinentalen Märkte praktisch versperrt worden und sein holländischer Partner auf dem Festland in große Not geraten. Gerade über dieses heikle Thema sprach zu der Zeit, da Friedrich mit London verhandelte, Georg Graf Starhemberg, Maria Theresias Gesandter am Hof von Versailles, mit Abbé Bernis, dem Vertrauten der Marquise de Pompadour.

Der Österreicher wußte, warum er sich nicht an den amtierenden Außenminister hielt, sondern an Ludwigs XV. »Maîtresse en titre«. Die mit einem ungemein klaren Verstand ausgestattete Pompadour beherrschte den König und haßte Friedrich, weil er es nicht lassen konnte, in aller Öffentlichkeit seinen Spott über sie auszugießen. Zudem ergab es sich, daß Starhemberg einige interessante Offerten im Diplomatengepäck hatte. Wenn Frankreich seine Verbindungen zu Preußen löse, bot er an, und der Zarin finanziell unter die Arme greife, könne seine Gebieterin sich eventuell entschließen, die Österreichischen Niederlande an Ludwigs Schwiegersohn Don Philipp von Spanien abzutreten. Was er damit bezweckte, verhehlte Starhemberg ebenfalls nicht: Preußen sollte von zarischen und habsburgischen Truppen überrollt werden, Frankreich sollte zusehen. Abbé Bernis und seine Gönnerin fanden die Vorschläge des Österreichers zumindest diskutierenswert. Anders Ludwig, der vielleicht kein begnadeter Herrscher, aber ein Ehrenmann war. Standhaft weigerte er sich, seinem preußischen Verbündeten in den Rücken zu fallen.

Kaum war das königliche Diktum jedoch aktenkundig, da erfuhr Ludwig vom Abschluß der Westminster-Konvention. Und sosehr sich Friedrichs Gesandter auch bemühen mochte, die Vereinbarung herunterzuspielen, er predigte fortan tauben Ohren. Ludwig war empört, Ludwig witterte Verrat, Starhemberg bekam Oberwasser. Abbé Bernis durfte auf einmal erklären, Frankreich werde den Österreichern und Russen nicht entgegentreten, wenn sie Preußen angriffen, um Schlesien zurückzugewinnen. Damit war eine Lawine losgetreten, die immer mehr anwuchs und binnen kürzester Frist über Friedrich hereinzubrechen drohte. Aus der noch formlosen Abrede wurde ein Verteidigungspakt, dann kam es zu ersten Gesprächen zwischen Rußland und Frankreich. Anfang Juni 1756 erfuhr Friedrich auf dem Umweg über Den Haag, Bestuschew und sein Pariser Kollege verhandelten nicht nur, sie seien sich, auch mit Österreich, schon so gut wie einig; spätestens im nächsten Jahr stehe ihm der Mehrfrontenkrieg ins Haus. Es war eine nahezu unglaubliche Nachricht.

Petersburg und Versailles – dieser Paarung haftete nichts Ungewöhnliches an; für sie galt das Motto: »Der Zweck heiligt die Mittel.« Habsburg und Bourbon hingegen – das kam einer Verbindung von Feuer und Wasser gleich. Seit 1477, dem Jahr, da der spätere Kaiser Maximilian I. Burgund erheiratet hatte, galten die jeweiligen Herrscher Österreichs und Frankreichs als erklärte Todfeinde, ihre Rivalität als die wichtigste politische Konstante in der europäischen Geschichte. Jeder, der zu behaupten gewagt hätte, die beiden Mächte könnten eines Tages zusammengehen, wäre als Narr verlacht worden. Nun zeigte sich, daß es so etwas wie ewig geltende historische Naturgesetze nicht gibt. Dennoch glaubten auch andere Zeitgenossen zunächst, sie hätten sich verhört, und gossen ihr maßloses Erstaunen in die Formel »renversement des alliances«, Umkehrung der Bündnisse – oder eigentlich: Zusammenbruch aller bestehenden Verhältnisse, Ende eines Zeitalters, wenn nicht der Welt. Diese Lage hatte Friedrich heraufbeschworen, als er versuchte, einen weiteren fundamentalen Interessenkonflikt zu überspielen, den zwischen der Kolonialmacht England und der Kolonialmacht Frankreich. Von ihnen konnte nun wirklich keine mit ein und demselben Partner koalieren. Den Gegensatz Habsburg–Bourbon hatte – offenbar von niemandem bemerkt, zu sehr war man an ihn gewöhnt gewesen – die Zeit überholt. Die Rivalität zwischen St. James und Versailles hingegen stand, trotz ihres ebenfalls ehrwürdigen Alters, noch immer in geradezu lodernder Blüte.

Doch andererseits: Wenn die zweite der genannten Politgleichungen noch galt, mußten dann, nach Friedrichs Vorstoß, Frankreich und England nicht einfach die Plätze tauschen? Bisher waren die Briten mit den Österreichern gegen den Preußen verbündet und Frankreich sein Alliierter gewesen. Nun ließ Ludwig XV. den Preußen im Stich; das sollte George II. doch die Chance bieten, nach dem Motto: »Der Feind meines Feindes ist mein Freund« dessen Platz an der Seite Friedrichs einzunehmen. Fürs erste konnte davon allerdings noch keine Rede sein. Selbst wenn Englands König Anstalten gemacht hätte, sich wirklich auf seinen Neffen zuzubewegen, wäre dies kaum von allen maßgeblichen Männern in Berlin mit Beifall aufgenommen worden.

Prinz Heinrich zum Beispiel, mittlerweile dreißig Jahre alt, gehörte zu den schärfsten Gegnern einer möglichen Allianz mit den Briten. Er hielt Frankreich für Preußens natürlichen Verbündeten und schrieb alle anderen von seinem Bruder angestellten Überlegungen den Einflüsterungen Hans Karl von Winterfeldts zu, mit dem ihn nichts verband als der Neid auf dessen Favoritenstellung bei Hofe. Im übrigen war Heinrich noch mehr in die französische Sprache und Literatur vernarrt als Friedrich selbst. Paris galt ihm als die geistige Hauptstadt Europas und Versailles als Musterbild absolutistischer Selbstdarstellung. Hätte er zu entscheiden gehabt, wäre das bestehende Bündnis mit Frankreich auf unbefristete Zeit verlängert worden. Doch Heinrich hatte nicht nur nichts zu sagen, der Bruder gewährte ihm auch keinerlei Einblicke in seine Geschäfte. Gleichwohl beklagte sich Friedrich gelegentlich über mangelnde Zuneigung des Jüngeren.

»Wie kannst Du«, schrieb er ihm etwa, »von mir Wärme erwarten, wenn Du selbst so kalt wie Eis bist?« Der Vorwurf läßt darauf schließen, daß Heinrich ihn zuvor selbst der Kaltherzigkeit geziehen hatte; offensichtlich war es beiden einfach nicht gegeben, vertrauensvoll miteinander umzugehen. Jeder von ihnen lebte in seiner eigenen, aus Eifersucht, Mißtrauen und heimlicher Rivalität gefügten Gefängniszelle. Die zwischen ihnen hin und her gehenden Briefe (von jenen Friedrichs sind weitaus mehr erhalten als von denen Heinrichs) müssen trotzdem zuweilen beinahe verzweifelten Bitten um etwas mehr Verständnis geglichen haben. Mit der Zeit verstummten indes selbst diese Hilferufe, und Friedrich kehrte nur noch den Vorgesetzten heraus.

»Monsieur«, schrieb er 1746, »da Ihr Regiment in vollem Zerfall war, hielt ich es für geboten, die Manneszucht in ihm wieder herzustellen; für meine Handlungen habe ich mich Ihnen gegenüber nicht zu verantworten.« Das war die Reaktion auf Heinrichs Beschwerde, der königliche Bruder habe ihn (wie später August Wilhelm) öffentlich gedemütigt, indem er einen gewöhnlichen Obersten beauftragt hatte, seine Einheit ›auf Vordermann‹ zu bringen.

Laut königlichem Befehl mußte der Prinz dann auch noch eine bereits von Friedrich Wilhelm I. angebahnte Ehe eingehen, wozu ihm, wie dem Bruder, alle Voraussetzungen fehlten. Wilhelmine von Hessen-Kassel war zwar hübsch, reich, gebildet und wurde vom ganzen Hof geschätzt – ihr Mann konnte dennoch kein Interesse für sie aufbringen. Schon nach kurzer Zeit schenkte er seiner Frau nicht mehr die geringste Beachtung. »Ich bin verletzt durch das Benehmen des Prinzen gegen mich«, vertraute die Hessin ihrem Tagebuch an, »dies aber um so mehr, als ich ihn zu meinem Unglück aufrichtig liebe.« In der Familie Zollern gab es eine zweite verheiratete Witwe – was Friedrich dem Bruder schwerlich hätte vorwerfen können. Ohnehin waren die beiden einander ähnlicher, als man aus ihrem gestörten Verhältnis schließen könnte, sogar in der äußeren Erscheinung: hager von Gestalt, mit knochigem, von der mächtig vorspringenden Nase und dem runden »Königsauge« beherrschten Gesicht, der eine wie der andere, dazu der stahlblaue »Zollernblick«. Und im Alter sollten sie auf ähnliche Weise verfallen.

Anfang 1756, als der König erkannte, in welch unhaltbare Situation er, nicht ohne eigenes Zutun, hineingeraten war, hatten sich die Brüder gerade so auseinandergelebt, daß der jüngere nicht einmal erfuhr, wie der ältere seine Probleme zu bewältigen gedachte. Friedrich tat, was Friedrich für richtig hielt.

Dank seinen Spionen glaubte er zu wissen, daß Österreich und Rußland spätestens im nächsten Jahr über ihn herfallen, Frankreich ihnen zur Seite treten und Sachsen sich dem Offensivbündnis anschließen würde, sobald es für das kleine Land opportun war. Demonstrativ ließ er deshalb die eigene Kriegsmaschine anlaufen, eine Geste, die schon ausreichte, ihm vorübergehend Respekt zu verschaffen; Preußens Militärapparat funktionierte immer noch mit wahrhaft furchterregender Präzision.

Wenig später wurde Friedrich dann hinterbracht, die Russen hätten Schwierigkeiten bei ihrer Mobilmachung, worauf er von neunundfünfzig Regimentern zweiundvierzig wieder aus ihren Bereitstellungsräumen abziehen ließ. Der günstigen Meldung folgte eine ungünstige jedoch fast auf dem Fuß. Österreich, lautete sie, ziehe starke Kavallerieverbände in Böhmen zusammen. Zwar meinte Andrew Mitchell, Londons Gesandter in Berlin, Maria Theresia wolle den »bösen Mann« in Potsdam nur aus der Deckung locken, um, wenn er auf ihr Manöver hereinfalle, den Beistand Frankreichs und Rußlands einzuklagen. Dieses Argument paßte Friedrich, dem seinerseits daran lag, die Briten nervös zu machen, allerdings nicht ins Konzept. »Sieht meine Nase danach aus, als wäre sie gemacht, um Nasenstüber in Empfang zu nehmen?« soll er Sir Andrew angefaucht haben. »Bei Gott, das werde ich mir nicht gefallen lassen. Die Dame will den Krieg, und sie wird ihn bald bekommen.«

Das Gespräch zwischen dem Briten und ihm hatte am 17. Juli 1756 stattgefunden. Zwei Wochen darauf machte Preußen abermals mobil, nunmehr im Ernst. Was das für sie bedeutete, wußten Friedrichs Generale schon seit langem: Durch Sachsen nach Böhmen, so lautete die Parole.

Heinrich, der, als hoher Offizier, zumindest in Friedrichs Strategien eingeweiht gewesen sein dürfte, glaubte trotzdem, der Krieg – und gar ein Angriffskrieg – könne noch immer vermieden werden. Man müsse sich nur an Ludwig XV. wenden, trug er vor, und von ihm eine Friedensgarantie erbitten. Wie realistisch oder utopisch des Prinzen Vorschlag war, muß dahingestellt bleiben. Bruder Friedrich jedenfalls überhörte ihn. Er hatte sich mittlerweile entschlossen, seine beste, ja, seine einzige wirklich gute Karte auszuspielen. Preußens Armee stand marschbereit in den vorgesehenen Ausgangsstellungen, die der feindlichen Allianz hingegen nicht. Österreich mußte also niedergeschlagen werden, ehe es seine Kräfte entfalten konnte; danach würde der noch langsamere russische Koloß an die Reihe kommen – das reiche Sachsen hatte der Preuße ohnehin schon immer haben wollen. Heinrich indessen glaubte ein weiteres Motiv für Friedrichs Angriffslust zu erkennen: persönliche Ruhmsucht.

Dennoch schrieb er, als die Würfel gefallen waren, nach Potsdam: »Vergib mir diese (früheren) Überlegungen, mon très cher frère. Ich maße mir nicht an, Deine Pläne zu durchschauen, aber ich wage Dir zu versichern, daß, mögen Deine Pläne sein was sie wollen, niemand ein so großes Interesse an ihrem Erfolg hat wie ich.« Des Bruders Antwort: Heinrich wurde umgehend zum Generalleutnant ernannt. Somit war er dabei. Und der große Wurf schien sogar zu gelingen.

Die sächsische Armee kapitulierte; sie wurde in die preußische eingegliedert; König August III. setzte sich nach Warschau ab. Im üppig ausgestatteten Dresdner Palais des Grafen Brühl verbrachte Friedrich einen sehr angenehmen Winter. Ob er völlig mit sich zufrieden war, ist dennoch eine andere Frage. Eigentlich hatte er schon vor dem ersten Schnee in Böhmen stehen wollen; das war mißlungen. Trotzdem trat für Rußland und Frankreich der Bündnisfall ein. Zu allem Pech spuckte dem Zollern dann auch noch ein Attentäter in die Suppe.

Am Nachmittag des 5. Januar 1757 verließ Ludwig XV. in Begleitung seines Sohnes das Große Trianon, um nach Versailles hinüberzufahren und dort eine erkrankte Freundin zu besuchen. Als er vor dem Lustschloß die Kutsche besteigen wollte, stürzte sich ein Unbekannter auf den König und stieß ihm sein Federmesser in den Rücken. Ludwig junior glaubte schon, es sei nun an ihm, den Thron zu besteigen, aber bereits am Abend konnte die Marquise de Pompadour nach Rom berichten, Majestät hätten nur ein wenig Fieber und würden mit dem Leben davonkommen. Was den Attentäter, einen Mann namens François Damiens, zu dem Anschlag bewogen hatte, wußte sie auch nicht, die Gelegenheit, vorübergehend selbst zu regieren, nahm sie jedoch wahr – für Starhemberg ein Geschenk des Himmels. Schneller, als der zum Zaudern neigende Ludwig es vermutlich getan hätte, ließ die Dame in Versailles die Dame in Wien wissen, Frankreich sei bereit, das bestehende Defensivbündnis zur Offensivallianz auszuweiten. Der Inhalt dieses sogenannten »Vertrages von Versailles« (später wurde ein zweiter geschlossen): Preußen sollte restlos unter die Koalitionäre aufgeteilt werden, Frankreich werde außerdem Belgien kassieren, Habsburg zum Ausgleich dafür einige italienische Provinzen erhalten. Paris würde sich an dem geplanten Unternehmen mit hundertfünftausend Mann beteiligen und Wien zwei Jahre lang mit zwölf Millionen Livres per annum unterstützen, während Österreich eine Million Rubel an

Rußland zahlte. Und noch schlimmer für Friedrich: der Offensivallianz traten nicht nur die meisten deutschen Reichsfürsten bei (unter ihnen sein ansbachischer Schwager Karl Friedrich Wilhelm, genannt »der wilde Markgraf« aus dem Hause Zollern), sondern auch Schweden, dessen Königin Luise Ulrike war. Das hatten »die Hüte« durchgesetzt. So bitter den Preußen diese Entwicklung anmuten mochte, ihr beinahe ironisch anmutender Aspekt entging ihm keineswegs: er, der erklärte Hagestolz, stand einem reinen Damenbund gegenüber. Öffentlich lustig gemacht hat er sich darüber freilich erst sehr viel später.

Auf der Kuppel des von Friedrich erbauten Neuen Palais in Potsdam stemmen drei Frauen eine gewaltige Königskrone in die Höhe. Eine von ihnen, behaupteten Berliner Lästermäuler, stelle Maria Theresia dar, die beiden anderen Elisabeth von Rußland und Madame de Pompadour. Alle wenden dem Betrachter ihr nacktes Hinterteil zu. Auf eine Darstellung der vierten in diesem Kränzchen, seine eigene Schwester, scheint der König pietätvollerweise verzichtet zu haben. Ohnehin war Luise Ulrike die einzige im Quartett, die ihm weder Haß noch Abscheu entgegenbrachte. Hingegen hatte sich Elisabeths anfänglich gute Meinung über den Preußen längst ins krasse Gegenteil verkehrt. Der (angebliche) Grund: er konnte es einfach nicht lassen, ihr ziemlich ausschweifendes Liebesleben auf ähnlich unflätige Weise zu kommentieren wie das der französischen Königsmaitresse. Noch ins Grab sollte er ihr nachrufen, sie sei »des Russen und des Kosaken Konkubine« gewesen.

Genau sieben Wochen nach dem endgültigen Zustandekommen des gegen ihn gerichteten Pakts erlitt Friedrich dann die Niederlage von Kolin. Es war eine Katastrophe, auf die er geistig eigentlich längst hätte eingestimmt sein müssen.

»Die großen Menschen«, glaubte schon der junge Friedrich zu wissen, »haben ihre Zeiten wie alles andere auch. Sie wachsen, sie halten sich vorübergehend im Glanze ihres Ruhms, um schließlich so zu vergehen, wie sie emporgekommen sind. Welche Erniedrigung für den menschlichen Stolz, jenen scheitern zu sehen, der durch den Siegeslauf seines Glücks unsterblichen Ruhm gewonnen hatte!« Im Alter wurde ihm diese Ahnung dann zur Gewißheit. »O Eitelheit der Eitelkeiten«, läßt er den Teilnehmer an einem »Totengespräch« ausrufen, »o Eitelkeit des Ruhms!« Man könnte annehmen, der mahnend erhobene Finger habe dabei auf ihn selbst gewiesen. Er meinte jedoch eines seiner großen Vorbilder, den Prinzen Eugen.

Während des Polnischen Thronfolgekrieges hatte der damalige Kronprinz Habsburgs berühmten Feldherrn persönlich kennengelernt und war erschüttert gewesen. Eugen, damals einundsechzig Jahre alt, litt unter derartigem Gedächtnisschwund, daß er es vorzog, den Gegner nur noch hinzuhalten, um seinen in siebzehn Schlachten erworbenen Ruf nicht durch eine achtzehnte zu gefährden, die möglicherweise verlorengehen konnte. »Sein Geist«, notierte Friedrich damals, »reicht kaum aus, ihn die alltäglichsten und untergeordnetsten Dinge des Lebens tun zu lassen.« Und schaudernd erkannte er, dieser Zustand müsse »als Beispiel dafür gelten, wie Gott die bedeutendsten Genies erniedrigen kann ... Man mag demnach stolz sein auf einen errungenen Erfolg, man mag sich schmeicheln lassen ... wir seien Halbgötter und die Erhabenheit unseres Geistes schütze uns vor Schiffbruch. Vorzeitige Vergreisung und die Gebrechen des Alters lassen solches aber dennoch mit unserem Verstand geschehen.« Leuten, fuhr er dann fort, die dies nicht einsehen wollten, sei deshalb am besten gedient, wenn ihnen stets ein Freund im Nacken säße, »der unablässig wiederhole: ›Gedenket des Prinzen Eugen, gedenket des Prinzen Eugen!‹«

War nun für ihn die Zeit gekommen, in der er einen solchen Mahner hätte gebrauchen können? Würde sein alles andere als robuster Körper die Mühsale überstehen können, die ihm bevorstanden? Und nicht zuletzt: Wie stand es mit der Stärke seines Willens, seines Verstandes, kurzum: seines Geistes? Ruhm hatte er einst gesucht und Ruhm gewonnen. Aber darum ging es nach Kolin nicht mehr. Statt dessen lautete nun die entscheidende Frage: Konnte er bewahren, was ihm zwei Kriege eingetragen hatte, keineswegs nur die »gloire«, sondern den Gewinn an Land und Leuten? Oder stand vielleicht schon seine ganze Existenz – als König von Preußen wie als Kurfürst von Brandenburg – auf dem Spiel?

Die gegnerische Allianz wollte ihn vernichten, daran war kaum noch zu zweifeln, und hier an der Elbe hatte sich gezeigt, daß er geschlagen werden konnte. Zu den »Halbgöttern« durfte er sich seither kaum mehr zählen noch sicher sein, daß ihm der geistige »Schiffbruch« erspart bleibe. War es deshalb nicht geboten, das Bild des vergreisenden Savoyers selbst immer wieder heraufzubeschwören, damit einem wenigstens bewußt blieb, wohin die Reise wirklich führen konnte?

Das freilich hatte er schon als zweiundzwanzigjähriger Jüngling vor Augen geführt bekommen und dennoch der Eitelkeit aller Eitelkeiten nachgegeben, der »Eitelkeit des Ruhms«. Nicht ahnen konnte der mittlerweile Fünfundvierzigjährige indes, daß sein Ruhm aus zwei brillant geführten Kriegen eines Tages nahezu nichts wiegen würde neben dem, der ihm während jener kommenden Jahre zufallen sollte, einer Zeit, in der Eitelkeit sinnloser Luxus gewesen wäre, weil Preußen wirklich ums nackte Überleben kämpfen mußte.

Den Briten ging es während des Katastrophenjahres 1757 nicht besser als ihrem einzigen kontinentaleuropäischen Partner. In den Forts am oberen Hudson drängten sich verzweifelte Kolonisten, Frauen, Kinder samt ihrer geretteten Habe. Mit Frankreich verbündete Indianer hatten die Farmen dieser Menschen überfallen und abgeschlachtet, was ihnen vor die Messer gekommen war. Auch die Palisadenwände der hastig errichteten Fluchtburgen konnten dem Ansturm der entfesselten Rothäute nicht immer standhalten. Wahre Pfeilhagel brachen auf die Verteidiger herab, in brennenden Blockhäusern starben Hunderte von Flüchtlingen. Wenig anders stellte sich die Lage auf dem indischen Subkontinent und im Mittelmeerraum dar. Der Gouverneur von Kalkutta übergab seine Stadt einer von Franzosen befehligten Hinduarmee. Auf Menorca mußte die britische Flagge eingeholt werden, nachdem Admiral Byng vor der Küste des Eilands eine vernichtende Niederlage erlitten hatte. Dann wurde William Augustus Duke of Cumberland auch noch von Frankreichs Marschall d'Estrées auf wahrhaft blamable Weise ausmanövriert. Das geschah rund fünf Wochen nach Kolin.

Bei Hastenbeck, südlich von Hameln, hatte der Bruder König Georges sechsunddreißigtausend Mann zusammengezogen, um einen Vorstoß der Franzosen gegen Hannover zu verhindern. D'Estrées gelang es jedoch, ihn so zu bedrängen, daß er die Schlacht für verloren hielt, obwohl sein anderer Flügel die Truppen des Marschalls bereits wieder zurückdrängte. Wochen später unterschrieb Cumberland einen Kapitulationsvertrag, der die welfischen Provinzen den Angreifern preisgab. Und fast zur gleichen Zeit wurde ein preußisches Korps bei Großjägersdorf in Ostpreußen von den Russen geschlagen.

Glück im Unglück jedoch: die anschwellende Flut von Hiobsbotschaften spülte an der Themse einen Mann nach vorne, der bei Hofe nicht eben beliebt war – unter anderem deshalb, weil er dem deutschen Sitz des Königshauses keine übertriebene Bedeutung zumaß. William Pitt, später »der Ältere« genannt, hatte die Kolonien und nur die Kolonien im Auge, vergaß darüber aber nie, wie sehr die Ereignisse in Übersee mit denen auf dem Kontinent verzahnt waren. »Kanada«, pflegte der damalige Staatssekretär des Inneren zu predigen, »wird nicht in Kanada, sondern in Schlesien erobert« – ein Satz, dem, zum Ärger des Hofes, auch die Mehrheit im Unterhaus zustimmte. Bevor es George II. gelang, den begnadeten Debattenredner, wie schon einmal, in der Versenkung verschwinden zu lassen, kam Friedrich der Große ihm zu Hilfe.

Die sogenannte Reichsexekutionsarmee, auch »eilende Reichshilfe« oder, aufgrund eines Druckfehlers, »elende Reichshilfe« genannt, sollte, mit französischer Unterstützung, die Preußen noch vor Wintereinbruch aus Sachsen vertreiben. Um das zu verhindern, zog Friedrich der bunt zusammengewürfelten Streitmacht mit einem relativ kleinen Truppenkontingent von Schlesien aus entgegen und konnte sie am 5. November 1757 zwischen Saale und Unstrut, nahe dem thüringischen Roßbach, stellen. Der Zollern, dem kurz zuvor gemeldet worden war, österreichische Truppen hätten Berlin besetzt und ausgeplündert, mußte sich, wie schon so oft, auf sein Improvisationstalent verlassen, denn die Angreifer waren ihm fast ums Doppelte überlegen. Anders als bei Kolin geriet es ihm diesmal zum Heil. Der gegnerische Oberbefehlshaber, Marschall de Soubise, unternahm einen zu leichtsinnigen Vorstoß auf die preußische linke Flanke; Friedrich erkannte den Fehler und nutzte ihn. Massiertes Artilleriefeuer fegte den heranrückenden Haufen auseinander, ehe er sich formieren konnte. Den Rest erledigten Friedrich Wilhelm von Seydlitz, Preußens jüngster General, und Prinz Heinrich. Der Rheinländer aus Kalkar ritt Soubises Leute in zwei furiosen Angriffen nieder oder trieb sie vor die Gewehre der von Friedrichs Bruder kommandierten Grenadierbataillone. Nach eineinhalb Stunden war alles vorbei. Das Gros der Franzosen zog sich bis Hessen, jenes der Reichsexekutive ins Fränkische zurück, was der deutschen Truppe einen weiteren Spottnamen, »Reißausarmee«, einbrachte, Soubise aber zu dem Ruf verhalf, er sei ein geborener Versager.

Friedrich hingegen konnte notieren: »Es ist ein Anfang des Glücks, aber ich brauche noch viel [davon].« Und diesmal wurde sein Stoßgebet erhört. Nach Roßbach vermochte Pitt die Briten davon zu überzeugen, daß es sich lohne, in den Preußen zu investieren. Dessen Vertreter am Hof von St. James bekam eine Million Pfund versprochen. Zugleich stockte England die eigenen Streitkräfte gewaltig auf, was ihre Kommandeure alsbald in die Lage versetzte, den französischen Trappern, Rothäuten und Admiralen das Heft wieder aus der Hand zu winden. Eigentlich hätte sein an der Unstrut errungener Sieg dem Zollern einen Ehrenplatz unter den Erbauern des britischen Empire einbringen müssen, doch dürfte er auf Lorbeeren solcher Art kaum erpicht gewesen sein. Schon wieder plagten ihn neue Sorgen; sein bester General, Hans Karl von Winterfeldt, war bei Görlitz gefallen, und die Österreicher rückten in Schlesien ein. Dort fand auch die letzte große Schlacht des zweiten Kriegsjahres statt.

Bis zum 5. Dezember 1757 war Leuthen nahe Breslau ein ziemlich unbedeutender Ort gewesen; nach diesem Tag war es ein Name, von dem Napoleon später sagte, er allein »würde hinreichen, Friedrich unsterblich zu machen«. Natürlich bezog sich der Korse auf die nach dem kleinen Dorf benannte Schlacht: drei Stunden Kampf – und Maria Theresias Armee existierte praktisch nicht mehr. Die Gesamtbilanz des so unglücklich begonnenen Jahres schien auf einmal unerwartet günstig auszusehen: Pommern gegen die Schweden gehalten, Ostpreußen, trotz Großjägersdorf, gegen die Russen, Schlesien gegen die Österreicher, Sachsen gegen die Franzosen. Des weiteren war eine Armee Ludwigs XV. aus dem Feld geschlagen, die Reichsexekutionstruppe für längere Zeit matt gesetzt und England plötzlich bereit, auf deutschem Boden aktiv zu werden. Daß trotzdem nicht alles zum besten stand, zeigte sich erst 1758, im Jahr der langen, strapaziösen Märsche.

Preußen hatte den Vorteil der sogenannten »inneren Linie«, der kürzeren Wege zur jeweiligen Front. Was das günstigstenfalls bedeuten konnte, läßt sich der Bilanz des dritten Kriegsjahres entnehmen: erst ein mißglückter Einfall nach Mähren, dann ein großer Sieg an der mittleren Oder über die Russen, zuletzt eine schwere Niederlage in der Lausitz gegen die Österreicher. Die wichtigsten Ortsnamen der ganzen Kampagne lauten: Olmütz, Zorndorf und Hochkirch. Sie markieren ein Dreieck, dessen längste Seite in Luftlinie immerhin knapp vierhundert Kilometer mißt. Solche Distanzen mußten, vom größeren Teil des Heeres, der Infanterie, zu Fuß bewältigt werden. Es läßt auf geradezu heroische Marschleistungen schließen, brachte unterm Strich aber keinen Gewinn, nur einen herben Verlust ein: Ostpreußen war in russischer Hand. Noch schlimmer kam es im nächsten Jahr.

Bei Kunersdorf wirft Friedrich in glühender Augusthitze seine Truppen fünfzehn Stunden lang wieder und wieder gegen eine von Russen und Österreichern besetzte Höhe auf dem rechten Oderufer nahe Frankfurt. Als die Russen endlich zu weichen beginnen, glaubt er den Sieg in der Tasche zu haben und fertigt einen Kurier nach Berlin ab, der die frohe Botschaft verkünden soll. In diesem Moment erkennt jedoch Gideon von Laudon, Maria Theresias bei weitem fähigster General, daß die preußischen Grenadiere zu Tode erschöpft sind. Blitzschnell gruppiert er seine eigenen Kräfte um, kommt den bedrängten Bundesgenossen zu Hilfe und überschüttet Friedrichs Soldaten mit einem Kartätschenhagel, dem auch frischere Truppen nicht gewachsen gewesen wären. Seydlitz, seit Roßbach und Zorndorf der Mann fürs Unmögliche, soll die Lage mit einer seiner berühmten Attacken herumreißen. Den stets makellos gekleideten Kalkarer reißt jedoch selbst eine Kugel vom Pferd; schwer verwundet muß er aus dem Feuer getragen werden. Ein österreichischer Kavallerieangriff bricht dann auch den letzten Rest des preußischen Kampfwillens. Haltlos wie noch nie zuvor fliehen die Angehörigen selbst der ruhmreichsten Regimenter. Wären sie verfolgt worden, Friedrich hätte am Abend dieses 12. August 1759 keine Armee mehr gehabt. Indes, sie werden nicht verfolgt. Peter Semjonowitsch Saltikow und Gideon Ernst von Laudon haben eine der größten Chancen verspielt, die sie je besaßen.

Jahresschlußbilanz, Passivseite: Dresden verloren und die Reichsexekutionsarmee doch wieder im Spiel. Aktivseite: Russen und Österreicher haben sich entzweit, Saltikow bezieht eine Stellung an der Weichsel, Laudon geht nach Schlesien zurück. Fast jubilierend spricht Friedrich vom »miracle de la maison de Brandenbourg«. Dank ihm kann er wenigstens sagen, an der allgemeinen Lage habe sich kaum etwas geändert, aber eben nur dank diesem Wunder des Hauses Brandenburg – und einigen anderen günstigen Entwicklungen.

Sein Schwager Ferdinand von Braunschweig, der Befehlshaber der britischen Armee auf deutschem Boden, hatte die Franzosen bis an den Rhein zurückgeworfen. Die Schweden glichen bestenfalls lästigen Stechfliegen, und dafür, daß es in Friedrichs eigenem Zuständigkeitsbereich nicht ganz so schlimm gekommen war, wie es hätte kommen können, zeichneten in erster Linie besonnene preußische Generale verantwortlich. Einer davon: Prinz Heinrich.

Trotzdem schreibt der König dem Bruder zu Beginn des Jahres 1760: »Der Kummer nagt an meinem Herzen. Vor allem entmutigt es mich, daß ich mit meinen Mitteln am Ende bin und keine Hilfsquellen mehr habe.« Heinrich ließ sich von solchen Tönen wenig beeindrucken. Ferdinand, dem jüngsten der Zollerngeschwister, gegenüber klagte er vielmehr: »Fritz hat uns in diesen fürchterlichen Krieg gestürzt, aus dem wir nur durch die Tapferkeit unserer Generale und Soldaten wieder herauskommen können … Alle meine Anstrengungen in diesem Feldzug, das Glück, das mir zur Seite stand – er hat sie zunichte gemacht.« Und warum wolle der König überhaupt noch weiterkämpfen? Aus Halsstarrigkeit, meinte Heinrich, aus Kriegslust. Daß Friedrich längst Friedensfühler ausgestreckt hatte, schien er nicht zu wissen.

Weshalb der Kampf auch nach Kunersdorf fortgeführt wurde, ist in der Tat nur schwer zu begreifen. Im September 1959 hatten die Briten Quebec erobert und damit Kanada gewonnen. Pitt konnte also durchaus mit sich zufrieden sein. Andererseits wußte Ludwig XV. nur zu gut, daß er an allen Fronten geschlagen war, weshalb auch ihm nicht nach weiteren Verlusten und Niederlagen zumute gewesen sein dürfte. Zumindest für diese beiden Parteien hätte es demnach Sinn gemacht, den Krieg zu beenden. Als England und Preußen einen Friedenskongreß anregten, wies der notorisch vertragstreue Bourbone jedoch auf Wien: er sei immer noch mit Österreich verbündet. Somit rückte Maria Theresia ins allgemeine Blickfeld. Ihre Reaktion fiel kühl aus; eine Empfangsbescheinigung für den britisch-preußischen Vorschlag war alles, was sie sich entlocken ließ. Wie standen die Dinge an der Newa?

Die Russen hatten eigentlich den geringsten Grund, sich weiterhin zu schlagen. Ihre Verluste bei Kunersdorf waren derart hoch gewesen, daß Saltikow hinterher stöhnte: »Noch so einen Sieg, und ich muß die Nachricht davon allein, mit dem Stab in der Hand, nach Petersburg bringen.« Die Soldaten der Zarin waren nicht nur schlecht ausgebildet und miserabel versorgt, sie dürften auch, weniger noch als alle anderen, begriffen haben, wofür sie in fremden Ländern herummarschieren und sich abschlachten lassen mußten. Zudem besaß ihre Herrscherin längst, was sie günstigstenfalls gewinnen konnte, nämlich Ostpreußen. Und nicht zuletzt gab es am Hof Elisabeths eine immer stärker werdende propreußische Partei, floß nach wie vor englisches Geld in Bestuschews (wie auch Katharinas) Taschen. Dennoch dachte die Zarin und Kaiserin nicht im Traum daran, ihre Truppen zurückzurufen oder mit Österreich zu brechen, im Gegenteil. Nahezu jeden Tag ließ sich die von Stoffwechselerkrankungen bereits schwer gezeichnete Frau in die Schloßkapelle tragen, wo sie um eine Siegesmeldung aus dem fernen Deutschland betete. »Wenn man doch die Güte haben wollte zu sterben«, seufzte der britische Geschäftsträger Charles Williams. Elisabeth indes blieb nicht nur am Leben, sie ließ auch den immer offener als Englandfreund auftretenden Bestuschew ins Gefängnis werfen und drohte der Thronfolgerin aus Anhalt-Zerbst eine ähnlich schwere Strafe an, wenn sie es weiterhin an der erwünschten Linientreue fehlen lasse. Ausländische Beobachter in Petersburg gewannen den Eindruck, die Zarin verdanke es überhaupt nur ihrem geradezu dämonischen Haß auf Friedrich, daß sie noch atme. Allen Widerständen zum Trotz harrte Elisabeth an Maria Theresias Seite aus.

Wäre es ein Bild, es könnte nur Staunen erregen: zwei Frauen von höchst unterschiedlicher Wesensart (die Position ihrer französischen Bundesgenossin, der Marquise de Pompadour, war längst nicht mehr so stark wie zu Beginn des Krieges) haben sich zusammengetan, um, koste es, was es wolle, einen Mann zu vernichten, der ihnen gegenüber in Wort und Tat ein wahres Übermaß an männlicher Arroganz herausgekehrt und sie damit zutiefst getroffen hat. Sicherlich verfolgen beide auch politische Ziele. Die Habsburgerin will Schlesien zurückbekommen und den preußischen Aggressor ein und für allemal ausschalten. Der Romanowa war suggeriert worden, Preußen könne das Zarenreich in seiner Expansionspolitik gegenüber Polen behindern, außerdem sei eine Verlängerung der russischen Ostseeküste bis Pillau oder Danzig höchst wünschenswert. Derlei Motive, besonders jene Elisabeths, rechtfertigen im beginnenden fünften Kriegsjahr allerdings kaum noch die für Rußland wie Österreich zu erwartenden neuen Verluste an Menschen und Material. Als Erklärung dafür, daß trotzdem weitergekämpft wird, taugt deshalb in der Tat nur jenes staunenerregende Doppelportrait mit Mann: hier die zwei unerbittlichen, in ihrem Stolz und ihrer Würde verletzten Rachegöttinnen, dort der zwischen den verschiedenen Fronten hin und her hetzende Preuße. Selbst wenn dieses Bild die Wirklichkeit nicht zutreffend spiegelte, vermittelte es dennoch einen Begriff von dem Drama, das Friedrich eröffnet hatte, als er seinen großen heldischen Auftritt suchte, und rückte zugleich das ganze Geschehen in eine nahezu mythische Perspektive.

Auch die Kulissen, vor denen agiert wurde, waren nicht mehr ganz dieselben wie zu Beginn der Auseinandersetzung. Damals, 1740, hatte man zur Not noch von einem Erbfolgekrieg, einer großangelegten Fehde um fürstlichen Familienbesitz, sprechen können. Nun, zwanzig Jahre später, standen zwei der beteiligten Dynasten bereits einigermaßen lädiert auf der Szene: George II., dem Pitt als Vertreter kapitalkräftiger Unternehmervereinigungen vorschrieb, wie er sich zu verhalten habe, und Ludwig XV., in dessen Land es schon vernehmlich zu kriseln begann. Zwischen Rhein und Oder aber wurde längst nicht mehr um verbriefte Rechtsansprüche dieser oder jener Art gekämpft, sondern um die Vormachtstellung im Reich. Wenn Preußen auch nur überlebte, hatte Habsburg seine alles überragende Position eingebüßt. Einem siegreichen Österreich hingegen würde Deutschland gehören. So gesehen, war der Siebenjährige Krieg unter anderem eine Fortsetzung oder Neuauflage der uralten Auseinandersetzung um die Kaiserkrone, ob Friedrich sie nun begehrte oder nicht. Und das wiederum heißt: er barg schon den Keim weiterer Auseinandersetzungen in sich (was vor allem deshalb behauptet werden kann, weil man ja weiß, wie es weiterging).

Immerhin: der Zollern scheint wenigstens gespürt zu haben, daß eine Art von wertemäßigem Quantensprung alle bisher geltenden Relationen verändert hatte. In seiner »Ode an die Deutschen« aus dem

Jahr 1759 gibt er sich jedenfalls ganz ungewohnt patriotisch: »Ihr gebt dahin das Land und seine Rechte, / Fremdlingen dienet Ihr als deutsche Knechte. / Wie werdet Ihr es einst beweisen, / Daß Ihr der stolzen Feinde Heer / Mit eigner Hand geschärft den Speer. / Der Fremde wird's nie redlich meinen.« Der Fremde? Klugerweise zielte Friedrich nicht auf die Kaiserin, sondern nahm nur Russen, Franzosen und Schweden ins Visier. Eben deshalb war das Gedicht freilich ein auch an die Österreicher gerichteter Vorwurf. Hatten sie diese Fremden nicht ins Land gerufen und waren doch ebenfalls »Deutsche«? (Zum Glück für ihn zogen seine Verbündeten, die Briten, es vor, einheimische Söldner für sich kämpfen zu lassen.) Daß man ihm den nationalistisch angehauchten Appell abnehmen würde, damit konnte Friedrich durchaus rechnen. Längst hatte nämlich seine letzte Verwandlung begonnen. Aus dem unerschrockenen Helden war eine allen Deutschen ans Herz greifende Erscheinung geworden: »Der alte Fritz«.

Am 24. Januar 1760 beging Friedrich seinen achtundvierzigsten Geburtstag, wäre aber schwerlich noch als ein Mann dieses Alters erkannt worden (schon gar nicht in einer Zeit wie der unseren, die knapp Fünfzigjährigen die Anwartschaft auf den entscheidenden Karrieresprung zubilligt). Wie viele seiner Vorfahren litt auch dieser Zollern an der Podagra (Fußgicht), an Gelenkrheumatismus und an faulenden Zähnen. Ohne Krückstock war er beinahe hilflos. Die Schmerzen zogen ihn regelrecht zusammen. Stärker denn je wurde das schmale, eingefallene Gesicht von den großen, runden Augen beherrscht. Die Strapazen der endlosen Märsche, die in ungeheizten, zugigen Bauernkaten verbrachten Nächte, ungezählte Attacken auf seine ohnehin bloßliegenden Nerven – alles das hatte des Königs eher zarte Konstitution bei weitem überfordert. Wenn er sich trotzdem noch nicht an den alternden Prinz Eugen erinnern lassen mußte, so nur deshalb, weil in dem verfallenden Leib nach wie vor ein hellwacher Geist und ein präzises Gedächtnis arbeiteten – zu seinem Glück und seinem Schaden. Intelligenz und Lust am Reflektieren (auch an der Selbstbespiegelung) ermöglichten es ihm, ja zwangen ihn sogar, sich und die eigene Lage wie mit den Augen eines Fremden zu betrachten, einzuschätzen, zu analysieren, vor allem aber andere über seine jeweilige Stimmungslage zu unterrichten. So wie er es in friedlicheren Zeiten gehalten hatte, hielt Friedrich es noch immer: in jeder freien Minute muß er geschrieben haben. Nicht nur Anweisungen, Botschaften oder politische Pamphlete in Gedichtform brachte er zu Papier, sondern auch historische Studien (so über Karl XII. von Schweden, dessen Lage nach der vernichtenden Schlacht von Poltawa seiner eigenen geglichen hatte). Vor allem schrieb Friedrich jedoch Briefe. Das heißt: er dachte laut.

Nach dem Eintreten des »miracle de la maison de Brandenbourg« erfuhr etwa der Marquis d'Argens: »Die Krise ist vorbei, aber vor dem Ende des Feldzugs wird es noch genügend schwierige Augenblicke geben. Mein Martyrium wird noch zwei weitere Monate dauern; erst dann werden Frost und Schnee es beendigen.« Und zu seiner geistigen Entwicklung teilte er mit: »In diesem Krieg habe ich mein Noviziat im Stoizismus absolviert; wenn er weitergeht, werde ich womöglich noch gleichmütiger und fühlloser als [der frühgriechische Philosoph und Selbstmörder] Empedokles oder Zenon [der Begründer der stoischen Lehre] persönlich.« Das klingt, als habe er versucht, auch Haltungen auszuprobieren, die es ihm erlaubten, sich selbst und der Welt gegenüber die gebotene Würde zu wahren. Der Freund in Potsdam sollte den Freund im Heerlager als illusionslosen Weisen sehen: gelassen, mit gekreuzten Armen blickt er dem Fatum ins Antlitz.

Sehr lange hält Friedrich die denkmalsreifen Posen indes nicht (immer) durch. Als sich, nach Kunersdorf, eine größere preußische Abteilung nahe dem sächsischen Maxen den Österreichern ergeben muß, gesteht er d'Argens: »Ich bin des Lebens nie so müde und überdrüssig gewesen wie jetzt. Beschuldigen Sie mich der Hypochondrie und machen Sie mir jeden anderen Vorwurf; ich gebe alles zu. Aber das Unglück der Vergangenheit wie jenes der Gegenwart und vor allem die Zukunft reichen aus, um Duldern wie mir das Dasein zu verleiden. Ich stöhne und schweige, mehr kann ich nicht tun.« Gleichwohl schreibt er selbst in dieser Stimmungslage Gedichte – und wird zur Diva, die züchtigen Blickes den umgehend gespendeten Beifall zurückweist. »Sie schmeicheln den Versen zu sehr. Wie sollten sie etwas wert sein? Meine Seele ist zu unruhig, als daß mein Kopf etwas Gescheites hervorbringen könnte. Der Mehltau der Niedergeschlagenheit breitet sich über alles, was ich schreibe und tue ... Das Leben wird wirklich ganz unerträglich, wenn man sich mit Kummer und Todesangst weiterschleppt; es hört auf, eine Himmelsgabe zu sein, und wird ein

Gegenstand des Schreckens, der an die grausamste Rache von Tyrannen erinnert.« Gedichte mögen ihm nach eigener Einschätzung nicht mehr gelingen, den hohen Tragödienton behält er bei.

Kein Zweifel, dieser Mann ist auch unablässig bemüht, sich selbst zu stilisieren. Aus dem mit seiner eigenen Ruchlosigkeit kokettierenden Angreifer von einst ist inzwischen ein schuldlos vom Schicksal gestrafter Märtyrer geworden. Ebenso tritt er der Welt entgegen: gebückt, gebeugt, geschrumpft, in schlampiger Adjustierung - der alte Fritz. Halb und halb ist diese schattenrißhafte Gestalt ein von ihm selbst geschaffenes Kunstprodukt, vielleicht sogar sein gelungenstes.

Auch der Schwester in Bayreuth soll Friedrichs neue Erscheinung nahegebracht werden. »Glücklich der Mann«, schreibt er ihr, »der als Unbekannter dahinlebt und von Jugend an auf jeden Ruhm verzichtet hat, der keinen Neid erregt, weil er im Dunkel lebt, dessen Glück nicht die Habgier der Schurken reizt. Aber meine Betrachtungen sind unnütz. Der Zufall der Geburt entscheidet. Ich glaube, daß, da ich nun einmal König bin, ich auch königlich denken muß, und es war mein Grundsatz, daß der Ruf eines Fürsten ihm teurer sein soll als das Leben.« Um Wilhelmine zu beeindrucken, müssen die alten Fanfaren noch einmal schmettern. Schon von Kunersdorf kann er der Schwester jedoch nicht mehr berichten. Im Jahr zuvor ist sie gestorben. Von den Ansprechpartnern in der eigenen Familie bleibt danach nur noch Heinrich übrig. Der freilich läßt sich noch immer nicht so leicht aus der Reserve locken.

Nach der Schlacht von Prag hatte der Ältere den Jüngeren angedichtet: »Hilf dem Staat in unserem Streite, / Eh' sein Ruhmesglanz erblindet. / Eh' er ganz in Nacht verschwindet, / Bruder, stehe uns zu Seite!« Als Heinrich aber vier Jahre später bat, in die Kriegspläne für die vorausliegende Zeit eingeweiht zu werden, kam es schon wieder zum Streit zwischen ihnen.

Friedrich hatte die Absicht, alle vorhandenen Kräfte zusammenzufassen und damit den jeweils gefährlichsten Gegner anzugreifen. Heinrich hielt dies für einen schieren »Rat der Verzweiflung«. Ihm schien es richtiger, an sämtlichen Fronten hinhaltenden Widerstand zu leisten, die Reserven zu schonen und die Magazine zu sichern. Denn, meinte er, »wenn wir schon untergehen sollen, dann müssen wir den langsamsten Tod wählen; wenn es lange währt, besteht immer die Möglichkeit, daß irgendwo etwas Unerwartetes auftaucht«, also etwas, das aus der Not hilft. Angesichts der herrschenden Lage (wie auch im Rückblick) erschien diese Strategie in der Tat als nicht unangemessen. Der immer noch auf seine Feldherrnkunst vertrauende Friedrich beharrte jedoch auf der einmal gefaßten Meinung. »Ich habe ein heftiges Fieber zu behandeln«, schrieb er zurück, »im äußersten Fall empfehle ich ein Brechmittel, Du empfiehlst ein Linderungsmittel.« Gegeben Ende 1761.

In den beiden vorhergegangenen Jahren hatten die Preußen zwei Siege gegen Österreich erfochten (bei Liegnitz in Schlesien, bei Torgau in Sachsen), hatten nur zwei Niederlagen erlitten (beide in Schlesien), zugleich aber den größten Teil Sachsens samt Oberschlesien und Kolberg in Pommern verloren. Außerdem war die Neumark von Russen verwüstet, Berlin zum zweiten Mal besetzt worden und die Armee praktisch ausgeblutet. Genaugenommen standen dem König weder Brech- noch Linderungsmittel zur Verfügung. Trotzdem konnte er sich in einem nächsten Schreiben an Heinrich als der geben, der recht behalten hatte: »Ich sende Dir die gute Nachricht, daß Tschernischew [Saltikows Nachfolger als Oberbefehlshaber der zarischen Armee] mit seinen Russen nach Polen zurückgeht ... Jetzt ist, Gott sei Dank, unsere Flanke frei. Es können also alle Korps, die Berlin decken, an anderer Stelle verwendet werden. Dieses große Ereignis wird auch die Schweden aus dem Krieg lösen, und so werden alle Truppen in Pommern und Mecklenburg zu meiner Verfügung stehen.«

Großes Ereignis? Was meinte Friedrich? Nichts anderes als das von Heinrich erhoffte »Unerwartete«. Am 24. Dezember 1761 war Kaiserin Elisabeth gestorben. Ihr Nachfolger, Peter Ulrich von Holstein-Gottorp-Romanow, nunmehr Zar Peter III., ein geradezu fanatischer Verehrer des Preußenkönigs, hatte der Armee sofort den Befehl erteilt, die Feindseligkeiten gegen seinen Abgott an allen Fronten einzustellen, sämtliche eroberten Gebiete einschließlich Ostpreußens zurückzugeben und die Seiten zu wechseln: ab sofort sollten zwanzigtausend Russen gemeinsam mit Friedrichs Truppen gegen die Soldaten Maria Theresias kämpfen. Man hätte es ein zweites (und noch größeres) »miracle de la maison de Brandenbourg« nennen können. Die bereits dem Untergang geweihte Dynastie der Zollern war in buchstäblich letzter Minute vom Grab zurückgerissen worden. Freute sich Heinrich wenigstens über das unerwartete Gottesgeschenk?

Auch er schrieb einen Brief – nicht an den König, sondern an dessen Kabinettssekretär. »Meine untergrabene Gesundheit«, las der verdutzte August Friedrich Eichel, »meine Sorgen, die Strapazen des Krieges lassen mir die Aufgabe, mit der ich vom König betraut wurde, als eine Last erscheinen. Wenn ich ihn hiervon eines Tages in Kenntnis setze, erwarte ich von Ihnen, daß Sie mir die ehrenvolle Behandlung verschaffen, die man in anderen Staaten denen angedeihen läßt, die Dienste geleistet haben. Ich schätze diese Dienste zwar nicht hoch ein, doch würde es dem König mehr schaden als mir, wenn er mich nach meinem Ausscheiden schlecht behandelte.« Heinrich, sollte das wohl heißen, gedachte, sich ins Privatleben zurückzuziehen. Seine jahrelang zurückgestaute Wut, seine Eifersucht auf den Älteren, sein Zorn über schlechte Behandlung und Hintanstellung bei den entscheidenden Beratungen – alles das machte sich im denkbar ungeeignetsten Augenblick Luft. Zweifellos hatte auch er die Kontrolle über seine Nerven verloren, aber diesem Umstand verdankte Friedrich wenigstens die Wahrheit über des Jüngeren Gefühle für ihn. (Heinrich fürchtete ja sogar, er könne vom eigenen Bruder in die Wüste geschickt werden wie irgendein unehrenhaft entlassener Kompanieführer.)

Dennoch reagierte der König unerwartet milde. »Es könnte sein«, wurde dem Bruder im Schlußsatz eines langen, vernünftig argumentierenden Briefes prophezeit, »daß Du eine bessere Gelegenheit bekommen wirst, Dich auszuzeichnen, als zu jedem früheren Zeitpunkt des Krieges.« Elisabeths Tod, das wußte Friedrich, hatte ihn nur vor dem völligen Untergang gerettet, aber Preußen noch lange nicht aus seiner Notlage befreit.

1760 war auch George II. von England-Hannover gestorben; der gleichnamige Nachfolger des Toten wollte unbedingt als Friedenskönig in die Geschichte eingehen; damit war auch Pitt entbehrlich geworden. Tatsächlich trat der Führer der Kriegspartei schon im Oktober 1761 zurück. Großbritannien schloß Frieden mit Frankreich und stellte umgehend die Zahlungen an Friedrich ein. Die nächste schlechte Nachricht lautete dann, am 17. Juli 1762 sei Peter III. ermordet worden, den Zarenthron habe seine Frau bestiegen – würde Katharina etwa das Damenbündnis mit Maria Theresia wieder ins Leben rufen? Die preußische Generalstochter schien sich einen Rest von Heimatliebe bewahrt zu haben. Ihr Kanzler bekräftigte alle territorialen und politischen Zugeständnisse Peters an Friedrich; nur die zwanzigtausend Mann Hilfstruppen wurden zurückgezogen. Der Zollern konnte aufatmen.

Jetzt noch zwei, drei harte Schläge gegen die Österreicher und deren Verbündete aus dem Reich. Damit, so sein Kalkül, müßte der Friede herbeizuzwingen sein. Das Glück blieb Friedrich weiterhin treu. Ein Sieg bei Burkersdorf in Schlesien, ein nächster, der den Preußen das 1761 verlorene Schweidnitz zurückbrachte. Endlich das letzte schwere Treffen des ganzen Krieges: Heinrich war gefordert.

Nahe der ehrwürdigen Bergwerksstadt Freiberg in Sachsen griffen Seydlitz und der Prinz am 14. Oktober 1762 die von aller Welt verspottete Reichsexekutionsarmee an – und wurden schmählich geschlagen. Auf Drängen des Königs versuchten sie es fünfzehn Tage später noch einmal – es wurde ihr glänzendster Sieg seit langem. »Der Feind«, meldet Heinrich ins königliche Hauptquartier, »leistete hartnäckigen Widerstand. Aber nach dreistündigem Widerstand mußte er sich aus allen Stellungen zurückziehen.«

Friedrichs Antwort: »Ihre Nachricht, mein lieber Bruder, hat mich verjüngt. Gestern war ich sechzig, heute bin ich achtzehn.«

Noch vor Jahresende kommt es unweit von Leipzig, in dem Jagdschloß Hubertusburg, zu Verhandlungen mit Österreich und Sachsen. Am 15. Februar 1763 wird der Friedensvertrag unterschrieben. Ergebnis: Alles bleibt, wie es war, Maria Theresia bekommt nichts zurück, Friedrich der Große behält, was er vor dem Siebenjährigen Krieg besaß. Österreich und Frankreich sind praktisch bankrott. Schweden ist aus dem Konzert der bedeutenden Mächte ausgeschieden. Als Sieger einer weltweiten Auseinandersetzung können sich – in dieser Reihenfolge – England, Preußen und Rußland betrachten. Der Inselstaat ist zur beherrschenden Weltmacht, Preußen zur europäischen Großmacht aufgestiegen; das Zarenreich aber hat sein politisches Gewicht derart nachdrücklich zur Geltung gebracht, daß es auch künftig nicht mehr übersehen werden kann (was dem Zollern ebenfalls noch zum Vorteil geraten soll).

Die Zahl der seit 1756 allein in Deutschland ums Leben gekommenen Menschen wird auf knapp eine Million geschätzt. Am 31. März 1763 läßt dann Friedrich in der Kapelle von Schloß Charlottenburg ein Te Deum von Johann Gottlieb Graun aufführen. Er ist der einzige Zuhörer. Beim Gloria beginnt er zu weinen.

Der von Krankheiten gebeutelte, mit allerlei Gebresten behaftete »Alte Fritz« von nunmehr einundfünfzig Jahren hat noch dreiundzwanzig weitere Jahre vor sich. Für jemanden, der so viele Anwandlungen von Todessehnsucht zu Protokoll gab wie dieser Mann, findet er am Leben noch immer erstaunlich viel Geschmack – was seine früheren Bekundungen etwas relativiert. Schon während des Siebenjährigen Krieges, in einer Zeit sogar, da es ihm besonders schlechtging, sagte Friedrich zu seinem literarischen Gesellschafter Henri Alexandre de Catt, wenn alles vorüber sei, gedenke er, 100 000 Taler per annum für sich zu beanspruchen. 12 000 davon werde er für Speisen und Getränke ausgeben, 20 000 seien für seine Liebhabereien, Bücher, Gemälde, Tabaksdosen reserviert (er war ein leidenschaftlicher Sammler dieser meist edelsteinbesetzten Pretiosen in Lack oder Emaille), den Rest, also 68 000 Taler, wolle er guten Freunden zukommen lassen. Der gekrönte Philosoph hegte demnach keineswegs die Absicht, seine Tage in erhabener Bedürfnislosigkeit zuzubringen. Nicht einmal dem Hang zu eher derben Genüssen schwor er ab. Nachdem der Friede endlich eingetreten war, frönte er ihm sogar mehr denn je.

Zwar behauptete Friedrich selbst, sein »Fras« sei »nicht Kostbahr aber Nuhr Delicat«. Besucher, die mit ansahen, was er alles in sich hineinstopfte, schüttelte es zuweilen trotzdem. »Heute den 30. Juni«, berichtet einer von ihnen, »habe der König sehr viel Suppe zu sich genommen, und diese bestand wie gewöhnlich in der allerstärksten und aus den hitzigsten Sachen gepreßten Bouillon« – was seinen Gaumen allerdings nicht zu befriedigen schien, denn er würzte sie zusätzlich mit großen Mengen von zerstoßenen Muskatblüten und gemahlenem Ingwer. »Danach«, so der Besucher, »aß er ein gutes Stück Bœuf à la Russienne – Rindfleisch, das mit einem halben Quart Branntwein gedämpft war.« Folgte die unvermeidliche Polenta, übergossen mit »dem Saft von ausgepreßtem Knoblauch. Und endlich beschloß der König die Szene mit einem ganzen Teller voll aus einer Aalpastete, die so hitzig und so würzhaft war, daß es schien, sie sei in der Hölle gebacken. Noch an der Tafel schlief er ein und bekam Konvulsionen … Die Köche«, folgerte der Beobachter (wahrscheinlich zu Recht), »waren seine gefährlichsten Feinde.« Ein anderer Teilnehmer an der Potsdamer Tafelrunde, der britische Gesandte James Harris, behauptete überdies, es sei »schwer, sich dem König zu nähern, ohne zu nießen«, denn fortwährend habe er aus einer riesigen Dose spanischen Tabak genommen und geschnupft; von diesem Pulver aber sei er derart eingehüllt gewesen, daß es auch anderen in die Nase gestochen hätte. Weitere Zeugen nahmen vor allem die Flecken wahr, die der »Spaniol« auf seinen Kleidern hinterließ. Friedrich selbst machte keinen Hehl daraus, daß es ihm behagte, so zu leben.

»Im Grunde«, hatte er seinen Freund Keith einmal wissen lassen, »sind der ganze asiatische Luxus, das Raffinement guten Essens, Wollust und Weichlichkeit zu unserem Leben nicht nötig. Wir könnten sehr gut einfacher und mäßiger leben – doch warum auf die Reize des Daseins verzichten, wenn man sie genießen kann? Die wahre Philosophie besteht nach meiner Meinung darin, sich den rechten Genuß nicht zu versagen, aber den Mißbrauch zu verurteilen. Man muß alles entbehren können und doch auf nichts verzichten.« Offenbar hatte sich der während des Krieges vorübergehend zum Stoiker gewordene König mittlerweile für eine andere Lehre entschieden, nämlich jene Epikurs. »Nicht der Jüngling ist selig zu preisen«, hatte dieser verkündet, »sondern der Greis, der gut gelebt hat.« Nur: Was hieß das eigentlich, »gut leben«? Für Friedrich scheint es bedeutet zu haben: den eigenen Launen nachgeben.

Als junger Mann war er auch ein Elegant gewesen; seine Galakleider hatten stets dem neuesten Pariser Schnitt entsprochen. Nun mußte alles, was er am Leib trug, nur noch bequem sein: weich der Hut, weit die Stiefel, locker die jahraus, jahrein getragene Uniformjacke; Wäsche kaufte der Alte Fritz überhaupt nicht mehr; er glaubte, mit dem, was er besaß, auf Lebenszeit auskommen zu können. Sein Unterzeug wurde also immer wieder geflickt – darum kümmerte sich Schwester Amalie – oder notfalls eben in löchrigem Zustand getragen. (Nach seinem Tod zeigte sich, daß er zuletzt nicht mehr als sechzehn Hemden besessen hatte. Für die gesamte übrige Garderobe des Königs erlöste ein Jude gerade 400 Taler.) Überdies soll Preußens Herrscher nicht eben besonders reinlich gewesen sein; und da er noch den Knoblauch liebte, erscheint es vorstellbar, daß die erwähnte Aureole aus Schnupftabak von einem etwas strengen Körpergeruch unterfüttert war. Zu seinen bedeutendsten Launen gehörte offensichtlich die, sich einfach gehenzulassen. Aber warum sollte er auch nicht? Schließlich war er, nach eigener Einschätzung, »le roi unique«, der einzigartige König, eines politisch saturierten Landes, vom Gott der Calviner, den er – keineswegs nur aus zollernscher Familientradition – für einen ganz akzeptablen Gott hielt, sichtbarlich ausgezeichnet und damit auch auserwählt. Ein Mann gleich ihm mußte der Welt kein Beispiel mehr geben; die Welt hatte ihn gefälligst so zu nehmen, wie er sich ihr zu präsentieren beliebte. Das könnte man seine Kardinallaune nennen.

Zu den übrigen gehörte, daß er sich seine engere Umgebung so zusammenstellte, wie es ihm gefiel; Leibpagen und Hofpagen, Leibjäger und Hofjäger, Kammerhusaren und Kammerlakaien mußten ihm ja auch als Familienersatz dienen. Wer dem König rein äußerlich zusagte, wurde eingestellt – ob Adelssproß oder Bürgersohn spielte keine Rolle. Und wenn die jungen Leute ihren Dienst einigermaßen ordentlich versahen, lohnte es der königliche Dienstherr auch mit einer Art väterlicher Fürsorge, zuweilen sogar mit weitaus mehr. Meinte zum Beispiel Michael Gabriel Fredersdorf, sein erklärter Liebling, er müsse »die [Kur-]Bäder gebrauchen«, so ließ Friedrich ihn meist vom eigenen Leibarzt begleiten. Freilich mahnte er den notorischen Hypochonder auch: »Mach doch ein Mahl ein Ende mit die Närrsche Quacksalberei ... Sonsten Crepirste meiner Sehlen aus puren übermuth.« Inzwischen war Fredersdorf tot, gestorben zu Beginn des Siebenjährigen Krieges, als geadelter Besitzer von nicht weniger als vier Rittergütern. Seine Stelle hatten die Kammerhusaren Schöning und Neumann eingenommen; sie sollten ebenfalls große Karriere machen. Schon während ihrer Lakaienjahre pflegte der König sie indessen fast wie Gleichgestellte zu behandeln; kaum ein politisches Geheimnis, in das sie nicht eingeweiht gewesen wären (hieß es zumindest). Aber wehe, einer der Bediensteten nahm sich zuviel heraus oder mißbrauchte das ihm entgegengebrachte Vertrauen – sofort lernte er dann die übleren Launen Friedrichs kennen.

»Vor wenigen Tagen«, notierte James Harris, »zerschlug er seine Flöte an dem Kopf eines Kammerhusaren, überhaupt ist er gegen seine Bedienung sehr freigiebig mit Püffen und Fußtritten.« Noch schlimmer ging es Leuten, die sich aus den in Friedrichs Räumen offen herumliegenden Geldrollen bedienten; sie wurden unter die Soldaten gesteckt oder wanderten gleich nach Spandau. Zuweilen genügte es allerdings schon, ein Liebesverhältnis zu unterhalten, um der königlichen Ungnade teilhaftig zu werden. Von Frauen wollte der erklärte Hagestolz weniger wissen denn je zuvor; diese Abneigung hatten – gefälligst – alle zu teilen, die unter seinem Dach lebten oder etwas von ihm wollten. Er machte daraus auch gar keinen Hehl. Als Generalmajor von Rothkirch, verdienter Teilnehmer an mehreren Feldzügen, für seine Tochter um Aufnahme in ein adeliges Damenstift nachsuchte, ward ihm der unverblümte Bescheid gegeben: »Er soll hübsch Jungens Machen, die kann ich alle unterbringen, aber mit Madams Weiß ich nirgends hin.« Völlig problemlos kamen eigentlich nur Hunde und Pferde mit dem »Abt von Sanssouci« zurecht.

Als Kronprinz hatte Friedrich sich Affen gehalten, in seinen späteren Jahren liebte er Biche, Alkmene, Phyllis, Thisbe, Pax, Diana, Amourette und Superbe – so hießen seine italienischen Windspiele; ihre Namen lassen darauf schließen, daß es keine Rüden waren. Die Favoritinnen unter ihnen, erst Alkmene, dann die berühmte Biche, wollte der König ständig um sich haben. Sie schliefen in seinem Bett und hatten einen Diener, der gehalten war, die Tiere in der dritten Person anzureden: »Seien Sie artig, Phyllis. Nun beruhigen Sie sich doch, Superbe«! Den Hofetat belastete jede Hündin mit zwei Talern Kostgeld im Monat, überwiegend ernährten sie sich jedoch von Friedrichs Tafel. Und ihre letzte Ruhestätte fanden alle, vom König oft bitterlich beweint, auf den Terrassen von Sanssouci; ohnehin soll das Schloß ebendiesen Gräbern seinen Namen verdanken. »Quand je suis là, je serai sanssouci«, sagte Friedrich zu d'Argens, als beide einmal an Alkmenes Grab vorbeikamen, »wenn ich dort bin, habe ich keine Sorgen mehr.« Auch er selbst wollte bei den geliebten Geschöpfen bestattet werden (ein Wunsch, der ihm erst mehr als zweihundert Jahre nach seinem Tod mit Hilfe eines deutschen Bundeskanzlers erfüllt wurde).

Ein anderer Liebling pflegte den König gelegentlich in seiner Wohnung aufzusuchen, was jedesmal dazu führte, daß hinterher die Bodenfliesen repariert werden mußten, denn er trug Hufeisen. Der Fliegenschimmel Condé gehörte zu den zehn Reitpferden, die ständig in Sanssouci standen und dort auch ihr Gnadenbrot verzehrten. Wenn Friedrich seinerseits das in vielen Schlachten erprobte Roß besuchte, was fast täglich geschah, wurde es mit Zuckerstückchen, Melonen und Feigen gefüttert. Ritt er aber auf Condé, bekam der gelegentlich einen Schlag mit dem Krückstock zwischen die Ohren, denn Sporen hielt sein Herr für reine Marterinstrumente.

Auf Condé ist der König auch gesessen, als Friedrich Ludwig August von der Marwitz ihn zum zweiten Mal in seinem Leben sah. Bei ihrer ersten Begegnung – da hatte der märkische Edelmann noch Kinderschuhe getragen – war er einem müden, verwahrlosten, dazu auch noch knurrigen und unwirschen alten Mann gegenübergestanden. Nun, acht Jahre später und ein Jahr vor Friedrichs Tod, erblickte er einen ordentlich gekleideten Herrn, der an der Spitze seiner Generale und Adjutanten durch die Straßen von Berlin ritt.

Sämtliche Fenster entlang der Wilhelmstraße, berichtet Marwitz, seien voll Menschen gewesen, »auf ihren Gesichtern ein Ausdruck von Ehrfurcht und Vertrauen, wie zu dem gerechten Lenker aller Schicksale«. Und jeden von ihnen habe der Alte Fritz gegrüßt. »Er beobachtete dabei eine sehr merkwürdige Stufenfolge, je nachdem die aus den Fenstern sich neigenden Zuschauer es zu verdienen schienen. Bald lüftete er den Hut nur ein wenig, bald nahm er ihn vom Haupte und hielt ihn eine Zeitlang neben demselben, bald senkte er ihn bis zur Höhe des Ellbogens herab. Aber diese Bewegung dauerte fortwährend, und sowie er sich bedeckt hatte, sah er schon wieder andere Leute und nahm den Hut wieder ab.« Ziel des königlichen Reiters war das Palais seiner Schwester Amalie, jener Frau, deren Liebhaber er einst so gnadenlos verfolgt hatte. Inzwischen ist die einstmals schöne Prinzessin zweiundsechzig Jahre alt, ist halbseitig gelähmt und nahezu blind.

»Auf zwei Damen gestützt... wankte [sie] die flachen Stiegen hinab, ihm entgegen. Sowie er ihrer gewahr wurde, setzte er sich in Galopp, hielt, sprang [ein dreiundsiebzigjähriger Mann!] rasch vom Pferde, zog den Hut, umarmte sie, bot den Arm und führte sie die Treppe wieder hinauf. Die Flügeltüren gingen zu, alles war verschwunden.« Die Menge aber sei noch lange Zeit entblößten Hauptes dagestanden, »bis jeder sich sammelte und ruhig seines Weges ging«. Kein Zweifel, diese Zuschauer waren überzeugt, einem erhabenen Vorgang beigewohnt zu haben, einer Szene aus dem Drama »Leben und Taten Friedrichs des Großen«. Und keiner dürfte auf den Gedanken gekommen sein, dessen Inhalt müsse lange hinterfragt werden – das hatte sein Urheber zuwege gebracht. Noch immer verstand er sich ja darauf, das Stück, etwa mit diesem gravitätischen Grußritual, auch wirkungsvoll darzubieten.

Die Schilderung des Freiherrn von der Marwitz vor Augen, könnte man dem Verdacht erliegen, Friedrich habe eigentlich nie etwas anderes angestrebt, als so auf der Szene zu stehen: im Blickpunkt Hunderter von Menschen oder sogar ganz Europas, der Held eines selbstgeschaffenen Mythos. Ja, möglicherweise sei es sogar von Anfang an seine Absicht gewesen, ein gänzlich unverwechselbares, nicht kopierbares Kunstwerk hervorzubringen. Und nur zu diesem Zweck habe er sich wieder und wieder gehäutet, habe eine Reihe kreatürlicher Zwänge und Bedürfnisse abgestreift wie lästige Hüllen, habe geistige Haltungen ausprobiert, als seien es Kostüme, und schließlich auch gängige Umgangsformen – überkommene Form überhaupt – zum Gerümpel geworfen, wodurch er sich aber nur auf das reduzierte, was er von Haus aus war (und immer hatte sein wollen): eben eine »unique«-Erscheinung. Träfe dies zu, hieße es freilich zugleich, die von Friedrich II. angestrebte gültige und endgültige Inkarnation seiner selbst sei nichts anderes als das eigene Ego gewesen. Und ihm allein habe er ein Leben lang gehuldigt.

Wohlgemerkt: es wäre keineswegs ein abwertendes Urteil, schon gar nicht nach den Maßstäben jener Instanz, die »Geschichte« heißt. Nur Männern nämlich, die auf der Suche nach sich selbst, rücksichtslos gegenüber allen anderen, menschliche Gesetze wie göttliche Gebote mißachtend, durch die Hölle gehen, nur solchen Männern wird zuweilen die Bezeichnung »der Große« zuteil. Friedrich ist dieser Titel in der Mitte seines Lebens zugeflogen. Dem »Alten Fritz« konnte er schon deshalb nicht mehr aberkannt werden, weil dessen Bild das durchschnittliche Begriffsvermögen vollends überforderte. Bereits zu Lebzeiten gehörte das so bezeichnete lebende Kunstgeschöpf halb und halb der Sage an. Zugleich schien der zusammengefallene, verhutzelte Mann aber auch ein König zum Anfassen zu sein (was ihn freilich nur noch mehr in die Sphäre des Märchens rückte).

Dem von ihm als Stilkritiker beanspruchten Voltaire gegenüber hatte Friedrich sich einst mit den Worten verteidigt: »Ich denke besser, als ich rede; meine Gedanken sind oftmals stärker als meine Ausdrücke.« Das traf auch auf nichtliterarischer Ebene zu. Er sprach, wie er dachte, und schrieb, wie er sprach, in miserablem Deutsch, doch gerade deswegen ist alles, was davon erhalten blieb, Originalton Friedrich Zwo.

Fredersdorf erfuhr: »Ich leide immer an der Nihre, Miltz und Leber, das alte Luder ist nicht mehr wehrt, als das der Teufel Holet.« Ein zum Rapport erschienener Kammerpräsident wurde angeschnauzt: »Womit hat Er sich so dickgefressen?« Als der Mann erwiderte, seine Leibesfülle rühre vom Sitzen am Schreibtisch her, erteilte der König ihm der Rat: »Herr, Er muß ... reiten.«

Auf Forderungen oder Vorschläge aber, die ihm nicht ins Konzept paßten, reagierte Preußens dritter König mit Randnotizen, die zuweilen kaum weniger grob waren als jene des zweiten: »Dummes Zeug!«; »Ist nicht klug!«; »Er Kan zum Teufel gehen.« Ein paar seiner Marginalien gerieten sogar zu stehenden Redensarten, so etwa die folgende ...

Das zuständige Ministerium hatte Mittel für die Instandsetzung der Langen Brücke über Spree und Spreeinsel angefordert; Friedrich beschied die Herren mit dem Satz: »Buchholtz hat kein Geld.« Das sollte zwar nur heißen, sein gleichnamiger »Hof-Etats-Rentmeister« sei gerade knapp bei Kasse, was auch jedermann so verstand. Gleichwohl machten die Berliner daraus das geflügelte Wort: »Da kennen Sie Buchholtzen schlecht.« Und natürlich ließen sich mit derlei Aussprüchen oder Anmerkungen auch regelrechte Legenden flechten.

Ein Mann namens Arnold, wurde später kolportiert, sei mit Friedrich über Kreuz geraten, weil seine knarrende Windmühle nahe Sanssouci des Königs Ruhe störte. Als Friedrich drohte, das lästige Ding abreißen zu lassen, habe der knorrige Mann dagegengehalten: »Ja, wenn kein Kammergericht wäre!« Dieser beliebt gewordenen Lesebuchgeschichte dürfte indes ein nicht erfundener, weitaus ernsterer Vorgang zugrunde gelegen sein.

Der historische Johann Arnold, Inhaber einer Wassermühle bei Pommerzig in der Neumark, weigerte sich, dem Grafen Schmettau die fällige Erbpacht zu bezahlen, weil jener es zugelassen habe, daß ein anderer Adeliger Karpfenteiche anlegte, die den größeren Teil des für seinen Betrieb notwendigen Wassers zurückhielten. Der Graf verklagte den renitenten Hintersassen beim zuständigen Bezirksgericht. Arnold wurde zu Gefängnis und Prügelstrafe verurteilt, sein Besitz versteigert. Davon erfuhr Friedrich.

Klassenjustiz witternd, beauftragte er umgehend die neumärkische Regierung und das Berliner Kammergericht, den Fall zu prüfen. Beide Instanzen befanden unisono, Rechtsbeugung liege nicht vor. Des Königs Reaktion glich einem Donnerschlag. Das sei doch, erklärte er aufgebracht, reine »Fickfackerei«, dieses »Federzeug«, die ausführenden Beamten und Richter, hätten seinen Namen »cruell [grausam] gemißbraucht«. Gelegenheit, darauf einzugehen, bekam keiner von ihnen geboten. Mit den Worten: »Marsch, Marsch! Seine Stelle ist schon besetzt!« wurde der für das Justizwesen zuständige Großkanzler samt fünf weiteren Räten aus dem Amt gejagt und dem Müller dessen Besitz, auf ihre Kosten, zurückerstattet.

In dem Blatt *Berliner Staats- und gelehrte Zeitung* aber erschien wenig später ein Artikel aus Friedrichs eigener Feder. Darin hieß es: »Ein Justiz-Kollegium, das Ungerechtigkeiten ausübt, ist gefährlicher und schlimmer wie eine Diebesbande ... vor denen kann sich kein Mensch hüten, die sind ärger wie die größten Spitzbuben.« Später stellte sich dann heraus, daß Arnolds Anschuldigungen gegen Schmettau auf ziemlich schwachen Beinen gestanden hatten – einer anderen Mühle, die zwischen dem Karpfenteich und der seinen lag, gebrach es durchaus nicht am nötigen Wasser –, doch da waren die Strafen der kassierten Staatsdiener bereits verbüßt, ihr Leben ruiniert und Friedrich in den Ruf geraten, ein unparteiischer Freund der kleinen Leute zu sein. Im übrigen enthielt der genannte Artikel auch die Mitteilung, »daß S. Majestät einen neuen Großkanzler ernannt haben«, nämlich den aus Heidelberg stammende Samuel von Cocceji. Dessen Aufgabe lautete: das preußische Gerichtswesen sei so zu reformieren, »daß alle Prozesse schleunigst geendet werden ... der Name der Justiz durch Ungerechtigkeit nicht profanieret ... [und] mit völliger Egalité [Gleichheit] gegen alle Leute verfahren werde«. Geschehe dies nicht, behalte der König es sich weiterhin vor, »nach Rigeur«, das heißt mit aller Strenge, gegen Richter und Gerichte vorzugehen. Getreulich hat Cocceji dem patriarchalischen Prinzip zur Geltung verholfen.

Als Vertreter ihres Herrn beherrschten preußische Richter fortan in gottähnlicher Machtvollkommenheit alle Verfahren, seien es Straf- oder Zivilprozesse. Die Parteien durften nur Fragen des Vorsitzenden beantworten; die Aufgaben der Anwälte wurden sogenannten »Justizkommissaren« übertragen; nicht einmal ihnen war es jedoch gestattet, vor den Schranken zu erscheinen. Das ging so von 1747 bis 1783; dann erkannte selbst Friedrich, daß es so eben doch nicht gehen konnte, und lockerte die Zügel wieder (ein bißchen). Nur an einem hielt er weiterhin fest, dem durchaus gesunden Grundsatz: »Gesetze müssen kurz und nicht weitläufig sein.« Einen ersten Entwurf des »Allgemeinen Landrechtes« lehnte der Zollern mit dieser Begründung ab.

Wie man daraus ersehen kann, war es nicht eben leicht, ein ganzes Land den eigenen Vorstellungen von dem, was recht und richtig sei, zu unterwerfen, oder, wie Friedrich selbst zu sagen pflegte, »Leute glücklich zu machen, welche es nicht sein wollen«. Gerade dies begehrte er jedoch zu tun. Im Staate Preußen sollten die Menschen sich – gefälligst – wohl fühlen. Fühlte ihr König sich etwa unwohl darin?

»Der Polarstern, um den eine Welt sich dreht, er selbst ruhig und unbeweglich in ihrer Mitte.« So sah Johann Wolfgang Goethe, damals Student der Rechte zu Leipzig, den in Sachsen weniger respektierten als gefürchteten Herrn des Nachbarlandes. Ähnlich könnte Friedrich sich auch selbst gesehen haben. Er war Achse und Antrieb eines ganzen Gemeinwesens. Ihn umkreisten, er bewegte Offiziere, Beamte, Hofbedienstete, Bauern, Soldaten, Unternehmer und Unternehmen. Sogar den Stunden, Tagen, Wochen, Jahreszeiten und Jahren schrieb er einen bestimmten Rhythmus vor; man hätte, was auch von seinem um zwölf Jahre jüngeren Zeitgenossen Immanuel Kant galt, die Uhr nach diesem König stellen oder seinen Terminplan als Kalender benutzen können. Stand er auf, war es im Sommer vier, im Winter fünf Uhr, erschien er auf dem Exerzierplatz, schlug exakt die elfte, wenn er auf seinem kargen Feldbett die Augen schloß, die zweiundzwanzigste Stunde des Tages. Den Beginn des Juni zeigte Friedrichs Aufbruch zur alljährlichen Inspektionsreise nach Pommern an. Majestät hielt sich vier Wochen lang in Schlesien auf: August. Bei Potsdam begannen die Manöver: man schrieb den 21. Die Manöver waren zu Ende: man schrieb den 23. September. Der König zog von Sanssouci ins Neue Palais um: Herbstanfang. Er begab sich nach Berlin und nahm seinen roten Domino aus dem Schrank: Karneval. Er ging nach Potsdam zurück: der Januar war vorbei. Mitte April bezogen Majestät wieder Schloß Sanssouci: man durfte von Frühling sprechen. Mußte eine Jahreszeit aber darauf verzichten, von ihm heraufgeführt zu werden, so hieß das: Fridericus Rex ist krank, sogar sehr krank, denn nur bei äußerstem Unwohlsein ließ er es zu, daß die Zeit sich selbst den Takt vorgab.

Ein besonders schmerzliches Datum für Preußens Minister war der Beginn der dritten Juniwoche. Friedrich kam aus Pommern zurück, die Ressortchefs hatten anzutreten, um ihre Jahresabschlußberichte vorzulegen. Jahr für Jahr lief dieses Ritual auf die gleiche Weise ab. Zum Halbkreis geordnet, warteten die Herren vor einer Tür in Sanssouci, durch die der König hereinkommen würde. Jahr für Jahr geschah es genau zur ausgemachten Zeit. Friedrich erschien, lüftete den Hut und musterte jeden vom Scheitel bis zur Sohle, als hätte er Rekruten vor sich. Dann prasselte ein wahrer Hagel von Fragen auf die gebeugten Häupter herab. Ist dies erledigt, jenes getan, das vorgegebene Ziel erreicht, wenn nicht, warum? Schon eine stockende Antwort – und der Examinator hob den Krückstock: »Herr, das sind leere Excusen [Ausreden]! Finde ich Ihn das nächste Mal wieder auf fahlem Pferd, so werde ich Ihn nach Spandau schicken!« Wenig gelinde fiel der Stock auf die Schulter des Angeredeten. Aber Gott sei dank, binnen kürzester Frist war alles erledigt. Der König schien sämtliche wichtigen Fakten im Kopf zu haben; er mußte nicht lange herumbohren, um zu erfahren, was Sache war.

Vor allem gehörte er auch zu jenen Zollern, die, wie etwa Albrecht Achilles, sein Vorfahr aus dem 15. Jahrhundert, oder sein Vater, der Sparsamkeitsfanatiker Friedrich Wilhelm I., hervorragend rechnen konnten – nicht nur in großen Summen, selbst in Pfennigbeträgen. Brannte auf seiner Abendtafel eine Kerze mehr als von ihm angeordnet – der zuständige Lakai wurde gröblichst gerügt. Erfuhr er, daß Dienstmägde irgendwo in der Provinz aus abgelegtem Linnen Zunder machten und damit den Herd anheizten – sofort ging die Anordnung hinaus, solche Verschwendung sei umgehend abzustellen. Sollte der große Friedrich etwa einer jener Erbsenzähler gewesen sein, deren es in seiner Familie ebenfalls nicht wenige gegeben hatte? Die Antwort lautet: ja schon – einerseits.

Andererseits erließ er beispielsweise, im Jahr 1769, eine »Cabinet-Ordre«, die es rechtfertigt, ihn als bedeutenden Innovator auf dem Gebiet des Geldwesens zu bezeichnen: das besagte Papier ist die Geburtsurkunde des Pfandbriefs. Friedrich muß dieses Finanzierungsinstrument sogar mit erfunden haben, denn bis dahin hatte man von der Möglichkeit, immobiles Kapital, vor allem Grundstücke, in mobiles Kapital umzuwandeln, noch kaum irgendwo systematisch Gebrauch gemacht. (Mittlerweile ist der Pfandbrief, zumindest in Deutschland, die weitaus beliebteste langfristige Anlage überhaupt.)

Weniger Glück hatte der Zollern hingegen mit einer anderen von ihm geschaffenen Institution. Da die Berliner »Finanzjuden«, an ihrer Spitze der aus Holland zugewanderte Veitel Heine Ephraim, sich immer wieder verweigerten, wenn der König sie für die Gründung einer bedeutenden Bank gewinnen wollte, rief er 1772 selbst ein solches Unternehmen ins Leben und nannte es – der in die Schiffahrt vernarrte Große Kurfürst ließ grüßen – »Preußische See-Handlungs-Gesellschaft«. Das neue Institut war fast nur mit königlichem Kapital ausgestattet; private Aktionäre erhielten kein Stimmrecht. Über die ausgegebenen Obligationen sollten Gelder vor allem in Friedrichs Staatskasse zurückfließen. Dank solchen marktfremden Vorgaben kam die Gesellschaft allerdings nur langsam voran. Die Gewinnzone erreichte sie erst Jahre nach des Königs Tod (bestand aber als »Preußische Staatsbank« bis 1945 fort, um danach von Hamburg aus »abgewickelt« zu werden – so hieß das schon damals).

Was ihren Schöpfer daran gehindert hatte, trotz guten Gespürs in Finanzdingen ein erfolgreicher Kapitalist zu werden, dürfte seine spezifische Vorstellung von Wirtschaft gewesen sein. Friedrich meinte, dem scheuen Reh Kapital Anordnungen erteilen zu können – wofür ihn sogar ein so zollernfrommer Historiker wie Otto Hintze mit dem grausenerregenden Schimpfwort »Staatssozialist« belegt. Gänzlich unangebracht ist diese Bezeichnung freilich nicht. In seiner See-Handlungs-Gesellschaft hatte der Zollern nie eine profitorientierte, selbständig agierende Bank gesehen, sondern so etwas wie die Schaltzentrale des Konzerns Preußen. Von dieser Chefetage aus sollte eine Reihe von staatlich lizenzierten Monopolgesellschaften angeleitet und überwacht werden. Deren Aufgabe wiederum hätte darin bestanden, das ganze Gemeinwesen auf streng statistischer Grundlage mit allen notwendigen Bedarfs- und Tauschgütern zu versorgen. Zustande gekommen sind jedoch nur eine Nutzholzgesellschaft zur Ausbeutung der staatlichen und städtischen Forste, eine »Kompanie« für den Levante-, den Mittelmeerhandel, ein »Kontor« für den Export nach und den Import von Rußland sowie die Emdener »Heeringskompanie«, gedacht zur Ankurbelung der Geschäfte mit Übersee. Sonderlich viel Erfolg war keinem dieser Unternehmen beschieden. Der Grund?

»Malice und Corruption«, böser Wille und Bestechlichkeit, zumindest nach Ansicht des Königs. Der Unfähigkeit seiner Beauftragten müde geworden, besorgte er sich schließlich Fachleute aus anderen Ländern.

Dem in solchen Dingen erfahrenen Franzosen de Launay wurde das Steuer- und Zollwesen übertragen – für ein hohes Gehalt plus Erfolgsprämie; der neue »Generalregisseur« muß ziemlich reich geworden sein. Zwischen 1766 und 1786 holten seine Agenten Überschüsse in Höhe von knapp vierundzwanzig Millionen Talern herein. Ebenfalls nach französischem Vorbild schuf Friedrich dann ein staatliches Tabakmonopol; jährliche Einnahmen: mehr als eine Million. Dazu kam 1781, als dritte fiskalische Milchkuh, das Kaffeemonopol; aber mit ihm gab es Schwierigkeiten. Die begehrten Bohnen wurden nur noch in Portionen von je 24 Lot (etwa 1200 Gramm) und zum Preis von einem Taler angeboten, mehr als zwanzigmal so teuer wie an der Nordseeküste. Die Folge? Schmuggel und Schwarzhandel begannen zu blühen. Wahre Heerscharen von Kontrolleuren, die sogenannten »Kaffeeriecher«, mußten auf das betrügerische Volk losgelassen werden, um dem Übel entgegenzusteuern, auch dies natürlich eine höchst unpopuläre Maßnahme – gleichwohl mehrte sie wunderbarerweise des Königs Popularität.

Als Friedrich unmittelbar nach der Gründung des dritten Regiebetriebs über den Werderschen Markt in Berlin ritt, stach ihm eine an die Wand gepinnte Karikatur in die Augen: er selbst als Alter Fritz, die Kaffeemühle zwischen den spitzen Knien. Gelassen sprach das Original den auf der Stelle berühmt gewordenen Satz: »Etwas niedriger hängen, damit die Leute sich nicht den Hals ausrenken müssen!« Die Leute lachten und zerrissen den Fetzen; das Kaffeemonopol blieb ihnen trotzdem erhalten – immerhin brachte es eine halbe Million per annum ein. Auch das Gesamtergebnis der »Regie« konnte sich durchaus sehen lassen: im Todesjahr des Königs (1786) lagen 55 Millionen Taler auf der hohen Kante. Wenn man bedenkt, welche Riesenbeträge er seit Ende des Siebenjährigen Krieges den laufenden Einnahmen hatte entnehmen müssen, um das weithin verwüstete Preußen wieder in Schuß zu bringen, war dies – »Staatssozialismus« hin oder her – eine geradezu märchenhafte Sparsumme.

Überhaupt: auf die altüberkommene zollernsche Weise hat Friedrich keineswegs schlecht gewirtschaftet. 1763 waren vierzigtausend

Bauernfamilien ohne Obdach gewesen, lagen an die achttausend Ortschaften in Trümmern, wurde das umlaufende Geld, dank mehrfacher Münzverschlechterung, nur noch zum entsprechend geringen Metallwert angenommen. Zwanzig Jahre später gehörte der preußische »Friedrichdor« zu den begehrtesten Zahlungsmitteln im deutschen Reich, waren zweihundertachtzig neue Dörfer gegründet und rund dreihunderttausend Nichtpreußen im Land angesiedelt worden. Große Teile des Oderbruchs und anderer Sumpfgebiete hatten sich in Äcker und Weiden verwandelt; die vom Militär verwalteten Vorratsmagazine bargen genug Lebensmittel, um mögliche Hungersnöte auszuschließen. Neugegründete Textilfabriken, Papierfabriken oder die Königliche Porzellan-Manufaktur in Berlin boten Arbeitsplätze für nachgeborene Bauernsöhne. In den schlesischen Bergwerken und Eisenhütten pufften schon die ersten Dampfmaschinen, Kanäle verbanden Berlin mit Stettin und Magdeburg, den Handwerkern ging es überwiegend gut, und die städtische Oberschicht übte bereits den Umgang mit Luxusgütern ein. Ob ein Hanseat, ein rheinischer oder süddeutscher Reichsstädter sich an der Spree rundum wohl gefühlt hätte, ist trotz alledem die Frage.

Der von Friedrich geschaffenen Kommandowirtschaft entsprach eine strikt obrigkeitsstaatliche Ordnung in sämtlichen übrigen Lebensbereichen. Von freier Entfaltung der Kräfte konnte auf keinem Gebiet die Rede sein; alles war reglementiert, kaum etwas ohne vorherige Genehmigung zu erreichen. Die Menschen erwarteten ihr Heil ausschließlich von der Regierung. Aber wen hätte das auch wundern sollen angesichts eines Herrschers, der selbst bei den geringsten Kleinigkeiten mitentscheiden wollte und dabei stets auf sein Recht des letzten Wortes pochte?

Nur um eines kümmerte Friedrich sich seltsamerweise nicht: um die Literaten im Land. Jedermann durfte schreiben, was er wollte; für die Presse galt der Grundsatz, »daß Gazetten, wenn sie interessant seyn solten nicht geniret werden müsten« (aber wehe, ein Journalist nahm das allzu wörtlich!). Die Dichter hingegen, soweit sie sich der deutschen Sprache bedienten, profitierten vor allem davon, daß der Zollern ihre Werke für Ausgeburten einer Nation hielt, »die bisher nichts verstand als essen, trinken und sich schlagen«. Wenn ihm Bücher aus einheimischer Produktion geschickt wurden, reichte er sie ungelesen an die Berliner Universität weiter. Blickte er aber doch in eines hinein, packte ihn meist das pure Entsetzen. Friedrichs Urteil über den »Götz von Berlichingen« etwa lautete: »Abominabel«, verabscheuungswürdig – was der junge Goethe nicht hatte voraussehen können, als er Friedrich mit dem Polarstern verglich.

Der Autor des Sturm-und-Drang-Stücks wiederum hat sich erst im Alter noch einmal gefragt, was Preußens Herrscher eigentlich für die Deutschen bedeutet habe. Er kam zu dem Fazit, vor allem ihre Dichter seien von Friedrich weniger beachtet worden als er von ihnen, was aber nur deren intellektuellen Widerspruchsgeist geweckt und so der Literatur doch genützt habe. Dem damals Sechzigjährigen erschien es offenbar unpassend, an einem Mann herumzukritteln, dessen Ruhm sogar den Glanz des habsburgischen Kaiserhauses überstrahlte. Schon seine Familie, erzählt er in »Dichtung und Wahrheit«, sei ohnehin »preußisch, oder um es richtiger zu sagen, fritzisch gesinnt« gewesen, »denn was ging uns [Bürger der freien Reichs- und kaiserlichen Krönungsstadt Frankfurt] Preußen an?«

Damit ist auch angedeutet, wie es, dank Friedrich, zum sogenannten »deutschen Dualismus« hatte kommen können.

Im Oktober 1757 – der Siebenjährige Krieg tobte seit knapp dreizehn Monaten – war Friedrich von Kaiser Franz I. aufgefordert worden, »binnen zwei Monaten erhebliche Gründe gegen seine Verurteilung wegen Reichsfriedensbruches vorzubringen, widrigenfalls solche Verurteilung ausgesprochen würde«. Wäre dies tatsächlich geschehen, hätte der Zollern sich praktisch als vogelfrei betrachten können, ein Geächteter, den jedermann straflos umbringen durfte. Achtundzwanzig Jahre später, im Juli 1785, mobilisierte Friedrich das Reich gegen Franzens Sohn, Kaiser Joseph II.

Um zu verhindern, daß der Habsburg die Österreichischen Niederlande gegen Baiern eintausche und so seinem Vielvölkerstaat eine altdeutsche Provinz hinzufüge, rief er, gemeinsam mit dreizehn Gesinnungsgenossen, darunter zwei Erzbischöfen, eine Organisation zur »constitutionsmäßigen Erhaltung des teutschen Reichssystems« ins Leben, den sogenannten »Fürstenbund«. Dessen Mitglieder vereinbarten, allen Veränderungen der bestehenden Ordnung, etwa dem Austausch von Staatsgebieten, aufs nachdrücklichste entgegentreten zu wollen, nach Möglichkeit mit juristischen, doch im äußersten Fall auch mit nicht verfassungsmäßigen »Mitteln und Maaßregeln«, sprich: mit Waffengewalt. Es war ein erster noch verschleierter Hinweis auf jene mögliche Sanktion, die einundachtzig Jahre später zum zweiten Mal gegen Habsburg verhängt und dann auch vollstreckt werden sollte: 1866 mußte sich die Donaumonarchie endgültig aus dem Reich verdrängen lassen. Der Fürstenbund allerdings konnte in der kurzen Zeit seines tatsächlichen Bestehens (formell wurde er nie aufgelöst) nur bewirken, daß Österreich auf Baiern verzichtete und solcherart, nolens, volens, den Zustand »deutscher Dualismus« anerkannte. Für Joseph II. war es bereits der zweite gescheiterte Versuch gewesen, sich des Nachbarlandes zu bemächtigen.

Eine erste Niederlage hatte er schon 1777 erlitten, unmittelbar nach dem Aussterben der Münchner Wittelsbacher. Karl Theodor von Pfalz-Sulzbach, designierter Nachfolger seines kinderlosen Verwandten Maximilians III. Joseph, wäre damals bereits gewesen, Niederbaiern samt der Oberpfalz gegen einige habsburgische Besitzungen am Oberrhein und in Oberschwaben einzutauschen. Das verhinderte jedoch – schon damals – der Zollern, indem er mit seiner Armee, auf wohlvertrauten Wegen, nach Böhmen marschierte und Joseph den sogenannten »Kartoffelkrieg« aufzwang, eine ziemlich ereignislose Kampagne, zugleich aber die letzte wichtige Auseinandersetzung, bei der es um das Adelsprinzip Erbfolge ging. Und noch etwas war bedeutungsvoll an diesem auch »Zwetschkenrummel« genannten Konflikt: beigelegt wurde er mit Hilfe einer in solchen Unternehmungen noch relativ unerfahrenen außerdeutschen Macht.

1779 zahlte es sich für den Zollern endlich aus, daß er fünfunddreißig Jahre zuvor seinen Freund Antoine Pesne beauftragt hatte, die damals fünfzehnjährige Tochter Christian Augusts von Anhalt-Zerbst zu portraitieren und das Bild an Zarin Elisabeth zu schicken, die gerade eine Braut für ihren Neffen suchte. Aus der preußischen Generalstochter mit Vornamen Sophie Auguste Friederike war mittlerweile die »Kaiserin von ganz Rußland«, Katharina II, geworden. Ebendiese Dame erbot sich nun, zwischen den streitenden Parteien zu vermitteln und den schließlich erzielten nach der schlesischen Stadt Teschen benannten Frieden, gemeinsam mit Frankreich, auch zu garantieren. Nicht zuletzt dank ihr konnte Friedrich nahezu alle von ihm angestrebten Ziele erreichen: der in Mannheim residierende Pfälzer Karl Theodor übernahm das ungeliebte baierische Erbe (mit Ausnahme des Innviertels, das an Habsburg fiel); Österreich blieb weiterhin vor der deutschen Tür. Vor allem hatte der Zollern jedoch eine Verbindung Berlin–Petersburg zustande gebracht, aus der unter seinen Nachfolgern (und bis hin zu Bismarck) geradezu eine Achse Berlin–Petersburg werden sollte. Es war nicht einmal sein erstes gutes Geschäft mit Katharina II. gewesen.

Bereits 1764 hatte er mit der Herrscherin jenes »vaste empire«, jenes Riesenreichs im Osten, von dem er annahm, es werde ganz von alleine immer größer werden, ein Bündnis abgeschlossen. Offiziell brachte es ihm zwar nicht mehr ein als die russische Garantie für Schlesien, doch enthielt das Papier auch mehrere ein gemeinsames Nachbarland betreffende Geheimklauseln. Die wichtigste davon lautete: dem instabilen Wahlkönigreich Polen dürfe niemals erlaubt werden, sich in eine stabile Erbmonarchie zu verwandeln. Es sollte weiterhin schwach und handlungsunfähig bleiben, denn die beiden kontrahierenden Mächte hatten längst ein begehrliches Auge auf das Gebiet zwischen Oder und Dnjepr geworfen. Katharina wollte (eigentlich) ganz Polen annektieren, Friedrich interessierte sich schon seit seiner Kronprinzenzeit für »la Prusse polonaise et Dantzig«, die Landbrücke zwischen Pommern und Ostpreußen.

Acht Jahre später brach in Polen ein Bürgerkrieg aus, dessen Fronten sich quer durch alle politischen und konfessionellen Lager zogen. Standesbewußte, auf ihr parlamentarisches Vetorecht pochende Adelige bekämpften einen zur Staatsreform entschlossenen König; orthodoxe und protestantische Christen begehrten gegen den allmächtigen katholischen Klerus auf. Waren angesichts solcher chaotischen Zustände Petersburg und Berlin nicht geradezu verpflichtet, mit ordnender Hand dazwischenzufahren? Katharina meinte, vorsichtshalber solle auch Wien noch in die Pflicht genommen werden; das geschah. Die drei Regierungen beschlossen jedoch keineswegs, den Urhebern der Wirren auf die Finger zu klopfen, sondern den Unruheherd etwas zu verkleinern. Im Jahr 1772 führte dies zur »Ersten Teilung Polens«.

Österreich nahm rund 85 000 Quadratkilometer in und um Ostgalizien; die Zarin ließ sich unter anderem Weißrußland überschreiben; Friedrich erhielt, was er begehrt hatte, etwa 35 000 Quadratkilometer zwischen der pommerschen Ost- und der ostpreußischen Westgrenze (allerdings ohne Danzig und Thorn). Flächenmäßig war sein Gewinn der geringste, aber qualitativ der wertvollste. Die habsburgische Vielvölkermonarchie zählte fortan auch noch zwei Millionen Ukrainer und Polen zu ihren Mitgliedern; die Zarin hatte knapp eineinhalb Millionen Untertanen lettischer und russischer Nationalität hinzugewonnen, der Zollern hingegen über dreihunderttausend meist deutschsprachige Bauern und Bürger. Doch vor allem konnte Friedrich nun von Potsdam nach Königsberg fahren, ohne sein eigenes Land zu verlassen, und somit endgültig darauf bestehen, daß er König *von*, nicht König *in* Preußen sei, wie einige Neider ihn noch immer zu nennen pflegten. Alles in allem hieß das: für ihn war der kaltblütige Raubzug politisch weitaus sinnvoller gewesen als für Österreich und Rußland; das wußte er auch. Als Grigorij Potjomkin, Katharinas Liebhaber und oberster Berater, 1782 eine zweite Teilung Polens anregte, winkte Friedrich voll Empörung ab. Preußen, erfuhr der Russe, gedenke sich an einem derartigen Unternehmen nicht zu beteiligen – aus moralischen Gründen.

Was in dieser Hinsicht aber den »Erwerb« der neuen Provinz Westpreußen betraf, so hatte sein König damit nur einer patriotischen Pflicht genügt. Unschuld im Blick, erklärte der Zollern, es könne nicht sein, »daß ein Land, das den [zu Thorn geborenen] Kopernikus hervorbrachte ... weiterhin in jener Art von Barbarei schmachtet, in welche es von mächtigen Tyrannen gestürzt worden war«. Selbst Voltaire, der solcherart belehrt wurde, mußte das doch einsehen.

Albrecht »Achilles«, der dritte zollernsche Kurfürst von Brandenburg, war auch mit dem Beinamen »Vulpus Germaniae«, Deutscher Fuchs, belegt worden, weil er es wie kaum ein anderer verstand, selbst seine skrupellosesten Unternehmungen mit ungemein biederen Argumenten zu rechtfertigen. Friedrich hätte eine ähnliche Bezeichnung ebenfalls nicht schlecht zu Gesicht gestanden; die beiden waren sich ziemlich ähnlich. Bedenkenlose Abenteurer, Glücksritter, begnadete Selbstdarsteller, der eine wie der andere; jeder davon überzeugt, ein scharfer Denker, Intellektueller und gerissener Diplomat zu sein – und alle zwei mehr als einmal haarscharf am Untergang vorbeigeschlittert. Freilich enden damit die Gemeinsamkeiten.

Anders als Albrecht von Zollern hat Friedrich II. von Zollern eine für Dynasten überaus wichtige Aufgabe nicht erfüllt. Der deutsche Fuchs zeugte neunzehn Kinder, Fridericus Rex hingegen kein einziges.

III.

Potsdamer Maitressenwirtschaft

Drei zollernsche Residenzen gab es in und um Berlin, doch von regem Kontakt zwischen ihnen konnte keine Rede sein; das lag vor allem an dem einsamen Alten in Potsdam. Nach Friedrichsfelde, wo sein jüngster Bruder Ferdinand mit Frau Luise, einer Tochter des (zollernschen) Markgrafen Friedrich Wilhelm von Brandenburg-Schwedt, recht glücklich zusammenlebte, fuhr er nur hinaus, wenn es dort wieder einmal eine Taufe zu feiern gab, also wenigstens sechsmal in seinem Leben. Von allen Söhnen Friedrich Wilhelms I. war Ferdinand der weitaus fruchtbarste. Er setzte zwei Mädchen und fünf Jungen in die Welt (Friederike, die Älteste, war während des Siebenjährigen Krieges geboren worden, da hatte der König nicht kommen können). Ansonsten ist von diesem Preußenprinzen eigentlich nur noch zu berichten, daß er gern und lange lebte, sich als General wacker hielt, aber kaum je hervortat, und im übrigen wohl nicht den Ehrgeiz besaß, in die Geschicke des Staates maßgebend einzugreifen. Ohnehin, meinte ein Brite, der Ferdinand kannte, wäre sein großer Bruder kaum auf den Gedanken gekommen, »ihm die Interessen der Familie Brandenburg anzuvertrauen«.

Noch älter als Ferdinand wurde seine Frau, eine Dame, der man nachsagte, sie hätte in der Blüte ihrer Jahre nicht wenige Anbeter zur Verzweiflung getrieben – ein durchaus glaubhaftes Gerücht: zu Luises Söhnen gehörte der später als Ausbund männlicher Schönheit und Frauenidol zu Ruf gekommene Louis Ferdinand von Preußen. Er wiederum, geboren 1772, war ein erklärter Liebling seines Onkels Heinrich.

Der mittlere der drei Brüder pflegte die Wintermonate im Berliner Prinz-Heinrichs-Palais zu verbringen, der heutigen Humboldt-Universität, zog sich aber bei Frühlingsbeginn sofort wieder nach Rheinsberg zurück, das Domizil des Älteren während seiner letzten vier Jahre als Kronprinz; Friedrich hatte ihm den abgelegenen märkischen Landsitz 1744 geschenkt. Auch unter seinem neuen Besitzer war das Schloß am Grienericksee eine Art Musenhof, zumindest soll es dort recht freizügig zugegangen sein und ein bißchen subversiv. Unter einem Dekkengemälde von Pesne, zwischen eher karg geschmückten Zimmerwänden oder in den über das Gelände verstreuten rindenverkleideten und strohgedeckten Holzhäusern, die als »Einsiedeleien« bezeichnet wurden, versammelte sich alles, was anderswo einen sozusagen normalen Königshof belebt hätte: Lebedamen und Lebeherren, Gesellschaftslöwen, Liebediener, Konversationskünstler, Glücksritter, neugierige Fremde von Geblüt, Abenteurer und Abenteurerinnen – alles in allem wohl eine Art von adeliger Boheme. Und natürlich wurden in diesem Kreis mit Vorliebe die Zungen gewetzt, die »mèdisance« alias Kunst der üblen Nachrede gepflegt, wurde gewitzelt, kokettiert, auch Geist versprüht und nicht zuletzt Kritik geübt – wem sie galt, ist unschwer zu erraten. Wer sich um Heinrich bemühte, tat gut daran, dem Abt von Sanssouci keine Kränze zu flechten. Das Verhältnis der Brüder zueinander war nach wie vor alles andere als harmonisch. Vergessen, so scheint es, die von dem Jüngeren gewonnene Schlacht bei Freiberg und des Älteren emphatischer Zuruf, dieser letzte preußische Sieg im Siebenjährigen Krieg habe ihn zum Jüngling werden lassen. Geblieben hingegen die wechselseitige Mißgunst zweier fürstlicher Egomanen: während der eine bemüht war, den ungetrübten Glanz des Ruhmes auf seinem eigenen Haupt zu versammeln, konnte der andere die Vorstellung nicht ertragen, er werde als Politiker und Militär unter Preis gehandelt. Daß sie einander auf geradezu frappierende Weise glichen, heben fast alle, die sie kannten, auch weiterhin hervor oder meinen sogar: aneinander geschirrt hätten Friedrich und Heinrich ein geradezu ideales Doppelgespann gebildet. Wahr daran ist, daß es dem Staate Preußen meistens gut bekam, wenn der eine von ihnen bereit war, dem anderen zuzuarbeiten, oder der andere es für geboten hielt, sich von diesem unterstützen zu lassen. Geschehen ist das jedoch nur selten; zumeist verhielten sich die beiden wie zwei altgediente Eheleute: über lange Zeit auf mißtrauische Distanz bedacht, dann wieder bereit, Gefühle und Stimmungen beinahe liebevoll miteinander zu teilen.

Als nach dem Tod Augusts III., des letzten Wettiners auf dem polnischen Thron, die Idee lanciert wurde, Heinrich von Preußen die verwaiste Krone anzubieten, erklärte Friedrich, ohne den Bruder selbst zu konsultieren, dessen Kandidatur würden weder Wien noch Petersburg hinnehmen (aber möglicherweise wäre Heinrich ja ganz gern König geworden). Als 1769 der jüngere Sohn des von ihm so schmählich behandelten August Wilhelm, sein Lieblingsneffe, im Alter von zwanzig Jahren starb, gab Friedrich sich einer geradezu leidenschaftlichen Trauer hin und wurde auf die mitfühlendste Weise von Heinrich getröstet. Im selben Jahr verfügte er, nach seinem Tod solle der Jüngere »den grünen Diamanten« erhalten, »den ich zu tragen pflege«, daneben Geld, Wein, Gläser sowie etliche Pferde samt einem Wagen. Wenig später konnte Heinrich dann beweisen, daß es ihm in der Tat möglich war, dem König mit seinen spezifischen Fähigkeiten dienlich zu sein. Obwohl er den Frauen sowenig zugetan war wie der Einsiedler von Sanssouci, verlangte Friedrich damals von ihm, er solle eine der mächtigsten Frauen Europas gewissermaßen becircen. Der entsprechende Versuch geriet dem damals Vierundvierzigjährigen denn auch beinahe zur Liebesaffäre.

Die polnischen Wirren, die von Berlin und Petersburg aus so sorgenvoll beobachtet wurden, drohten 1770 das Land der Schlachtschitzen zum ersten Mal ins Chaos zu stürzen; zudem hatten sie sich mit einem russisch-türkischen Krieg um die Donaufürstentümer Moldau und Walachei auf geradezu heillose Weise verzahnt. In dieser Situation wollte Katharina II. erfahren, wie die preußische Regierung zu der ganzen Angelegenheit stehe – wohl wissend natürlich, daß Friedrich dringend daran interessiert war, eine Landbrücke nach Ostpreußen zu gewinnen. Da sie nun gehört hatte, Heinrich beabsichtige, seine Schwester Luise Ulrike in Stockholm zu besuchen, wurde der Preußenkönig gebeten, ihm einen kurzen Abstecher nach Petersburg zu erlauben – natürlich konnte der sich ausrechnen, welches Thema in Zarskoje Selo, der kaiserlichen Sommerresidenz, aufs Tapet kommen würde. War es aber tunlich, sich dazu bereits jetzt zu äußern?

Friedrich schrieb dem Bruder einen Brief, dessen eigentliche Botschaft zwischen den Zeilen stand. »Sie [die Zarin]«, hieß es da etwa, »bittet mit solchem Eifer um Dich, daß ich glaube, Du kannst nicht ablehnen. Die Reise wird Dich wahrscheinlich wenig reizen, aber Du mußt aus der Not eine Tugend machen ... Du siehst ja, mein lieber Bruder, wie vorsichtig wir mit dieser Frau umgehen müssen ... Im allgemeinen wirst Du Dich um alles zu kümmern haben, was unsere Interessen angeht ... Bitte überbringe der Kaiserin meine schmeichelhaftesten Komplimente ... Ich verlasse mich auf Deine Fähigkeit, günstige Gelegenheiten, wenn sie sich bieten, zu ergreifen.« War das bei aller gebotenen Vorsicht schon deutlich genug? Friedrich hielt es für besser, noch hinzuzufügen, er beneide Heinrich um »die Bekanntschaft mit diesem kraftvollen Genie, das beinahe Peter den Großen übertrifft« und »der Arbeit seiner Vorgänger den Schlußstein einfügen wird«. Damit dürfte der Adressat nun wirklich gewußt haben, worauf es ankam: er sollte Katharina um jeden Preis für eine gemeinsame Politik mit Preußen gewinnen. Wie sich dann herausstellen sollte, war das gar nicht so schwer; auch Katharina benötigte Bundesgenossen, wenn sie der herkömmlichen zarischen Politik treu bleiben wollte, dem »Sammeln russischer Erde«.

In Petersburg wurde Heinrich wie ein alter Freund der Familie empfangen; man kannte sich ja. Der Zollern hatte die Kaiserin schon kennengelernt, als sie noch die Tochter eines armen preußischen Offiziers gewesen war. Bei irgendwelchen Festlichkeiten mögen die beiden damals sogar nebeneinander gesessen haben – altersmäßig lagen sie nur drei Jahre auseinander. Der Mann, zu dem Heinrich während der seither verstrichenen Zeit herangereift war, schien Katharina außerordentlich zu gefallen. Er wirke, schrieb sie ihrem Vertrauten Nikita Panin, nur äußerlich kühl und etwas steif, in Wirklichkeit sei er jedoch ein vollendeter Kavalier und kluger Gesprächspartner. Alles in allem gewinnt man aus ihren Briefen sogar den Eindruck, die im Umgang mit Männern nicht eben unerfahrene Herrscherin habe sich in den zurückhaltenden Preußen ein wenig verliebt. Schon nach wenigen Tagen teilte sie ihre ganze freie Zeit mit dem Gast aus Berlin und bestand darauf, daß er sie besuche, so oft es nur gehe und wann immer er wolle. Heinrich muß seinerseits von Katharina nicht weniger eingenommen gewesen sein als sie von seiner Person. Während der drei Monate, die er an der Newa blieb, sah man ihn fast täglich mit der Kaiserin reden, diskutieren, spazierengehen; ihre Ansichten in nahezu allen Dingen stimmten überein. »Oft öffnen wir den Mund im gleichen Augenblick, um dasselbe zu sagen«, erfuhr Panin. »Vielleicht ist das eine Erklärung dafür, daß er meine Gesellschaft so schätzt ... Er ist ein Held, der mir seine reiche Freundschaft geschenkt hat.«

Friedrich verfolgte das Techtelmechtel aus der Ferne, so gut es eben ging. Besorgt schrieb er nach Petersburg, es wäre ihm eigentlich angenehmer, den Bruder in Berlin zu wissen als »unter den Barbaren«. Und er fügte hinzu: »Selbst die zahmsten Löwen zeigen oft Spuren ihrer angeborenen Wildheit, ich könnte mir denken, daß es bei den Russen ebenso ist.« Aber dann beruhigte er sich wieder: »Du warst in guten Händen« – während er mit Amalie über ihn sprach –, um sich gleichwohl den etwas maliziösen Satz nicht zu verkneifen: »So brauchst Du Dich um Deinen Ruf nicht zu sorgen.« Dem König wurde wieder einmal klar, was er an Heinrich hatte, und der wußte sehr wohl, wie sein eigentlicher Auftrag lautete. Als das Gespräch in Zarskoje Selo auf die Österreicher kam, die den Polen gerade dreizehn Städte in der Zips am Fuß der Hohen Tatra mit einer höchst fadenscheinigen Begründung abgenommen hatten, sagte Katharina: »Ja, es scheint, daß man sich dort nur zu bücken braucht, um etwas aufzuheben.« Spätestens zu diesem Zeitpunkt dürfte Heinrich klargewesen sein, daß die Zarin mit von der Partie sein würde, wenn sich eine günstige Möglichkeit bot, das zwischen Preußen, Rußland, die Donaumonarchie (und die europäische Türkei) eingeklemmte Land ein wenig zu berauben.

Nach seiner Rückkehr an die Spree avancierte Heinrich dann zu einer Art Sonderberater in Sachen Rußland/Polen, hielt die Verbindung mit Petersburg aufrecht und verfaßte oder redigierte alle wichtigen Botschaften, die an die Zarin abgingen, wobei er offensichtlich auch recht angenehme Erinnerungen verarbeiten konnte. »Ich denke«, teilte er Katharina einmal mit, »ohne Unterlaß an die Zeit ... in der ich täglich neue Beweise Ihrer Aufmerksamkeit empfing.« Umgehende Antwort aus Petersburg: »Ihre Freundschaft ist mir kostbar, denn einer Ihrer schönen Vorzüge ist die Aufrichtigkeit.« Der ganze Briefwechsel läßt erkennen, daß Heinrich der eigentliche Motor des Unternehmens »Polnische Teilung« war. Auch Katharina scheint das so gesehen zu haben. Als alle drei Mächte ihre Beute eingesackt hatten, schrieb sie ihm: »Dank Ihrer Anstrengungen werden eine Reihe von Völkern sich für lange Zeit süßer Ruhe erfreuen.« Wie Kaiser Joseph II. und Friedrich war auch die Zarin eine ausgesprochene Menschenfreundin.

Heinrich aber blieb auch noch während der nächsten Jahre Friedrichs Rußland-Beauftragter. Er vermittelte in einem Zwist zwischen seinem schwedischen Neffen Gustav III. und der Kaiserin von ganz Rußland, verhalf Paul Petrowitsch, Katharinas Ältestem, zur Heirat mit Wilhelmine von Hessen-Darmstadt, reiste 1776, mit dem Gefühl, er »sei noch ein Jüngling«, erneut an die Newa, traf dort ein, als die junge Hessin gerade gestorben war, und wurde gebeten, den Thronfolger ein weiteres Mal aus der »zarischen Stuterey« (so hatte Peter der Große Deutschland genannt) zu versorgen, was er umgehend tat. Sophie von Württemberg hieß die nächste von ihm erkorene Prinzessin; wie Wilhelmine war auch sie mit den Zollern verwandt – die spätere Achse Berlin–Petersburg schien sich bereits abzuzeichnen. Das täuschte jedoch; 1780 erlag Katharina für längere Zeit dem Charme Josephs II. von Österreich. Noch später wurde Heinrich von seiner ehemaligen Freundin »zum citoyen Henri de Rheinsberg« degradiert. Der Grund: die Französische Revolution hatte ihn – wie freilich auch den Habsburg – weniger entsetzt, als es ihrer Meinung nach angebracht gewesen wäre, sie hatte ihn sogar eher fasziniert. Friedrich lag damals bereits unter der Erde.

In einem der letzten Briefe des Königs an den Bruder steht der Satz: »Was soll geschehen, wenn der gute Gott Dein Leben und Deine Gesundheit nicht bewahrt?« Bei Licht betrachtet, war das ein Aufschrei. Zu der Zeit, da er ihn ausstieß, spielte Friedrich mit dem Gedanken, Heinrich als eine Art Vormund des nächsten preußischen Herrschers einzusetzen, denn Friedrich Wilhelm, der amtierende Thronfolger, galt seinem Onkel als unfähiger, denkfauler, »langer Tölpel«. Was sollte also wirklich geschehen, wenn er die Augen schloß und dann womöglich auch Heinrich noch ausfiel? Nach langem, oft selbstquälerischen Nachdenken beschloß der König dennoch, das Problem der Nachwelt zu hinterlassen. Von dem Gedanken, Heinrich die Regentschaft zu übertragen, rückte er jedenfalls wieder ab.

Am Ende des Baierischen Erbfolge-, vulgo »Kartoffelkrieges« gerieten die Brüder dann ohnehin noch einmal so hart aneinander, daß der Jüngere erklärte, er stehe für weitere Aufgaben, sei's als Militär oder Diplomat, nicht mehr zur Verfügung. Bei den Friedensverhandlungen zu Teschen hatte Friedrich keinerlei Gebietsgewinne für Preußen gefordert. Heinrich, der die Operationen in Böhmen geleitet hatte, fühlte sich dadurch wieder einmal um den ihm zustehenden Ruhm betrogen; kein Denkmal würde daran erinnern, daß auch ihm eine wichtige Eroberung zu verdanken sei. Von da an wurde er der Titulierung Katharinas immer mehr gerecht: »Henri de Rheinsberg«, nicht gerade aufmüpfiger »citoyen«, eher gesellig-galliger Einsiedler am Grienericksee. Ab und zu packte ihn noch die Reiselust. Er fuhr ins belgische Spa, nach Paris, lernte Goethe in Weimar kennen und das schweizerische Finanzgenie Jacques Necker, Vater der Madame de Staël, in Genf. Und überall, wo Heinrich hinkam, mußte er von seinen Heldentaten berichten, selbst bei den Franzosen, deren Niederlage bei Roßbach zum Teil ja auf sein Konto ging. Weitaus öfter wurde der Prinz freilich nach dem großen Bruder gefragt – es war nun einmal sein Schicksal, aus dessen Schatten nicht herauszukommen.

Mit Friedrich selbst wechselte er in diesen Jahren nur noch höfliche Briefe, überwiegend zum Thema Gesundheit. Dem Älteren ging es bereits derart schlecht, daß er hohen Offizieren oder Ministern gelegentlich einen Urlaub verweigerte – aus Furcht, sie würden ihn bei ihrer Rückkehr »nicht mehr am Leben finden«.

Der Sommer des Jahres 1786 soll besonders schön gewesen sein, aber Friedrich fror, wenn er an warmen Nachmittagen auf der Terrasse von Sanssouci saß. Vor den Augen seiner Besucher und bei vollem Bewußtsein schien er langsam zu erlöschen; das Schicksal Prinz Eugens, geistig abzusterben, bevor der körperliche Tod eintritt, blieb ihm indessen ebenso erspart wie die Krankensuppen. Bis zum Abend des 15. August beharrte der Vierundsiebzigjährige auf seinem Königsrecht, sich so zu ernähren, wie es ihm behagte: Bouillon, Bœuf à la Russienne und zum Abschluß eine halbe Seespinne. (Danach allerdings die starken Abführmittel, ohne die es längst nicht mehr ging.)

»Dennoch«, wollte der in Preußen herumreisende französische Geheimagent Honoré Gabriel de Riqueti, Graf Mirabeau, erfahren haben, »ist die Kraft der Muskeln (noch) groß«, und überhaupt habe »die Natur immer soviel für diesen außerordentlichen Mann getan«, daß er sich von jedem Rückfall rasch erhole; selbst die Punktierung seiner geschwollenen Beine bewirke bei ihm nichts weiter als »außerordentliche Eßlust«. Zugleich prophezeit der abenteuernde Adelige: »Mit ihm wird der Schlußstein fallen, der Europas politischem Gewölbe Festigkeit gab.« Und das, »ich wiederhole, kann nicht mehr lange dauern«. Zwei Tage später, am 17. August 1786, notiert er dann: »Der Schlag ist geschehen.« Kurz nach der Mittagszeit war Friedrich gestorben.

Auf einem achtspännigen Wagen wurde der Leichnam von Sanssouci ins Neue Palais übergeführt. Die Straßen waren voller Menschen. »Alles«, so Mirabeau, »war totenstill, aber niemand war traurig … Nicht ein Bedauern, nicht einen Seufzer, nicht ein Lob bekam man zu hören, weil Friedrich diejenigen mehr geliebt hatte, denen er zugehörte, als diejenigen, die ihm zugehörten.« Der nachmalige Clubchef der französischen Jakobiner schien sich bereits in revolutionärer Rhetorik zu üben, in Wirklichkeit war er nur ein ungemein präziser Beobachter. Die Schwächen des friderizianischen Staates hatte Mirabeau später derart zutreffend beschrieben, daß selbst die (meisten) Patrioten unter Preußens Historikern ihm zustimmten, vor allem seiner Feststellung, das von Friedrich hinterlassene Gemeinwesen habe zwar äußerst stabil gewirkt, sei aber, bei Licht besehen, ein nur auf den Adel zugeschnittenes und deshalb längst nicht mehr zeitgemäßes Gebilde gewesen. Es läßt sich auch kaum leugnen.

Nur Aristokraten konnten nach dem Siebenjährigen Krieg noch die hohen Posten in Armee und Verwaltung einnehmen. Bürgerliche, die es vor dem Feind zu Rang und Titel gebracht hatten, wurden entlassen, kaum daß die Waffen schwiegen, so etwa der Leutnant Friedrich Wilhelm von Steuben; dessen Ahnenreihe reichte nicht weit genug zurück, um ihn für das Hauptmannsportepee zu qualifizieren. George Washington hinderte es keineswegs daran, den finanziell abgebrannten Magdeburger als General einzustellen und die amerikanische Revolutionsarmee seiner Zuchtrute auszuliefern. (Binnen kürzester Frist brachte er ihr dann ja bei, wie man Schlachten gewinnt.)

Auch von der preußischen Wirtschaftsordnung profitierte, dank Friedrich, vor allem der Adel. Rittergüter durften nur blaublütige Besitzer haben, wohingegen es selbst dem wohlhabendsten Bürgerlichen verwehrt blieb, auf märkischem Sand oder pommerscher Erde einen Herrensitz mit entsprechendem Besitz zu erwerben. Zum Ausgleich galt für Aristokraten freilich das Verbot, ihr Kapital in Handelsunternehmen oder Gewerbebetriebe zu investieren. Profane Geschäfte waren dem Mittelstand vorbehalten, wofür der wiederum den größten

Teil der Steuern erbringen mußte. Das Landvolk endlich hatte vor allem Rekruten zu stellen, und erbuntertänige Bauern hatten mit ihrer Arbeitskraft den Adel zu erhalten. »Die einen«, kommentiert Otto Hintze, »zahlen [also] mehr mit dem, was sie leisten, die anderen mehr mit dem, was sie sind.« Ferner, so meint er, habe die Schwäche der friderizianischen Ordnung darin bestanden, daß viele Adelspflichten, besonders die, wichtige Kommandostellungen in Heer und Verwaltung zu bemannen, genaugenommen Privilegien waren – was von den Wappenträgern auch so begriffen worden sei. Mit der Zeit hätten sie es sich angewöhnt, ganz ungeniert auf »Polstern der Trägheit« auszuruhen. Aber so oder so ähnlich hatte das ja schon Mirabeau gesehen, wie er überhaupt – in Anlehnung an Voltaire – zu der Ansicht gelangte, Preußen sei eigentlich eine Armee, die sich einen Staat geschaffen habe. Bei besserer Geschichtskenntnis hätte der Franzose noch hinzufügen können, das ganze System erinnere von ferne an Preußens eigentliche Gründer, die kämpfenden, kolonisierenden, missionierenden Mönche des Deutschen Ritterordens, auch sie Adelige, die insgesamt ein stehendes Heer gebildet und einen ganzen Staat auf sich und ihre Vorstellungen zugeschnitten hatten. Es sei also ein Stück Mittelalter gewesen, das Friedrich konserviert habe.

Nicht unzutreffend wäre indessen auch die Unterstellung, Friedrichs Staat sei von Friedrich bewußt auf Friedrich zugeschnitten worden; er habe ihn so eingerichtet, daß er darin auf seine eigene Weise schalten und walten konnte – notfalls auch unter Verletzung einiger selbst aufgestellter Regeln.

Der berühmte Grundsatz zum Beispiel, die Gazetten dürften nicht »geniret«, also behindert oder gar zensiert werden – hat tatsächlich Meinungsfreiheit bewirkt, oder sollte er nur den Ruf des Königs festigen, ein aufgeklärter Freigeist zu sein?

Zeitungswissenschaftler kamen zu der Erkenntnis, im friderizianischen Preußen habe es überhaupt nur eine öffentliche Meinung gegeben: die des Herrschers. Was die Berliner Blätter an politischer Information veröffentlichten, stammte aus der Potsdamer Regierungszentrale und diente oft genug nur der Meinungsmache; was die Journalisten selbst in Erfahrung bringen konnten, war dürftig oder stammte aus zweiter Hand; kamen sie aber doch an brisante Details, wurde die Schere im Kopf aktiv – jedermann wußte, warum. Der König, schreibt Mirabeau, wollte nun einmal nicht, »daß über Dinge der Regierung und Staatsverwaltung geschrieben würde«. Denn, so Originalton Friedrich: »Eine Privatperson ist zu deren Beurteilung gar nicht fähig.« Wer sich in Berlin auf dem laufenden halten wollte, war deshalb auf Hamburger oder Amsterdamer Zeitungen angewiesen; auch das hatte Methode. Wenn Preußen in erster Linie eine stehende Armee und erst in zweiter ein Staat war, mußte sich seine Hauptstadt als Armeehauptquartier betrachten. Im Feldlager aber geht Geheimnisschutz nun einmal vor Informationsfreiheit: draußen steht der Feind, der Feind liest mit.

So lautet denn die nächste Frage: Würde ein derart durchorganisierter Staatsapparat wenigstens imstande sein, die nach Meinung seines Schöpfers überall lauernden Neider und Gegner auch weiterhin auf Distanz zu halten? Die Antwort ist Geschichte.

Am 9. September 1786 wurde Friedrich der Große in der Potsdamer Garnisonkirche neben seinem Vater beigesetzt. Fast genau zwanzig Jahre später stand Napoleon an seinem Sarg. Der Korse hatte für diesen Besuch Galauniform angelegt, denn, so sagte er: »C'est un endroit, qui mérite notre respect« (»dieser Ort verdient unsere Ehrfurcht«). Um ihn betreten zu können, hatte er die gefürchtete Militärmacht Preußen erst einmal besiegen müssen, was ihm in erstaunlich kurzer Zeit auch gelungen war. Der andere von Napoleon bewunderte Preuße, Henri de Rheinsberg, lag damals ebenfalls schon unter der Erde (seit vier Jahren).

Nach dem Tod des Bruders hatte er am Ufer des Grienericksees einen Obelisken zur Erinnerung an die Helden des Siebenjährigen Krieges errichten lassen. Die Namen von achtundzwanzig Offizieren waren darauf eingegraben: Seydlitz, Zieten, Schwerin, wie sie alle hießen, nur einer wurde nicht erwähnt: Friedrich.

»Gar keine Kraft aber scheint Friedrich Wilhelm II. (1744 bis 1797) zu besitzen, seine Beine sind von feiner, aber weiblicher Rundung, so daß man ihn wohl leicht für einen genußsüchtigen, üppig lebenden Mann halten kann.«

Der Berliner Primaner, dem sich dieser Eindruck aufdrängte, als er 1901 für den Schulaufsatz »Die Beinstellung der Denkmäler in der Siegesallee« recherchierte, dürfte gewußt haben, daß man ihn kaum der

Majestätsbeleidigung bezichtigen würde. Respekt vor dem Ururgroßvater Kaiser Wilhelms II. wurde nicht einmal von preußischen Gymnasiasten gefordert; der jugendliche Autor bekam es umgehend bestätigt. Majestät ließen sich die gesammelten Arbeiten zuschicken und kommentierten das Urteil über den Nachfolger Friedrichs des Großen mit einem kräftigen: »Bravo! Sehr gut!« Auch im Hause Zollern hielt man von diesem einen Familienmitglied nicht besonders viel. Warum eigentlich?

Weil er in der Tat »genußsüchtig« gewesen war, sich Maitressen hielt und einen etwas schlampigen Lebensstil pflegte? Weil er mit dem Staatsschatz nicht gerade verantwortungsvoll umging, die Arbeit haßte und sich von den seltsamsten Leuten in seine Politik hineinreden ließ? Alles das kann man ihm mit Fug und Recht nachsagen. Aber hat es dem Land denn geschadet? Als Friedrich Wilhelm II. starb, war Preußen größer denn je zuvor und als Großmacht völlig unangefochten. Außerdem besaß Berlin sein bis heute wichtigstes Wahrzeichen, das Brandenburger Tor, und konnte sich auch als Sitz der Musen und des Geistes bezeichnen, was zu Zeiten des großen Friedrich keineswegs der Fall gewesen war. Welche wirklich gravierenden Vorwürfe erhebt man also gegen ihn? Ja, warum bemühten sich Historiker, Chronisten, Zeitungsschreiber geradezu, diesen Zollern mit allen Mitteln herunterzumachen oder seinen Unternehmungen immer nur einen Aspekt abzugewinnen, nämlich den negativen?

Die einzig denkbare Erklärung lautet: Friedrich Wilhelm entsprach nicht dem romantisch verklärten Bild, das die Preußen sich schon im frühen 19. Jahrhundert von Preußen zu machen begannen, und zwar vor allem deshalb, weil er es entschieden ablehnte, seinen Vorgänger auf dem Thron in Stil und Haltung nachzuahmen. Was ihm aber noch mehr übelgenommen wurde: er rebellierte auch gegen das Ethos, das zwei frühere Herrscher dem Volk teils eingebleut, teils vorgelebt hatten, bestand vielmehr darauf, er selbst zu sein, zeigte keine Lust, sich verbiegen zu lassen, und ging seiner eigenen Wege. Alles das hätte er auf keinen Fall tun dürfen. Nur deswegen wurde ihm jeglicher Nachruhm aberkannt und auch das Gerücht genährt, bereits der »große König« habe seinen designierten Nachfolger für einen geborenen Versager gehalten. Indes: Wenn dies tatsächlich der Fall gewesen sein sollte – warum beließ er ihm dann trotzdem den Titel »Prinz von

Preußen« oder raffte sich nicht wenigstens dazu auf, ihm Heinrich als Regenten an die Seite zu stellen, woran er ja eine Zeitlang gedacht zu haben scheint? Etwa aus Schuldbewußtsein?

Friedrich Wilhelms Vater war jener Zollern, dem sein Bruder einmal bestätigt hatte: »Sie erkennen kein anderes Gebot als das der Gerechtigkeit«, den er nach der Niederlage von Kolin aber dennoch in diesen »Parolekreis« stellte, der ein Kriegsgericht war, und ihn praktisch der Pflichtvergessenheit, ja der Sabotage bezichtigte. August Wilhelm, heißt es, sei an diesem infamen Verdikt zerbrochen; das würde zugleich heißen, Friedrich habe dessen damals vierzehnjährigen Sohn zur Halbwaise gemacht. Ließ er ihn also bei Kriegsende nach Potsdam holen, um selbst an die Stelle des toten Vaters zu treten? Oder wollte er etwa versuchen, den jungen Mann nach seinem eigenen Bild zu formen? Wenn ja, es wäre ein geradezu groteskes Unterfangen gewesen.

Friedrich Wilhelm hatte mit seinem Onkel nur eines gemein: wie dieser liebte er die Musik und beherrschte ein Instrument, das Violoncello. Abgesehen davon war er schüchtern, zurückhaltend, kein schneller, aber ein zäher Denker, wuchs erst in die Höhe, dann immer mehr in die Breite und brachte fürs Militär nicht übermäßig viel Liebe auf. Hinzu kam noch, daß er zur Sturheit neigte, wogegen selbst der König machtlos blieb – zum Erzieher taugte er ohnehin nicht. Die Folge war, daß der »Herr neveu« mehr oder weniger nach seinem eigenen Gusto lebte. Das trat selbst in Äußerlichkeiten zutage.

Der Uniformrock war ihm keineswegs völlig unbequem, aber viel lieber trug er doch einen einfachen blauen Frack, mischte sich, so gekleidet, gern unters einfache Volk und bestand durchaus darauf, die Leute nicht, nach Herrenart, in der dritten Person Einzahl anzureden – »Wie meint Er das? Wie geht es Ihm?« –, sondern in der dritten Person Mehrzahl. Auch zu Wirten, Bäckern, Türstehern oder Kutschern sagte Friedrich Wilhelm »Sie«, ihnen solcherart quasi von gleich zu gleich begegnend. Schöner Zug an dem künftigen vierten König von Preußen?

Nichts dergleichen. »Anstatt das Volk zu sich zu erheben, stieg er zu ihm herab«, befand einer seiner Kritiker, der spätere Volksfreund Graf Mirabeau. Andere behaupteten, er habe nur deshalb lieber mit Bürgern als mit dem Adel verkehrt, weil er unfähig gewesen sei, sich auf höfische Weise auszudrücken. Und Englands Gesandter James Harris,

Lord of Malmesbury, faßte zusammen: »Der Prinz von Preußen hat in seinem Äußeren nichts, was großes Talent anzeigt.« Es scheint, Friedrich Wilhelm habe es einfach niemandem recht machen können, und zwar von Anfang an; natürlich gab es dafür auch Gründe.

Wie schon sein Vater konnte er persönliche Hemmungen nur im allervertrautesten, im allerintimsten Kreis überwinden; das verwies ihn auf die Frauen und auf enge Freunde. Die einen, so Harris, fand der junge Mann in Berlin, wohin er, trotz strengster Überwachung durch den Onkel, vier- oder fünfmal die Woche ausriß (das kostete Geld). Männliche Kumpane ließen sich mühelos aus den Reihen der mit ihm dienenden Offiziere rekrutieren – schließlich war es für einen kleinen Leutnant keine schlechte Sache, den künftigen Oberbefehlshaber zum Duzfreund zu haben. Endlich führte ihm Friedrich selbst auch noch eine Art geistigen Mentor zu.

1778 nahm der König Johann Rudolf von Bischoffwerder in sein engeres Gefolge auf, woraus sich zumindest schließen läßt, daß der Mann ein gewisses Format gehabt haben muß. Bischoffwerder stammte aus Thüringen, hatte in Halle Jura studiert, dann, im Siebenjährigen Krieg, auf die preußische Fahne geschworen. Nach Friedensschluß war der zum Major avancierte Söldner wegen einer Verletzung ausgemustert worden, worauf er sich zunächst für ein zurückgezogenes Leben in der sächsischen Lausitz entschied, wenig später jedoch einen Ruf an den sächsischen Hof annahm. Auch dort machte er ziemlich mühelos Karriere: Reisebegleiter des Prinzen Xaver, eines Sohnes Augusts des Starken, kurfürstlicher Kammerherr, endlich Stallmeister bei Herzog Karl von Kurland, einem Enkel Augusts des Starken, der in Dresden lebte. Um diese Zeit gehörte Bischoffwerder bereits dem esoterischen Zirkel der Rosenkreuzer an, engagierte sich also für Humanismus, Mystizismus, »Pansophie«, mit einem Wort für die »Allgemeine und Generalreformation der gantzen weiten Welt« (wie eine Gründungsschrift dieses Bundes überschrieben ist), und hatte sich – konsequenterweise, denn das gehörte dazu – auch schon mit Alchimie und Goldmacherei befaßt. Nachdem ein von ihm initiierter Versuch, aus Papierschnitzeln Edelmetall zu machen, auf spektakuläre Weise gescheitert war (der ausführende Experimentator brachte sich um), wurde es vorübergehend wieder still um Bischoffwerder, wenn auch nicht allzulange. Prinz Heinrich, der den Thüringer schätzte, ebnete ihm den Weg zurück nach Preußen, und Friedrich II., »der die Menschen kannte«, machte einen Posten in seiner eigenen Umgebung für ihn frei.

So war denn der damals siebenunddreißigjährige Glücksritter nach Potsdam gekommen, wo er alsbald mit dem drei Jahre jüngeren Friedrich Wilhelm zusammentraf. Es muß Zuneigung auf den ersten Blick gewesen sein. Aus ihr sollte eine lebenslange enge Freundschaft erwachsen, die dem einen Partner zu Einfluß, Macht und Reichtum verhalf, dem anderen hingegen wieder einmal nichts als Kritik eintrug. Aber wie gesagt: der Prinz von Preußen konnte ungemein hartnäckig sein; wenn er an jemandem Gefallen gefunden hatte, dann hielt er auch an ihm fest – wie er umgekehrt all jene wegstieß, an die er sich, aus welchen Gründen immer, einfach nicht gewöhnen konnte. Das war damals bereits seiner Frau widerfahren.

1765 hatte man Friedrich Wilhelm mit Elisabeth verheiratet, der Tochter des hochdekorierten preußischen Generalfeldmarschalls Karl Wilhelm Ferdinand von Braunschweig, jenes Mannes, dem zu Ehren er später das Brandenburger Tor errichten lassen sollte. Die Welfenprinzessin war seine Kusine und eine vielbewunderte Schönheit. Obwohl der Zollern eine ausgesprochene Schwäche für gutaussehende Frauen hatte, ging jedoch schon vier Jahre nach der Hochzeit bei Hofe das Gerücht um, Elisabeth glaube »Ursache zu haben, sich über ihren Gemahl beklagen zu dürfen« – zumindest formulierte es so ein berufsmäßiger Gerüchtehändler. Statt den inkrimierten Ehepartner nun zur Rede zu stellen, habe sie, behauptet derselbe Konfident, beschlossen, Gleiches mit Gleichem zu vergelten, was ihr, verständlicherweise, ungemein leicht gemacht worden sei. Schon bald – auch dieses Klischee konnte bemüht werden – hätte alle Welt von ihren »Fehltritten« gewußt, außer, natürlich, dem gehörnten Gatten. So kam es zu dem offenen Skandal vom 24. Januar 1769.

Wie jedes Jahr gab Prinz Heinrich an diesem Karnevalstag einen Maskenball für seinen älteren Bruder. Und wie immer erschien der König in seinem allseits bekannten roten Domino. Geladen war auch Friedrich Wilhelm. Aber kaum habe sich der »unter die Versammlung gemischt gehabt«, da sei er, in der Absicht, ihm, »mit hinlänglichen Beweisen versehen, den Schleier vor seinen Augen zu lüften«, von »einer der anwesenden Larven beiseite gezogen worden«. Was ihm die wohlmeinende Seele ins Ohr flüsterte, hat niemand gehört, wie er darauf reagierte, erfuhr ganz Berlin. Der Thronfolger verlangte umgehend die Scheidung. Als Friedrich, der seine Nichte liebte, ihm das Vorhaben ausreden wollte, drohte Friedrich Wilhelm sogar, alle Höfe Europas wissen zu lassen, »daß er die Prinzessin nie mehr für seine Gemahlin anerkennen werde«. Gegen soviel blindwütige Entschlossenheit war selbst der König machtlos. Die Ehe wurde getrennt und Elisabeth ohne ihre zweijährige Tochter Friederike nach Küstrin in die Verbannung geschickt. Sie soll die Entscheidung achselzuckend hingenommen haben, wohl wissend, daß der Skandal im Ballsaal (vermutlich) inszeniert und sie in Wirklichkeit einer Rivalin unterlegen war. (Einundsiebzig Jahre später ist die Braunschweigerin in Stettin gestorben.) Der Thronfolger aber heiratete noch im Jahr der Trennung Luise, eine Tochter der Landgräfin Karoline von Hessen-Darmstadt, die früher, als Friedrich sich noch mit Frauen umgab, zur »Konfidenztafel«, dem Plauderkränzchen des Königs, gehört hatte. Und diesmal stellte der Onkel seinem Neffen nur die Bedingung, so schnell wie möglich einen Sohn zu zeugen. Das hieß zugleich: Im übrigen könne er tun und treiben, was er wolle, denn natürlich wußten der König – wie vermutlich auch die neue Kronprinzessin – damals bereits von der »schönen Wilhelmine«.

Später, als sie das Geld dafür hatte, ließ Wilhelmine Gräfin Lichtenau, vormals Madame Rietz, geborene Encke, sich von einer namhaften Berliner Malerin portraitieren, und es schien ihr nichts auszumachen, daß sie auf dem Bild so wiedergegeben wurde, wie die Welt sie vermutlich sah. Unter dem schräg aufgesetzten, federgeschmückten Hut sticht ein Blick hervor, den man keß nennen möchte; die üppigen Lippen sind zu einem leicht maliziösen Lächeln geschürzt; der locker um den Hals geschlungene Seidenschal bedeckt nicht das großzügige Dekolleté, sondern enthüllt es eher; der Ausschnitt des Kleides läßt beide Brustwarzen frei. In summa ergibt dies die unzweideutige Mitteilung: Seht her, eine Maitresse! Nicht aus dem Bild herauszulesen ist, daß die dargestellte Person auch ein Kunstgeschöpf war, erschaffen durch Friedrich Wilhelm, Prinz von Preußen.

Als ihr späterer Liebhaber sie kennenlernte, mag Wilhelmine noch das gewesen sein, was Heinrich von Kleist ein »twatsches Ding«

nennt, vierzehn Jahre alt, aber künftige Üppigkeit schon ahnen lassend, die Tochter eines Ex-Militärtrompeters und Gastwirtes, welcher gut genug Waldhorn spielte, um gelegentlich bei den Konzerten in Sanssouci mitwirken zu dürfen. Der damals zweiundzwanzigjährige Prinz traf die Kleine nicht im Haus der Eltern an, sondern bei ihrer Schwester, einer jener Damen, deretwegen er zu jener Zeit sooft es ging nach Berlin hinüberfuhr. Christiane, des Elias Encke älteste Tochter, verdiente ihr Geld als »Figurantin« an der Oper unter den Linden, was im wesentlichen hieß, daß sie ihre gute Figur bei passenden Gelegenheiten und in jeweils angemessener Kostümierung auf der Bühne zur Geltung brachte. Da der Job aber nicht besonders viel eintrug, war Christiane vor allem auf den Umgang mit reichen Verehrern angewiesen; sie scheint das Geschäft beherrscht zu haben. Zu ihren Gönnern gehörten ein russischer Graf namens Matuschkyn (mit dem sie später nach Venedig ausriß) sowie – eben – der preußische Thronfolger. Zumindest war dies 1766 noch so. Danach erstand ihr Konkurrenz.

Friedrich Wilhelm kam eines Tages hinzu, als Wilhelmine von der älteren Schwester gerade fürchterlich heruntergeputzt wurde. Empört über soviel Herzlosigkeit, brachte er sie zu ihren Eltern und befahl diesen, das Töchterchen, auf seine Kosten, ordentlich zu erziehen. Es ist die Lesebuchfassung der nun beginnenden Liebesgeschichte. Die Fassung für Erwachsene klingt pikanter ... Nicht Mitleid mit einem weinenden Kind habe den weichherzigen Prinzen beim Anblick Wilhelmines übermannt, sondern die Erkenntnis des Connaisseurs, hier reife eine wahre Schönheit heran. Die aber wollte er nicht nur von Anfang an für sich reservieren, sondern auch nach eigenen Vorstellungen (und für eigene Bedürfnisse) heranbilden. In der Tat näherte sich Friedrich Wilhelm der »Trompeterstochter« so ähnlich wie Professor Higgins dem Blumenmädchen Eliza Dolittle in Shaws »Pygmalion«.

Als Wilhelmine fünfzehn geworden war, brachte er sie bei einer Dame aus der Potsdamer französischen Kolonie unter und kümmerte sich von da an selbst um ihre Erziehung. Fast täglich soll er seinen Schützling besucht und mit ihm gelernt haben: Geschichte, Geographie, aber vor allem Literatur. Onkel Friedrich wäre entsetzt gewesen, wenn er davon erfahren hätte, keineswegs nur über das, was der »Herr neveu« da trieb, sondern über den Geschmack, den er an den Tag legte. Nicht Racine, Corneille, Voltaire las Friedrich Wilhelm nämlich mit Wilhelmine, sondern die Romane Rousseaus und – weitaus schlimmer noch – den absolut unmöglichen Shakespeare in deutscher Übersetzung. Irgendwann während des ersten der drei Jahre, in denen der Kronprinz sich als Menschenbildner betätigte, geschah dann auch, was das Objekt seiner Zuneigung später so beschrieb: »Indem er mir gestand, daß er viele Fehler und mitunter Laster gegen mein Geschlecht begangen, gab er mir die heiligste Versicherung, daß er mich nie verlassen werde ... Mit einem Federmesser ... machte er sich einen Ritz in den Ballen der linken Hand, drückte das Blut aus und schrieb mir diese Versicherung auf einen kleinen Zettel von ungefähr drei Zeilen nieder ... Er verlangte von mir ein Gleiches ... Die Worte, die ich mit meinem Blut niederschrieb, waren die Erwiderung seiner eigenen.«

Was die Gräfin preisgab, mutet schon deshalb authentisch an, weil es zu Friedrich Wilhelm paßt: er war ein Gefühlsmensch, er besaß eine romantische Ader – und er hat den Pakt eingehalten.

Nach Wilhelmines achtzehntem Geburtstag schickte er sie, in Begleitung Christianes, die sich seit ihrer Rückkehr aus Venedig Gräfin Matuschkyn nennen durfte, für ein halbes Jahr nach Paris – mit der Weisung, seine Schülerin solle dort zur äußersten Vollkommenheit herangebildet werden. Fragte sich allerdings, worin. Aber lag das denn nicht auf der Hand? Dem in Berlin meistgehandelten Gerücht zufolge kam Wilhelmine »als die vollkommenste französische Kurtisane« in das sittenstrenge Preußen zurück. Wahr daran ist zumindest eines: sie war eine Frau geworden, mit der ihr Pygmalion sich in jeder Hinsicht zufrieden zeigte – so sehr in der Tat, daß Kronprinzessin Elisabeth es weder vor noch nach dem inszenierten Skandal vom 24. Januar 1769 für sinnvoll hielt, gegen sie anzutreten. Klaglos trat die Braunschweigerin zurück, während ihre eigentliche Nachfolgerin, nachdem sie zuvor auf Befehl des Königs Johannes Rietz, den Kammerdiener und Freund Friedrich Wilhelms, geheiratet hatte, ein elegantes Landhaus am Lietzensee bezog. Auch für ihre Aussteuer und ihren Unterhalt kam der König auf – es ruft den Verdacht hervor, er habe sich zuweilen über das Tun und Treiben seines Neffen insgeheim sogar amüsiert.

Aber warum auch nicht? Friedrich Wilhelm hatte prompt erledigt, was ihm aus dynastischen Gründen aufgetragen worden war: 1770 brachte Kronprinzessin Luise einen Sohn zur Welt. Und dieser künftige König von Preußen konnte in Friedrichs letztem Lebensjahr bereits eine Kompanie über den Kasernenhof scheuchen. Als sich indes, wie Theodor Fontane es liebevoll formuliert, »die großen Alten-Fritzen-Augen endlich schlossen«, begann weniger die Herrschaftszeit des vierten preußischen Königs als vielmehr jene des Johann Rudolf von Bischoffwerder und seines Gesinnungsgenossen Johann Christoph von Wöllner – zumindest behaupteten dies deren Gegner.

Auf dem nunmehrigen Friedrich Wilhelm II. ruhten große Hoffnungen, und er war durchaus bereit, sein Bestes zu geben. Zunächst einmal meldete das Volk seine Forderungen an – durch Wöllners Mund. Der märkische Adelige, ein gelernter Theologe, hatte sich nach zehn Predigerjahren erst der Landwirtschaft zugewandt, dann der Politik. Kaum lag Friedrich unter der Erde, da ernannte dessen Nachfolger ihn zum Geheimen Oberfinanzrat. Wöllner trat für die Abschaffung der verhaßten Regiebetriebe, vor allem des Kaffee- und Tabakmonopols ein. Friedrich Wilhelm nützte die Gelegenheit, sich populär zu machen, und befolgte den Ratschlag – offenbar ohne zu fragen, wodurch die damit wegfallenden Einnahmen ersetzt werden sollten. Wöllner indes hatte auch darüber schon nachgedacht. Er schlug ein neues Abgabensystem vor, durch das Reiche stärker belastet worden wären als weniger gut Verdienende. Der daraufhin ausbrechende Proteststurm hätte ihn fast hinweggefegt. Wöllners Ausweg: Massennahrungsmittel wie Mehl, Zucker und Bier wurden mit höheren Steuern belegt; das traf alle Bürger, aber die ärmeren eben härter.

Dann meldete sich aus Paris Graf Mirabeau. Preußen, forderte er, solle den Absolutismus abschaffen, sich eine Verfassung geben und seine Wirtschaft einer »natürlichen Ordnung« unterwerfen, nämlich der »physiokratischen«. Unter anderem hieß das: »laissez-faire, laissez-passer« – greift nicht in den normalen Gang der Dinge ein, denn die Welt ist so beschaffen, daß sich alles von selbst aufs beste regeln wird. Der Ex-Theologe aus Döberitz fand auch diesen letzten Gedanken so übel nicht, wohingegen die Vorstellung, den Staat Friedrichs des Großen zur konstitutionellen Monarchie umzugestalten, selbst einem enthusiastischen Neuerer wie ihm etwas gewagt anmutete. Die Folgen: Mirabeau, der für Preußen eine gewisse Schwäche entwickelt hatte, wandelte sich zum rabiaten Preußenkritiker – das wäre zu ertragen gewesen. Ungünstiger wirkte sich indes aus, daß die neue Regierung, durchaus entschlossen, Wirtschaft und Verwaltung zu reformieren, einen Wust von Maßnahmen in die Wege leitete, der die strenge friderizianische Ordnung zwar auflockerte, zugleich aber bewirkte, daß aus einigermaßen klaren ziemlich undurchschaubare Verhältnisse wurden.

Lediglich an eine Institution wagte keiner aus der Beraterriege um Friedrich Wilhelm ernsthaft zu rühren, auch dieser selbst nicht: beim Militär blieb alles so, wie es immer gewesen war, zumindest unterhalb der hierarchischen Spitze. Höchstkommandierender war bisher der König gewesen. Seit 1787 schob sich jedoch zwischen ihn und das Offizierskorps eine Behörde, genannt Oberkriegskollegium. Deren Vorsitzende, Karl Wilhelm Ferdinand von Braunschweig und Wichard Joachim Heinrich von Möllendorf, gehörten gewiß zu den besten Soldaten und Heerführern ihrer Zeit, näherten sich aber bei Friedrichs Tod schon dem Pensionsalter, einundfünfzig der eine, zweiundsechzig der andere. Für umstürzende Neuerungen konnte sich keiner von ihnen mehr so richtig erwärmen; dafür entwickelten beide einen um so stärkeren Hang zur Aktenreiterei und zum Papierkrieg. Unbequeme Vorschläge landeten im Archiv, unbequeme Untergebene wurden bei anstehenden Beförderungen geflissentlich übergangen. Auch das hatte Folgen: Trägheit breitete sich aus, Schlendrian trat ein. Die gefürchtete Armee Friedrichs des Großen schlummerte auf ihren Lorbeeren, und die adeligen Offiziere ruhten sich auf den bequemen Polstern ihrer unangetasteten Privilegien aus. Zwar wäre das – möglicherweise – kaum anders gewesen, wenn Friedrich Wilhelm sich zugetraut hätte, sein eigener Kriegsminister zu sein, doch er riskierte es nun einmal nicht – was ebenso für seine Zaghaftigkeit wie sein hohes Maß an Selbsterkenntnis spricht. Allerdings geschah es so auch, daß er zum Objekt, am Ende gar (behaupteten Kritiker) zum Spielball seiner ernannten oder selbsternannten Berater wurde. Und deren gab es mehr, als ihm oder dem Staat zuträglich sein konnte.

Man nehme Karl August von Sachsen-Weimar, Goethes Dienstherrn und Duzfreund! Fasziniert von Preußens Macht und Stärke, hatte der thüringische Duodezfürst einst den »Fürstenbund« mit ins Leben gerufen. Nun focht er mit großer Beharrlichkeit dafür, die auf dem Papier noch immer bestehende Vereinigung zur Keimzelle einer Union nord- und mitteldeutscher Staaten unter zollernscher Führung auszubauen, womit er jedoch auf den erbitterten Widerstand des Staats- und Kabinettsministers Hertzberg stieß. Dem aus Pommern stammenden, auf vielerlei Posten ergrauten Diplomaten war Karl Augusts achtzig Jahre später verwirklichte Vision keineswegs zu kühn, sondern zu kleinkariert. Nicht ein norddeutscher, sondern ein nordischer Bund stand ihm vor Augen. Dessen Rückgrat: die erst noch zu schaffende Achse London–Berlin; assoziierte Mitglieder: Schweden, Dänemark und Rußland; erklärter Gegner: die französisch-österreichische Allianz. Für Hertzbergs Projekt konnte auch Friedrich Wilhelm sich erwärmen; es muß seine ohnehin lebhafte Phantasie angesprochen haben, denn mit sichtlichem Behagen spann er es noch weiter aus.

Kaiser Joseph II. hatte gerade mehr Schwierigkeiten am Hals als je zuvor in seiner Regierungszeit. Gemeinsam mit Rußland kämpften Österreichs Heere im heutigen Rumänien und Serbien gegen die Türken. Die Belgier waren durch einige harsche Maßnahmen derart verärgert worden, daß sie sich gewaltsam aus dem Habsburgerreich zu lösen versuchten. Kaum weniger gärte es in vielen anderen Ländern der Donaumonarchie, in Ungarn etwa und dem erst jüngst erworbenen Galizien. Warum nun, so Friedrich Wilhelms einigermaßen abenteuerliche Überlegung, diese glosenden Feuer nicht kräftig schüren, um den Wiener Rivalen noch mehr in Bedrängnis stürzen?! Mit Glück und Geschick mußte es doch möglich sein, ihn so weit zu bringen, daß er am Ende bereit war, für etwas Ruhe jeden Preis zu zahlen, Galizien zum Beispiel. Wenn er das okkupierte Land wieder herausrückte, konnte man es den Polen zurückerstatten und ihnen dafür Thorn und Danzig abverlangen. Wäre dies nicht ein geradezu genialer politischer Schachzug gewesen: nur zwei oder drei Armeekorps an die schlesisch-böhmische Grenze verlegt, um den eigenen Forderungen ein bißchen Nachdruck zu verleihen, und dafür ein wertvolles Stück Land kassiert?

Der phantastische Plan wurde nicht nur ausgearbeitet, sondern auch angepackt. Preußische Agenten versprachen sowohl den rebellischen Bürgern Brüssels, Antwerpens und Gents wie den galizischen und ungarischen Nationalisten Unterstützung durch ihren König. Zugleich nahm Hertzberg Kontakte mit Konstantinopel und Warschau auf. Der Staat Friedrichs des Großen schien im Begriff, sich als beherrschende Ordnungsmacht in Europa zu etablieren. Wenig später konnte seine Armee sogar beweisen, daß er durchaus in der Lage gewesen wäre, eine solche Position einzunehmen.

Wilhelmine, die Schwester Friedrich Wilhelms, war mit dem niederländischen Erbstatthalter Wilhelm V. Batavus verheiratet worden, womit sie es nicht besonders gut getroffen hatte. Hollands Republikaner neigten noch immer dazu, dem Haus Oranien in ziemlich regelmäßigen Abständen Schwierigkeiten zu machen, so auch 1786. Eine Partei, genannt »die Patrioten«, vertrieb das Paar aus Den Haag und erklärte Wilhelm für abgesetzt. Paris sah es mit Wohlgefallen, London mit Unbehagen. Ging die Sache Preußen etwas an? Friedrich Wilhelms Blick war nach Osten gerichtet; zwei Jahre später siegte sein Familienstolz. Karl Wilhelm Ferdinand Herzog von Braunschweig erhielt Befehl, des Schwagers Probleme zu lösen; mit gewohnter Präzision führte er ihn aus. Binnen kürzester Frist stießen seine Truppen nach Amsterdam vor, besetzten die Stadt und führten den Statthalter samt Gemahlin in ihre Residenz zurück. Die niederländischen Republikaner hielten es daraufhin für geboten, ein Bündnis mit Preußen abzuschließen; dem wiederum trat auch England bei. Darin bestand der Gewinn der Kampagne. Friedrich Wilhelm war derart zufrieden damit, daß er die ihm entstandenen Kosten – sechs Millionen Taler – großzügig in den Wind schrieb (anstatt sie etwa per Kontribution einzutreiben). Im übrigen kam Berlin auf diese Weise auch zu seinem bis heute berühmtesten Baudenkmal.

Die etwas ländlich wirkende Zollstelle am westlichen Ende der Straße Unter den Linden, genannt das »Brandenburger Tor«, wurde abgerissen und durch eine pompösere ersetzt; Carl Gotthard Langhans aus Schlesien hatte den Entwurf dafür geliefert. Was er binnen drei Jahren auf den sandigen Boden stellte, war zwar auch ein Tor und sollte dem Eintreiben der Akzise dienen, doch konnten seine fünf Durchfahrten nicht geschlossen werden. Dafür wurde es (seit 1794) von einem sieben Meter hohen, aus Kupfer getriebenen Viergespann samt Siegesgöttin, der Werkstatt Johann Gottfried Schadows entstammend, strahlend überragt. Mit Wucht und Grazie war in der preußischen Hauptstadt das Zeitalter des Klassizismus eröffnet worden. Aus welchem Anlaß? Preußische Truppen hatten einen Sieg errungen, der nahezu nichts bewirkte und schon bald wieder in Vergessenheit geriet. Von wem geschaffen? Gewiß auch von zwei Künstlern, die Kunstgeschichte machten, doch war ihr Auftraggeber jener Zollern, dem gewöhnlich nachgesagt wird, er habe nur Skandalgeschichten geliefert.

Friedrich Wilhelms Kamm, das muß man freilich zugeben, war damals sehr geschwollen. Erst zwei Jahre war »der Alte« tot, schien er im Begriff, eine noch weit glorreichere Epoche heraufzuführen als jener. Nicht nur Sultan Abdul Hamid I. im fernen Konstantinopel nannte seinen Namen mit Respekt und Dankbarkeit, auch Schweden konnte er vor einem dänischen Überfall bewahren, und sogar Warschau hörte auf den Rat des Preußen. Wer in Europa blickte eigentlich noch nach Wien? Seit neuestem war Berlin die Stadt, nach der man sich auszurichten hatte – hier wurde der Ton angegeben, hier fielen die wichtigen Entscheidungen. Auch dafür stand das neue Brandenburger Tor. Sein Bauherr wäre jetzt sogar bereit gewesen, selbst größeren militärischen Konflikten nicht mehr aus dem Weg zu gehen, wenn irgend jemand oder irgend etwas sein neues Selbstgefühl bedroht hätten. Das änderte sich fast im Handumdrehen.

Im Februar 1790 starb Kaiser Joseph II. Es war das Ende einer Ära. Sein Bruder Leopold, einer der klügsten und fähigsten Herrscher, die Habsburg je hervorgebracht hatte, beerdigte nicht nur binnen kürzester Frist – er regierte nur zwei Jahre – die etwas überzogene Reformpolitik des Vorgängers, es gelang ihm auch, das schlingernde österreichische Staatsschiff wieder auf sicheren außenpolitischen Kurs zu bringen. Dazu hatte es (im Grunde) nur eines einzigen entscheidenden Manövers bedurft: quasi achselzuckend verzichtete Maria Theresias drittältester Sohn auf alle Gebiete, die Joseph den Türken abgenommen hatte, womit Hertzberg und Friedrich Wilhelm bereits der Wind aus den Segeln genommen war, denn sie gaben ja vor, für den Sultan einzutreten, um ihre Aktivitäten in Ungarn, Galizien oder Belgien begründen zu können. Nun taugte diese Waffe auf einmal nicht mehr. Preußens Agenten mußten sich aus allen Stellungen zurückziehen, die Magyaren schworen dem Aufstand ab, die Galizier ebenfalls, und das rebellische Belgien fiel kampflos an Habsburg zurück. Wie sollte der Zollernstaat jetzt noch an Thorn und Danzig kommen? England, das die schwarz-weiße Fahne ohnehin höchst ungern über dem wichtigen Ostseehafen hätte wehen sehen, mischte sich ins Geschehen ein und brachte den Kongreß von Reichenbach zustande. Am Fuß des Eulengebirges tagten im Juli 1790 Vertreter aller drei Länder, um am Ende eine nach der niederschlesischen Stadt benannte Konvention abzuschließen. Ergebnis: alles blieb, wie es gewesen war, ehe die Preußen begonnen hatten, mit dem Säbel zu rasseln. Durchaus verständlich also, daß Friedrich Wilhelm frustriert war und vorübergehend die Lust an der großen Politik verlor. Auch dem überehrgeizigen Hertzberg entzog er seine Gunst; der Minister mußte den Hut nehmen.

Damit hatte die große Stunde der Herren Wöllner und Bischoffwerder geschlagen, wohingegen die schöne Wilhelmine in Bedrängnis kam – auch vorübergehend.

Bereits während seiner Kronprinzenzeit, erzählte die spätere Gräfin Lichtenau, sei es einmal geschehen, daß Bischoffwerder in das Liebesnest am Lietzensee kam und Friedrich Wilhelm mitteilte, er könne jetzt endlich an einer Unterhaltung »mit abgeschiedenen Geistern« teilnehmen. Wie sich hinterher herausstellte, hätte ihn das Erlebnis fast den Verstand gekostet. Im abgedunkelten Zimmer alleine sitzend, von schwirrenden Sphärenklängen bedrängt, sah er mit eigenen Augen, wie nacheinander der römische Kaiser Mark Aurel, der Philosoph Leibniz und der Große Kurfürst in seltsam verzerrter Gestalt der Tiefe entstiegen und sich mit hohler Stimme erbötig machten, seine Fragen zu beantworten. Da Friedrich Wilhelm jedoch kein Wort über die Lippen brachte, begannen die Toten ihrerseits zu sprechen, und zwar, so Wilhelmine, mit »strengen Worten«. Strafreden ergossen sich über ihn, eindringlich wurde er ermahnt, »auf den Pfad der Tugend zurückzukehren«. Schlotternd vor Angst, habe der Prinz schließlich nach seinen Freunden gerufen und sie gebeten, ihn zurück an den Lietzensee zu bringen. Statt dessen sei er aber von Bischoffwerder in ein Haus gebracht worden, wo ihn die versammelte Ordensgemeinschaft der Rosenkreuzer erwartete. Noch drängender als das Totentrio forderte hier ein »Bruder Redner«, er möge umgehend dem ehebrecherischen Umgang mit seiner Konkubine abschwören und alle schon begangenen Sünden zerknirschten Herzens bereuen. Friedrich Wilhelm gelobte es – mit Vorbehalt. Auf Wilhelmine als Bettgenossin wolle er verzichten, auf Wilhelmine die Seelenfreundin nicht. Madame Rietz war klug genug, das Arrangement zu akzeptieren.

Sie hatte ihrem Liebhaber damals bereits einen Sohn geboren, den er inbrünstig liebte und später zum Grafen von der Mark erheben ließ; sie war sich ziemlich sicher, daß es bei dem einen Kind kaum bleiben würde (tatsächlich kamen im Lauf der Jahre fünf weitere hinzu). Bischoffwerder und seine Rosenkreuzer indes wurde der nachmalige König von Preußen nicht mehr los. Auch Johann Christoph von Wöllner gehörte dieser Gemeinschaft an.

Welcher Mittel sich die Verfechter einer »Generalreformation der gantzen weiten Welt« bedienten – Hohlspiegel, mit denen die Abbilder kostümierter Figuren auf wehende Gazeschleier projiziert werden konnten, leiernde Beschwörungsformeln und das nervenzermürbende Gewimmer einer Glasharmonika –, das illustriert die Geschichte von Friedrich Wilhelms Begegnung mit den »abgeschiedenen Geistern«. Was sie anstrebten, schien auf der Hand zu liegen: Macht und persönlicher Reichtum. Es ist aber nur die halbe Wahrheit. Die Rosenkreuzer gehörten durchaus einer weitverbreiteten, vielschichtigen Bewegung an, deren Bestreben es war, die Menschheit zu verändern, eine neue, bessere Ordnung heraufzuführen und die Stellung der herrschenden Mächte zu unterminieren. Cum grano salis könnte man sogar sagen, sie, der dezidiert antikirchliche Illuminatenorden, sowie einzelne Freimaurerlogen hätten das gleiche Unbehagen am Zustand der Gesellschaft verkörpert wie, auf radikalere Weise, jene französische Politsekte, die sich nach ihrem Versammlungsort nannte, dem aufgelassenen Kloster der Jakobiner in Paris.

»Wir wollen«, verkündete später das berühmteste ihrer Mitglieder, »eine Ordnung der Dinge, wo alle niedrigen und grausamen Leidenschaften gebändigt, alle wohltätigen und großmütigen Leidenschaften durch das Gesetz erweckt sind ... Wir wollen in unserem Lande den Egoismus durch Sittlichkeit ersetzen (und) die Plagen der Wollust durch den Zauber des Glücks.« Diese Sätze aus der Feder Maximiliens de Robespierre hätten sowohl der Ex-Geistliche Wöllner als auch der Tugendprediger Bischoffwerder (eigentlich) unterschreiben können – wären nicht beide angetreten, um das zu bekämpfen, was jener anheizte, nämlich die Französische Revolution. Vor allem durch Hebung der allgemeinen Moral sollte Preußen gegen deren Versuchungen resistent gemacht werden. Die Rosenkreuzer gaben sich wirklich alle Mühe, diesem hohen Ziel auch nahezukommen.

Da Friedrich Wilhelm der außerehelichen Fleischeslust selbst nach seiner Thronbesteigung nicht entsagen wollte, verfiel Bischoffwerder auf die Idee, ihm eine andere Dame zuzuführen, um wenigstens Wilhelmine loszuwerden. Sein Blick fiel auf Julie von Voß, Nichte eines königlichen Oberhofmeisters. Und schon 1786, also kurz nach Friedrichs Tod, konnte die Dame bewogen werden, sich dem Zollern »zu ergeben«. Zuvor stellte das adelige Fräulein allerdings Bedingungen. Erstens: die Königin müsse damit einverstanden sein; zweitens: sie selbst müsse dem König »zur linken Hand« angetraut sein und – drittens – die Rietz solle nach Ostpreußen abgeschoben werden. Ihre letzte Forderung lehnte Friedrich Wilhelm entschieden ab, die erste wurde erfüllt, nachdem er seiner Frau mehr »Nadelgeld« versprochen hatte. Aber die zweite …?

Johann Christoph von Wöllner war nicht umsonst Theologe. Genau im richtigen Moment erinnerte er sich einer Schriftauslegung, mit der Martin Luther 1540 die Doppelheirat des Landgrafen Philipp von Hessen gerechtfertigt hatte: auch bei den biblischen Patriarchen sei Vielweiberei gang und gäbe gewesen. Diese Expertise zitierend, forderte der damalige Oberfinanzrat das zuständige Konsistorium auf, den etwas gewagten Akt umgehend zu genehmigen – mit gewünschtem Erfolg. Die Voß wurde zur Gräfin Ingenheim erhoben, als legale Nebenfrau bei Hofe eingeführt, ihr Bruder zum Staatsminister befördert. Zwei Jahre später starb sie bei der Geburt eines Sohnes. Friedrich Wilhelm kehrte daraufhin ins Haus Wilhelmines zurück. Wenn ihm die Sinne danach standen, konnte er sich dort auch mit einer der Opernballerinen vergnügen, welche seine kluge Geliebte für ihn bereithielt. Es ging ihm gut bei Wilhelminen. Zu gut, fanden Wöllner und Bischoffwerder.

Um die Rietz abermals auszuschalten, machten sie den König auf Sophie Juliane Friederike Gräfin Dönhoff aufmerksam, eine blonde Schönheit, die der Königin als Hofdame diente. Mit herbem ostpreußischen Stolz wies indes deren Familie alle zu eindeutigen Angebote ab – es sei denn … Am Ende wurde auch die Dönhoff Friedrich Wilhelm angetraut und die Familie mit knapp hunderttausend Talern besänftigt. Wie verhielt sich Wilhelmine? Sie blieb ganz ruhig. Daß ihr dicker Liebhaber es mit der etwas hochfahrenden Adelsdame nicht lange aushalten würde, war so sicher wie das Amen in der Kirche.

Tatsächlich hatte die neue Nebenfrau sogar politische Ambitionen und versuchte dem König ins königliche Geschäft hineinzureden. Das konnte auch Wöllner und Bischoffwerder nicht gefallen, vor allem deshalb schon, weil man ihr nachsagte, sie hege höchst ungesunde Sympathien für die französischen Revolutionäre.

Der Thüringer hatte seinen Ordensbruder um diese Zeit karrieremäßig bereits eingeholt. Wöllner war seit 1788 Justizminister und zuständiger Mann für Kirchenangelegenheiten, Bischoffwerder saß auf dem Stuhl des verabschiedeten Außenministers Hertzberg. Beiden zusammen sagte man nach, sie seien es, die in Wahrheit Preußen regierten (Wilhelmine sagte es Friedrich Wilhelm sogar ins Gesicht). Der schriftstellernde Offizier Christian von Massenbach hingegen formulierte es so: »Friedrich II. pflegte Bischoffwerder einen ›Laubfrosch‹ zu nennen, der grünen [Jäger-]Uniform wegen, welche er trug. Der Laubfrosch hat sich [nun] auf Friedrichs Thron geschwungen.« Ferner heißt es bei ihm: »Doch ist er kein böser Mensch und liebt den König mit treuer Anhänglichkeit. Er gehört wie sein Gebieter in die Klasse derjenigen, die genießen wollen. Caesar würde ihn seiner Feistigkeit wegen nicht gefürchtet haben.«

Doch dann kam für den wohlbeleibten Manipulator und seinen königlichen Freund die Zeit, in der sie den Genuß des Lebens vorübergehend hintanstellen mußten. Bischoffwerder hatte Friedrich Wilhelm zielstrebig auf eine entscheidende politische Wende hingesteuert; anders als Hertzberg war er ein erklärter Freund Österreichs.

In Paris starb Anfang April 1791 Mirabeau, der letzte Revolutionsführer, der noch für die Beibehaltung der Monarchie eingetreten war. Zu dieser Zeit reiste Bischoffwerder bereits unermüdlich zwischen Berlin und Wien hin und her, getrieben von der Furcht, in Frankreich würden demnächst jene Einpeitscher ans Ruder gelangen, die, wie der noch relativ unbekannte Robespierre, den revolutionären Krieg gegen die Fürsten Europas predigten. Bevor es so weit war, wollte er ein starkes österreichisch-preußisches Militärbündnis zustande gebracht haben – was ihm auch gelang. Vier Wochen nach Mirabeaus Tod konnte Bischoffwerder einen entsprechenden Vorvertrag paraphieren. Es war auch schon eine erste Reaktion auf die neueste Schreckensmeldung aus Paris: Ludwig XVI. und seine habsburgische Frau Marie Antoinette hatten versucht, ins Ausland zu fliehen, waren aber abgefangen und gewaltsam in die Tuilerien zurückgeschafft worden. Dennoch schreckte Leopold II., ein Bruder der arretierten Königin, noch immer vor dem letzten entscheidenden Schritt zurück; es half nichts. Bischoffwerder blieb hartnäckig, und Friedrich Wilhelm verspürte plötzlich wieder Lust auf einen neuen glorreichen Krieg, gleich dem holländischen. Am 27. August 1791 beschlossen beide Herrscher die Mobilmachung gegen Frankreich, womit sie aber wiederum nur reagierten, denn bereits im April hatte Charles François Dumouriez, Ex-Jakobiner und französischer Außenminister, Österreich den Krieg erklärt. Ob sie wollten oder nicht – nun mußten beide Mächte marschieren. Friedrich Wilhelm war wie berauscht. Schon träumte er von einer Rückeroberung des Elsaß und Lothringens, schon sah er sich auf hohem Roß in Paris einziehen (und hoffte auch, das seit Generationen begehrte Jülich-Berg endlich an Preußen bringen zu können).

Wilhelmine fand, seine Begeisterung stehe ihm. Die Dönhoff hingegen quengelte: »Ihre ritterliche Laune macht sie zu einem Don Quichotte, der ebenfalls Berg und Tal durchzog, um überall das Recht wiederherzustellen … ohne auf die Anzahl und Stärke seiner Gegner Rücksicht zu nehmen.« Kurz nach der Geburt ihres ersten Kindes (eines späteren Ministerpräsidenten von Preußen) war dies das Ende der morganatischen Ehe. Die ostpreußische Schönheit ging in die Schweiz, wo sie wenig später noch eine Tochter zur Welt brachte. Hatte Wilhelmine es nicht gleich gewußt? Nun zog er also ins Feld, ihr dicker Pygmalion.

Auch Goethe schätzte die Lage auf Anhieb richtig ein. Bei einem Biwak stehend, sagte er zu den ihn umgebenden Offizieren: »Von hier und heute geht eine neue Epoche der Weltgeschichte aus, und ihr könnt sagen, ihr seid dabeigewesen.« »Hier«, das war ein regenfeuchter Acker nahe Valmy in der Champagne; »heute« der 20. September 1792; das Ereignis, auf welches der herzoglich weimarische Kriegskommissar sich bezog, die »Kanonade von Valmy«. Vierunddreißigtausend hochgerüsteten, bestens gedrillten Preußen, Österreichern, Hessen und Thüringern war es nicht gelungen, sechsunddreißigtausend kaum geschulte, von unerfahrenen Offizieren kommandierte Franzosen, die ihnen den Weg nach Paris versperrten, zu zerstreuen – und das, obwohl sie den Feind mit einem Trommelfeuer von bis dahin kaum je erlebter Stärke belegt hatten. Karl Wilhelm Ferdinand von Braunschweig, ihr Oberbefehlshaber, konnte sich einfach nicht entschließen, nach dem Bombardement die Schlacht zu eröffnen, mochte Friedrich Wilhelm ihn auch noch so drängen. Der Held des holländischen Feldzugs, der in einem großmäuligen Manifest angekündigt hatte, er werde Paris dem Erdboden gleichmachen, wenn Frankreichs Bürger nicht zum absoluten Gehorsam gegen ihren König zurückkehrten, schien angenommen zu haben, seine Streitmacht würde auf keinen nennenswerten Widerstand stoßen und binnen kürzester Frist die Île de France erreichen. Aber dann hatte es zu regnen begonnen, waren die Nachschubkolonnen in der aufgeweichten Erde steckengeblieben, stellten sich Dumouriez und der Elsässer Kellermann ihm doch in den Weg. Mittlerweile regnete es immer noch, die Soldaten ernährten sich bereits von gequollenen Weizenkörnern, und genügend Munition gab es auch nicht mehr. Eine seltsame Szene muß es trotzdem gewesen sein: der Genußmensch Friedrich Wilhelm bestürmte den an Strapazen gewohnten Soldaten, Ludwig XVI., koste es, was es wolle, aus dem Gefängnis zu befreien. Der Soldat glaubte nein sagen zu müssen und konnte es auch, denn er, nicht sein König hatte den Oberbefehl inne. So tat er es denn.

Schon am 21. September begannen Verhandlungen über einen Waffenstillstand. Dumouriez ließ Friedrich Wilhelm auffordern, den bereits besetzten Teil Frankreichs zu räumen und sein Bündnis mit Österreich zu lösen. Er hatte die besseren Karten in der Hand. Goethe erfuhr: »Der Haß des Königtums gewann [in Paris] immer mehr Breite, ja schon konnte man erwarten, daß gegen den unglücklichen Monarchen ein Prozeß würde eingeleitet werden.« Jeder Versuch, ihn jetzt noch zu befreien, hätte dieses Verfahren wohl eher beschleunigt; das wurde auch Friedrich Wilhelm klar. Was blieb ihm also übrig? Der Rückzug, nichts anderes. Er sollte noch schlimmer als der Vormarsch ausfallen. Drei Wochen vergingen, ehe Preußen und Österreicher auch nur die von Valmy nicht allzuweit entfernte Aisne überschreiten konnten. In den Augen des Schlachtenbummlers aus Weimar »ein so prächtiger als trauriger Anblick ... alle Gesichter düster, jeder Mund verschlossen ... der König und sein Generalstab ritt von weitem her, hielt an der Brücke eine Zeit lang stille, als wenn er sich's noch einmal übersehen und überdenken wollte; zog dann aber am Ende den Weg aller der Seinen. Ebenso erschien der Herzog von Braunschweig an der anderen Brücke, zauderte und ritt herüber.« In der Tat: damit hatte eine »neue Epoche der Weltgeschichte« begonnen.

Noch vor Jahresende wurde Frankreich zur Republik erklärt, im Januar 1793 Ludwig XVI. zum Tod verurteilt und geköpft. Robespierre riß die Macht an sich und ging daran, jene Ordnung zu errichten, »wo alle niedrigen und grausamen Leidenschaften gebändigt ... wo der Bürger dem Hüter des Gesetzes, der Hüter des Gesetzes dem Volk und das Volk der Gerechtigkeit unterworfen ist«. Um dorthin zu gelangen, unterwarf er freilich alle anderen zunächst einmal dem »Terreur«, der nackten Willkür. »Robespierre«, erkannten denn auch seine Gegner, »das ist der Schrecken, das ist die Guillotine.« Und der Krieg, der 1792 begonnen hatte, breitete sich über halb Westeuropa aus.

Was tat Friedrich Wilhelm angesichts dieser Lage? Im September 1793 verließ er die Rheinarmee, beschuldigte die Österreicher, sie hätten ihn mehrmals im Stich gelassen, und erklärte, Preußen werde jetzt seine eigenen Interessen wahrnehmen. Dann ging er daran, sein Land um eine weitere Provinz zu vergrößern.

Auch in der Markgrafschaft Ansbach-Bayreuth, jenem Stammrevier der Zollern, von dem sie vor rund vierhundert Jahren ausgezogen waren, um Brandenburg zu unterwerfen, herrschten Verhältnisse, an denen sich kritische Geister reiben konnten. Friedrich Schiller etwa hat es getan. Im ersten Akt von *Kabale und Liebe* erkundigt sich Lady Milford nach dem Preis einiger Edelsteine, die sie von ihrem fürstlichen Anbeter geschenkt bekam. »Mit finsterem Gesicht« erwidert darauf der dienstuende Kammerdiener: »Sie kosten ihn keinen Heller.« Und als die Dame es nicht glauben will: »Gestern sind siebentausend Landeskinder nach Amerika fort – die zahlen Alles.« Es ist (im großen und ganzen) eine wahre Geschichte.

Christian Friedrich Alexander, Herr der beiden fränkischen Fürstentümer, ein Nachfahr Johann Georgs, des siebten zollernschen Kurfürsten von Brandenburg, herrschte zwar seit 1769 über ein nicht gerade armes Land, da er jedoch allerlei fürstlichen Lastern frönte – Jagden etwa, für welche Hunderte von Tieren erst in einen Pferch getrieben, dann abgeknallt wurden – und weil das Jahr 1771 so gut wie keine Ernten erbracht hatte, mußte sein Finanzdirektor ihm 1776 mitteilen, auf dem kleinen Duodezstaat laste die astronomisch hohe Schuldenlast von knapp fünf Millionen Talern. In dieser prekären Situation nun griff der fränkische Zollern zu einem Mittel, dessen sich damals auch viele andere deutsche Landesherren bedienten. England kämpfte in Nordamerika gegen die Rebellen unter George Washington (und Friedrich Wilhelm von Steuben), England brauchte Söldner. Karl Alexander gehörte zu denjenigen, die sie lieferten.

Für ein »Werbegeld« von 25 Rheinischen Gulden pro »Stück« und einer Jahrespauschale von rund 40000 Gulden trat er während dreier Jahre anderthalbtausend Soldaten an George III. ab, darunter auch den einundzwanzigjährigen Vizeleutnant Neidhardt von Gneisenau, der 1781 aus österreichischen Diensten in ansbach-bayreuthische übergetreten war. Anfang 1777 traf das erste Kontingent dieser Mietsoldaten in Ochsenfurt ein, von wo es über Holland nach New York gebracht werden sollte. Bevor die Einheit auf einigen Mainkähnen eingeschifft werden konnte, geschah jedoch, was der Kammerdiener in *Kabale und Liebe* mit diesen Worten schildert: »Es traten wohl so etliche vorlaute Burschen vor die Front heraus und fragten den Obersten, wie theuer der Fürst das Joch Menschen verkaufe? – Aber unser gnädigster Landesherr ließ alle Regimenter auf dem Paradeplatz aufmarschiren und die Maulaffen niederschießen.« Auch das ist wahr. Nur ließ nicht Karl Alexander die Meuterei abwürgen, sondern der Fürstbischof von Würzburg, zu dessen Sprengel Ochsenfurt gehörte.

Daß es aber wirklich der Ansbacher ist, den Schiller meint, nicht etwa sein eigener Landesherr Karl Eugen von Württemberg oder ein dritter fürstlicher Menschenhändler, bezeugt die Dame, der von dem Kammerdiener alles erzählt wird. Schiller nennt sie Lady Milford. Karl Alexander hatte eine Nebenfrau namens Lady Eliza Craven, wohingegen Karl Eugens Maitresse, die resolute Franziska von Hohenheim, eine Schwäbin war.

Mit dem Geld, das ihm seine in Amerika kämpfenden Untertanen einbrachten – nach der Entscheidungsschlacht von Yorktown (1781) gerieten die meisten in Gefangenschaft; ihre Regimentsfahnen sind noch heute in der US-Militärakademie Westpoint zu sehen –, ist der Markgraf dann allerdings recht uneigennützig umgegangen. Binnen weniger Jahre wurde ein beträchtlicher Teil der angehäuften Staatsschulden abgetragen, und die überhöhten Steuern im Ländchen konnten herabgesetzt werden. 1791 jedenfalls, im Todesjahr seiner rechtmäßigen Frau, ging es den Ansbach-Bayreuthern wieder recht ordentlich. Karl Alexander, mittlerweile fünfundfünfzig Jahre alt, war trotzdem amtsmüde. Da er aber keine Kinder hatte, die Markgrafschaft nach seinem Tod also ohnehin an die preußischen Verwandten fallen würde – ein auch vom Kaiser genehmigter Hausvertrag sah dies vor –, bot er sie Friedrich Wilhelm gegen eine Leibrente von 300 000 Gulden jährlich schon zu Lebzeiten an. Der Vetter aus Berlin schlug selbstredend ein. Karl Alexander heiratete daraufhin Eliza Craven, kaufte einen Landsitz bei London, nannte ihn »Brandenburg House« und zog sich mit seiner Frau dorthin zurück.

Der neue Besitzer von Ansbach-Bayreuth schickte den vormals hannoverschen Staatsbeamten Karl August von Hardenberg als dirigierenden Provinzialminister nach Franken, damit er den neuen Untertanen demonstriere, wie es in Preußen zugehe – es erwies sich, daß ihnen dies überhaupt nicht behagte. Dennoch begann für Hardenberg in Ansbach eine atemberaubend steile Karriere: vom Statthalter zum Kriegsminister, Außenminister, endlich Staatskanzler und Gegenspieler Napoleons. Friedrich Wilhelm aber konnte nicht ohne Genugtuung sagen, er habe mit minimalem Aufwand einige schöne alte Städte erworben – neben Bayreuth und Ansbach etwa Hof, Kulmbach, Wunsiedel –, rund eine Viertelmillion neuer Untertanen gewonnen und dazu noch eine so brauchbare, weil schmückende Institution wie den Orden »de la Sincérité« – der Aufrichtigkeit – eingeheimst; als »Roter-Adler-Orden« sollte er eine der höchsten preußischen Auszeichnungen werden. Gestiftet hatte ihn der bayreuthische Markgraf Georg Wilhelm im Jahr 1712.

Nach der so schmählich mißglückten Kampagne in Frankreich wurde dem Preußenkönig dann eine Möglichkeit geboten, sich auf relativ gefahrlose Weise ein weiteres Mal zu bereichern – zumindest machte man ihn das glauben.

Zu den geistigen Urhebern des gegen Frankreich gerichteten preußisch-österreichischen Bündnisses hatte auch Katharina II. gehört; ihm beizutreten hatte sie allerdings abgelehnt – aus guten Gründen. Ihr Auge ruhte immer noch auf Polen, und da konnte es für Rußland nur vorteilhaft sein, wenn die Partner bei dem früheren Raubzug im Westen beschäftigt waren. Dumm genug, diese Absichten nicht zu durchschauen, war man freilich weder in Berlin noch in Wien, weshalb zwischen den drei Mächten ein umständliches diplomatisches Katz-und-Maus-Spiel begann. Jede Seite bemühte sich, die andere aus der Deckung zu locken, legte es aber gleichzeitig darauf an, keine denkbare Option preiszugeben. 1792 stellte die Zarin Preußen und Österreich dann vor vollendete Tatsachen – oder versuchte es wenigstens: russische Truppen rückten in Ostpolen ein, doch das Manöver mißlang. Schon wenig später standen preußische Einheiten unter dem achtundsechzigjährigen Möllendorf in einem bereits »Südpreußen« getauften Gebiet mit den wichtigen Städten Danzig, Thorn, Posen, Gnesen und Kalisch. Wien, das Friedrich Wilhelm zu informieren »vergessen« hatte, raste natürlich, als es davon erfuhr, und ließ sich auch durch dessen Teilnahme an der Krönung Kaiser Franz' II. in Frankfurt nicht beschwichtigen (Leopold II. war Anfang 1792 gestorben). Zu mehr als einem Aufschrei aus habsburgischer Kehle reichte es indessen nicht; den Österreichern waren beide Hände gebunden. Französische Truppen hielten bereits das ganze linke Rheinufer besetzt und standen überdies in Belgien. Zwar kämpften am Rhein auch die Preußen noch mit, aber deren König hatte ja bereits erklärt, daß ihn die dortigen Vorgänge nicht mehr besonders interessierten (weil er vor oder nach Valmy im Stich gelassen worden sei und ohnehin nur Wien mit der Revolutionsregierung im erklärten Krieg liege).

Gelassen fuhr Friedrich Wilhelm also selbst nach Polen, um dessen bereits von den Russen bedrängten Reichstag durch persönliche Anwesenheit noch mehr unter Druck zu setzen. Als er Grodno, den Sitzungsort, erreichte, hatten jedoch die adeligen Parlamentarier mit einer »stummen Sitzung« bereits kapituliert: Preußen war um 58 000 Quadratkilometer größer. Dennoch jubelte man in Berlin zu früh.

Im Westen, wo mittlerweile auch England wieder mit von der Partie war, ging alles drunter und drüber. Der von Robespierre beherrschte »Wohlfahrtsausschuß« hatte die »Levée en masse«, die totale Mobilmachung, verfügt und warf über eine Million Soldaten ins Feld. Deren Ansturm (und neuartiger Kampfesweise) aber war die britisch-preußisch-österreichische Koalitionsarmee bei weitem nicht gewachsen. Nach anfänglichen Siegen steckten ihre Generale eine Niederlage nach der anderen ein. Zugleich mußte Preußen erkennen, daß es am Rande des finanziellen Ruins stand. Ausgerechnet in dieser kritischen Lage erhoben sich dann auch noch polnische Patrioten unter Tadeusz Kosciuszko gegen die Besatzer aus Ost und West. Der aus Litauen stammende Adelige hatte im amerikanischen Unabhängigkeitskrieg das Soldatenhandwerk gründlich erlernt. Und Möllendorf, der ihm vielleicht noch gewachsen gewesen wäre, stand seit 1794 am Rhein. Schon befanden sich weite Teile »Südpreußens« wieder in polnischer Hand, schon drohte der Armee Friedrichs des Großen die größte Blamage, die sie je erlitten gehabt hätte, da wurde Kosciuszko bei Maciejowice vernichtend geschlagen – nicht von den Preußen, von den Russen. Konnte man sich in Berlin dennoch den Schweiß von der Stirn wischen?

Wie alle anderen Berater Friedrich Wilhelms sagte auch Johann Rudolf von Bischoffwerder mit Entschiedenheit: Noch lange nicht. Preußen müsse sich auch aus dem Krieg gegen Frankreich lösen und Frieden schließen. Wie! Frieden schließen mit diesen Königsmördern, die sich nicht gescheut hatten, selbst eine Kaisertochter, nämlich Marie Antoinette (am 16. Oktober 1973), auf das Schafott zu schleppen! Der ehemals so habsburgfreundliche Rosenkreuzer fegte den Einwand vom Tisch; wie immer gab Friedrich Wilhelm nach. Generalmajor von der Goltz wurde beauftragt, ohne Rücksicht auf Habsburg und das ebenfalls im Krieg stehende Reich, erste Gespräche aufzunehmen. Hardenberg, seit 1791 nicht mehr in Ansbach, sondern in Berlin, führte sie später fort. Zu Basel traf er mit den Beauftragten der Revolutionsregierung zusammen, ließ sich von ihnen erzählen, wie Robespierre, nach einem Selbstmordversuch, mit zerschossener Kinnlade unter die Guillotine gelegt worden war, und paraphierte am 5. April 1795.

Preußen, so der Artikel 5 des Papiers, verzichtete bis zu einem allgemeinen Friedensschluß auf seine linksrheinischen Besitzungen in Kleve und Geldern (behielt sich dafür aber – zusätzlicher Geheimartikel – Entschädigung durch spätere Säkularisation geistlicher Güter vor); Frankreich räumte alle preußischen Gebiete auf dem rechten Rheinufer und gewährte ganz Nordwestdeutschland die Neutralität (wofür es – Artikel 6 – mit einem Handelsvertrag belohnt werden sollte). In Berlin wurde Hardenberg wegen seines Verhandlungsgeschickes mit Glückwünschen überhäuft, in Wien hingegen als »Judas am Reich« beschimpft. Ähnliche Brüskierung widerfuhr Friedrich Wilhelm wenig später durch Katharina II. und deren neuen Partner – Franz II. von Habsburg.

Anfang 1795 ließ die Zarin verlautbaren, es gebe keine andere Möglichkeit, »die Unruhen in Polen zu beenden«, als durch eine völlige Aufteilung des Landes. Der römisch-deutsche Kaiser, der beim letzten Beutezug ja leer ausgegangen war, beeilte sich umgehend, ihr beizupflichten. Den König von Preußen wollten beide diesmal nicht mit dabeihaben, was Friedrich Wilhelm eigentlich nicht hätte ärgern müssen. Seiner Verwaltung fiel es schon schwer genug, den gewaltigen Brocken »Südpreußen« in ihren Griff zu bekommen. Weshalb sie also mit weiteren Gebieten unnötig überfordern? Kaum hatten jedoch der Habsburg und die Romanowa einen dritten »Petersburger Vertrag« aufgesetzt (mit den beiden früheren Papieren dieses Namens waren die Erste und Zweite polnische Teilung besiegelt worden), da regten sich auch seine Gelüste wieder, und auf beinahe unziemliche Weise drängte er ins Geschäft. Erzielter Gewinn: Südmasowien mit Warschau nebst dem Gebiet zwischen Weichsel, Bug und Memel, fortan »Neu-Ostpreußen« genannt, dazu noch ein Stück des Bezirks Krakau, nunmehr »Neu-Schlesien«. Alles in allem waren das 43 000 Quadratkilometer, bewohnt von einer Million Menschen. Hatte Friedrich Wilhelm seinen großen Onkel damit als Mehrer des Staates nicht bei weitem übertroffen? Die Antwort lautet: im Prinzip schon, nur brachten die errafften Ländereien nicht sonderlich viel Nutzen, im Gegenteil. Da ihre Eingliederung die Beamten in der Tat überforderte, mußten sie zum Teil verschleudert werden, breitete sich in den damit befaßten Behörden nackte Habgier aus, ließen Staatsbedienstete sich schamlos bestechen, nahm die auf preußische Tugenden so stolze Verwaltung erheblichen Schaden – man möchte sagen: an ihrer Seele. Trotzdem wollte Friedrich Wilhelm seine Laufbahn noch mit einer allerletzten glorreichen Eroberung krönen.

Nürnberg, die ehrwürdige freie Reichsstadt, als Sperriegel zwischen den politisch vereinigten Markgrafschaften Bayreuth und Ansbach gelegen, war den Zollern, die hier einst als Burggrafen begannen, von jeher ein Dorn im Auge und ein Stachel im Fleisch gewesen. Nie hatten sie jedoch das reiche, wehrhafte Gemeinwesen in die Knie zwingen können; die Nürnberger wußten sich ihre Feinde vom Leib zu halten. Das galt inzwischen längst nicht mehr. Hoch verschuldet die ganze Stadt, unzufrieden mit dem Rat ihre Bürger, kleinlicher Streit zwischen den großen Familien. 1791 hatten solche Verhältnisse die Baiern schon ermutigt, einen Teil des nürnbergischen Gebietes an sich zu reißen. Nun, fünf Jahre später, okkupierten preußische Truppen auch den Rest. Daß der Rat sich dem König in Berlin trotzdem nicht unterwerfen wollte – was kümmerte es Hardenberg, den Leiter des kruden Unternehmens? Ansbach und Bayreuth grenzten endlich direkt aneinander, und Friedrich Wilhelm konnte sich rühmen, ein Vorhaben vollendet zu haben, an dem zuletzt sein großer Vorfahr Albrecht Achilles auf spektakuläre Weise gescheitert war.

Weshalb erkannte man ihn eigentlich immer noch nicht als einen wahrhaft bedeutenden Herrscher an? Lag es wirklich nur an seiner Art zu leben, zu sein und sich zu geben?

Goethe, der in Frankreich mehrmals mit dem starkleibigen Zollern zusammengetroffen war, fand dessen »lakonische Art«, sich zu äußern, recht erfrischend. Niemand bestritt auch, daß Friedrich Wilhelm bei Valmy eine bessere Figur gemacht hatte als der Herzog von Braunschweig, und unleugbar ist, daß Berlin während seiner Regierungszeit aus der geistigen Erstarrung erwachte, in der es unter Friedrich dem Großen gelebt hatte. Dank August Wilhelm Iffland, dem Entdecker Schillers, konnte die Spree-Metropole zum ersten Mal in ihrer Geschichte als bedeutende Theaterstadt bezeichnet werden. 1791 wurde unter den Linden die erste und lange Zeit berühmteste »Singakademie« Deutschlands eröffnet. Gottfried Schadow schuf seine schönsten Bildwerke, Daniel Chodowiecki aus Danzig seine ebenso realistischen wie populären Kupferstiche. Auch das klassisch-klassizistische Berliner Wohnhaus – in der Regel zwei Stockwerke hoch, acht Fenster breit, mit dem unvermeidlichen Seitenrisalit aus dorischen Säulen, zart hellgrau oder milchkaffeebraun gestrichen und unerhört heiter wirkend – erfuhr damals seine Vollendung. Der Franzose Caspar Riesbeck schrieb an seinen Bruder in Paris: »Man darf [Berlin] immer zu den schönsten Städten Europas rechnen ... Die Bauart, die Einteilung, die Gestalt der öffentlichen Plätze, die Besetzung derselben und einiger Straßen mit Bäumen, kurz, alles ist abwechselnd und unterhaltend.« Wenig später fügte der Frühromantiker Clemens Brentano dem hinzu: »Man ist unter einer Menge kluger, gebildeter und feiner Leute.«

Zufall, daß solch Lobpreisungen sich erst seit der Zeit Friedrich Wilhelms zu häufen begannen? Eine »gute Presse« verschaffte ihm dies alles dennoch nicht, was in erster Linie daran gelegen haben dürfte, daß Berlin eben nicht Paris war. Dort hätte man, zumindest vor der Machtergreifung jener Tugendbolde vom Schlag eines Robespierre, seine Maitressenwirtschaft eher mit Amüsement als mit Entrüstung beobachtet – die Rede ist noch einmal von Wilhelmine, geborene Encke, verheiratete Madame Rietz und somit von der hohen Kunst der üblen Nachrede.

War sie, wie der selbst recht übel beleumundete Christian von Massenbach behauptet, wirklich eine »Buhlerin um die Gunst jedes jungen, starkknochigen, feisten Jünglings«? Oder war sie, zufolge Lord Malmesbury, lediglich »munter von Aussehen, nachlässig in ihrer Kleidung« und das Inbild »einer wahrhaft vollkommenen Bacchantin«? Der Brite gibt wenigstens zu, daß sie es verstanden habe, Friedrich Wilhelm bei Laune zu halten und klug zu beraten. Dieser selbst wußte jedenfalls wohl, was er an ihr hatte. Nach seiner Rückkehr aus Frankreich erhob er die Freundin zur Gräfin Lichtenau und wies ihr vier adelige Vorfahren zu (was sie unter anderem »stiftsfähig« machte, also einer Art Pflegeversicherung gleichkam). Von da an lebten die beiden auch ungeniert zusammen. Karl von Gontard aus Mannheim hatte für seinen königlichen Bauherrn in Potsdam das sogenannte »Marmorpalais« errichtet, ein trotz des anspruchsvollen Namens beinahe bürgerlich-gediegen wirkendes kleines Schloß am Heiligensee. Friedrich Wilhelm bewohnte den Hauptbau, Wilhelmine ein nahe gelegenes Kavaliershaus. Der erfolgreiche Mehrer des preußischen Staates glaubte, sich nicht länger um seinen guten Ruf sorgen zu müssen. Was konnte er schließlich dafür, daß kein Mensch ihn als das anerkannte, was er noch am ehesten war: der Held eines so galanten wie frivolen Zeitabschnitts in der an solchen Intermezzi nicht eben reichen preußischen Geschichte. Allerdings ging diese Epoche mit ihm auch wieder zu Ende.

Während der beiden letzten Sommer seines Lebens sieht man den großgebauten, schwerbäuchigen Mann mit Halbglatze besonders häufig auf Schloß Marquardt am Schlänitzsee. Es ist der Wohnsitz Johann Rudolfs von Bischoffwerder, eines Freundes, dem er, trotz aller Anfeindungen, ebenso die Treue gehalten hatte wie seiner Wilhelmine. Und selbstverständlich will es das Gerücht, der Rosenkreuzer aus

Thüringen habe bei diesen Aufenthalt seine Macht über den König zu festigen gesucht; die Mittel, deren er sich bediente, kannte man ja bereits: Geisterstimmen, Glasharmonikamusik, seltsame Rituale in einer »›blauen Grotte‹, deren Licht und Farbeneffekt ein wunderbarer gewesen sein soll«.

Theodor Fontane, entschiedener Liebhaber solcher Geschichten, hat nach dem geheimnisumwitterten Raum gefahndet und ihn auch gefunden. Doppelwandig sei er gewesen, in einem »nach dem rosenkreuzerischen Ritual« mit Akazien bepflanzten Hügel verborgen und mit Lasurstein ausgelegt. Dort hätten Bischoffwerder und Genossen ihre Spiele mit Friedrich Wilhelm getrieben und auf diese Weise – das deuten andere an – den Zollernstaat nach ihrem Willen gelenkt. Preußens vierter König also die Marionette einer geheimen Logenbrüderschaft, womöglich sogar einer großangelegten Verschwörung zur Veränderung der Welt? Zumindest passen solche Vorstellungen in die Zeit, der sie entstammen: romantische Stimmung breitete sich aus, Geister waren en vogue, und von Frankreich herüber wehte der heiße Atem der Revolution. Friedrich Wilhelm aber ist es nun einmal gewesen, der sein Land in diese neue Zeit hinein-, aber damit auch an die bevorstehende Katastrophe herangeführt hat. Dem letzten Umstand vor allem mag er denn seinen schlechten Ruf zu verdanken gehabt haben. Als Hüter des friderizianischen Erbes hätte man sich, im Rückblick, einen mit seherischem Blick begabten Helden gewünscht. Und was hatte man bekommen? Einen »asiatischen Fürsten, der sich in das Innere seines Serails zurückgezogen hat ... die Regierungsarbeit aber seinen Wesiren überläßt« (Massenbach). Es ist nackte Wut, die aus solchen Haßtiraden spricht, nicht eigentlich Wut auf Friedrich Wilhelm indessen, sondern Wut über die erlittenen Niederlagen gegen Napoleon (für deren schlimmste Massenbach mit verantwortlich war; die meisten seiner Pamphlete sind ohnehin nachträgliche Rechtfertigungsschriften). Fragt sich allerdings, ob selbst der große Friedrich sie hätte verhindern können.

Bischoffwerder immerhin scheint wenigstens geahnt zu haben, daß mit Friedrich Wilhelms Tod am 16. November 1797 etwas zu Ende ging. Bei der Trauerfeier im Berliner Dom trat er, eine Fackel in der Hand, an den Sarg des toten Freundes und fuhr mit ihm in die Gruft hinab. Wieder ans Licht gestiegen, nahm er seinen Abschied.

IV.

Ein schmachvolles Ende

Friedrich Ludwig Fürst zu Hohenlohe-Ingelfingen, königlich-preußischer General der Infanterie, hatte wirre, anstrengende Tage hinter sich und wußte, daß ihm eine Schlacht mit höchst zweifelhaftem Ausgang bevorstand; trotzdem legte er sich am Abend des 13. Oktober 1806 gelassen ins Bett und befahl seiner Ordonnanz, ihn nicht unnötig früh zu wecken. Die Frage, ob solche Seelenruhe Ausdruck soldatischer Routine gewesen sei – immerhin war er bereits sechzig Jahre alt und mußte mit seinen Kräften haushalten – oder ob er sich durch sein Verhalten sträflicher Fahrlässigkeit schuldig gemacht habe, sollte später viele Militärschriftsteller beschäftigen und entsprechend viele Antworten provozieren. Sicher ist nur: sein Gegner schlief keineswegs, zumindest nicht im Bett. Um zwei Uhr nachmittags war Napoleon, von Gera kommend, in Jena eingetroffen, hatte persönlich die Gegend erkundet und sofort den Schwachpunkt in Hohenlohes Stellung erkannt. Kein einziger preußischer Soldat stand auf den Hügeln, die das mutmaßliche Gefechtsfeld beherrschten; ein Dilettant, der das nicht genutzt hätte. Bei schon hereinbrechender Dunkelheit ließ der Korse nahezu seine ganze Artillerie auf die Höhen über dem linken Saaleufer schaffen und legte sich erst, als die letzte Kanone in Stellung gebracht war, neben einem Lagerfeuer nieder. Unten im Dörfchen Kapellendorf schlief währenddessen der fränkische Reichsfürst, der bei jeder Gelegenheit zu sagen pflegte: »Ich habe die Franzosen bereits über sechzigmal geschlagen, ich werde auch Napoleon vom Feld fegen, wenn ich gesund bleibe.«

Friedrich Ludwig von Hohenlohe durfte sich in der Tat einen erfahrenen Heerführer nennen. Da ihm sein kleiner Besitz im heutigen Nordwürttemberg keine ernsthafte Herausforderung zu bieten schien, war er nach dem Ende des Siebenjährigen Krieges in preußische

Dienste getreten und hatte zügig Karriere gemacht. Beim preußisch-österreichischen Vorstoß in die Champagne führte er die Vorhut an und gehörte zu den wenigen, die mit den Franzosen handgemein wurden. Während der nachfolgenden Kämpfe am Rhein konnte er den Revolutionstruppen mehrere kleine Schlappen beibringen und sie einmal, vor Kaiserslautern, empfindlich schlagen. Als in den Jahren danach sein König sich nach Polen wandte, übernahm er die Posten eines Infanteriegeneralinspekteurs in Niederschlesien und Oberinspekteurs der in Ansbach-Bayreuth stationierten preußischen Truppen. Mit den Franzosen blieb er dennoch in Kontakt; es war unvermeidlich, denn sie rückten immer näher.

Der sogenannte Erste Koalitionskrieg, aus dem Friedrich Wilhelm II. vorzeitig ausgeschieden war, brachte ihnen das ganze linke Rheinufer ein. Während des Zweiten (1798–1802), an dem Preußen ebenfalls nicht, wohl aber Rußland teilnahm, riß bereits jener »kleine Korporal« aus Korsika die Zügel an sich, der ein paar Jahre zuvor, von Schwermut überwältigt, noch an Selbstmord gedacht hatte. Nun, nachdem es ihm nicht geglückt war, Ägypten zu erobern, schlug er die Österreicher in der entscheidenden Schlacht von Marengo in Oberitalien und diktierte einen Frieden, der alle französischen Landgewinne festschrieb. Hohenlohe beobachtete seinen Aufstieg von Ansbach aus; er hatte die beim Frieden von Basel vereinbarte Demarkationslinie in der Maingegend zu hüten. Das machte es gelegentlich auch notwendig, mit der Pariser Regierung zu verhandeln, die seit 1795 von fünf Direktoren verkörpert wurde.

Die Revolution war in ihr letztes Stadium getreten. Gut bürgerliche »notables«, angesehene Männer also, hatten die Macht übernommen und bemühten sich, das von den Jakobinern ruinierte Land vor allem wirtschaftlich zu sanieren. Der korsische Wunderknabe, mittlerweile von aller Welt Bürger oder General Bonaparte genannt, sollte ihnen dabei als eine Art Geldbeschaffer dienen; es gelang ihm ja immer wieder, gewaltige Kontributionen einzutreiben und sie der Staatskasse zuzuführen. Aber schon geschah es, daß der Familienname dieses Nothelfers ungebräuchlich wurde und jedermann nur noch von Napoleon sprach. Es deutete darauf hin, daß die Franzosen, der rasch wechselnden Regierungsformen müde, sich nach einem neuen starken Mann zu sehnen begannen. So geschah es ferner, daß Hohenlohe seit

November 1799 nicht mehr mit dem Direktorium zu tun hatte, sondern mit einem auf zunächst zehn Jahre gewählten Diktator, der den Titel Erster Konsul trug und – eben – Napoleon hieß. Auch dabei sollte es freilich nicht lange bleiben. 1802 erklärte sich der Erste Konsul zum Konsul auf Lebenszeit, nochmal zwei Jahre später zum erblichen Kaiser. Die europäische Geschichte hatte gewissermaßen in ihr altes Flußbett zurückgefunden.

Das Bündnis Ludwigs XV. mit Österreich war in Frankreich nie populär gewesen, noch weniger die Heirat zwischen seinem Sohn und der »Autrichienne« Marie Antoinette. Kaum saß die erste Revolutionsregierung im Sattel, wurde deshalb Habsburg, dem verhaßten Feind von einst, der Krieg erklärt. Und als dem Erzhaus dann auch noch die Engländer zur Seite traten, verbreitete sich in Paris das Gefühl, nun sei alles wieder so, wie es sich gehörte: der Inselstaat gehörte ebenfalls zu den natürlichen Gegnern von alters her. Diesen Stimmungen wiederum mußte selbst Napoleon sich unterwerfen, wohingegen Preußen davon eigentlich nicht betroffen war, im Gegenteil. Der straff geordnete, von französischer Kultur angehauchte Staat Friedrichs des Großen gehörte in den Augen vieler Revolutionäre (nicht nur in denen Mirabeaus) eigentlich (und ebenfalls von alters her) eher zu den natürlichen Partnern Frankreichs. Das nämliche galt seit dem Frieden von Lunéville, der den Zweiten Koalitionskrieg beendete, auch für Rußland, allerdings in diesem Fall nach der Regel: der Feind meines Feindes ist mein Freund. Katharinas Sohn, Zar Paul I., fühlte sich von England hintergangen, weil es die Insel Malta partout nicht an den Johanniterorden herausgeben wollte, dessen Großmeister er war. Anfang 1800 trat er deshalb offen auf Napoleons Seite über und schloß wenig später mit Schweden, Dänemark und Preußen die »Nordische Koalition« zum Schutz des neutralen Seehandels.

Der damalige Erste Konsul hatte es also seit dieser Zeit nur noch mit zwei »Erb«feinden zu tun, nämlich Österreich und England. Dank dieser Konstellation konnte er die Insulaner 1802 zu einem Frieden zwingen, der sie nahezu ihren ganzen Kolonialbesitz kostete. Unglücklicherweise (für ihn) war jedoch, kurz bevor dies geschah, Paul Petrowitsch ermordet worden, und dessen Sohn, Alexander I., gefiel sich, wie Großmutter Katharina, in der Rolle eines Vorkämpfers der herrschenden Mächte. So näherte er sich wieder Österreich an. In dieser Lage nun beschloß Napoleon, zunächst einmal England, mit dem es bereits wieder neue Spannungen gab (wegen Lousianas, das er den Spaniern abgekauft hatte), vom kontinentaleuropäischen Brett zu stoßen, indem er Hannover, den Stammsitz des englischen Königshauses, besetzen ließ. Das ging nun auch Preußen an. Im Baseler Frieden war vereinbart worden, daß alle Gebiete östlich einer Linie, die von Ostfriesland über Darmstadt bis Nördlingen und um Böhmen herum gegen Schlesien zu verlief, franzosenfrei bleiben müßten; dagegen hatte Napoleon verstoßen. Aber wie sollte man in Berlin darauf reagieren? Mit Demarchen, Säbelgerassel, politischer Neuorientierung? Zähneknirschend erkannte Berlin die Annektion des Nachbarlandes an.

1803, zu der Zeit, da dies geschah, hielt Friedrich Ludwig zu Hohenlohe-Ingelfingen sich vorwiegend in seiner Heimat auf, einmal, weil er an Podagra litt, zum anderen, weil er versuchen wollte, den Familienbesitz im Kochertal zu vergrößern und für sich selbst den Titel eines Herzogs von Franken zu erlangen. Es war alles andere als ehrgeizige Traumtänzerei. Den kleineren deutschen Fürstentümern – und das seine war winzig – drohte der Untergang; sie sollten von der Landkarte radiert werden. Auch daran trug, indirekt, Napoleon die Schuld.

Im Dezember 1797 hatte Kaiser Franz II. im badischen Rastatt einen Kongreß einberufen, auf dem darüber beraten werden sollte, wie nach den französischen Siegen im Ersten Koalitionskrieg die »Integrität des Reiches« gewahrt werden könne. Die meisten Teilnehmer des Treffens – kleinere bis mittlere Reichsfürsten, Vertreter der Städte und der römischen Kirche – wußten damals noch nicht, daß sowohl Preußen wie auch Österreich insgeheim bereits der Abtretung des ganzen linken Rheinufers zugestimmt hatten, wenngleich unter dem Vorbehalt, daß ihnen alle dadurch erlittenen Gebietsverluste rechtsrheinisch ersetzt werden sollten. Nachdem dies bekannt geworden war, erhob sich jedoch die bange Frage, wie denn alle übrigen, die westlich der nunmehrigen deutschen Grenze Besitz gehabt hatten, entschädigt werden könnten. Lösungsvorschläge gab es (zum Beispiel im Frieden von Basel) auch dazu schon: es sollte durch Säkularisation kirchlicher Besitzungen geschehen und – dieser Begriff tauchte in Rastatt zum ersten Mal auf – durch »Mediatisierung« kleinerer reichsunmittelbarer (also immediater) Gemeinwesen wie jenem des Fürsten Hohenlohe-

Ingelfingen. Säkularisation hieß Überführung in weltlichen Besitz, Mediatisierung Verlust der politischen Selbständigkeit und Aufgehen in einem größeren Staat. Für Friedrich Ludwig bedeutete es, er würde vom kaiserlichen Vasallen zum Vasallen irgendeines benachbarten Landesherrn herabgestuft werden. Mit seinem Griff nach dem de facto nicht existenten Herzogtum Franken versuchte er ein solches Schicksal abzuwenden. Sein Kanzleirat wurde nach Rastatt geschickt – in der etwas naiven Hoffnung, er könne Preußen bewegen, einen so verdienten preußischen General wie Hohenlohe bei dem geplanten Vorhaben tatkräftig zu unterstützen. Der Kongreß endete indessen nach anderthalbjähriger Dauer ohne greifbare Ergebnisse; das Schwert der Mediatisierung blieb weiterhin über dem Kopf Friedrich Ludwigs hängen – was er freilich nicht wahrhaben wollte.

Auch als der Immerwährende Reichstag zu Regensburg 1801 eine Kommission, genannt »Reichsdeputation«, einsetzte, die den Entschädigungsplan zugunsten der betroffenen Stände ausarbeiten sollte, blieb er noch zuversichtlich und konnte es sogar sein; auf der Liste derjenigen, die nicht zum Opfertisch gebeten, sondern entschädigt werden sollten, erschien auch sein Name, was freilich nur wenig zu bedeuten hatte. Ohne Zustimmung der beiden vorherrschenden Mächte Europas konnte die an sich notwendige Flurbereinigung bereits nicht mehr vollstreckt werden. Erst als deren Oberhäupter, Zar Alexander I. und Napoleon, den sogenannten »Reichsdeputationshauptschluß« zu billigen geruhten, war er Gesetz und das Reich im Begriff, seine äußere Erscheinung zu ändern: statt des bunten Flickenteppichs aus annähernd achtzehnhundert größeren, kleineren, winzigen souveränen Gemeinwesen ein etwas solider anmutendes Gefüge mittelgroßer Staaten. Gewonnen hatten bei der ganzen Operation, natürlich, die ohnehin schon stärkeren Landesherren – wie das Haus Zollern, dem man für das verlorene Gebiet von Kleve und Geldern die Bistümer Hildesheim, Paderborn samt Teilen von Münster zuwies. Zu den Verlierern hingegen zählten vor allem die geistlichen Fürsten. Glück gehabt hatte in der Tat Friedrich Ludwig: ihm fiel das benachbarte Fürstentum Hohenlohe-Öhringen zu. Kaiser Franz II. aber, der ebenfalls mit einem blauen Auge davongekommen war – für den Verlust des Breisgaus wurde er mit den Bistümern Brixen und Bozen entschädigt –, nahm vorsichtshalber zu seinem Titel »römischer Kaiser« noch den eines Kaisers von Österreich an. Napoleon konnte von sich sagen, er habe mit wenigen Federstrichen das deutsche Reich um ein Stück weit nach Osten abgedrängt und hielt nun die Zeit für gekommen, seinen Hauptrivalen England endgültig auszuschalten.

In und um Boulogne zog er eine gewaltige Invasionsarmada zusammen. Sein jüngster Tagesbefehl lautete: »Beherrschen wir den Kanal nur sechs Stunden lang, dann sind wir die Herren der Welt.« Die Briten indes hatten auf dem Schachbrett Europa die Figuren bereits wieder umgruppiert; das führte dazu, daß auch der von Gicht geplagte Hohenlohe in den Sattel steigen mußte.

William Pitt, genannt »der Jüngere«, Premierminister seiner Majestät Georges III., brachte nach den beiden ersten auch noch eine dritte antifranzösische Koalition auf die Beine. Ihre Mitglieder: Rußland, Österreich, Schweden, Neapel und England. Preußen, obwohl mehrmals dazugebeten, entschloß sich erneut, neutral zu bleiben, verfügte aber gleichwohl die Mobilmachung. Friedrich Ludwig erhielt Befehl, Südpreußen gegen einen möglichen Durchmarsch der Russen zu sichern. Da griff Napoleon erneut in seine Pläne ein.

Im Grunde froh, sich auf das Abenteuer Invasion nicht einlassen zu müssen, verließ der Korse Boulogne und marschierte mit einem Teil seiner Streitmacht nach Ludwigsburg bei Stuttgart, wo er den drei süddeutschen Fürsten, die von der großen Flurbereinigung im Reich am meisten profitiert hatten, dem Badener, dem Württemberger und dem Baiern, ein knappes Ultimatum stellte: »Wer nicht für mich ist, der ist wider mich.« Das geschah am 2. Oktober 1805. Schon Tage später war seine Armee um sechsunddreißigtausend Badener, Württemberger, Baiern stärker. Ihr Marschziel: Wien. Auch Jean Baptiste Bernadotte, Marschall von Frankreich, hatte sich dorthin aufgemacht; er kam aus Hannover und durchquerte, als sei es die normalste Sache der Welt, das preußische Ansbach. Behandelte man so eine Macht, der Napoleon vor kurzem noch das welfische Fürstentum angeboten hatte, wenn sie dafür auf seine Seite trete? Friedrich Ludwig jedenfalls erhielt seinen nächsten Befehl: Derartige Vorkommnisse seien in Zukunft zu verhindern. Fragte sich freilich, wie?

Der Hohenlohe hielt es für das beste, die gegen Österreich vorrükkenden französischen Marschsäulen flankierend zu begleiten, notfalls bis nach Böhmen hinein, und ihnen, wenn es sein mußte, mit Gewalt den rechten Weg zu weisen. Dem Berliner Kriegskollegium erschien ein derartiges Unternehmen jedoch als zu riskant; es beorderte Friedrich Ludwig nach Erfurt zur Stärkung der an der hannoverschen Grenze aufmarschierten Kräfte. Kaum hatte er indessen entsprechende Vorbereitungen getroffen, kam schon der nächste Befehl: Abmarsch nach Bayreuth, dort Vereinigung mit den Einheiten des Herzogs von Braunschweig. Auch daraus wurde nichts, denn vorübergehend erstarrten überhaupt alle militärischen Aktivitäten in Preußen. Aus Wien war die Nachricht eingetroffen, bei dem südmährischen Städtchen Austerlitz habe Napoleon am 2. Dezember 1805, dem ersten Jahrestag seiner Krönung, das russisch-österreichische Heer binnen weniger Stunden aufgerieben und sei nun in der Lage, Franz II. einen Frieden zu diktieren. Gleichzeitig verlautete allerdings aus Paris, die französische Wirtschaft stehe kurz vor dem Zusammenbruch, das ganze Land schreie nach Frieden. Warum also nicht jetzt, fragte Friedrich Ludwig, der erste, der sich von dem Schock erholt hatte, des Korsen Notlage ausnützen, mit einer intakten Armee auf die Szene treten und ihn aus Deutschland hinausdrängen?

Nicht wenige seiner Kollegen zollten dem Hohenlohe stürmischen Beifall, Berlin hingegen schwieg betreten. Offenbar wußte der vorlaute General noch nichts vom »Potsdamer Allianzvertrag« – wie hätte er auch, es handelte sich ja um ein Geheimpapier?!

Wenige Tage nach Bernadottes Gewaltmarsch durch Ansbach, am 25. Oktober 1805, hatte Alexander I. dem Berliner Hof einen Kurzbesuch abgestattet und sich von seinem königlichen »Bruder« zusagen lassen, Preußen werde Napoleon auffordern, mit der russisch-österreichischen Koalition umgehend einen Waffenstillstand auf der Basis des letzten Friedensvertrages abzuschließen, andernfalls es wenigstens achtzigtausend Mann gegen ihn ins Feld führen wolle. Besiegelt wurde das von Hardenberg entworfene Abkommen zu mitternächtlicher Stunde am Grab Friedrichs des Großen in der Potsdamer Garnisonkirche. Über den Sarg hinweg reichten beide Herrscher sich die Hand. Dann stieg Alexander in den Reisewagen, der ihn nach Wien bringen sollte – und nach Austerlitz brachte. Dem Zaren folgte wenig später Christian Heinrich Kurt von Haugwitz, Preußens Außenminister; er legte allerdings keine sonderliche Eile an den Tag. Der aus Schlesien stammende Graf hielt von einer »bewaffneten Mediation« nicht das mindeste. Ziel der von ihm verfolgten Politik war bis jetzt strikte Neutralität in Übereinkunft mit Frankreich gewesen; dabei sollte es nach seinem Dafürhalten auch bleiben, mochte der Ministerkollege und Rivale Hardenberg noch so sehr dagegen ankämpfen.

Wie sich erwies, hatte Haugwitz Glück. Als er in Schloß Schönbrunn eintraf, wo Napoleon residierte, war die »Dreikaiserschlacht« von Austerlitz schon Geschichte; es hätte also gar keinen Sinn mehr gemacht, dem Sieger die Aufforderung zum Waffenstillstand vorzulegen. Statt dessen unterschrieb Haugwitz einen von Napoleon diktierten, acht Artikel umfassenden Vertrag. Wichtigste Punkte: Preußen und Frankreich sind ab sofort, dem 15. Dezember 1805, verbündet; Preußen tritt die Markgrafschaft Ansbach an Baiern, das ganze Herzogtum Kleve an einen noch zu benennenden Reichsfürsten und das Fürstentum Neuchâtel an den Kaiser der Franzosen selber ab. Dafür erhält es Hannover. Auch von diesem Papier erfuhr der Hohenlohe (zunächst noch) nichts – verständlicherweise: es war ebenfalls ein Geheimvertrag. Dafür brachte ihm seine antinapoleonische Haltung eine Art Rüffel ein: man unterstellte ihn dem an Dienstjahren jüngeren General von Rüchel und wies ihm einen von diesem bestimmten Adjutanten zu.

Als sich der neue Mann in seinem Hauptquartier meldete, sagte Friedrich Ludwig: »Sie können sich wohl denken, daß die Adjutanten mir lieber sind, die ich mir selbst aussuche.« Später sollte ihm dies leid tun, denn er hatte einen vorzüglichen Mitarbeiter gewonnen, jenen Friedrich August Ludwig von der Marwitz nämlich, der die beiden berühmten Schilderungen des Alten Fritzen hinterlassen hat und zudem eine Reihe seltener Tugenden besaß – Treue zum Beispiel und Aufrichtigkeit.

Im Februar 1806 zog sich der Hohenlohe wieder ins Kochertal zurück, wo ihn die nächste schlechte Nachricht erwartete: sein Fürstentum sollte doch mediatisiert werden. Napoleons Verbündeter, Kurfürst Friedrich II., seit dem Preßburger Frieden zwischen Frankreich und Österreich König von Württemberg, beanspruchte das Ländchen am Kocher für sich und bekam es zugesprochen. Es war ein Teil des Lohnes für seinen Beitritt zum »Rheinbund«.

Zusammen mit ihm hatten am 17. Juli 1806 fünfzehn deutsche Fürsten eine in Paris ausgefertigte Akte unterschrieben, die sie zu Mitgliedern einer »troisième Allemagne« neben Österreich und Preußen machte. Es kam dem Austritt ganz Süddeutschlands aus dem Heiligen Römischen Reich gleich und versetzte diesem ehrwürdigen Gebilde den Todesstoß. Wenige Wochen später, am 6. August, besiegelte Franz II. den Vorgang dadurch, daß er die Krone Karls des Großen niederlegte, um fortan nur noch als Kaiser Franz I. von Österreich zu amtieren. Ähnlich verhielt sich auch Friedrich Ludwig: er trat das kleine Fürstentum im Kochertal an seinen Ältesten ab, um fortan nur noch preußischer General zu sein. Wirtschaftliche Nachteile entstanden ihm dadurch nicht; in Oberschlesien hatte Fürst Hohenlohe einen Besitz erheiratet, der den Verlust bei weitem aufwog (noch im wilhelmischen Zeitalter waren seine Erben die drittreichste Familie Deutschlands).

Bevor er sich jedoch nach Slawentzitz im Regierungsbezirk Oppeln (heute: Opole), seine künftige Residenz, zurückziehen konnte, geschah es noch, daß Napoleon mit ihm Kontakt aufnehmen ließ. Der Kommandeur einer im nunmehrigen Nordwürttemberg stehenden französischen Division besuchte Friedrich Ludwig in Öhringen und soll ihm dort die verlockendsten Angebote gemacht haben – Verschwägerung mit der Familie Bonaparte, vielleicht doch noch ein Herzogtum Franken von Frankreichs Gnaden – vorausgesetzt, er trete dem Rheinbund bei (zumindest behauptet dies Marwitz). Mit der den Franken nachgerühmten Geschmeidigkeit versuchte er zwar, sich solchen Umarmungsversuchen zu entwinden, mußte am Ende aber trotzdem Farbe bekennen. Bei einem Gastmahl für den Franzosen wurde auch ein Toast auf den König von Preußen ausgebracht, was ihn natürlich nötigte, auf die Gesundheit Napoleons zu trinken. Friedrich Ludwig tat es mit den Worten: »A la santé de l'empereur, de ce grand capitaine! J'estimerai le jour pour le plus heureux de ma vie, où je pourrai me trouver vis-à-vis de lui pour le combattre« (»Auf den Kaiser, diesen großen Heerführer! Ich werde den Tag, an dem ich ihm gegenüberstehe, um mich mit ihm zu schlagen, als den glücklichsten meines Lebens betrachten«). Seine Gäste sollen davon nicht sehr angetan gewesen sein. Jedenfalls hielt der Gastgeber es für geboten, sich umgehend nach Berlin abzusetzen.

Knapp acht Wochen später war der bei erhobenem Champagnerglas geäußerte Wunsch dann in Erfüllung gegangen: Friedrich Ludwig stand Napoleon gegenüber, um sich mit ihm zu schlagen. Aber das wußte er noch gar nicht in jener Nacht vom 13. auf den 14. Oktober 1806, da er zu Kapellendorf lag und schlief. Wußte er überhaupt, was ihn nach Thüringen geführt hatte?

Nach der Rückkehr aus Schönbrunn war Haugwitz wieder einmal mit seinem schlimmsten Rivalen aneinandergeraten. Hardenberg hatte erklärt, der von Napoleon diktierte Vertrag sei nicht annehmbar, und setzte sich damit auch durch: Berlin lehnte die Ratifizierung des Papiers zumindest in seiner vorliegenden Form ab. Napoleon zog es daraufhin ebenfalls zurück – um Girolamo Lucchesini, dem ehemaligen Vorleser Friedrichs des Großen und nunmehrigen preußischen Gesandten in Paris, umgehend ein zweites auf den Tisch zu legen: das Schönbrunner Abkommen in verschärfter Form. Der frankophile Marchese aus Lucca paraphierte diesen sogenannten »Pariser Traktat«, weil er glaubte, keine andere Wahl zu haben. Es brachte seinem Land die sofortige Kriegserklärung Englands ein, denn eine der genannten Bedingungen lautete, Preußen müsse umgehend jeglichen Handel mit Großbritannien einstellen. Berlin war ratlos. Aber auch Napoleon bewegte sich keineswegs auf sicherem Grund.

Nach Austerlitz hatten die meisten Franzosen angenommen, nun könne, wie das *Journal de Paris* formulierte, »ein baldiger Friede hergestellt werden ... was immer der größte und wichtigste Wunsch gewesen war.« Vor allem die »notables« wollten zurück zum »business as usual«. Napoleon indessen betrieb eine Politik, die bald niemand mehr verstand. In Deutschland machte er neue Könige, zu Hause gründete er eine bonapartische Dynastie. Sogar der Haudegen Joachim Murat, seit kurzem Großherzog von Berg (und Schwager des Kaisers), warf ihm vor, er huldige »Titeln der Macht ... die im Gegensatz zu den unseren stehen«, hebe damit aber nur hervor, was ihm und seinesgleichen fehle: »die edle Abstammung«. Ähnlich verunsichert waren die Soldaten der »Grande Armée«. Ihnen hatte Napoleon versprochen, er werde sie in die Heimat zurückführen, wo triumphale Feste sie erwarteten. Statt dessen standen ihre Einheiten, seit Austerlitz, immer noch in Deutschland, ohne recht zu wissen, was sie hier sollten. (Napoleon hingegen wußte es wohl: in Frankreich hätte der Staat für ihren Unterhalt aufkommen müssen, hier lagen sie den

Einheimischen auf der Tasche.) Um nun alle diese Irritationen zu überspielen, verfuhr der Korse mit Franzosen, Gegnern, möglichen Gegnern wie schon mit dem Fürsten Hohenlohe: er machte vage Versprechungen, bot Titel, Fürstentümer oder Aussichten auf große Karrieren in seinem Dienst und spielte jeden gegen jeden aus. Dem Zaren offerierte er Preußisch-Polen, den Briten stellte er die Rückgabe des an Preußen abgetretenen Hannovers in Aussicht, Preußen forderte er auf, als Pendant zum Rheinbund einen Norddeutschen Bund zu gründen, um aber gleichzeitig alle mit ihm verbündeten Fürsten des ehemaligen Reiches vor dem »Berliner Ehrgeiz« zu warnen. Kurzum, dieser »Robespierre zu Pferde« brannte ein wahres Feuerwerk von Finten, Täuschungen, Winkelzügen ab, wobei ihn weder Skrupel noch ähnliche Gefühle anwandelten. Wie noch kein anderer hatte er die europäische Feudalwelt durchschaut und machte sich nun daran, sie kaltblütig auseinanderzunehmen. Mitte 1806 war zunächst einmal Preußen weichgeklopft.

Am 4. August meldete Lucchesini nach Berlin, Hannover sei tatsächlich den Briten zugesagt worden; es war der sprichwörtliche Tropfen, der das Faß zum Überlaufen bringt. Zwar riet Haugwitz, auch diesen Affront einfach wegzustecken, aber seine Gegner hatten bereits die Oberhand gewonnen – nicht nur Hardenberg, auch die Militärs. Das hieß noch keineswegs, daß sie den Krieg gewollt hätten. Die meisten von ihnen glaubten, es genüge vollauf, wenn man eine drohende Haltung einnehme und sich nach Bundesgenossen umsehe, denn schließlich sei ja bekannt, daß Napoleon hohen Respekt vor der Armee Friedrichs des Großen habe. Nicht wenige Offiziere waren freilich auch enttäuscht, nämlich von Napoleon; unter ihnen Christian von Massenbach aus Schmalkalden.

Der Mann, der später so hemmungslos über Friedrich Wilhelm II. herziehen sollte (und noch später wegen versuchter Erpressung verurteilt wurde), hatte ein moralisches Manifest gegen den Korsen verfaßt, das er 1806 zum Druck geben wollte. Es begann mit den Worten: »Napoleon, ich liebte dich!«, beschrieb alle Hoffnungen und Erwartungen, die Deutsche wie Franzosen in ihn gesetzt hätten, klagte ferner über seine skrupellose Machtpolitik, durch die er alle in ihn gesetzten Hoffnungen zerstört habe, und endete mit dem pathetischen Satz: »Napoleon, ich hasse dich!« Goethe, der das Manuskript zu lesen bekam, meinte, durch nur geringe Änderungen »hätte man es in den Verdruß eines betrogenen Liebhabers über seine untreue Geliebte übersetzen können«. Das ganze Opus schien ihm derart wirr, vor allem aber so gefährlich zu sein, daß er seine Veröffentlichung durch einen Jenaer Verlag verhinderte.

Christian von Massenbach war Friedrich Ludwig zu Hohenlohe als Generalquartiermeister, eine Art Stabschef, zugeteilt worden. Seit September 1806 hielt der mediatisierte Reichsfürst sich wieder in Potsdam auf. Als Marwitz ihn dort besuchte, sagte er: »Es gibt Krieg« und bot ihm seinen alten Adjutantenposten an. Der bereits aus dem Dienst geschiedene märkische Schloßherr hielt das Diktum zwar für unzutreffend, holte aber gleichwohl die Uniform wieder aus dem Schrank. Wenig später erwies sich dann, daß Friedrich Ludwig Napoleon besser kannte als die übrigen preußischen Militärs.

Berlin hatte damals schon Kontakt mit Petersburg aufgenommen und erfahren, Zar Alexander sei bereit, noch einmal gegen Napoleon zu marschieren, allerdings nicht mehr vor Wintereinbruch – so lange dauere die russische Mobilmachung. Österreich hingegen reagierte auf ein preußisches Bündnisangebot mit der Frage: »Warum habt ihr im vorigen Jahr nicht schon die nämliche Sprache geführt wie jetzt?« – eine klare Aussage. Blieben noch Sachsen und einige der thüringischen Kleinstaaten übrig. Die Dresdner Regierung ließ sich von Hohenlohe überzeugen, daß sie mitmachen müsse; Goethes Freund Karl August von Sachsen-Weimar war ohnehin preußischer Generalmajor. Reichte das? Lucchesini, aus Paris zurückgekehrt, meldete zuverlässig, die französische Armee sei nicht vor Ende November marschbereit. Genügend Zeit also, um Napoleon ultimativ zum Rückzug aus Deutschland aufzufordern: in spätestens einer Woche habe er damit zu beginnen. Am 1. Oktober ging die Botschaft hinaus; da war der Korse bereits in Bamberg und versprach seinen Soldaten einen Sieg ähnlich dem von Valmy. In der Champagne, rief er, hätten die Preußen schon einmal »Niederlage, Tod und Schande« erlitten (es gebe also keinen Grund, ihre gefürchtete Armee für unbesiegbar zu halten). Den regierenden Zollern aber bezeichnete er als wahnsinnig – dabei hätte es durchaus genügt, ihm sträfliche Selbstüberschätzung vorzuwerfen.

Preußens Streitmacht war gewiß noch das Heer Friedrichs des Großen, doch gerade darin bestand ihre Schwäche. Bei Manövern wurde nach wie vor das Vorgehen in Linie und das berühmte »rollende Feuer« geübt. »Tirailleurs«, Schützen, die, locker ausschwärmend, nach eigenem Gutdünken feuernd und dabei, auch schon einmal Deckung nehmend, am Gegner »zerren« sollten, hatte man hingegen so gut wie keine. Auch Theorie und Praxis des massierten Kolonnenvorstoßes nach vorbereitendem Artilleriefeuer, mit dem Napoleon seine Schlachten zu entscheiden pflegte, wurde an Preußens Militärschulen nicht gelehrt. Ebenso hatte man die Erfindung der Division (durch Napoleon) verschwitzt, jenes Truppenverbandes, der über alle für die selbständige Kampfführung notwendigen Waffen und Versorgungseinrichtungen verfügte, weswegen seine Kommandeure bei weitem schneller reagieren konnten als Chefs von Infanterieregimentern, die auf Artillerieeinheiten und deren beide auf den allgemeinen Nachschub angewiesen waren. Zu solchen Organisationsmängeln kamen schließlich noch Defizite in der Ausrüstung: keine Mäntel für die Soldaten, weil man sich nicht an die Vorstellung von einem Winterkrieg gewöhnen konnte; Uniformen, die, aus (Textil-)Ersparnisgründen, so eng geschnitten waren, daß ihre Träger sich kaum bewegen konnten; veraltete, viel zu schwere Gewehre und längst nicht mehr zeitgemäße Kanonen.

Am gravierendsten aber fiel wohl die Zusammensetzung der höheren Führung ins Gewicht: von einhundertzweiundvierzig preußischen Generalen waren vier über achtzig, dreizehn über siebzig und viele der Herren auch geistig vergreist. Hohenlohe mit seinen sechzig Jahren verkörperte die mittlere Offiziersgeneration, der einundsiebzigjährige Herzog von Braunschweig zählte noch nicht einmal zu den Fossilien. Gemeinsam sollten diese beiden nun dem erst siebenunddreißigjährigen, aber als genial ausgewiesenen Napoleon Paroli bieten – was zunächst einmal voraussetzte, daß sie sich über ihr Vorgehen einigten.

Friedrich Ludwig trug vor, der Korse werde seiner Ansicht nach direkt auf Dresden und Berlin losmarschieren, weshalb er sich anbiete, seinen Einheiten mindestens bis ins Fichtelgebirge entgegenzurücken und ihn dort zu stellen. Bei entsprechender Unterstützung durch die anderen Korps könne er durchaus geschlagen werden, vorausgesetzt, man beeile sich.

Alle fanden den Plan hervorragend, leider sei es jedoch unmöglich, ihn zu verwirklichen: aus politischen Gründen. Preußen dürfe auf keinen Fall als Angreifer auftreten, noch sei der Krieg ja nicht einmal förmlich erklärt. Hinter dem Thüringer Wald müsse man deshalb die Franzosen erwarten, in der Gegend um Schleiz und Rudolstadt. Das wurde während der ersten Oktobertage in Erfurt auch so beschlossen. Friedrich Ludwig soll empört gewesen sein. Was half's? Der Braunschweig mochte ihn nun einmal nicht leiden. Außerdem hatte Lucchesini sehr glaubhaft versichert, Napoleon werde die Feindseligkeiten bestimmt nicht als erster eröffnen. Wozu also die unnötige Hast? Wenn man fein stillehielt, würde es möglicherweise überhaupt keinen Krieg geben.

Diese tröstliche Vorstellung hatte sich gerade aller Gemüter bemächtigt, da meldete eine in Franken stehende vorgeschobene Einheit unter Graf Tauentzien, sie sei angegriffen worden und müsse sich zurückziehen. Die nächste schlechte Nachricht traf am 10. Oktober ein.

Da es um das preußische Aufklärungswesen besonders schlecht bestellt war und man aus diesem Grund nur ein höchst diffuses Bild von der allgemeinen Lage hatte, konnte Hohenlohe durchsetzen, daß eine berittene Einheit losgeschickt werden sollte, um herauszufinden, welchen Weg der anrückende Feind zu nehmen gedachte. Lediglich mit dem Mann, der zu ihrem Kommandeur bestimmt wurde, war er nicht einverstanden. Den Prinzen Louis Ferdinand hielt Friedrich Ludwig für einen genialischen Bohemien im Soldatenrock, einen Frauenhelden, Schuldenmacher und überspannten Romantiker (womit er nicht alleine stand). Da der Erkorene aber ein Vetter des Königs war, ließ er nichts dergleichen verlauten. Und so zog der »preußische Achill«, dem Beethoven bezeugt hatte, daß er ein hervorragender Pianist sei, der Goethe zu seinen Freunden zählte, das Saaletal hinab – in den Tod. Bei Saalfeld wurde er gestellt, seine Einheit aufgerieben, er selber beim Zurückweichen niedergestochen. Das war die Nachricht vom 10. Oktober.

Immerhin glaubte der Hohenlohe nun wenigstens zu wissen, daß der Feind vorhatte, ihn im Osten zu umgehen und seinen Einheiten den Rückweg nach Preußen zu versperren. Nach kurzer Beratung mit Massenbach beschloß er, sich auf das linke Hochufer der Saale gegenüber Jena zurückzuziehen; es erwies sich als unerwartet schwieriges Manöver. Sächsische Einheiten, um die das preußische Oberkommando sich wenig gekümmert hatte, drängten bereits zurück; ihre im Stich gelassenen Geschütze und Bagagewagen versperrten alle Straßen. Nur mit Mühe erreichte Friedrich Ludwig schließlich Kapellendorf, wo er sein Hauptquartier aufschlagen wollte. Den strategisch wichtigen Landgrafenberg im Norden Jenas auch noch zu besetzen, sei – hieß es später – in dem allgemeinen Durcheinander praktisch unmöglich gewesen. Wahrscheinlicher ist, daß es einfach vergessen wurde.

Napoleon stand zu dieser Zeit in Gera, weil seine Vorhuten auch nicht so genau angeben konnten, wo die Preußen sich postiert hatten.

Einen weiteren Tag später, am 13. Oktober, wußte er dann offenbar besser Bescheid, denn er bog scharf nach Westen ab, um gegen Jena vorzurücken. Seine Vernehmungsoffiziere schienen von gefangengenommenen Soldaten erfahren zu haben, daß der Braunschweig bei Auerstedt Stellung bezogen hatte und sich auf einen französischen Angriff von Norden her vorbereitete – Rüchel in seiner Nähe, Hohenlohe südlich von beiden an der Saale: drei voneinander getrennte Einheiten, die man einzeln angreifen mußte, ehe sie sich vereinigten (denn das schienen sie doch wohl vorzuhaben). Um zwei Uhr nachmittags war Napoleon in Jena. Seine Reiterei unter Murat stand bei Naumburg, also in Braunschweigs Rücken. Er selbst ließ sich von einem ortskundigen Briefträger auf den Landgrafenberg führen, schaffte Geschütze hinauf und übernachtete zwischen ihnen.

Anders sah das Bild aus, das Hohenlohe vor Augen hatte. Mit seinen sechsunddreißigtausend Mann meinte er, einer etwas stärkeren Truppe unter den Marschällen Lannes und Augereau gegenüberzustehen, war aber überzeugt, in Ruhe zu Braunschweig aufschließen zu können, ehe Napoleon, den er in Naumburg wähnte, angreifen würde. Seine Soldaten hatten ihm versichert, jeder von ihnen nehme es beim Nahkampf mit drei Franzosen auf. Als bekannt wurde, daß auf dem Landgrafenberg französische Artillerie postiert sei, sagte er deshalb nur, die falle ihnen morgen, beim Marsch nach Norden, ohnehin in die Hände – und ging zu Bett.

Marwitz saß an diesem Abend mit einem gefangenen Franzosen zusammen. Der erklärte: »Unser Kaiser steht unweit von hier, er wird schneller über Ihnen sein, als Sie vermuten.« Am anderen Morgen wurden sie von Kanonenschüssen geweckt.

Hohenlohe maß dem Gefechtslärm keine größere Bedeutung zu. Er ließ sich frisieren, pudern, rasieren, frühstückte herzhaft und diktierte einen Bericht über den vergangenen Tag. Am heutigen konnte seiner Meinung nach nicht viel passieren. Noch immer erwartete er ja den möglichen Hauptangriff von Norden, nicht aber aus Osten, von Jena her.

Die nächste Nachricht lautete dann, General Tauentzien habe versucht, den Landgrafenberg zu erstürmen, weil von dort herabgeschossen wurde, sei jedoch zurückgeschlagen worden. Daraufhin ließ Hohenlohe bei Rüchel vorsichtshalber Verstärkung anfordern und ritt selbst auf das Dorf Vierzehnheiligen zu, wo es ebenfalls zu Kämpfen gekommen war. Erkennen konnte er nur wenig, einmal, weil er ziemlich kurzsichtig war, zum anderen wegen des dichten Nebels, der über dem Land lag.

Eines immerhin schien mittlerweile klar zu sein: die Schlacht war entbrannt und Vierzehnheiligen ihr Zentrum. Auch Napoleon erkannte dies. Da aber das Dorf bereits hinter der preußischen Vorpostenlinie lag, setzte er, der seit drei Uhr auf den Beinen war, sich nun zum Frühstück nieder. Er konnte es um so gelassener tun, als ein französisches Korps auch schon dabei war, den Hohenlohe zu umgehen und ihn von Rüchel abzuschneiden. Friedrich Ludwig blieb dies ebenfalls verborgen. So tat er, was einem Mann von Ehre und Pflichtbewußtsein zu tun blieb: man sah ihn immer nur dort, wo das Getümmel am dichtesten war, wo die übermüdeten und ausgehungerten Soldaten – sie hatten seit vierundzwanzig Stunden nichts mehr zu essen bekommen – zu weichen drohten und die Kugeln pfiffen, ein etwas behäbig wirkender, älterer Herr mit zurückweichendem Haar und freundlich blickenden Augen im rosigen Gesicht. Endlich traf Rüchel mit stark dezimierten Kräften doch noch bei ihm ein und bot an, sich dem Kommando des Älteren zu unterstellen. Hohenlohe lehnte huldvoll ab: der Kollege sollte die Chance bekommen, sein lädiertes Ansehen selbst wiederherzustellen. Einzig Massenbach hatte bereits begriffen, daß ihre Lage hoffnungslos war und sie sich in Richtung auf Auerstedt hin zurückziehen müßten, wo Braunschweig stand. Was dort inzwischen geschehen war, erfuhren sein Vorgesetzter und er jedoch erst einige Stunden später: die preußische Hauptmacht existierte nicht mehr. Ihr Befehlshaber saß zwar noch im Sattel, doch sein

Pferd mußte von anderen geführt werden, denn eine Kugel hatte ihn des Augenlichts beraubt. Auch Gerhard Johann von Scharnhorst, Braunschweigs Generalquartiermeister, wußte kaum noch, was hinten und vorne war. Louis Nicolas Davout (später zum Herzog von Auerstedt erhoben) hatte die ihm an Kräften überlegene preußische Streitmacht auseinandergesprengt und in völlige Verwirrung gestürzt. Ihr Rückzug artete bereits in wilde Flucht aus. In diesen Wirbel wurde nun auch das Korps Hohenlohe hineingerissen. Damit war eingetroffen, was Napoleon noch von Gera aus dem preußischen König prophezeit hatte: »Euer Majestät werden besiegt!«

In den folgenden Tagen erkannte der Korse dann mit ständig wachsendem Erstaunen, daß er nicht nur eine Doppelschlacht gewonnen, sondern Preußen vernichtet hatte.

Wo immer seine Truppen erschienen, sei es selbst vor den Wällen der stärksten Festungen: nahezu alle kapitulierten widerstandslos. Am 26. Oktober ergab sich auch Hohenlohe, der bis Prenzlau in der Uckermark gelangt war, mit zehntausend Mann einer französischen Vorauseinheit. Angeblich hatte ihn Massenbach dazu veranlaßt. Beide, der Generalquartiermeister und er, gerieten in Gefangenschaft (wofür sie später unehrenhaft entlassen wurden). Ihr König versuchte währenddessen, von Küstrin aus, Friedensgespräche mit Napoleon anzuknüpfen. Der hatte schon am 25. Oktober in Potsdam das Grab Friedrichs des Großen besucht und dabei zu seinen Begleitern gesagt: »Messieurs, wenn der noch lebte, stünden wir nicht hier« – um anschließend Friedrichs Degen, Schärpe und Schwarzen-Adler-Orden einpacken und nach Paris schicken zu lassen. Am 27. Oktober zog der Kaiser der Franzosen durch das Brandenburger Tor in Berlin ein – Schadows Viergespann mit der Siegesgöttin wanderte ebenfalls nach Frankreich.

Einzelne preußische Generale leisteten auch jetzt noch Widerstand. Aber der Staat, für den sie kämpften, war zusammengebrochen wie ein baufälliges Haus. Wessen Schuld?

Als der junge Friedrich Wilhelm, Sohn des »dicken Willem« und der Friederike Luise von Hessen-Darmstadt, einmal gefragt wurde, wie er als Herrscher heißen wolle, gab er die nüchterne Antwort: »Friedrich Wilhelm, Friedrich mir unerreichbar.« Das sprach für ein hohes

Maß an Selbsterkenntnis, zeigt aber auch, daß er schon früh einige schrullige Gewohnheiten angenommen hatte: Preußens fünfter König äußerte sich in kurzen, abgehackten Sätzen, die den Eindruck erweckten, er knausere sogar mit den Worten oder könne nicht besser formulieren. Tatsache ist, daß er überhaupt ungerne sprach und voller Hemmungen steckte. Friedrich Wilhelm III. hatte es von Anfang an ziemlich schwer gehabt.

Das Verhältnis des jungen Zollern zu seinem Vater war von Grund auf gestört; das hing auch mit den Frauen in ihrer beiden Leben zusammen. Preußens vierter König brachte für die Söhne der temperamentlosen, duldsamen Luise von Hessen-Darmstadt sowenig Interesse auf wie für diese selbst. Seine erklärten Lieblinge waren der mit der schönen Wilhelmine gezeugte Alexander von der Mark und dessen Schwester Marianne; vor allem an dem Jungen hing sein ganzes Herz. Als der kleine Graf im neunten Lebensjahr gestorben war, wurde Schadow beauftragt, ein üppiges, heftig allegorisierendes Marmorgrabmal für ihn zu schaffen, und Bischoffwerder mußte in nächtlichen Séancen immer wieder seinen Schatten heraufbeschwören. Der gleichaltrige eheliche Sohn des damaligen Kronprinzen hingegen sah sich zwei übellaunigen Erziehern ausgeliefert, die ihm einpaukten, was sie selbst für lernenswert hielten; seinen Brüdern Ludwig, Heinrich und Wilhelm ging es nicht besser. Erst 1786, im Todesjahr Friedrichs, des angebeteten Großonkels, bekam Friedrich Wilhelm einen Adjutanten, mit dem er sich anfreunden konnte – was aber seiner Charakterbildung auch nicht gerade dienlich war.

Major von der Köckeritz glich dem nunmehrigen Kronprinzen aufs Haar: ein trockener, der militärischen Denk- und Ausdrucksweise verhafteter Pedant, dessen geistiger Horizont mit dem Uniformkragen zusammenfiel. So blieb der junge Zollern, wie er von Haus aus war: ohne rechtes Selbstvertrauen, menschenscheu, knauserig, der ihm zugedachten künftigen Aufgabe voll Verzagtheit entgegenblickend. »Er ist linkisch«, beobachtete Mirabeau, »aber er ist wahr ... Seine Abneigung gegen den Vater geht bis zum Haß, und er macht daraus auch gar keinen Hehl.« Vor allem, so der Franzose, verstünde er es auch, »zu achten und zu verachten.« Das traf zu. Friedrich Wilhelm hat den Abscheu gegen eine ganze Reihe von Menschen getreulich in seiner Brust bewahrt – für den Tag, an dem er ihm freien Lauf lassen konnte.

Ganz besonders »fatal« waren ihm die schöne Wilhelmine und sein Vetter Louis Ferdinand.

Die Gräfin Lichtenau haßte er, weil sein Vater sie mit Geld und Geschenken geradezu überhäufte, während die eigene Frau und ihre Kinder eher mit Brotkrumen abgespeist wurden und weil die hessische Luise sich durch deren Anwesenheit bei Hofbällen oder Opernaufführungen gedemütigt fühlen mußte, der Sohn seine Mutter aber zärtlich liebte. Was hingegen Louis Ferdinand anbetraf, so genügte es vollauf, daß er existierte.

Der Sohn des jüngsten Bruders von Friedrich II. war in allem so sehr das Gegenteil seines rundum unscheinbaren Vaters, daß jedermann annahm, nicht Ferdinand, sondern ein gewisser Samuel von Schmettau, für den er auch eine besondere Vorliebe hegte, habe ihn gezeugt. »Sechs Fuß hoch aufgeschossen, / ein Kriegsgott anzuschaun, / der Liebling der Genossen, / der Abgott schöner Fraun«, so schwärmte Theodor Fontane diesen Zollernprinzen an, und so (oder so ähnlich) muß er in der Tat gewesen sein: in allen Sätteln gerecht, verwegen bis zum Leichtsinn, respektlos gegenüber den herrschenden Personen (auch seinem königlichen Vetter), genug Soldat, um zu erkennen, wie es mit der preußischen Armee bestellt war, zugleich kritischer Intellektueller und todessüchtiger Schwärmer, leidend an einer Zeit, in der (zwar) »Schnürbrust und Absatz verschwanden, der Puder zerstob« (Goethe), die aber auch ehrwürdige Traditionen, denen er sich verpflichtet fühlte, verkümmern ließ. Zugleich spielte Louis Ferdinand mit Hingabe die Rolle des Gesellschaftslöwen und Herzensbrechers, betätigte sich als Glücksspieler, Schuldenmacher, Komponist, Klaviervirtuose und trank, je älter er wurde, um so vehementer gegen die eigene Melancholie an, während seine früheren Jahre eine einzige Abfolge von Frauengeschichten gewesen waren.

Das erste Kind hatte ihm, dem damals Sechzehnjährigen, eine um neun Jahre ältere Hofdame geboren, seine jüngeren von der Hutmacherstochter Henriette Fromm wurden als Freiin und Freiherr von Wildenbruch ins Adelsregister eingetragen. Zwischen beide Affairen schoben sich Abenteuer mit einer Französin aus der Umgebung des Prinzen Heinrich, einer Tochter Bischoffwerders und Madame de Steen aus Hamburg, der zuliebe er fast desertiert wäre. Heiraten aber wollte Louis Ferdinand die Prinzessin Friederike von Mecklenburg-

Strelitz, weil er ihre Schwester nicht bekommen konnte – denn die hatte ihm Friedrich Wilhelm weggeschnappt. Indes bekam er auch Friederike nicht, denn Friedrich Wilhelm verhinderte es. So blieben ihm Seelenfreundinnen wie Henriette Hertz und Rahel Levin, die beiden ungekrönten Königinnen der Berliner literarischen Salons oder, wie einer seiner Zechkumpane berichtet, »Französinnen von der leichten Art«. Ganz zuletzt erfaßte ihn dann noch eine verzehrende Leidenschaft für die ebenso schöne wie sinnliche Pauline Wiesel, ohne daß er deswegen von Henriette Fromm lassen konnte; er hat sich darüber selbst gewundert. »Sie haben gesehen«, schrieb er an Rahel, »wie heiß und heftig meine Liebe zu P. ist, mit welcher Innigkeit ich dabei zugleich an der himmlisch guten, lieben H. hänge; dieses scheint rätselhaft.« Und noch unbegreiflicher: »Daß diese beiden Weiber, voller Liebreiz, voller Annehmlichkeiten verschiedener Art, doch beide nicht das wirklich Liebenswerte, auch vielleicht nicht einmal das Liebenswürdige in mir lieben.« Vielleicht hätte er den Fall mit Goethe besprechen sollen, der auch gelegentlich mit der Vorstellung von einer »ménage à trois« herumspielte und Louis Ferdinand schätzte. So mußte er das Staunen über sich selbst mit ins Grab nehmen; er hatte den Krieg gegen Napoleon begrüßt, aber von Beginn an weder angenommen, daß gewonnen werden könne, noch er ihn überleben würde. Die Nachricht vom Tod des Vierunddreißigjährigen bei Saalfeld quittierte Friedrich Wilhelm mit dem herzlosen Satz: »Hat wie ein toller Mensch gelebt, ist wie ein toller Mensch gestorben. Die Scharte nur klein.«

Man sieht, er konnte wirklich hassen, dieser steife, verschlossene, gehemmte Mensch auf dem preußischen Thron. Auch die schöne Wilhelmine hatte das zu jener Zeit bereits erfahren.

Ihr dicker Geliebter, der bis zuletzt aufopfernd von ihr gepflegt worden war, lag noch nicht einmal in der Gruft, da wurde sie schon verhaftet und vor eine Untersuchungskommission gestellt. Die Anklageschrift bestand aus den absurdesten Beschuldigungen: einen wertvollen Diamanten sollte sie entwendet, große Summen Geldes gestohlen, Staatspapiere veruntreut, mit Staatsfeinden korrespondiert haben – nichts davon konnte bewiesen werden. Trotzdem ordnete der König an, sie auf die Festung Glogau zu bringen und ihr Vermögen zu beschlagnahmen; Wilhelmine ließ sich davon nicht einschüchtern. Sie strengte ihrerseits einen Prozeß gegen die preußische Krone an, der nach drei Jahren mit einem Kompromiß abgeschlossen werden mußte: gegen viertausend Taler jährlich verzichtete sie auf alle darüber hinaus gehenden Ansprüche. Von da an lebte die Gräfin Lichtenau in Breslau, heiratete einen um fünfzehn Jahre jüngeren Schauspieler und nahm 1809 noch einmal den Kampf um ihre Güter auf, nunmehr mit Erfolg. Napoleon, der neue starke Mann in Preußen, befahl der Berliner Regierung, Wilhelmine umgehend zu entschädigen, worauf sie nach Paris fuhr, um ihm persönlich dafür zu danken. Courage hatte sie ja schon immer ausgezeichnet, diese Berliner Trompeterstochter.

Als das geschah, saß Friedrich Wilhelm III., ein König ohne Macht, im fernen Königsberg. Seine Untertanen grämten sich jedoch weniger um ihn als vielmehr um seine Frau, die Königin Luise.

Louis Ferdinand und Luise, der elegante Recke mit dem empfindsamen Gesicht und die schöne, so mädchen- wie damenhaft wirkende Mecklenburgerin, das wäre eigentlich eine Verbindung zwischen zwei zeitgenössischen Stars – in heutiger Diktion: ein Traumpaar – gewesen. Daß es nicht hatte sein sollen, war allerdings auch wieder gut, zumindest für die zollernsche Geschichte. Dem so glanzlosen Friedrich Wilhelm III. wurde eine Lebensgefährtin zuteil, die seine Mängel ausglich, indem sie Zuneigung, ja Verehrung und Liebe auf sich zog und so in Preußens dunkelster Zeit für den mythischen Schimmer sorgte, ohne den kein Herrscherhaus auf Dauer bestehen kann. Die Überlieferung hat Luise deshalb auch keineswegs den Platz an der Seite ihrer bedeutendsten Vorgängerin auf dem Thron, der schönen, geistvollen Sophie Charlotte (Frau Friedrichs I.) zugewiesen, sondern sie neben deren Enkel Friedrich den Großen gestellt. Er und Luise, das sollten noch zu Kaisers Zeiten die eigentlichen Ikonen der preußischen Geschichte sein – wofür aber niemand anders gesorgt hatte als der, wie ihn sein neidischer Vetter nannte, »Stiefelettensergeant« Friedrich Wilhelm III.

Einige Wochen nach der Kanonade von Valmy waren Luise und Preußens damaliger Kronprinz in Frankfurt miteinander bekannt geworden (ihr späterer Mann hatte, auf väterlichen Befehl, an der Kampagne in Frankreich teilnehmen müssen). Keine sechs Wochen später traf Friedrich Wilhelm in Darmstadt ein, wo die Tochter des verwitweten Herzogs Karl II. von Mecklenburg-Strelitz erzogen wurde, und verlobte sich mit ihr. Am 24. Dezember 1793 kam dann im Weißen Saal des Berliner Schlosses der hoffähige preußische Adel zusammen, um beim Klang von Pauken und Trompeten jene archaisch anmutende Lichterprozession, genannt »Fackeltanz«, zu zelebrieren, mit der seit undenklichen Zeiten die Hochzeitsfeiern im Hause Zollern eröffnet wurden. Es war diesmal sogar eine Doppelhochzeit. Friedrich Wilhelm heiratete Luise, sein Bruder Ludwig ihre Schwester Friederike. Louis Ferdinand, der wohl auch eine Fackel durch den Raum trug und heimlich litt, ahnte sowenig wie alle anderen, daß Ludwig schon drei Jahre später sterben, also wenigstens Friederike wieder frei werden würde. Nachdem es dann geschehen war, wurde sie jedoch in verdächtiger Eile einem Prinzen von Solms-Braunfels angetraut, der in der preußischen Armee diente, und nach dessen Tod Ernst August, dem späteren König von Hannover.

Sie müssen einander ziemlich ähnlich gewesen sein, die beiden Schwestern, nicht nur äußerlich, sondern auch in Temperament und Wesensart; viele Zeitgenossen haben das zumindest behauptet. Sollte es zutreffend gewesen sein, könnte man sich immerhin ausmalen, wie der Preußen liebste Königin (vielleicht) gelebt hätte, wenn sie an einen anderen als Friedrich Wilhelm geraten wäre. Friederike wird eine ansehnliche Liste von Liebhabern nachgesagt. Nicht nur Louis Ferdinand, der ihren »zur Wollust gemachten Körper« rühmte, soll einer davon gewesen sein, sondern auch Adolf von Cambridge, der Bruder ihres späteren Mannes Klemens von Metternich, der nachmalige österreichische Staatskanzler, und dessen Sprachrohr, der Publizist Friedrich Gentz. Luise hingegen mußte sich damit begnügen, ihrem Ehemann zehn Kinder zu schenken, unter ihnen der nächste König von Preußen und ein künftiger deutscher Kaiser. Daß sie immer errötete, wenn Louis Ferdinands Name fiel, läßt bestenfalls Schlüsse zu. Daß sie ihr Leben wenigstens genoß, kam vor allem dem preußischen Hof zugute.

Die Bälle im Berliner Schloß gewannen unter Luises Regie an Glanz und erotischem Flair, die Frauenmode dank ihr an Natürlichkeit und Eleganz. Walzer hieß der neue Modetanz, den Konservativen im Land ein vulgärer Greuel, der Kronprinzessin und Königin die bei weitem liebste Art, sich übers Parkett zu bewegen. Ihre bevorzugte Garderobe war ein Produkt der auslaufenden französischen Revolution. Sie trug Kleider à la grecque (später »à l'Empire« genannt): fließende Gewänder aus Musselin, Battist oder ähnlich leichten, halb durchsichtigen Stoffen, unter dem Busen gegürtet, den Körper betonend und auch den Beinen zu einem bisher unbekannten Recht verhelfend, darunter nur ein Hemd, von Korsett und Schnürbrust nicht mehr die Spur. Luises besonderer Beitrag zu dieser Tracht war die Binde unter dem Kinn; sie sollte zwar lediglich eine Schwellung am Hals oder, wie ungalanterweise behauptet wurde, einen leichten Kropf verbergen, wurde aber sofort von toute Berlin übernommen, auch von Schadow, als er die berühmte Marmorstatue der einander umarmenden Schwestern Luise und Friederike schuf. Goethe, dem beide Frauen 1793 begegneten, fand, man müsse sie »für himmlische Erscheinungen halten«. Das Volk von Berlin liebte die Mecklenburgerin aus anderen Gründen.

Von ihren Darmstädter Erzieherinnen war Luise nie angehalten worden, Gefühle oder momentane Stimmungen zu verbergen, weshalb sie es für ganz natürlich hielt, sich natürlich zu geben. Ein knicksendes junges Mädchen, das ihr beim Einzug in Berlin Blumen überreichte, wurde umarmt, ihren Mann küßte sie in aller Öffentlichkeit, und bei Zollerns zu Hause ging es gutbürgerlich zu. Unter anderem hieß das freilich auch, daß Entspannung oder Unterhaltung auf eher harmlose Weise betrieben wurden. Friedrich Wilhelm besuchte gern die Theater (weil er während der Vorstellungen mit niemandem sprechen mußte), bevorzugte aber mehr die leichte Kost. Luise liebte Moderomane, in denen viel von Tugend oder Edelmut die Rede war, und entdeckte erst spät in ihrem Leben, daß Friedrich Schiller solche Bedürfnisse auf stilvollere Weise befriedigte als die meisten anderen Autoren (er avancierte denn auch zu ihrem Lieblingsdichter.) Das Paradies aber fanden König und Königin während der neun Jahre zwischen 1797 und 1806 vor allem in der Abgeschiedenheit von Paretz.

Wenige Kilometer westlich von Potsdam ragt eine Halbinsel in die Havel hinaus, die damals noch kaum besiedelt und auch schwer zu erreichen war. Einen Teil dieses abgeschiedenen, ja von der Welt geradezu abgeschnittenen Stück Landes nun hatte Friedrich Wilhelm noch als Kronprinz gekauft, weil ihm das auch nicht gerade stadtnahe

Oranienburg, sein vom Großvater ererbter Landsitz, zu unruhig geworden war. Mit den Worten: »Nur immer denken, daß Sie für einen armen Gutsherrn bauen« wurde der Architekt beauftragt, ein Schloß in »ländlichem Stile« zu errichten. Schon ein Jahr später konnte er Vollzugsmeldung erstatten; viel Aufwand war ja nicht nötig gewesen. »Ein langgestreckter, schmuckloser Parterre-Bau, mit aufgesetztem niedrigem Stock«, stellte Fontane bei seinen Wanderungen fest, »rechts eine Gruppe alter Eichen und ihnen zur Seite die gotische Kirche des Dorfes« (Paretz). Heutzutage, meinte er, würde die Anlage »kaum noch den Ansprüchen eines Torf-Lords genügen.« Friedrich Wilhelm war damit zufrieden.

Bei vollkommener Ruhe, so Luise, suchten beide den »Umgang mit sich selbst ... in der Einsamkeit ... in den stillen Schatten der Natur«. Sie scheinen dies alles gefunden zu haben. Die neun Paretzer Sommer waren die glücklichsten ihres Lebens: keine Hofetikette, kein streng geregelter Tageslauf, keine Kleiderordnung. Anstelle von Kniehosen mit Strümpfen und Schnallenschuhen trug der Hausherr bequeme Beinkleider nach »amerikanischer«, also heutiger Art, die Hausherrin ihre leichten flatternden Gewänder und Kornblumen im Haar, die Kinder durften sich wie Kinder verhalten – man ist geneigt, es sympathisch zu finden.

Dummerweise war Friedrich Wilhelm jedoch König von Preußen und wußte auch sehr wohl, wie es um den Staat stand, nämlich schlecht. Seine Neigung, sich mit Vorliebe auf wasserumgebenes Gelände zurückzuziehen – später bevorzugte er die noch näher bei Potsdam gelegene Pfaueninsel –, deutet indessen darauf hin, daß er den ihn bedrängenden Problemen auszuweichen suchte und überhaupt dazu neigte, ganz Preußen als eine Insel zu betrachten. Aus diesem Grund vor allem muß man ihn zu den Hauptschuldigen an der Niederlage von 1806 zählen.

Bei seinem Regierungsantritt im November 1797 stellte Friedrich Wilhelm, damals siebenundzwanzigjährig, fest: »Der König wird von den Einkünften des Kronprinzen leben müssen.« Das spricht für eine gewisse trockene Nüchternheit. Preußen war größer denn je, stöhnte aber unter der ungeheueren Schuldenlast von mindestens 27, nach anderen Schätzungen sogar 49 Millionen Talern (Friedrich der Große hatte seinem Nachfolger 72 Millionen hinterlassen). Um dieses Manko abzubauen, sparte der neue Herrscher zunächst einmal tatsächlich bei sich selbst, er erhöhte weder seine bisherigen Bezüge, noch zog er vom Kronprinzenpalais ins Berliner Schloß um – eher symbolische Gesten freilich, denen grundlegende Reformen hätten folgen müssen.

Der Staatsapparat war überbesetzt und unübersichtlich – also straffen, entlassen, neue Strukturen schaffen. Die Steuern waren seit über zwanzig Jahren nicht mehr erhöht worden, aber die Wirtschaft blühte – also die Bürger, vor allem auch den Adel zur Kasse bitten. Die Minister maßten sich Kompetenzen an, die sie de jure nicht besaßen – also entweder fähige Männer berufen und ihnen größere Selbständigkeit gewähren oder sie wieder an der kurzen Leine führen. Das ungefähr wären die Gebote der Stunde gewesen, und Friedrich Wilhelm wußte es wohl; er hat ja durchaus einige der vielen Übel zu beseitigen versucht.

Zum Beispiel: unter seinem Vater war ein Religionsedikt erlassen worden, das die Geistlichen der preußischen Landeskirche strenger Zensur unterwarf, was viel Unmut hervorrief. Der neue Herrscher hob das Gesetz mit einem Federstrich wieder auf und jagte seinen Urheber aus dem Dienst – das könnte noch aus Haß geschehen sein, denn dieser Mann hieß Johann Christoph von Wöllner. Des weiteren: das verkrustete Steuer-, Monopol- und Zollwesen wurde von Friedrich Wilhelm III. gründlich durchforstet und der Staatshaushalt einem Generalkontrolleur mit umfassenden Vollmachten unterstellt; es hatte zur Folge, daß der Schuldenberg sich mählich verringerte und sogar eine neue Reserve angelegt werden konnte. Auch Sozialreformen – nach dem Ausbruch der Französischen Revolution besonders wichtig – packte Preußens fünfter König an: er entließ die noch unfreien Bauern aus der adeligen Erbuntertänigkeit und ermöglichte rund fünfzigtausend von ihnen eine Existenz auf eigenem Grund. Nicht zuletzt zog Friedrich Wilhelm Männer heran, die in der Lage waren (und die Möglichkeit bekamen), eigene Initiativen sowohl zu entwickeln wie durchzusetzen, etwa einen gewissen Heinrich Friedrich Karl vom und zum Stein aus Nassau an der Lahn, obwohl der dem zurückhaltenden Zollern ziemlich »fatal« war. Da er jedoch seine Aversion überwand und den Reichsfreiherrn zum Handels-, Wirtschafts- und Finanzminister ernannte, bekam Preußen nicht nur ein »Statistisches Bureau«, sondern lernte, zum ersten Mal in seiner Geschichte, auch Papiergeld kennen. Weitgehend unberührt von Friedrich Wilhelms Reformen blieb hingegen der Adel, was aber weniger darauf hindeutete, daß er diese Klasse auf lange Frist zu schonen gedachte; er wich nur immer wieder erschrocken zurück, wenn die Rittergutsbesitzer ihre Privilegien lautstark verteidigten.

Dessenungeachtet glaubte Graf Struensee von Karlsbach, ein ehemaliger Direktor der Preußischen See-Handlungs-Gesellschaft, dem französischen Geschäftsträger in Berlin anvertrauen zu können: »Die heilsame Revolution, die ihr von unten nach oben gemacht habt, wird sich in Preußen langsam von oben nach unten vollziehen. Der König ist Demokrat auf seine Weise: er arbeitet unablässig an der Beschränkung der Adelsprivilegien ... In wenigen Jahren wird es in Preußen keine privilegierte Klasse mehr geben.« Das war natürlich auch in Richtung Paris gesprochen, wo Napoleon gerade (1799) das Direktorium gestürzt hatte, und noch dachte der Korse ja in herkömmlichen Bezügen: Österreich war ein erklärter Feind Frankreichs, Preußen war es nicht.

Spätestens zu dieser Zeit hätte Friedrich Wilhelm denn auch seine Außenpolitik gründlich – oder vielmehr grundsätzlich – überdenken müssen. Welchen Kurs wollte er in den vorausliegenden unruhigen Zeiten steuern? Daß sie ziemlich wirr würden, ließ sich längst absehen. War es also aus quasi ideologischen Gründen geboten, sich auf die Seite der antirevolutionären Mächte Österreich, England und Rußland zu schlagen? Oder mußte man der traditionellen Rivalität zwischen Preußen und Österreich weiterhin den Vorrang geben und sich Frankreich wieder annähern? Beide Optionen hatten ungefähr gleich viel für sich, die zweite eher ein bißchen mehr als die erste, denn eine dritte, die nationale, gab es (noch) nicht. In Europa galten nach wie vor die Gesetze der Feudalzeit; das Reich glich, nicht zuletzt dank Habsburg und Zollern, einer leeren Attrappe, und Frankreich, das den Begriff »Nation« hervorgebracht hatte, war bereits im Begriff, sich als Monarchie den übrigen europäischen Monarchien zuzugesellen beziehungsweise mit ihnen auf die althergebrachte Weise zu konkurrieren. In anderen Worten: die allgemeine Lage unterschied sich nicht wesentlich von jener zwischen 1701 und 1763, dem Zeitalter der als Erbfolgekriege deklarierten Machtkämpfe um die Vorherrschaft auf dem Kontinent und in Übersee. Ohne daß seine Ehre tangiert worden wäre, hätte Friedrich Wilhelm III. deshalb das gewaltige Gewicht Preußen ebensogut auf der französischen wie auf der antifranzösischen Waagschale deponieren können; letzten Endes wäre es darauf angekommen, eine ganz nüchterne Güterabwägung vorzunehmen und dann zu entscheiden. Nur eines durfte er nicht tun: sich so verhalten, als ginge seine Regierung alles nichts an, denn solches Tun mußte ihn früher oder später in Isolierung führen. Genau das tat er jedoch, und eben so ist es gekommen. In den beiden Machtkämpfen, die als Zweiter und Dritter Koalitionskrieg firmierten, blieb sein Land neutral, ja schlimmer noch: es verharrte nicht einmal konsequent bei dieser Haltung. Als Napoleon 1805 in Richtung Austerlitz marschierte, ließ es sich zu einer halbherzigen Abweichung überreden. Der Allianzvertrag von Potsdam, den Alexander I. ihm abnötigte, machte Friedrich Wilhelm ja keineswegs zum vollwertigen Alliierten des Romanow und des Habsburg, sondern nur zum Komplizen zweier Verlierer – und dennoch zum potentiellen Feind des Siegers.

Noch etwas kam hinzu: selbst wenn es gute Gründe für eine strikte Neutralitätspolitik gegeben hätte, eines wäre auf jeden Fall unabdingbar gewesen: dringender noch als der Staat mußte – leere Kassen hin oder her – die preußische Armee reformiert werden. Den Franzosen zusehen, wie sie dank ihren unkonventionellen Praktiken von Sieg zu Sieg eilten, und selbst (mehr oder weniger) alles beim alten lassen, das gehört zu jener Art von Dummheiten, die schlimmer als Verbrechen sind. Gerade auf diesem Augen blieb Friedrich Wilhelm indessen blind. Als Zollern und Chef eines Infanterieregiments war er daran gewöhnt, in der Armee seine eigentliche Heimat zu sehen, ihre kommandierenden Generale aber für unanfechtbare Autoritäten zu halten. Den vom Mythos umgebenen Helden des Siebenjährigen Krieges widersprach nicht einmal ein König – zumal dann, wenn er auch noch wußte, daß ihm bedeutende militärische Gaben keineswegs in die Wiege gelegt worden waren.

Überhaupt dürften es vor allem Selbsterkenntnis und daraus resultierende Zaghaftigkeit gewesen sein, die Friedrich Wilhelm daran hinderten, sich auf bestimmten Gebieten zu weit vorzuwagen. Das Wort, das er am häufigsten benutzte, hieß »kalmieren«, beruhigen; es scheint ihn auch am besten zu kennzeichnen: ein Kapitän für windstille Zeiten. Völlig wohl fühlte er sich tatsächlich nur in begrenzten, überschaubaren Verhältnissen – auf einer Insel zum Beispiel.

Doch dann mußte der vor Tatendurst nicht gerade überschäumende Mann erkennen, daß bei kochender See auch die friedlichen Ufer von Paretz keine Sicherheit boten. 1805 hielt sich Königin Luise mit Mann und Familie länger als je zuvor auf »Schloß Still-im-Land« am Havelufer auf. Am 15. Oktober begingen sie den zehnten Geburtstag ihres Ältesten, des späteren Friedrich Wilhelm IV. Der Kronprinz bekam einen Offiziersdegen ausgehändigt und wurde in die Armee aufgenommen. Kurz darauf brachen die Fluten über das märkische Idyll herein.

Austerlitz; Friede von Preßburg; Gründung des Rheinbundes und Untergang des Reiches. Auch in Berlin kam es zu schweren Turbulenzen. Hardenberg warf Friedrich Wilhelm vor, er regiere *durch* das Kabinett, nicht *aus* dem Kabinett, zu deutsch: er drücke sich vor wichtigen Entscheidungen, indem er Fachleute vorschiebe; anschließend nahm der Minister seinen Abschied. Stein, in die gleiche Kerbe hauend, verfaßte eine flammende Denkschrift gegen die Übermacht des Ressortchefs, bat Luise, ihrem Mann das Papier auszuhändigen, und übergab es, als sie ablehnte, Louis Ferdinand, womit er sich aber selbst ein Bein stellte: der königliche Vetter reagierte ungnädiger, als er es (vermutlich) gegenüber jedem anderen Überbringer getan hätte.

Zu dieser Zeit, Anfang September 1806, machte Preußen bereits mobil. Friedrich Wilhelm reiste nach Erfurt ins Hauptquartier, Luise reiste mit (sie pflegte ihn überallhin zu begleiten, selbst ins Feldlager). Nach dem Tag von Jena und Auerstedt mußten sie sich dann trennen, um erst in Küstrin wieder zusammenzutreffen. Von dort aus verhandelte der König mit Napoleon. Dessen Hauptforderung lautete: Preußen stellt ihm seine Ostprovinzen als Aufmarschgebiet gegen Rußland zur Verfügung. Die Mehrzahl der Minister riet zur Annahme, Friedrich Wilhelm indes zeigte zum ersten Mal Härte; er lehnte ab. Das geschah bereits im ostpreußischen Städtchen Osterode, und es bedeutete: der Krieg geht weiter. Wenig später kam es in Königsberg zu einer weiteren schweren Auseinandersetzung mit Stein. Der resolute Hesse lehnte eine nun doch erfolgte Kabinettsreform als ungenügend ab. Er wurde – man schrieb den 3. Januar 1807 – entlassen. Napoleon näherte sich bereits dem königlichen Hauptquartier am Pregel. Wohin nun?

Preußens östlichste Stadt war Memel; sie konnte aber nur über die Kurische Nehrung erreicht werden, jene 96 Kilometer lange, von

Sanddünen bedeckte schmale Landzunge zwischen Haff und Ostsee; jetzt, im Winter, stand sie auch noch stellenweise unter Wasser. Dennoch, es blieb kein anderer Ausweg. Bei Sturm und Schnee, auf durchweichten Straßen, links das tobende Meer, rechts steil abfallende Ufer, ohne ausreichende Vorräte, in klapprigen Kutschen kämpfte der zusammengeschmolzene Hofstaat sich nach Norden voran, Luise mit hohem Fieber. Würde Memel wenigstens die Endstation sein? Und wo blieb der Zar, mit dem man seit Potsdam doch eigentlich verbündet war?

Alexander focht gerade einen der vielen russischen Kriege gegen die Türken aus, schickte aber dennoch fünfundachtzigtausend Mann unter General Bennigsen. Ein Hoffnungsschimmer, vielleicht sogar die Wende zum Besseren? Es sah ganz so aus. Gemeinsam mit dem Hannoveraner Scharnhorst bereitete der aus Braunschweig stammende zarische Heerführer dem Kaiser der Franzosen bei Preußisch-Eylau eine der schwersten Niederlagen seiner bisherigen Laufbahn. Tatsächlich kam damit Bewegung in die Dinge.

Zu Memel erschien ein Gesandter Napoleons und bot an, Preußen solle nur seine westelbischen Gebiete verlieren, den größeren Rest aber behalten dürfen – wenn es dafür den Pakt mit Rußland löse. Außenminister Zastrow, ein gelernter Militär, riet zur Annahme, der in preußische Dienste zurückgekehrte Hardenberg war dagegen. Aller Augen ruhten auf Friedrich Wilhelm. Der schloß sich Hardenberg an. Und das war die eigentliche Wende: der zaghafte Zollern zeigte zum zweiten Mal Entschlossenheit, er spielte sogar va banque. Dann wehte auch noch Erotik durch die Szene. Alexander I., ein Prachtexemplar von Mann, seit Kindertagen der Liebling aller Frauen, ist aus Petersburg angerückt und hat das Königspaar nach Kydullen in Neu-Ostpreußen eingeladen, wo seine Garden stehen. Luise kennt den Zaren bereits; beim mitternächtlichen Schwur in Potsdam hat auch sie ihm über Friedrichs Sarg hinweg die Hand gereicht. Nun sehen sie sich zum zweiten Mal, und abermals verblaßt neben den beiden der etwas unscheinbare Friedrich Wilhelm. Doch natürlich muß der Zar den männlichen Teil des Paares in die Arme schließen, wobei er unter Tränen stammelt: »Nicht wahr, keiner von uns fällt allein? Entweder keiner oder beide zusammen!« Es ist der Vorspruch zum wenig später ratifizierten »Schutz- und Trutzbündnis von Bartenstein«, einem ziemlich weitreichenden Projekt: nach der Niederwerfung Napoleons soll, entsprechend dem Konzept Hardenbergs, ganz Deutschland neu geordnet werden. Sieben Wochen darauf ist das Papier nicht mehr besonders viel wert. Bei dem unweit Bartensteins gelegenen Friedland wetzt Napoleon am 14. Juni 1807 die Scharte Preußisch-Eylau wieder aus. In einer mörderischen Schlacht verliert Bennigsen jeden dritten seiner Soldaten. Steht Alexander trotzdem zu seinem Treueschwur?

Der Enkel der großen Katharina hat das, was die Russen eine »schirokaja natura« nennen: breit strömen seine Gefühle dahin und tragen ihn mit sich fort, heute an dieses, morgen an jenes Ufer. Am 25. Juni landet er auf einem Floß in der Mitte jenes Grenzflusses, den die Deutschen Memel, des Zaren Untertanen Njemen nennen. Aus der Nähe grüßen die Türme der preußischen Stadt Tilsit. Das auf den schwankenden Bohlen errichtete Zelt betritt von einer Seite her der Kaiser der Franzosen, von der anderen der Herrscher über ganz Rußland. Man hätte es ein Rendezvous nennen können: Napoleon ist der Mann, Alexander die Frau. Entsprechend verläuft ihr Gespräch. Der Korse wirbt, charmiert, entwirft grandiose Zukunftsvisionen, der Romanow läßt sich umgarnen. Zusammen werden sie England niederwerfen und dann Europa untereinander aufteilen: türkische und schwedische Gebiete für den Herrn des Ostens, der größere Teil Deutschlands für den Herrn des Westens. Immerhin, ein Schuft ist Alexander nicht. Preußen, darauf beharrt er, muß fortbestehen, vielleicht nicht in seiner bisherigen Ausdehnung, aber wenigstens im Kern. So kommt es, daß Friedrich Wilhelm tags darauf zum Handkuß zugelassen wird; vor dem Diner freilich komplimentiert man ihn wieder hinaus. Über die Bedingungen, die dem Zollern gestellt werden sollen, ist während der kurzen Begegnung kein einziges Wort gefallen. Wie denn auch?

Wäre er, der sich nur in abgerissenen Sätzen zu äußern vermochte, überhaupt in der Lage gewesen, mit dem schneidig, aber elegant formulierenden Napoleon zu verhandeln? Nicht einmal Hardenberg scheint dies angenommen zu haben. Er schlug nämlich vor, auf eine zweite Unterhaltung zu setzen, ein Rührstück eigentlich: Luise, nicht ihr Mann sollte den Korsen herumzubekommen versuchen. Napoleon ließ sich darauf ein.

Im Schulhaus von Piktupöhnen, einem jener Orte, die Friedrich

Wilhelm I. einst mit Salzburger Exulanten »peupliert« hatte, kam das Treffen zustande; es muß in der Tat bühnenreif gewesen sein. In enger Stube stehen sich, ohne Zeugen, ohne Anstandsdamen gegenüber: ein korsischer Macho und ein anmutiges Geschöpf aus den mild verhangenen Gewölben der deutschen Innerlichkeit, das sich aber durchaus seiner femininen Ausstrahlung bewußt ist. Luise haßt Bonaparte, er verabscheut sie als vermeintliche Seele des preußischen Anti-Bonapartismus. Trotzdem kommt, wenn man den Quellen aus zweiter Hand trauen darf, ein recht artiges, gegen Ende sogar lebhaftes Gespräch zustande.

Die Frau im weißen, silberdurchwirkten Kleid mit den knappen Puffärmelchen trägt natürlich vor, was ihr Hardenberg eingepaukt hat, aber sie tut es äußerst geschickt, bringt seine Familie, bringt ihre Kinder ins Spiel, versetzt ihn gelegentlich sogar in leichte Verlegenheit und entlockt ihm eine erste Auskunft über seine Pläne. »Majestät glauben doch nicht, daß von der Vernichtung Preußens die Rede ist?« fragt Napoleon zurück, nachdem Luise etwas Derartiges angedeutet hat. Dann flüchtet er sich sogar in die Pose des abgewiesenen Liebhabers: »Haben nicht Euer Majestät selbst meine Freundschaft für Preußen zurückgewiesen?« Es ist ein Wort, das Hoffnung aufkeimen läßt. Zumindest scheint Napoleon von seiner Gesprächspartnerin beeindruckt zu sein.

Am nächsten Tag bringt er ihr eine Rose. Luise nimmt sie und sagt: »Aber wenigstens mit Magdeburg«, denn das Barockjuwel an der Elbe, soviel weiß man inzwischen, soll Preußen abgenommen werden. Dieser 7. Juli sieht auch das zollernsche Königspaar an der gemeinsamen Tafel. Nochmals zwei Tage später unterzeichnen die preußischen Vertreter Kalckreuth und von der Goltz einen Friedensvertrag, in dem der Satz vorkommt: »Aus Rücksicht auf den Kaiser von ganz Rußland willigt der Kaiser Napoleon ein, dem König von Preußen die folgenden Landesteile zurückzugeben: ...« Magdeburg ist nicht dabei. Napoleon teilt Stadt und Bezirk dem neugegründeten Königreich Westphalen zu, dessen Krone sein Bruder Jerôme tragen wird. Ferner verliert der Zollernstaat nahezu seine ganze Beute aus den beiden letzten Polnischen Teilungen, die so mühsam erstrittenen Besitzungen am Niederrhein sowie die Markgrafschaft Bayreuth (Ansbach gehört bereits seit 1806 zum Königreich Bayern); er ist damit um die Hälfte kleiner geworden. Ferner muß Preußen wahnwitzig hohe Kontributionen zahlen und in den Marken eine französische Besatzung dulden; seine Streitkräfte werden auf zweiundvierzigtausend Mann reduziert. Ähnlich schwer hat Napoleon bisher noch keinen seiner Kriegsgegner bestraft. Warum gerade dieses Land?

Bei dem Essen in Tilsit fragte er, warum eine so kleine Macht wie Preußen sich gegen ihn erhoben habe, worauf Luise antwortete: »Der Ruhm Friedrichs II., Sire, erlaubte uns, unsere Kräfte zu überschätzen.« Seltsamerweise war Napoleon empört. Konnte er es nicht ertragen, den Namen seines Idols in diesem Zusammenhang zu hören? Es ließe ihn wirklich als einen verschmähten Liebhaber erscheinen, der nun Rache nahm und die zollernsche Tragödie um ein zusätzliches dramatisches Element bereicherte – vorausgesetzt, es handelte sich überhaupt um eine Tragödie und nicht nur um ein bürgerliches Trauerspiel.

Daß ein Staat wie Preußen binnen kürzester Frist, zwischen dem 14. Oktober 1806 und dem 9. Juli 1807, von einer Großmacht zur fast bedeutungslosen Mittelmacht herabgestuft werden konnte, das mußte seiner Führungsschicht gewiß als namenloses Unglück erscheinen. Es gehört jedoch zur historischen Geschäftsordnung, daß ein Raubstaat seine Eroberungen ebenso schnell, wie er sie gewonnen hat, wieder einbüßen kann – jedenfalls müßten seine Lenker dies ins Kalkül ziehen. Anders verhält es sich mit dem Mann, der von den Ereignissen persönlich betroffen wurde: er trug keine schwere Schuld, er hatte nur versagt, und das ist traurig, aber nicht tragisch. Zum dramatischen Helden hätte Friedrich Wilhelm III. sich ohnehin nur wenig geeignet. Wohl gab hingegen Königin Luise die geradezu vollkommene Bühnenheroine ab: sie war schön, besaß Gemüt, hatte gekämpft und erweckte das Mitgefühl eines bürgerlichen Publikums, weil sie immer, zumal Napoleon gegenüber, nur als »Gattin und Mutter« aufgetreten war. Dieser Rolle blieb sie auch weiterhin treu.

Im Mai 1810 kann Luise Auguste Wilhelmine Amalia, geborene Mecklenburg-Strelitz, verheiratete Zollern zum ersten Mal nach den Jahren im ostpreußischen Exil wieder ihr geliebtes Paretz besuchen, wenn auch nur für einen Tag. Sie durchstreift noch einmal die grünende Landschaft, blickt lange auf die von Schwänen und Segeln belebte Havel hinaus, bleibt, bis das Licht nur noch die Wipfel der

Bäume streift, und spricht dann vor sich hin: »Die Sonne eines Tages geht dahin: / Wer weiß, / wie bald die Sonne unseres Lebens scheidet.« Zwei Monate später ist sie tot.

Napoleon hat zu dieser Zeit den Scheitelpunkt seiner Laufbahn bereits überschritten. Seit Tilsit bewegt er sich auf dem absteigenden Ast.

V.

Neuer Anfang, alte Zustände

Die Idee war bestechend, aber sie hatte ihre Tücken: da England, seit dem Frieden von Tilsit Frankreichs einziger Feind, mit militärischen Mitteln nicht besiegt werden konnte, mußte man eben versuchen, es wirtschaftlich niederzuringen. Wissenschaftler hatten schon seit langem vorgerechnet, daß dies möglich sei. Beruhte der ganze Wohlstand des Inselstaates nicht auf Überseehandel und Kreditwesen? War Britannien etwas anderes als eine einzige Umschlagstelle für Güter aus der großen weiten Welt? Und hieß das nicht weiter, es würde zusammenbrechen wie ein Kartenhaus, wenn man seine Kaufleute ihrer wichtigsten Absatzmärkte beraubte? Bereits dem Direktorium war von Experten empfohlen worden, gegen das perfide Albion eine Blockade zu verhängen. Den regierenden Notabeln hatten indes die dazu nötigen Mittel gefehlt – Napoleon glaubte sie zu besitzen.

In einem unmittelbar nach der Schlacht von Jena herausgegebenen Bulletin drohte er den Briten die »Kontinentalsperre« an. Wenige Wochen später, am 21. November 1806, wurde sie, von Berlin aus, in Kraft gesetzt. »Alle Handels- und sonstigen Verbindungen mit den englischen Inseln«, heißt es in dem entsprechenden Dekret, »sind künftig verboten; jeder Untertan Englands, der in einem von Franzosen besetzten oder mit Frankreich verbündeten Land angetroffen wird, ist als Kriegsgefangener zu behandeln; jedes Geschäft, jede Ware, jedes Eigentum welcher Art auch immer, das einem Untertanen Englands gehört, wird beschlagnahmt.«

Den Pariser Geschäftsleuten stockte zunächst der Atem, als sie das Papier lasen, aber dann fanden sie es gar nicht so übel. Was Britannien nicht mehr lieferte, würde künftig von der eigenen Industrie produziert werden müssen; das konnte für die Binnenwirtschaft nur förderlich sein – ein riesiges Absatzgebiet lag ja vor Frankreichs Tür: das ganze von Napoleon eroberte Europa. Und gab es überhaupt etwas, das den Franzosen von jeher (bis heute, wie man weiß) teurer gewesen wäre als ein nach außen hin abgeschotteter Markt? Napoleon schien fürwahr ein Mann nach ihrem Herzen zu sein.

Als, im Frieden von Tilsit, auch Rußland sich der Kontinentalsperre (eigentlich war es ja eine Aussperrung Englands und für den Kontinent eine Art Geiselhaft) angeschlossen hatte, brachen für die Briten in der Tat harte Zeiten an. Nur Schweden nahm ihnen noch Kolonialwaren, Baumwollstoffe und andere Fertigprodukte ab; alle übrigen Festlandsstaaten hielten sich an die napoleonischen Dekrete. Aber schon zeigten sich auch die Tücken einer solch umfassenden Maßnahme.

Das europäische Festland, dieser wild zerklüftete Ausläufer des eurasischen Kontinents, hatte erschreckend lange Küsten, mit Winkeln, Buchten, Schlupflöchern der verschiedensten Art. Sie lückenlos zu überwachen erforderte Mittel, wie sie kein Staat der Erde besaß – denn natürlich bescherte die Kontinentalsperre den Schmugglern aller Nationen eine wahre Hochkonjunktur. Holland, obwohl seit 1806 von Napoleons Bruder Louis Bonaparte regiert, dachte ebensowenig daran, seinen blühenden Handel mit England einzustellen wie die italienischen Küstenstädte oder Portugal und Spanien. Um den verhaßten »Erbfeind« völlig zu isolieren, mußte Napoleon deshalb mit immer drastischeren Mitteln gegen solche Blockadebrecher vorgehen und seine Kräfte entsprechend verzetteln. Die Niederländer konnte er noch mit allerlei Drohungen zur Raison zwingen; Madrid beugte sich schließlich seinem Willen; Livorno, Pisa, Ancona und Pesaro hingegen mußten besetzt werden, ebenso Portugal. Da französische Truppen beim Vorstoß gegen Lissabon aber spanisches Gebiet zu durchqueren hatten, geschah es immer häufiger, daß sie dort Widerstand von bisher unbekannter Art zu spüren bekamen: Attacken aus dem Hinterhalt, Überfälle in unübersichtlichem Gelände; kein Krieg wurde ihnen aufgezwungen, sondern ein Kleinkrieg, keine »guerra«, eine »guerilla«. Das Land selbst, die Berge, die Wälder, die schattenlosen Ebenen schienen sich gegen sie verbündet zu haben. Ein Volk stand auf und wehrte sich.

Als dann, im Jahr 1808, die Briten in Portugal landeten, gab es für Napoleon nur noch eine Möglichkeit, den abgesperrten Kontinent zu verteidigen: er selbst mußte an der Spitze eines größeren Heeres die

Pyrenäen überqueren. Damit wurde deutlich, daß sich seine eigene Politik bereits gegen ihn kehrte. Die Ausgrenzung Englands, der Wirtschaftskrieg gegen eine Wirtschaftsmacht, hatte ihm eigentlich aufwendige militärische Auseinandersetzungen ersparen sollen. Genau das Gegenteil trat nun ein: die »guerilla« riß den Kaiser der Franzosen nicht nur in einen, sondern in drei neue aufwendige Großkriege hinein. Das hatte er zwar noch keineswegs ahnen können, als seine Truppen in Spanien die ersten schweren Niederlagen erlitten, wohl witterte er aber damals schon mögliches Unheil und versuchte Vorsorge zu treffen. Es galt zu verhindern, daß die besiegten europäischen Mächte, vor allem Preußen und Österreich, während seiner Abwesenheit auf dumme Gedanken kamen. Ein anderer sollte sie deshalb für ihn bei der Stange halten: der Kaiser von ganz Rußland.

Daß das Zarenreich die schwächste Bastion in der europäischen Blockademauer bildete, dürfte Napoleon ebenfalls bewußt gewesen sein. Wenn sich schon die norddeutsche, holländische oder italienische Küste nicht lückenlos bewachen ließen, um wieviel schwieriger mußte es dann erst sein, das Riesenland im Osten mit seinen Häfen an der baltischen Küste, der Schwarzmeer-, der Nordmeer- und Pazifikküste sowie seinen Verbindungen nach (Britisch-)Indien zu kontrollieren. Wie kaum eine andere Volkswirtschaft des Kontinents war die russische auf Fertig- und Halbfertigwaren aus England angewiesen; außerdem zählte der Inselstaat zu den bedeutendsten Abnehmern sibirischer Pelze, sibirischen Edelmetalls und ukrainischen Weizens. Schon jetzt war Alexander heftigem Druck von seiten der Großgrundbesitzer, der Brennereipächter und der Fabrikanten ausgesetzt. Man mußte ihm also etwas bieten, damit er nicht von der Fahne lief. Aber Napoleon wußte ja bereits, wie er diese »schirokaja natura« zu nehmen hatte.

In Erfurt rief er alles zusammen, was auf dem Kontinent Rang und Namen hatte: vierunddreißig Fürsten vom König bis zum Großherzog, ungezählte Generale, Staatsmänner und Diplomaten, François Joseph Talma, den Star der Comédie Française, und Johann Wolfgang von Goethe, den bekannten Dichter. Sie alle sollten die glänzende Folie abgeben für den gemeinsamen Auftritt zweier politischer Superstars. Der Kongreß in der schönen, alten Stadt an der Gera dauerte vom 27. September bis zum 14. Oktober 1808. Vor einem »Parterre von Königen« wurden nicht weniger als fünfzehn Dramen von Racine,

Corneille und Voltaire aufgeführt. Ein Erfurter Bürger trat mit dem bemerkenswerten Vers hervor: »Gäb's jetzt noch einen Göttersohn, / So wär's gewiß Napoleon.«

Goethe notierte: »Trete ein. Der Kaiser sitzt an einem großen runden Tisch frühstückend; zu seiner Rechten steht etwas entfernt vom Tisch Talleyrand ... Der Kaiser winkt mir heranzukommen ... Nachdem er mich aufmerksam angeblickt hat, sagte er: ›Vous êtes un homme‹ (also wörtlich: Sie sind ein Mensch). Ich verbeuge mich. Er fragt: ›Wie alt seid Ihr?‹ ›Sechzig Jahr.‹ ›Ihr habt Euch gut gehalten.‹« Dann spricht der Kaiser über Literatur. »Mahomet« von Voltaire, eben über die Bühne des Erfurter Ballhauses gegangen, sei »kein gutes Stück«. Warum? Ein Weltüberwinder könne nicht so ungünstig geschildert werden (sowenig, heißt das wohl, wie ein Friedrich der Große oder Napoleon). Auch am »Werther«, einem seiner Lieblingsromane, bemängelt der hochmögende Kritiker gewisse Stellen; Goethe stimmt ihm zu und wird, zwölf Tage später, in die Ehrenlegion aufgenommen. An diesem 14. Oktober ist der Korse mit dem, was er erreicht hat, vollauf zufrieden; wenigstens gibt er das vor.

Österreich, von Metternich vertreten, war nachhaltig ermahnt worden, sich an die bonapartistische Ordnung zu halten. Friedrich Wilhelm von Preußen, der seinen jüngsten Bruder geschickt hatte, wurde vor den antifranzösischen Umtrieben des Freiherrn vom Stein gewarnt. Zugleich erfährt der Prinz, daß die seinem Land auferlegte Reparationszahlung von 140 Millionen auf 120 Millionen Francs reduziert sei; das verdankt der Zollernstaat Alexander von Rußland. Auch mit dem Zaren ist Napoleon zufrieden oder gibt dies vor.

Der Mann, dem das ganze aufwendige Spektakel galt, hat sich von Napoleon quasi als Nebenherrscher einsetzen lassen; gemeinsam mit dem Korsen glaubt er seit Erfurt die Welt zu regieren. Die Donaufürstentümer Moldau und Walachei (das heutige Rumänien) sind ihm zugesprochen, ebenso Finnland. Dafür erkennt er den Anspruch der Familie Bonaparte auf Spanien an und verpflichtet sich, Frankreich beizustehen, wenn es von Österreich angegriffen werden sollte.

Allerdings hat der Zar auch verlangt, daß England ein neues Friedensangebot gemacht werde; Rußland möchte die Fesseln der Kontinentalsperre abstreifen (aber noch einmal ist es Napoleon gelungen, dieses Thema zu vertagen). War Erfurt also wirklich ein Erfolg? Zu-

Friedrich II., der Große
Holzstich von Eduard Kretzschmer nach einem
Gemälde von Adolph Menzel
(Quelle: Archiv für Kunst und Geschichte, Berlin)

Friedrich Wilhelm II.
Stich von Domenico Cunego nach einem Gemälde
von Edmund Francis Cunnigham
(Quelle: Archiv für Kunst und Geschichte, Berlin)

Friedrich Wilhelm III.
Gemälde von Sir Thomas Lawrence
(Quelle: Archiv für Kunst und Geschichte, Berlin)

Königin Luise
Gemälde von Wilhelm Böttner
(Quelle: Archiv für Kunst und Geschichte, Berlin)

Friedrich Wilhelm IV.
Gemälde von Franz Krüger
(Quelle: Archiv für Kunst und Geschichte, Berlin)

Wilhelm I.
Holzstich (als Prinz von Preußen), erschienen in der »Illustrirten Zeitung« vom 3. Juni 1854
(Quelle: Archiv für Kunst und Geschichte, Berlin)

Friedrich III.
Als Earl of Surrey auf einem Fest im Februar 1875
Photographie
(Quelle: Archiv für Kunst und Geschichte, Berlin)

Wilhelm II.
Gemälde von Max Koner
(Quelle: Archiv für Kunst und Geschichte, Berlin)

mindest einer in des Kaisers Umgebung zweifelt daran: sein Außenminister Charles Maurice de Talleyrand.

Der ehemalige Bischof von Autun, spätere Revolutionsführer und nunmehrige Fürst von Benevent spürt längst, daß die Macht seines kaiserlichen Dienstherrn zu bröckeln beginnt. Frankreichs Notabeln – und auf ihren Schultern ruht das napoleonische Regime – haben sich von der Kontinentalsperre mehr versprochen, als sie einbrachte, auch stöhnen sie bereits unter der immer härter zugreifenden kaiserlichen Polizei. Über alle diese Vorgänge unterrichtet Talleyrand insgeheim Alexander; der geniale Überlebenskünstler möchte auf keinen Fall mit in den Abgrund gerissen werden, auf den er Bonaparte zumarschieren sieht. Hat dieser denn nichts von seinen Umtrieben erfahren? Auf jeden Fall glaubt Napoleon, beruhigt nach Spanien abrücken zu können; sein Rücken ist frei.

Auch jenseits der Pyrenäen geht dann alles recht gut – zunächst wenigstens. Ende Oktober hat Napoleon Paris verlassen, am 4. Dezember 1808 zieht er in Madrid ein. Seinen hundertsechzigtausend Mann, die Hälfte davon Deutsche aus den Rheinbundstaaten, sind auch die Guerilleros nicht gewachsen. Und doch ist es nicht mehr so wie in den glorreichen Tagen von Marengo oder Austerlitz. Die Marschälle, reich geworden, mit Fürstentiteln überhäuft, intrigieren gegeneinander. Beim Marsch über die Sierra Guadarrama, den unwegsamen Gebirgsriegel zwischen Alt- und Neukastilien, bricht eine Meuterei aus. Die Engländer unter General Moore können sich Napoleons Angriffsmanövern immer wieder entziehen. Der Krieg ist keineswegs mit wenigen wuchtigen Schlägen zu entscheiden; er wird sich hinziehen.

Dann bricht der erste Tag des Jahres 1809 an. Das kaiserliche Hauptquartier ist Astorga in der Provinz Leon. Aus Paris trifft ein besonders dickes Bündel von Depeschen ein. Napoleon liest sie sorgfältig durch und verkündet anschließend, er werde den Kriegsschauplatz verlassen. Österreich, hat er erfahren, bereitet, von England gedrängt, den Ausbruch aus der bonapartistischen Festung Europa vor. Es ist nur die halbe Wahrheit. Philipp Graf Stadion, dem Außenminister Kaiser Franz' II., und seinem Gesinnungsgenossen, Erzherzog Karl, geht es nicht in erster Linie um die Abschaffung der Kontinentalsperre, sie wollen es den Spaniern gleichtun und einen Volkskrieg gegen den Korsen entfesseln; schon hat ja ein gewisser Andreas Hofer aus dem Südtiroler Passeiertal gezeigt, wie man in gebirgigem Gelände als »guerillero« erfolgreich sein kann. So geht aus dem iberischen Kleinkrieg der nächste große Krieg hervor.

Wo blieb Alexander, der doch versprochen hatte, Napoleon den Rücken freizuhalten? Er weigerte sich einfach, den Österreichern ins Gewissen zu reden (trat freilich auch nicht auf ihre Seite über). Wie verhielt sich Preußen, dessen führende Militärs und Politiker längst schon den Aufstand gegen Frankreichs Vorherrschaft in Deutschland und Europa predigten? Friedrich Wilhelm hielt die Pläne seiner Mitarbeiter für gut und schön, »aber nur als Poesie«.

»Die göttliche Vorsehung leitet unverkennbar neue Weltzustände ein, und es soll eine andere Ordnung der Dinge werden, da die alte sich überlebt hat und in sich selbst als abgestorben zusammenstürzt.« So beurteilte, kurz vor ihrem Tod, Königin Luise die allgemeine Lage; es gab kaum jemand bei Hofe, an den Universitäten, in der Kirche oder den militärischen Stäben, der ihr nicht zugestimmt hätte. Selbst Friedrich Wilhelm III. stieß immer wieder den Satz hervor: »Das muß auch bei uns anders werden.« Nur: Wie anders? Und: An wem sich dabei orientieren? Etwa an Napoleon?

Heinrich Friedrich Karl vom und zum Stein war gewiß vorurteilsfrei genug, um den Korsen nicht für eine reine Ausgeburt der Hölle und die Französische Revolution für mehr als ein unverdientes Unglück zu halten, dennoch orientierte er sich keineswegs an Paris oder Frankreich insgesamt.

Der Hesse entstammte einem seit 1243 nachweisbaren reichsunmittelbaren Rittergeschlecht und fühlte sich, nach eigenen Worten, jedem Fürsten ebenbürtig. Preuße war er geworden, weil der Staat Friedrichs des Großen in seinen Augen den Fortschritt verkörperte, nicht weil er die Preußen mochte (er verabscheute sie eher). Wenn Stein also sagte: »Ich kenne nur ein Vaterland, das heißt Deutschland«, so hieß das – und er fügte es ja hinzu: »Da ich *nach alter Verfassung* nur ihm und keinem besonderen Teil desselben angehöre, so bin ich auch nur ihm und nicht einem Teil desselben von ganzem Herzen ergeben.« So sprach kein Gefühlsnationalist, sondern ein Reichspatriot, und das Reich, das alte römische mit Habsburg an der Spitze, wollte er in der

Tat auch wiedererrichten, allerdings unter Mitwirkung sämtlicher gesellschaftlichen Kräfte. Stein nämlich begriff dieses untergegangene Staatswesen durchaus als ständisch geordnete, auf ausgewogener Gewaltenteilung beruhende Republik. Es wäre ein Orientierungspunkt gewesen, nach dem auch Friedrich Wilhelm sich hätte ausrichten können.

Noch 1807 hatte der König den kurz zuvor in Ungnaden entlassenen Minister wieder zurückgerufen (auf Napoleons Empfehlung hin) und ihm anvertraut, er spiele mit dem Gedanken, die Krone niederzulegen. Binnen kurzem war davon jedoch keine Rede mehr gewesen. Steins Erscheinen in Königsberg muß einem mittleren Wirbelsturm geglichen haben. Kompromißloser, hartnäckiger, ungebärdiger denn je forderte er eine Reform des Staates an Haupt und Gliedern: Umbau des Kabinetts; Reorganisation der Behörden; Vollendung der Bauernbefreiung (die sich bisher nur auf erbuntertänige Hintersassen der königlichen Domänen erstreckt hatte); Selbstverwaltung für Provinzen, Kreise und Gemeinden, also Landtage, Kreistage und Stadtverordnetenversammlungen; sowie endlich Abschaffung aller bisher geltenden Beschränkungen: auch Bürgerliche sollten Rittergüter erwerben und Adelige profane Geschäfte betreiben dürfen.

Der Reichsfreiherr war in erster Linie Verwaltungsfachmann, sah aber dennoch den preußischen Staat als einen Organismus, der, seit langem verkrustet und erstarrt, wieder mit Leben erfüllt werden müsse. Doch natürlich sollte auch seine äußere Freiheit zurückgewonnen werden – das lief auf Zerschlagung der napoleonischen Vorherrschaft hinaus.

Zu seinem Unglück machte der stürmische Mann aus seinen An- und Absichten gar keinen Hehl. Ein Brief, in dem Stein andeutete, wie das französische Joch abgestreift werden könne, fiel Napoleon in die Hände. Wenige Wochen nach dem Erfurter Kongreß setzte er des Ministers Entlassung durch und erklärte ihn für geächtet. Stein flüchtete ins österreichische Böhmen, wo er vier bittere, armselige Jahre verbringen sollte, vom 24. November 1808 bis zum 19. Mai 1812 – zu diesem Zeitpunkt wußte man in Petersburg schon, daß der Korse demnächst den Njemen überschreiten würde.

Der Vorgänger des Hessen im Amt eines Ersten Ministers, von Napoleon schon 1807 aus dem Amt gedrängt, hatte die Zeit seines

Exils auf ähnliche Weise genutzt wie alle anderen preußischen Staatsdiener, die vorübergehend ihres Wirkungskreises beraubt worden waren. Stein hatte nach seiner ersten Entlassung zu Hause in Nassau einen umfassenden Plan zur Reformierung Preußens verfaßt. Der Niedersachse Karl August von Hardenberg saß, eben seit 1807, in Riga und tat dort das nämliche. Auch er forderte mehr »Freiheit und Gleichheit«, hielt sich dabei jedoch weniger an die Verfassung des alten Reiches als vielmehr an jene Frankreichs. Im übrigen waren Stein und er einander so unähnlich, wie zwei nahezu gleichaltrige Männer es nur sein können.

Der Hesse schüttete einem Untergebenen, über den er sich geärgert hatte, schon einmal Tinte ins Gesicht (überreichte ihm aber hinterher einen Doppellouisdor mit schriftlicher Entschuldigung). Von Hardenberg hingegen sagte ein Zeitgenosse: »Er war der geborene Diplomatiker, schlau, glatt und gewandt und geschickt in der Manipulation der obwaltenden Verhältnisse … Unbefangen und heiter ging er durch alle Intrigen, als wenn sie nicht da wären, er tat, als sähe er sie nicht – und doch sah und wußte er alles … Man sagt die Wahrheit, wenn man ihn einen anmutigen Mann nennt.« Nicht zuletzt schätzten ihn auch die Damen.

Hardenberg war zweimal geschieden und lebte seit 1800 mit der Schauspielerin Charlotte Schönemann zusammen. Darüber hinaus verstand er von Geldgeschäften genug, um stets auf großem Fuße leben zu können; neben einer Reihe anderer Besitzungen in den Marken gehörte ihm das ehrwürdige, damals noch weit vor den Toren Berlins gelegene Gut Tempelhof. 1810 gelang es dann dem Mann, von dem Stein sagte, er sei »halb Fuchs, halb Bock«, sich bei Napoleon reinzuwaschen und auf den Ministersessel zurückzukehren. Es geschah genau im richtigen Moment.

Friedrich Wilhelm, seit dem Abzug der französischen Truppen aus Preußen wieder in Berlin, war immer noch derart mit sich selbst und mit der Welt zerfallen, daß er sogar glaubte, seine Frau hätte nur deshalb so früh sterben müssen, weil sie mit einem Unglücksraben gleich ihm verheiratet gewesen sei. Zuletzt, von Januar bis Mitte Februar 1810, war er auch noch bei Alexander I. gewesen und von dort mit der Überzeugung zurückgekommen, nur ein Wunder könne ihn aus seiner mißlichen Lage befreien. »In Petersburg«, notierte Neidhardt von Gneisenau, seit 1809 Inspekteur des preußischen Festungswesens, »hat er die für die Heerschau gedrillten Russen gesehen; dagegen stechen freilich die ungeschlachten Ostpreußen ab ... Es mag ihm überhaupt gegen die dortige Pracht jetzt alles sehr kleinlich vorkommen; seine halbe Monarchie; sein halbes Schloß, der Halbroman seiner letzten Lebensjahre: Dies alles indessen steht in Harmonie mit den halben Maßregeln.« Der ehemalige markgräflich ansbachische Vizeleutnant bezog sich noch auf die Amtszeit des Interimsministers Karl zum Altenstein, der in der Tat eine recht unentschlossene Politik betrieben hatte. Doch ihm folgte ja Hardenberg nach, und der machte dort weiter, wo Stein unterbrochen worden war – auf seine eigene Weise, aber nicht weniger hart als der Vorgänger, wenn es um Grundsätze ging.

August Ludwig von der Marwitz zum Beispiel, zuletzt Adjutant des Fürsten Hohenlohe, fand sich in Spandau wieder, nachdem er versucht hatte, den Zusammentritt einer Landesdeputiertenversammlung zu verhindern, die das künftige Landesparlament vorbereiten sollte. Ebenso unnachsichtig brach Hardenberg den Widerstand der Handwerksmeister, die gegen die Aufhebung der Zunftordnung, einer Art Monopolherrschaft über die gewerblichen Betriebe, ankämpften, und führte auch die Bauernbefreiung fort. Sein Elan hielt jedoch nur selten lange vor; wenn ihm der Wind allzu stürmisch ins Gesicht blies, begnügte er sich auch mit halben Maßnahmen oder stellte seine Vorhaben ganz zurück: der von ihm gewünschte Landtag etwa kam ebensowenig zustande wie eine durchgreifende Finanzreform. Hardenberg lavierte, finassierte, lauerte auf den günstigen Moment, wo Stein versucht hätte, mit dem Kopf durch die Wand zu gehen. Er war nun einmal der geborene »Diplomatiker«; seine Neigung galt nicht der mühseligen Innen-, sondern »der großen«, der Außenpolitik. Auf diesem Feld sollte er seinem König später auch von besonderem Nutzen sein – und Napoleon entsprechenden Schaden zufügen.

Im übrigen teilte Hardenberg mit Stein die Überzeugung, Preußen, dieses mürbe Gefäß, sei zuvörderst mit einem Medium namens »Volksgeist« anzufüllen. In der Diktion des hessischen Reichsfreiherrn hieß das: »Es muß in der *Nation* das Gefühl des Unwillens erhalten werden über den Druck und die Abhängigkeit von einem fremden, übermütigen, täglich gehaltloser werdenden Volke« – er meinte die Franzosen.

Hatte Stein damit sagen wollen, der genannte Volksgeist sei in erster Linie als Wut auf die Besatzungsmacht zu begreifen und müsse sich demnach als Fremdenfeindlichkeit äußern? Wenn ja, was wäre dann eigentlich die *Nation* gewesen? Ein Corpus, der sich vor allem als besserer, gesünderer, eben gehaltvollerer Rivale eines anderen Volkes, nämlich des französischen, verstehen dürfe? Die Frage hatte mehr Haken und Kanten, als denjenigen bewußt gewesen sein kann, die sie aufwarfen (Stein ist ja nicht der einzige gewesen). Kein Wunder freilich: für die damalige Zeit war der Begriff »la nation« ein Produkt der Französischen Revolution. Und dessen Schöpfer hatten auch nicht übermäßig lange nachgedacht, ehe sie es auf den Markt warfen; ihnen galt das Wort zuerst und zuletzt als Waffe. Anzunehmen deshalb, daß Stein dies kaum anders sah. Napoleons Aktionen hatten ihn in seinem Stolz getroffen, ergo meinte er, alle übrigen Deutschen teilten diese Gefühle; es war bereits ein Denkfehler.

Das 1806 zerbrochene Reich hätte man unter anderem auch einen Zweckverband nennen können. Seine Organe koordinierten (zuletzt nur noch notdürftig) die Interessen einer ganzen Reihe höchst verschiedenartiger, zum Teil fast individuell ausgeprägter kleinerer Gemeinwesen oder Korporationen und garantierten zugleich deren jeweilige Identität. Das Bedürfnis hingegen, diesen Staat der Deutschen auch emotional zu definieren, war während der längsten Zeit seines Bestehens eigentlich nur in Krisensituationen wach geworden, bei kompakter Bedrohung von außen oder in Zeiten allgemeiner Verunsicherung, zuletzt während der Reformation. Lediglich dann, wenn das Heil auf andere Weise nicht mehr zu erlangen schien, hatte man versucht, sich auf die eigene Sprache, Herkunft oder ein gemeinsames Bewußtsein zu besinnen, hatte Stammesväter gesucht und (natürlich) auch gefunden, hatte den lateinischen Begriff »natio« also wörtlich genommen, im Sinne nämlich von »erborenes Volk«, von Familie, Sippenverband oder Blutsverwandtschaft. Solche Vorstellungen waren gewiß auch von einer Art revolutionärem Geist angehaucht gewesen, doch hatte sich der mit dem später von Frankreich herüberlodernden Gluthauch nie vergleichen lassen. »La nation« galt vor allem als Gemeinschaft gleichgesinnter Menschen, der man aus freiem Willen beitrat (zumindest wurde sie so von ihren späteren Apologeten definiert); die »natio« deutscher Provenienz hingegen stand für ein unteilbares Erbe, das allen Nichterbberechtigten vorenthalten werden durfte oder sogar vorenthalten werden mußte (woran sich ja bis heute wenig geändert hat).

Trotzdem schienen, als Napoleon das Reich zerschlug, nur wenige Deutsche gemeint zu haben, es sei nun an der Zeit, solche Werte zu verteidigen. Warum denn auch? Man war ja, freilich gewaltsam, nur in einen neuen Zweckverband aufgenommen worden, und darin ließ es sich durchaus leben. Der in den besetzten Gebieten, etwa dem Königreich Westphalen, eingeführte »Code Civil« garantierte eine Reihe von Freiheiten, die deutschen Fürstenuntertanen bisher unbekannt geblieben waren. Das Verwaltungssystem wurde durchsichtiger, das Erziehungswesen ordentlicher (zum Beispiel durch Einführung des »baccalauréats«, von den Deutschen Abitur oder Matura genannt). Namhafte Gelehrte wie der Historiker Johannes von Müller, der Philologe und Sammler deutscher Volksmärchen, Jakob Grimm, hielten es deshalb, wie viele andere auch, für keineswegs unehrenhaft, mit den Franzosen eng zusammenzuarbeiten. Von dem »Unwillen«, auf den Stein glaubte setzen zu können, war jedenfalls in weiten Teilen des ehemaligen Reiches kaum etwas zu spüren; das galt sogar für Preußen.

Keine Hoffnung also auf einen neuen Volksgeist, patriotische Gefühle oder nationale Aufwallungen, die von den Politikern in Dienst genommen werden konnten?

Immerhin, es gab den in Königsberg gegründeten »Tugendbund«, einen »sittlich-wissenschaftlichen« Verein, halb Verschwörerzirkel, halb gesellschaftlicher Club, der so etwas wie moralische Wiederaufrüstung betrieb und allerlei Pläne zur Abschüttelung der Fremdherrschaft entwarf. Aber seine Mitglieder, etwa siebenhundertfünfzig an der Zahl, rekrutierten sich aus Beamten und Offizieren, die 1806 auf Halbsold gesetzt worden waren und sich ihre üppige Freizeit mit Jagdpartien auf ostpreußischen Gütern oder eben dem Entwerfen verwegener Zukunftspläne vertrieben. War etwa von ihnen zu erwarten, daß sie vorhandenen Unwillen zur lodernden Flamme entfachten und die Fackel der Freiheit ins Land hinaustrugen? Stein scheint es eine Zeitlang geglaubt zu haben, gab seine Hoffnungen aber bald wieder auf – und wurde dennoch von Napoleon auch deshalb geächtet, weil er dem Tugendbund angehört habe.

Hardenberg ging anders vor. Ihm schien die 1809 durch Wilhelm von Humboldt gegründete, dank Friedrich Wilhelm III. im Palais Prinz Heinrichs untergekommene Berliner Universität eine bessere geistige Rüstkammer zu sein als irgendwelche dubiosen Geheimbünde. Aus diesem Grund ließ er es zu, daß in dem imposanten Bau unter den Linden und an der Leibnizschen »Akademie der Wissenschaften« der Begriff Nation mit Hilfe der Philosophie auf seine politische Tauglichkeit hin untersucht wurde.

Johann Gottlieb Fichte, Sohn eines Lausitzer Bandwebers, trat ans Pult und trug Überlegungen vor, die er schon in Jena erarbeitet hatte. Den Nationen, sagte er, komme in der sittlichen Weltordnung eine ungemein hohe Bedeutung zu; alle »christlichen Europäer« hätten die Pflicht, auf ihre Weise jeweils derjenigen zu dienen, die ihnen zubestimmt sei. Werde sie bedroht, müsse er für ihr Fortbestehen kämpfen, bedürfe sie der Erneuerung, habe er auch daran mitzuarbeiten. Allerdings beginne solche Erneuerung bei jedem einzelnen selbst; »eingewurzelte Selbstsucht, vollendete Sündhaftigkeit« seien abzutun, denn gerade derlei moralische Krankheiten hätten den Zollernstaat in die Katastrophe geführt. Doch natürlich richtete auch Fichte seine berühmt gewordenen Reden nicht an die preußische, sondern an »die deutsche Nation«. Er hielt seine Landsleute für durchaus fähig, die den Franzosen aus der Hand geglittene Fahne der Freiheit neu zu entfalten und Europa in eine bessere Zukunft zu führen.

Es waren Botschaften, die die Zuhörer begeisterten, mitrissen, aufrüttelten, es war die starke Essenz des von Stein geforderten neuen Weins für den brüchigen Schlauch; der gärende Most, an den er gedacht hatte, war es allerdings nicht. Und wichtiger noch: der glänzende Rhetor Fichte erreichte keineswegs nur Studenten, sondern auch orientierungssuchende Bürger, vor allem aber Offiziere, die noch unter dem Schock der Doppelniederlage von 1806 litten: Carl von Clausewitz, Neidhardt von Gneisenau und Gerhard Johann von Scharnhorst, um nur die drei wichtigsten zu nennen.

Scharnhorst, Sohn eines kleinen Bauern aus der Gegend von Celle, dem König wegen seiner schleppenden niedersächsischen Sprechweise eher »fatal«, hatte bei Beginn des Ersten Koalitionskrieges noch die bittere Bemerkung gemacht: »Wir [bürgerlichen Offiziere] werden von Aristokraten zurückgesetzt und streiten für Aristokraten.« Aber dann war es ihm nicht anders ergangen als vielen anderen Deutschen, die damals insgeheim mit den Vorkämpfern der Französischen Revolution sympathisierten: deren Massenmorde und Hinrichtungsorgien, endlich Napoleons brutale Eroberungspolitik erschienen ihm als Verrat an der großen Sache. Schon vor dem Preußisch-Französischen Krieg hatte er denn seine persönliche Entscheidung getroffen: aus dem zeitweiligen Befürworter antiroyalistischer Tendenzen war ein entschiedener Monarchist geworden – was keineswegs heißt, er habe die in Preußen herrschende Ordnung für nicht reformbedürftig gehalten.

Schon im April 1806 hatte Scharnhorst die Aufstellung einer »Nationalmiliz« gefordert; es trug ihm den Ruf ein, er hänge »jakobinischen« Vorstellungen an, bewirkte aber nach Auerstedt (das ja auch eine persönliche Niederlage für ihn gewesen war), daß er zum königlichen Generaladjutanten ernannt wurde (und das wiederum spricht für die Lernbereitschaft des als geistig unbeweglich geltenden Friedrich Wilhelm). Von da an konnte sich Scharnhorst an die Verwirklichung dessen machen, was er für richtig und notwendig hielt. Sein Ziel: »Die Nation und die Armee inniger zu vereinen.« Was Nation aber sei, lag für ihn auf der Hand: es war die Gesamtheit aller gesellschaftlichen Gruppen; auch die Schicht, der er selbst entstammte, gehörte dazu. Ganz nüchtern forderte der Bauernsohn aus Bordenau an der Leine deshalb ein Bündnis zwischen gewöhnlichen Untertanen und der Regierung. Die Nationalmiliz sollte nicht im stehenden Heer aufgehen, sondern, ohne daß »ihre Selbständigkeit durch einen eingebildeten Druck gelähmt wird«, neben diesem bestehen, und ihren Offizieren sollte jene »Triumphpforte« geöffnet werden, »durch die das Vorurteil nur den Adeligen einziehen lassen will«. Zwei getrennte Körper also: hier die von Berufssoldaten kommandierten Linientruppen, dort Freiwilligenverbände, in denen auf allen Ebenen Bürger den Ton angaben. Es war eine Vorstellung, die Scharnhorsts pragmatischem Grundsatz entsprach: »Nach den Umständen ... agieren.« Sie zu entwickeln blieb ihm allerdings keine Zeit, fürs erste mußte er improvisieren – und täuschen.

Da der Friede von Tilsit die preußische Streitmacht auf zweiundvierzigtausend Mann begrenzte, ließ der Mann, dem auch Bauernschläue nicht abzusprechen ist, Rekruten im Schnellverfahren ausbilden, schickte sie dann nach Hause zurück und zog umgehend neue

Leute ein, denen dann dasselbe widerfuhr. Auf diese Weise war es möglich, starke Kader von »Krümpern« (gekrümmten, krumm geschliffenen Reservisten) zu bilden, die im Ernstfall über Nacht mobilisiert werden konnten, dem Heer aber offiziell nicht angehörten – ein genialer Behelf in schwieriger Lage.

Bedeutend stürmischer als der verschlossene Niedersachse trat August Wilhelm Anton Neidhardt, der sich selbst den Adelsnamen »von Gneisenau« verliehen hatte, auf die Szene. »Die [Französische] Revolution«, wagte er zu verkünden, »hat alle Kräfte geweckt und jeder Kraft einen ihr angemessenen Wirkungskreis gegeben. Dadurch kamen an die Spitze der Armee Helden, an die ersten Stellen der Verwaltung Staatsmänner und endlich an die Spitze eines großen Volkes der größte Mensch aus seiner Mitte.« Glich das nicht schon einem Aufruf zum Sturz des herrschenden Regimes? Gneisenau konnte es sich leisten, so zu reden; er war ein Volksheld.

Gemeinsam mit Joachim Nettelbeck hatte der umtriebige Landsknecht die Festung Kolberg bis 1807 gegen französische Übermacht gehalten und sie dann seinem König übergeben. Daß Friedrich Wilhelm dem rhetorisch begabten, polyglotten, Verse schmiedenden, gelegentlich als Schauspieler auftretenden, mit der Philosophie Kants und der neueren Literatur wohlvertrauten, dazu noch ungemein gutaussehenden (auch bei den Frauen beliebten) Draufgänger ungefähr ebensoviel Sympathie entgegenbrachte wie einst Louis Ferdinand, ist überliefert, es hielt ihn jedoch nicht davon ab, Gneisenau in die von Scharnhorst geleitete »Militär-Reorganisationskommission« zu berufen. Solche Selbstentäußerung zahlte sich aus.

Radikaler denkend als alle anderen Reformer, propagiert der neue Mann die Ablösung »des adeligen Vorrechts« durch eine »Aristokratie der Bildung«, forderte »Freiheit des Rückens« (Abschaffung der Prügelstrafe), »Wegfall des Zopfes« (Abkehr vom übertriebenen Paradedrill) und Gründung einer Kriegsakademie, vor allem aber eine Einrichtung, die nicht nur das Militärwesen überall in der Welt revolutionierte, sondern später auch von der Industrie übernommen wurde: den »Generalstab«. Als zentrale Nervenstelle, bei der sämtliche Fäden zusammenliefen, sollte diese Institution »dem Feldherrn die Details der Truppenführung abnehmen und dessen Geist für das Wesentliche und Entscheidende freihalten«: ein Gehirn der Armee.

Daneben versuchte Gneisenau auch Erfahrungen, die er in Übersee gemacht hatte, praktisch umzusetzen. Besonders das von den amerikanischen Rebellen bevorzugte »zerstreute Gefecht« hatte der Ansbacher Mietsoldat für äußerst wirkungsvoll befunden: jene Art von Kleinkrieg, mit der auch die Spanier ihre Gegner mürbe zu machen pflegten.

Die meisten seiner Vorhaben konnte allerdings auch er nicht verwirklichen, sondern nur in die Wege leiten. Vieles von dem, was er anstieß, setzten Scharnhorst oder dessen wichtigste Mitarbeiter Karl Wilhelm von Grolman und Hermann von Boyen in die Praxis um. Die Militärakademie hingegen wurde zur Domäne des jungen Carl von Clausewitz aus Burg bei Magdeburg; er sollte zum philosophischen Vordenker der Reformer heranreifen. Und alle zusammen waren ebenfalls so etwas wie die Antwort auf Steins Ruf nach einem frischen »Volksgeist« – oder eigentlich der bessere Ersatz dafür.

Keiner dieser Männer neigte zu blindwütiger Verteufelung einer anderen Nation und ihrer Führer, jeder besaß die Fähigkeit, eine gegebene Situation vorbehaltlos zu analysieren und dabei rein abstrakte, ja fast akademische Maßstäbe anzulegen. Sie waren sowohl Kinder der Aufklärung, der Französischen Revolution wie auch der deutschen Klassik. Gewiß gehörten zu ihren Motiven verletzter Stolz, sogar verletzter Berufsstolz, doch glaubten sie nicht minder, für eine gerechte Sache zu streiten, und waren Politiker genug, um zu erkennen, daß die napoleonische Ordnung mehr und mehr zur Diktatur ausartete – was wiederum ihre Überzeugung stärkte, es sei ein gerechter Krieg, auf den Preußen sich vorbereite.

Dessenungeachtet stand vor allem Scharnhorst der eigenen Nation mit eher kritischer Distanz gegenüber. »Den freien, hochgeborenen Deutschen«, heißt es in einem seiner Briefe, habe er noch nirgendwo angetroffen, auch das Reich bedeutete ihm nicht annähernd soviel wie Stein; und das war gut – für Friedrich Wilhelm.

Der Zollern wußte es nicht, aber das Zusammenwirken der Nichtpreußen Fichte, Gneisenau, Scharnhorst und Clausewitz kam einem zweiten »miracle de la maison de Brandenbourg« gleich. Gemeinsam mit den Preußen Boyen und Grolman waren diese vier dabei, seinen zerschlagenen Staat zu erneuern und ihn selbst vor einer gefährlichen nationalen Sturmflut zu bewahren. Auch ein fünfter Nichtpreuße (von

Geburt) muß in diesem Zusammenhang genannt werden: Staatskanzler Hardenberg. Ihm war es zu verdanken, daß die Auseinandersetzung um Nation und nationale Ehre nicht auf den Marktplätzen, sondern in den Hörsälen zweier Universitäten geführt wurde, jener unter den Linden und der zu Breslau. So hielt sich alles weitgehend im akademischen Rahmen und tat doch seine Wirkung. Preußen aber blieb, wie es sich wiederum an diesen fünf Männern geradezu exemplarisch erweist, im Kern ein Gemeinwesen nach französischer Definition: man mußte ihm nicht qua Geburt angehören, es genügte, sich zu ihm zu bekennen. Solchem Bekenntnis dann auch treu zu bleiben erforderte freilich ein hohes Maß an Selbstdisziplin – dank Friedrich Wilhelm III.

10. April 1809. Die Österreicher unter Erzherzog Karl sind in das Königreich Bayern von Napoleons Gnaden einmarschiert. Der Korse, obwohl darauf vorbereitet, hat sich überraschen lassen und steckt vorübergehend in Schwierigkeiten (die Große Armee steht immer noch in Spanien). Nicht nur Talleyrand, auch Scharnhorst, Gneisenau, Clausewitz, Boyen und Grolman rechnen deshalb bereits jetzt mit dem auf Dauer unvermeidbaren Fiasko. Doch natürlich sind auch ihnen die von Wien ausgesandten Parolen direkt ins Blut gegangen: »Wir kämpfen, um Deutschland seine nationale Ehre zurückzugeben« (Friedrich Schlegel); »Deutsche! Würdigt eure Lage! Nehmt die Hilfe an, die wir euch bieten! Wirkt mit zur Rettung!« (Friedrich Gentz). Zudem scheint in Norddeutschland schon ein Volkskrieg nach spanischem Vorbild auszubrechen. Freischärler wie der Preuße Ferdinand von Schill, der Hesse Wilhelm von Dörnberg, der jüngste Sohn des bei Auerstedt geschlagenen Herzogs von Braunschweig fallen in verwegenen Kommandounternehmen über französische Besatzungstruppen her, von der Bevölkerung jubelnd begrüßt und unterstützt. Kann Preußen, kann der Staat da noch länger abseits stehen?

Von Gneisenau sekundiert, legt Scharnhorst dem König zum dritten Mal seinen Haupt- und Lieblingsplan vor: sofortige Einführung der allgemeinen Wehrpflicht. In der Tat: Wann, wenn nicht jetzt, sollte man gegen Napoleon losschlagen? Friedrich Wilhelm ist im Grunde der gleichen Meinung – heute. Tage später besinnt er sich wieder auf seine alte Maxime: nur gemeinsam mit Rußland (aber noch ist Alexander des Korsen treuester Verbündeter). Den ganzen Mai und Juni über geht das so hin und her. Die Österreicher siegen bei Aspern, der König wird weich. Sie erleiden die Niederlage von Wagram, Majestät hatten es kommen sehen. Der erste, dem dies zuviel wird, ist Grolman: er nimmt seinen Abschied und tritt in österreichische Dienste (um noch später nach Spanien zu gehen).

Als nächstem platzt Gneisenau der Kragen. Ohne Auftrag reist der fast fünfzigjährige Hitzkopf nach England; er will dort für eine neue antinapoleonische Allianz werben. Boyen spielt ebenfalls mit dem Gedanken zu gehen, läßt sich aber von Scharnhorst zum Bleiben überreden: die Heeresreform ist erst angepackt, sie muß fortgeführt werden.

Zunächst einmal lehnt Friedrich Wilhelm jedoch die allgemeine Wehrpflicht endgültig ab; Krümpersystem ja, Aufstellung eines Landsturms vielleicht, im übrigen Rücksicht auf Napoleon. Nachdem der Korse dann Österreich einen überaus harten Frieden aufgezwungen und die Habsburgerin Marie Louise geheiratet hat, scheint er mächtiger zu sein denn je.

Aber was sagte in diesem Jahr 1809 ein französischer Minister dem Adjutanten Napoleons, Auguste Viesse de Marmont? »Soll ich Ihnen die Zukunft deuten?« fragte er, um sogleich die Antwort zu geben: »Der Kaiser ist wahnsinnig, er wird uns alle kopfüber in den Abgrund reißen, und alles wird in einer Katastrophe enden.« Falls der Mann mit Wirtschaftsfragen befaßt gewesen sein sollte, könnte er von der Kontinentalsperre gesprochen haben.

Das Vorhaben, die Seemacht England wirtschaftlich auf die Knie zu zwingen, war zur Zeit des Krieges mit Österreich praktisch bereits gescheitert, aber Napoleon wollte es einfach nicht wahrhaben. Wo immer sich eine neue Lücke auftat, durch die britische Waren hereinströmten, schlug er zu, und zwar härter denn je. Er vertrieb seinen Bruder Louis aus Den Haag, weil er mit Londoner Banken Kontakte aufgenommen hatte, und machte Holland zur französischen Provinz; er annektierte aus ähnlichen Gründen Bremen, Hamburg, Lübeck sowie Teile des von ihm selbst geschaffenen Königreichs Westphalen; er besetzte Bologna, Ferrara, Parma, den Kirchenstaat und das ehemals österreichische Istrien. Dank dieser Politik blähte sich sein Staat immer mehr auf, bis er endlich von der Pariser Verwaltung nicht mehr im

Griff gehalten werden konnte. Die immer besser greifende Kontinentalsperre aber bewirkte, daß die Preise für Baumwolle, Rohrzucker, Kaffee, Wolle, Leinen nach oben schossen und eine wild galoppierende Inflation auslösten. Zugleich verlagert sich der Schmuggel endgültig dorthin, wo er am wenigsten bekämpft werden konnte, nach Osten. Was über die Atlantikhäfen nicht mehr hereinkommen konnte, kam in immer größeren Mengen von Odessa, Konstantinopel, Saloniki aus, über Polen, Ungarn, Serbien. Und mehr denn je litten vor allem die Russen. Ihre Exportwaren nahm Frankreich nicht ab, mit den französischen Importen, vor allem Cognac, Parfum und Porzellan, war ihnen wenig gedient.

Daß dieser Zustand von Tag zu Tag untragbarer wurde, bekam allmählich auch der Zar zu spüren. Schon wurde gemunkelt, in gewissen Petersburger Kreisen spiele man mit dem Gedanken, ihn abzusetzen wie einst seinen Vater Paul – den man bei dieser Gelegenheit gleich noch ermordet hatte.

Ein weit riskanterer Plan reifte, spätestens ab 1811, in Napoleons Kopf heran. Wenn das Loch im Osten auf andere Weise nicht gestopft werden konnte, mußte es eben mit Gewalt geschehen. Er selbst freilich gebrauchte umfassendere Argumente. Zu einem Vertrauten sagte der Kaiser: »Stellen Sie sich vor, Moskau sei eingenommen, der Zar ... bei irgendeiner Palastrevolution ums Leben gekommen ... wäre es dann nicht einer großen französischen Armee möglich, an den Ganges zu gelangen? Dort genügte ein Schwerthieb, um das ganze (britische) Handelsgebäude einstürzen zu lassen.« Und als der Mann ihn (vermutlich) entsetzt anblickte: »Alexander [der Große] hatte einen ebenso langen Weg zum Ganges vor sich wie ich von Moskau aus.« (Dabei kämpften starke französische Verbände immer noch und mit wachsendem Mißerfolg in Spanien.)

Ob Napoleon nun aber wirklich wahnsinnig geworden war oder nicht – Friedrich Wilhelm blieb ihm weiterhin ausgeliefert. Wenn Frankreich tatsächlich Rußland angreifen würde – die topographische Abteilung der Grande Armée bereitete schon das dazu notwendige Kartenmaterial vor –, mußte er Preußen durchqueren, und daran konnte ihn niemand hindern, nicht einmal die hundertvierundzwanzigtausend Mann, die dank dem Krümpersystem hätten aufgeboten werden können. Also, was tun?

Relativ gelassen blickt Hardenberg der Zukunft entgegen. »Sie sollten«, sagt er zu Gneisenau kurz vor dessen Abreise, »das besiegte Preußen nicht für den Nabel der Welt halten ... Einigen wir uns darauf, daß alles vom richtigen Zeitpunkt abhängt. Das ist im Krieg so und auch in der Politik.« Fürs erste freilich bestimmt immer noch Napoleon, was wann geschieht. Er zwingt Friedrich Wilhelm einen Bündnisvertrag auf, der diesen verpflichtet, ihm zwanzigtausend Mann für den Angriff auf Rußland zu stellen und seine durch Preußen ziehende Armee zu verpflegen, unter anderem mit zwei Millionen Flaschen Bier.

Das schließlich ist auch für Boyen und den stillen Clausewitz mehr, als sie ertragen können; beide nehmen ihren Abschied und gehen nach Petersburg; dreihundert weitere Offiziere folgen ihnen nach. Warum kommt Scharnhorst nicht mit? In einem Abschiedsbrief an die Freunde erklärt er: »Große Veränderungen stehen uns in kurzem bevor, ich ersuche Sie daher, sich nicht vom Vaterlande zu weit zu entfernen. Ich werde dies auch nicht tun, obgleich ich dazu von neuem eine Aufforderung erhalten habe. Wer sein Ziel aus den Augen verliert, kommt in Gefahr, sich zu verirren.« Der bedachtsame Niedersachse bereitet sich schon auf die Zeit nach dem unausweichlichen Desaster vor. Das heißt: er denkt nicht anders als Hardenberg, und dieser denkt wie er. Als Napoleon Scharnhorsts Abberufung von der Spitze der Reformkommission verlangt, gibt der Staatskanzler nach – um ihn mit einem zweiten Federstrich zum Generalstabschef zu ernennen.

Dann geschieht es auch noch, daß bei Stein, der mittlerweile in Brünn Zuflucht gefunden hat, ein Brief eintrifft. »Napoleon«, heißt es darin, »will die Knechtung Europas vollenden. Um das zu erreichen, muß er Rußland niederwerfen ... Sie, Herr Baron, können kein anderes Gefühl hegen als das, zu dem Erfolg der Anstrengungen beizutragen, die man im Norden machen wird, um über Napoleons auf uns eindringenden Despotismus zu triumphieren. Ich lade Sie auf die inständigste Weise ein, mir Ihre Gedanken mitzuteilen ... indem Sie zu mir nach Wilna kommen.« Gezeichnet: »Alexandre.« Schon kurz darauf ist Stein in Rußland, und der Zar hat einen Mitarbeiter gewonnen, dem er fortan wie kaum einem anderen vertrauen wird. Nochmals einige Tage später trifft auch Gneisenau dort ein, um sich über die Stärke des russischen Heeres zu informieren (und dann nach Schweden weiterzureisen). Damit sind vorübergehend fast alle wichtigen preußischen Neuerer in dem Land versammelt, das der Korse angreifen will. Ihr König muß währenddessen in Dresden antreten.

An der Elbe hat Napoleon noch einmal das »Parterre von Königen« zusammengetrommelt, das auch schon in Erfurt um ihn versammelt war. Der Kaiser von Österreich, sein Schwiegervater, ist anwesend, die Rheinbundfürsten, seine übrigen Vasallen, dazu die Phalanx der Marschälle und Generale in ihren goldstrotzenden, von Orden übersäten Uniformen. Franz II. darf täglich an der Tafel des kaiserlichen Amtsbruders speisen, der Preuße wird mit der Frage empfangen: »Sie sind Witwer?« (Königin Luise scheint ihm einfach nicht aus dem Kopf zu gehen.) Was die Herren bei dieser Prunkveranstaltung aber am meisten verwundert, ist Napoleons neueste Gewohnheit, von Ludwig XVI. als »meinem armen Onkel« zu sprechen. Freilich, es steht ihm zu: die Heirat mit Marie Louise hat den ehemaligen Revolutionsgeneral zum Großneffen des guillotinierten Bourbonen gemacht. Im übrigen ist er so vergnügt wie kaum je zuvor. Beim Aufbruch seines sechshundertfünfundsiebzigtausend Mann starken Heeres nach Rußland hört man ihn aus vollem Hals Soldatenlieder singen. Das ist Anfang Juni 1812.

Anfang November notiert der königlich-württembergische Unteroffizier Jakob Walter aus Rosenberg bei Ellwangen, der Napoleons Feldzug von Anfang an mitgemacht hatte: »Nachts, als der Feind seinen Angriff einstellte, lagerte sich alles um die Feuer, welche den Himmel wie ein rotes Tuch erscheinen ließen, wozu [allerdings] die brennenden Dörfer seitwärts das meiste beitrugen, und das Geschrei und Jammern endete keine Minute. Überall starben Leute oder froren zu Tode, besonders jene, die an das Feuer zu gelangen suchten, aber selten zugelassen wurden; deshalb starben sie abseits [davon] und wurden oft noch als Sitzpolster verwendet, damit man nicht im Schnee sitzen mußte.«

Von der größten Armee, die bis dahin je aufgestellt worden war, konnten ganze achtzehntausend Mann geordnet über den Njemen zurückgeführt werden. Besser davongekommen waren die österreichischen Einheiten, weil ihr Kommandeur sie tunlichst aus allen Kämpfen herausgehalten hatte; das gleiche galt für den größten Teil des preußischen Hilfskorps unter Hans David Ludwig Yorck. Ende Dezember 1812 stand diese Truppe bei Tauroggen, einige Kilometer östlich der litauisch-preußischen Grenze. Eben dort geschah dann wieder eines jener Wunder, ohne die das Haus Brandenburg damals schon lange untergegangen gewesen wäre.

Yorck, ein erklärter Gegner der Scharnhorst-Gneisenauschen Reformen, konservativ bis ins Mark, aber wegen Ungehorsams schon einmal aus der preußischen Armee entlassen, wird durch Karl von Diebitsch aus Großleipe in Schlesien, seit neuestem als Iwan Iwanowitsch Diebitsch firmierend, und dessen Stabschef Carl von Clausewitz aufgefordert, sich den Russen anzuschließen. Mit dem Argument, noch sei er Herr seiner Entschlüsse, weist der cholerische, aber verschlagene General das Ansinnen zurück – Clausewitz begreift. Wenn der Mann nur unter Druck verhandeln will, muß man ihn eben in eine aussichtslose Lage manövrieren.

Yorck hat mittlerweile in Berlin angefragt, wie er sich verhalten soll. Die Antwort, die ihm zuteil wird, hätte nur von Friedrich Wilhelm so formuliert werden können: »Napoleon großes Genie sein! Nicht über die Schnur hauen!« Freibrief oder Abmahnung?

Yorck entschließt sich, das erstere anzunehmen, und trifft mit Diebitsch, Clausewitz und Friedrich von Dohna, drei Deutschen auf russischer Seite, in der Windmühle von Poscherun nahe seinem Hauptquartier zusammen. Am vorletzten Tag des Jahres 1812 schließen sie dort die Konvention von Tauroggen. Der Chef des preußischen Korps verpflichte sich, zwei Monate lang neutral zu bleiben. Sollte sein König das Abkommen bis dahin nicht gebilligt haben, werde er freien Abzug gewährt bekommen, wenn aber doch, werde er sich mit den Russen vereinigen. Wie reagierte sein König? Er billigte nicht, ließ Yorck aber mitteilen, es sei »nach den Umständen zu handeln«. Friedrich Wilhelms eigene Idee war dies keineswegs gewesen; Hardenberg hatte zu dem doppelbödigen Manöver geraten – aus gutem Grund. Noch standen fünfundsechzigtausend Franzosen auf preußischem Boden.

Als die zwei Monate dann um sind, ist Preußens fünfter König längst nicht mehr Herr der Lage – zu seinem Glück.

Verse wie Trommelschläge, Lieder wie Luther-Choräle, Aufrufe wie Fanfarenstöße branden auf einmal über das gedemütigte Land. »Mit Mann und Roß und Wagen, / so hat sie Gott geschlagen« – das ist, von einem Primaner namens Friedrich August, gegen die französische Invasionsarmee gezielt. »Der Gott, der Eisen wachsen ließ, / der wollte keine Knechte« – das ist, aus der Feder des nach Rußland geflohenen Ernst Moritz Arndt, der Appell an die Deutschen, sich zu erheben. »Schlagt ihn tot! Das Weltgericht / fragt euch nach den Gründen nicht« – damit wurde Napoleon schon vor 1812 durch Heinrich von Kleist für vogelfrei erklärt. Ein Sturm schien loszubrechen, der auch Friedrich Wilhelm hätte verschlingen können. »Patrioten« wie Gneisenau, Clausewitz, Stein und den in der »Deutschen Legion« unter russischem Oberbefehl kämpfenden preußischen Offizieren ging es längst nicht mehr um Preußen oder das Haus Zollern. Sie hätten Staat und Dynastie bedenkenlos geopfert, wenn es zum Heil der »Nation« notwendig gewesen wäre. Davon konnte Hardenberg schließlich den König überzeugen.

Ende Januar 1813 siedelte Friedrich Wilhelm nach Breslau über, um wenigstens der französischen Garnison in Berlin nicht länger ausgeliefert zu sein und etwas mehr politischen Spielraum zu gewinnen. Die Dinge von hier aus in den Griff zu bekommen blieb freilich ein Ding der Unmöglichkeit. Der völlig verunsicherte Herrscher mußte erst eine passende Drift finden, der er sich anvertrauen konnte, ohne in den Strudel des Aufruhrs gerissen zu werden. Für sein Haus war die Epoche der Hausmeier angebrochen: starke Männer mußten ihrem königlichen Herrn praktisch vorschreiben, wie er sich zu verhalten habe, denn er selbst wußte es nicht. (Aus der Vergangenheit grüßten die Vorfahren Karls des Großen herüber, die einst das Geschlecht der Merowinger unter Kuratel gestellt hatten.) Bismarck war noch nicht geboren, aber einen Freiherrn vom Stein gab es bereits.

Ausgerüstet mit Vollmachten des Kaisers von ganz Rußland, erschien der Hesse in Ostpreußen und begann den Aufstand gegen Napoleon vorzubereiten. In der ganzen Provinz wurde die allgemeine Wehrpflicht ausgerufen, wurden entsprechende Steuern festgesetzt, außerdem eine Landwehr aufgestellt. Und nicht im Traum dachte Stein daran, seine jeweiligen Maßnahmen von Breslau absegnen zu lassen. Er zwang den König einfach, auf seinen eigenen Kurs einzuschwenken; den Rest taten Hardenberg und Scharnhorst.

Gemeinsam rangen sie dem ewig zaudernden Herrscher die Einführung der allgemeinen Wehrpflicht im ganzen Land ab, ferner einen Aufruf zur Bildung freiwilliger Jägerverbände und schließlich, am 12. Februar, den Befehl zur Mobilmachung. Friedrich Wilhelm hatte keine andere Wahl, als ihre Forderungen zu genehmigen; jede Verweigerung hätte ihn den Thron kosten können. Das sah auch der britische Diplomat Ludwig von Ompteda so.

»Sie [die preußischen Patrioten]«, berichtete er nach London, »würden am liebsten ihren König an der Spitze der Truppen sehen. Sollte es diesem aber an der entsprechenden Entschlossenheit fehlen, so könnten sie geneigt sein, ihre Pläne auch auf revolutionäre Weise zu verwirklichen und jeden zu stürzen, der sich ihnen widersetzte.« Allerdings fügte er noch hinzu: »Ob die Mittel, welche diese Partei hat, ihren Absichten entsprechen, dürfte sehr zweifelhaft sein.« In der Tat war das eine von vielen entscheidenden Fragen. Die anderen lauteten: Konnte Preußen überhaupt aus dem Stand heraus gegen Napoleon losschlagen? Und: Wie würden sich, wenn es dies versuchte, Rußland und Österreich verhalten?

Friedrich Wilhelm muß das Gefühl gehabt haben, in einen aufgescheuchten Hornissenschwarm geraten zu sein, so viele Meinungen, Warnungen und Ratschläge prasselten auf seinen armen Kopf herab. Der aus Rußland zurückgekehrte Boyen wollte alles auf eine Karte setzen und die Franzosen anfallen; Köckeritz und General von Kalckreuth waren strikt dagegen; Hardenberg und Scharnhorst drängten auf Abschluß eines Vertrages mit dem Zaren. In seiner Not versuchte der Zollern schließlich, sich auf die billigste Weise aus der Gefahr zu stehlen.

Er schickte seinen Generaladjutanten Karl Friedrich von Knesebeck ins russische Hauptquartier. Alexander sollte zu einer freundlichen Geste gegenüber Preußen bewegt werden, aber zunächst einmal einen Waffenstillstand mit Frankreich herbeiführen. Stein indessen fing den preußischen Abgesandten ab, noch ehe er mit dem Zaren sprechen konnte, und stellte seinerseits die Weichen. Ergebnis: der Romanow ließ Friedrich Wilhelm eine Offensivallianz gegen den Korsen anbieten. Zugleich sollte der Reichsfreiherr im Auftrag beider Mächte ganz Norddeutschland für den bevorstehenden Krieg mobilisieren. Stein selbst eilte nach Breslau, um Friedrich Wilhelm diese Offerte zu unterbreiten, wurde jedoch, bevor es dazu kam, von einem heftigen »Nervenfieber« befallen. Als er sich wieder davon erholt hatte, war das Wunder bereits geschehen. Von Hardenberg überredet, hatte Alexander den Vertrag so modifiziert, daß der König ihn einfach akzeptieren mußte. Der Zar garantierte nun auch die Wiederherstellung Preußens in den »statistischen, geographischen und finanziellen Verhältnissen« von 1806. Dafür müsse es aber mindestens achtzigtausend Mann gegen Frankreich ins Feld stellen.

Am 26. Februar 1813 wurde dieses nach Kalisch, dem kaiserlich-russischen Hauptquartier in Polen, benannte Bündnis unterzeichnet, knapp zwei Wochen später brach Berlin seine Beziehungen zu Paris ab. Am 17. März erließ Friedrich Wilhelm dann den Aufruf »An mein Volk« – ein Novum in der preußischen Geschichte; kein Zollernherrscher hatte je seinen Untertanen mitgeteilt, weshalb er Krieg zu führen gedenke.

Preußens fünfter König mußte es tun. Wenn er noch länger gezögert hätte, etwas zu unternehmen, wäre, nach Meinung Omptedas, »die Revolution« unvermeidlich und seine Dynastie am Ende gewesen. »Ihr wißt, was Euer trauriges Los ist, wenn wir den beginnenden Kampf nicht ehrenvoll enden«, heißt es in dem legendär gewordenen Manifest. »Erinnert Euch an die Vorzeit, an den großen Kurfürsten, den großen Friedrich! ... Es ist der letzte entscheidende Kampf, den wir bestehen für unsere Existenz, unsere Unabhängigkeit, unseren Wohlstand. Keinen anderen Ausweg gibt es als einen ehrenvollen Frieden oder einen ruhmvollen Untergang. Auch diesem würdet Ihr getrost entgegengehen, um der Ehre willen, weil ehrlos der Preuße und Deutsche nicht zu leben vermag.«

Der Mann, der diese Sätze zu Papier brachte, hatte gewußt, welche Gefühle er ansprechen konnte und welche nicht: Vaterland und Herrscherhaus, Erinnerung an französische Ausbeutung, vor allem aber die Kombination *Preußen* und *Deutsche* – das traf, das mußte treffen, vertuschte jedoch zugleich, daß keine darüber hinaus gehenden Versprechungen gemacht wurden; von einem Vaterland aller Deutschen, in dem der Zollernstaat hätte aufgehen müssen, war nirgendwo die Rede. Und natürlich hieß der Autor nicht Friedrich Wilhelm von Preußen, sondern Gottlieb von Hippel: ein Kant-Schüler und Freimaurer aus Gerdauen in Ostpreußen hatte den Aufruf verfaßt.

Auch die beiden wichtigsten Symbole der nun beginnenden Befreiungskriege mußte der Zollern nur genehmigen: das von Karl Friedrich Schinkel entworfene Eiserne Kreuz für Männer und den ihm ähnlichen Luisen-Orden für Damen; beide, der Form nach, Erinnerungen an jene schwarzen Kreuze, die von den Deutschordensrittern auf ihren weißen Mänteln getragen worden waren. Der Born, aus dem dies alles sprudelte, schien wahrhaft unerschöpflich zu sein. Und dann erwies sich auch noch, daß er, wider Erwarten, doch nicht von revolutionären Grundströmungen gespeist wurde.

Brennpunkte des allgemeinen Aufbruchs waren, was Napoleon schon bei einem Besuch in Halle gewittert und Hardenberg vorausgesehen hatte, die Universitäten, vor allem die von Breslau. In Scharen verließen Studenten, aber auch jüngere Professoren und bereits etablierte Akademiker Hörsaal, Katheder, Amtsstube, um auszuleben, was ihnen seit Jahren an visionärem Gefühl vermittelt worden war, denn alles schien auf einmal Gestalt anzunehmen oder ineinanderzufließen: Nation und Staat, Zukunft und glorreiche Vergangenheit, der Ruhm Friedrichs des Großen und die Erinnerung an Volkshelden wie Wilhelm Tell, Götz von Berlichingen, Florian Geyer, an mittelalterliche Kaiserherrlichkeit, Luthers Anklagen gegen Rom und klirrendes Rittertum. Ungemein gebildet waren die jungen Leute, die zu den Jägerbataillonen oder Freikorps drängten, von Poesie beflügelt, von Tatendurst berauscht, den Tod als Preis betrachtend, der für eine Idee gezahlt werden mußte. Weiter unten auf der sozialen Leiter ging es gemäßigter zu.

Die gesetzten Bürger, denen die Einberufung zur Landwehr (siebzehntes bis vierzigstes Lebensjahr) oder zum Landsturm (vierzigstes bis sechzigstes) ins Haus flatterten, mußten nicht selten auf den Exerzierplatz getrieben werden. In den Marken, wo Rittergutsbesitzer, wie der mittlerweile siebenunddreißigjährige Marwitz, versuchten, ihre Bauern zum Kampf gegen zurückflutende französische Einheiten aufzustacheln, war von flammender Opferbereitschaft bestenfalls ein Hauch zu spüren. Ein Volkskrieg wie in Spanien oder Tirol konnte nicht entfacht werden; die populäre Behauptung: »Der König rief, und alle kamen« besaß bestenfalls deklamatorischen Wert. Was dennoch geschah, war immerhin respektabel: Ende 1813 stellte das stark verkleinerte, ausgepowerte Preußen zweihundertsiebzigtausend Bewaffnete ins Feld.

Friedrich Wilhelm soll geweint haben, als er die schier endlosen Reihen der Freiwilligen am Breslauer Schloß vorbeiziehen sah. Dabei hatte er den Enthusiasmus, mit dem die jungen Leute, ohne daß man sie gerufen hätte, zu den Fahnen drängten, bis zuletzt für eine Verletzung ihrer Untertanenpflicht gehalten; konnte von dieser Meinung auch fürderhin nicht gänzlich abgebracht werden. Sangen sie denn nicht Lieder wie: »Das Volk steht auf, der Sturm bricht los« (Theodor Körner), »Freiheit, die ich meine« (Max von Schenkendorf) oder fragten mit Ernst Moritz Arndt: »Was ist des Deutschen Vaterland?«, um selbst darauf zu antworten: »So weit die deutsche Zunge klingt / und Gott im Himmel Lieder singt, / das soll es sein! / Das, wackrer Deutscher, nenne dein!«? War also, was hier vor seinen Augen stattfand, nicht doch die Revolution? Und war sie nicht ausgelöst worden von diesem Stein, als er Ostpreußen bewaffnete, von Yorck, als er auf eigene Faust die »Konvention von Tauroggen« abschloß, oder schon davor, als Offiziere wie dieser Clausewitz den Dienst verließen, um nach Rußland zu gehen?

Im Innersten seiner früh verdorrten Seele hat Friedrich Wilhelm alle diese Akte des Ungehorsams nie vergessen und nie verwunden. Den Freiherrn vom Stein konnte er davon nichts merken lassen, weil hinter ihm der Zar stand. Auf den rebellischen Gneisenau war er ebenso angewiesen wie auf den geschäftsmäßiger handelnden Scharnhorst. Yorck hingegen, den er zwar später wegen erwiesener Tüchtigkeit im Krieg gegen Napoleon (und weil er als Freiheitsheld galt) zum Grafen Wartenburg erheben mußte, bekam seinen Unmut bei jeder Gelegenheit zu spüren; die in der Poscheruner Mühle getroffene Vereinbarung wurde nie als Akt des Staates anerkannt. Und dem Major von Clausewitz, der sich 1813 zum Dienst zurückmelden wollte, verweigerte er zwei volle Jahre lang die Reaktivierung (um ihn dann als Oberst im Generalstab doch noch zu übernehmen).

Anders als mit solchen Nadelstichen konnte Friedrich Wilhelm freilich auf das, was während der nächsten Jahre geschah, kaum noch einwirken. Er blieb eine Figur am Rande, sei's während des Krieges, sei es bei den anschließenden Friedensgesprächen: immer dabei, aber nie in entscheidender Position, weniger führend, als von den Ereignissen getragen, Schulden nicht einfordernd, sondern nur Rechnungen kassierend, die bereits beglichen waren. Im Schatten von Hardenberg, Stein oder Gebhardt Leberecht von Blücher (auch so einem Rebellen, der ewig aufmuckte) ging seine dürftige Erscheinung nahezu völlig unter.

Napoleon hatte ebenfalls ein Wunder vollbracht. Aus dem völlig erschöpften Frankreich preßte er zwischen Januar und März 1813 noch einmal dreihunderttausend Rekruten heraus (dabei stand eine Viertelmillion Soldaten noch immer in Spanien). Von den Burschen, die da in Uniform gesteckt wurden, war zwar kaum einer älter als neunzehn Jahre, aber kämpfen konnten sie schon. Blücher und sein russischer Kollege Ludwig von Sayn-Wittgenstein mußten im Frühjahr 1813 eine Niederlage nach der anderen hinnehmen. Anfang Juni sah es sogar so aus, als könne der Korse seinen Feldzugsplan – binnen zwanzig Tagen vom Thüringer Wald nach Ostpreußen – fristgerecht verwirklichen. Aber da griff sein ehemaliger Marschall Jean Baptiste Bernadotte, seit 1810 Kronprinz von Schweden, in die Auseinandersetzung ein: als Gegner Napoleons landete er an der pommerschen Küste. Klemens von Metternich, der in Wien die Rolle des Hausmeiers übernommen hatte, konnte daraufhin einen zweimonatigen Waffenstillstand vermitteln. In Dresden trafen er und der Schwiegersohn seines Kaisers zusammen.

Trotz der für Napoleon günstigen Entwicklung glaubte Österreichs Außenminister eine Reihe harscher Forderungen stellen zu können: Auflösung des Rheinbundes etwa und Wiederherstellung Preußens in seinen alten Grenzen. Auch Napoleon schätzte seine Lage erstaunlich realistisch ein.

»Eure Herrscher«, gab er dem geborenen Rheinländer zu bedenken, »können sich zwanzigmal schlagen lassen und dennoch immer wieder in ihre Residenzen zurückkehren; das kann ich nicht, ich, der Sohn des Glücks! Meine Herrschaft überdauert den Tag nicht, an dem ich aufgehört habe, stark und deswegen gefürchtet zu sein.« Napoleon wußte zu dieser Zeit bereits, daß der Duke of Wellington, Befehlshaber der britischen Truppen in Spanien, seine Einheiten nahe dem baskischen Vitoria vernichtend geschlagen hatte. Unbekannt war ihm hingegen, daß England das von Finanzkrisen geschüttelte Österreich drängte, an Preußens und Rußlands Seite in den Krieg einzutreten (wofür es Geld versprach). Als, nach Metternichs Rückkehr, Wien den Briten schließlich nachgab, nannte der düpierte Franzosenkaiser den Waffenstillstand »die größte Dummheit meines Lebens«. Tatsächlich hatte er bereits verspielt.

Die neue Koalitionsarmee unter dem russischen General Fabian von Osten-Sacken (einem angeheirateten Verwandten Hohenlohes), dem

Preußen Blücher und dem Österreicher Karl Philipp von Schwarzenberg (dessen Stabschef hieß Johann Joseph Wenzel Graf Radetzky von Radetz) schaltete einen französischen Marschall nach dem anderen aus, scheiterte noch einmal (bei Dresden) an Napoleon selbst, zwang ihn aber dennoch in die Defensive. Bei Leipzig stellte er, die Stadt im Rücken, seine verbliebenen hundertsechzigtausend Mann zur Rundumverteidigung auf. Ihm gegenüber: dreihundertzwanzigtausend Soldaten aus drei Nationen (die Schweden waren noch nicht angekommen). Der Korse wußte und sagte es sich selbst mit einem Vers von Voltaire, »daß das Schicksal der Staaten bei jedem Ereignis von einem einzigen Augenblick abhängt«. Dieser Augenblick, meinte später einer seiner Adjutanten, sei der Moment gewesen, in dem, auf dem Höhepunkt der dreitägigen »Völkerschlacht«, die mit ihm verbündeten Sachsen und Württemberger zur anderen Seite übergingen. Zwar habe Napoleon auch nach diesem Schlag die Ruhe nicht verloren, »doch konnte man die Enttäuschung von seiner Miene ablesen«. Am 19. Oktober 1813 mußte er sich geschlagen geben und den Rückzug antreten.

Tags darauf ritt Friedrich Wilhelm an der Seite Alexanders I. in die alte Messestadt an der Pleiße ein. Auf den Stufen des Thomäschen Hauses erwartete sie Friedrich August, sächsischer König von Napoleons Gnaden und dessen Verbündeter bis zuletzt. Die beiden siegreichen Herrscher würdigten den Amtsbruder keines einzigen Blickes. Nur Metternich erschien später in seinem Quartier und teilte ihm mit, er solle als Kriegsgefangener nach Berlin gebracht werden.

Am 31. März des folgenden Jahres konnten Preußens König und der Zar erneut in eine besiegte Stadt einziehen; diesmal war es Paris. An der Spitze eines ganzen Schwarms von anderen Fürsten, Prinzen und Generalen (unter ihnen der künftige Friedrich Wilhelm IV. und dessen späterer Nachfolger Wilhelm I.) ritten sie über die Boulevards zur Place de la Concorde und von dort die Champs-Élysées hinauf zum Arc de Triomphe. Napoleon hatte sich nach Fontainebleau zurückgezogen, aber niemand rechnete damit, daß er noch einmal zum Kampf antreten würde. Am 6. April legte er die Krone nieder, am 11. teilte man ihm mit, er dürfe fortan die Insel Elba regieren. Wer sollte sein Nachfolger in Frankreich werden? Alexander plädierte für Bernadotte, aber Talleyrand, in dessen Haus er wohnte, erklärte kategorisch: »Nur die Bourbonen sind ein Prinzip; alles übrige ist eine

Intrige.« Damit war auch diese Frage erledigt; daß Friedrich Wilhelm dazu gehört worden wäre, ist nicht überliefert.

Mit einem weiteren Einzug geht für den Zollern dann der Krieg zu Ende: auf seinem hellen Fuchs reitet er durch das wieder mit dem Viergespann geschmückte Brandenburger Tor zum Lustgarten vor dem Schloß. Dort findet ein ökumenischer Gottesdienst statt. Hatte er nicht wirklich für vieles zu danken, der Großneffe Friedrichs, dem das Leben bisher so schwergemacht worden war? Jetzt gehört er, neben Alexander I. und Franz II., zu den drei mächtigsten Männern Europas. Und schon ist auch ausgemacht, daß sie sich in Wien demnächst zusammensetzen werden, um ihr Verhältnis untereinander zu regeln. Der Sklave des reinen Infinitivs muß sich auf eine Schlacht vorbereiten, in der das geschliffene Argument die entscheidende Waffe ist. Natürlich wird ihn Hardenberg am Konferenztisch vertreten, aber der verliert allmählich sein Gehör.

Österreichs Hauptstadt glich (und gleicht) einem riesigen Amphitheater, überragt von den Hügeln des Wienerwaldes, die sich im Abenddunst blau färben, zur Donau hin abfallend, jetzt, im September 1814, schon vom Rot und Gold des nahenden Herbstes überflammt; in den Weingärten reifen bereits die Trauben. Kann man in solchem Ambiente auf nüchterne Weise das schwierige politische Geschäft der Neuordnung Europas betreiben? Genaugenommen müßte die Frage lauten: Wer setzt sich auf dieser mit barocken Prachtkulissen vollgestellten Bühne als Hauptdarsteller durch, wer übernimmt die geringeren Rollen?

Der Star des Stückes »Wiener Kongreß« (das steht zumindest für ihn selber fest) ist Klemens Wenzel Nepomuk Lothar Fürst von Metternich-Winneburg. Spätestens am 23. September bekommt er jedoch ernsthafte Konkurrenz. Talleyrand, bis vor sieben Jahren noch Napoleons Außenminister, nunmehr Bevollmächtigter seines Nachfolgers Ludwigs XVIII., trifft in der Kaiserstadt ein, einen Tag später Alexander I. – und schon sind die Positionen anders verteilt. Der Franzose reißt im Rat der Minister die Zügel an sich, der Romanow läßt sich am Konferenztisch zwar von Fachleuten vertreten, bietet aber dem Publikum, was es von einem Russen erwartet: heute den eleganten, verbindlichen Aristokraten von Welt, morgen den gereizten Bären, mit dem kein normales Gespräch zu führen ist. Neben diesen drei männlichen Primadonnen wirken alle übrigen Kongreßteilnehmer blaß und unscheinbar: die Oberhäupter von nicht weniger als zweihundertsechzehn fürstlichen Familien, die preußische Delegation, zu der, neben Hardenberg, auch Wilhelm von Humboldt gehört, und selbst der Gastgeber Franz II., den die ganze Veranstaltung am Ende fünfzig Millionen Mark (nach heutiger Kaufkraft) gekostet haben wird.

Robert Stewart, Viscount Castlereagh, Vertreter der britischen Krone, und Karl zum Stein, Chefberater des Zaren, haben ebenfalls gelegentlich Mühe, sich überhaupt bemerkbar zu machen. Friedrich Wilhelm vermochte wenigstens zu amüsieren. An der Seite Alexanders war er in Wien eingeritten, und alle Welt fragte sich, ob er alleine aufzutreten wage – auch nach Paris habe er sich ja nur in Begleitung des Russen hineingetraut. Oder hatten die beiden vielleicht einen Geheimpakt abgeschlossen?

Der Zollern, das stand fest, wollte möglichst alle Gebiete zurückbekommen, die ihm von Napoleon abgenommen worden waren. Um sich damit durchzusetzen, bedurfte Friedrich Wilhelm in der Tat eines starken Partners. Davon, daß der Zar und er sich einig gewesen wären, konnte jedoch keine Rede sein. Alexander gedachte ganz Polen, auch dessen ehemals von Preußen annektierten Teile, an sich zu ziehen. Dafür, schlug er vor, solle sein Juniorpartner mit Sachsen entschädigt werden, womit Friedrich Wilhelm einverstanden gewesen wäre, keineswegs jedoch Metternich, Castlereagh und Talleyrand noch die Sachsen selbst (die aber keine Stimme am Konferenztisch hatten; ihr König saß als Gefangener auf Schloß Lichterfelde bei Berlin).

Um das Eisen aus dem Feuer zu bekommen, arbeiteten die Vertreter der drei Mächte und Hardenberg schließlich einen Kompromißvorschlag aus, der auf so etwas wie die vierte Teilung Polens und eine Verkleinerung Sachsens hinauslief: für Rußland den größten Teil des von Napoleon geschaffenen Herzogtums Warschau, für Preußen wenigstens Posen und Thorn plus der Hälfte des wettinischen Besitzes. Metternich sollte sich mit diesem Angebot in die Höhle des Bären wagen. Er hätte keinen schlechteren Zeitpunkt dafür wählen können.

Die Geliebte des Zaren und die Favoritin des österreichischen Ministers lieferten sich gerade einen erbitterten Damenkrieg, in dem, naturgemäß, beide Herren Partei waren. Alexander, auch noch von einer

Wundrose am Bein geplagt, gab sich gereizter denn je. Metternich, ein Meister im Ertragen herrscherlicher Launen, mußte seine ganze Selbstdisziplin zu Hilfe nehmen, um die Ausfälligkeiten des Russen nicht mit gleicher Münze zu vergelten. Nach zweistündigem Wortwechsel kehrte er entnervt in sein Palais am Rennweg zurück, entschlossen, nie wieder unter vier Augen mit dem Zaren zu sprechen – freilich hätte ihn das um Amt und Stellung bringen können; es gab genug Rivalen, die seinen Posten mit Handkuß übernommen hätten. Am Abend dieses 26. Oktober sah man ihn dennoch wieder im Ballsaal, wohingegen Alexander grollend zu Hause blieb. Angesichts dieser Lage hielt Franz II. es für richtig, den kaiserlichen Amtsbruder für ein paar Tage nach Ungarn zu entführen; allerdings mußte er dazu auch Friedrich Wilhelm einladen, denn der Zollern wich dem Romanow so gut wie nie von der Seite.

Von da an trat der Kongreß in der Angelegenheit Polen–Sachsen fast vier Monate lang nur noch auf der Stelle. Die Drohung Alexanders, wenn man ihm nicht nachgebe, werde er eben die Angelegenheit mit dem preußischen König »en famille« regeln (dessen Tochter Charlotte war bereits seinem Bruder Nikolaj versprochen), bewirkte ebensowenig wie Metternichs Gegendrohung, das werde Österreich nicht hinnehmen. Während dieser Zeit der Windstille machte Talleyrand ganz im verborgenen seine Züge und brachte damit wieder Bewegung in die Sache.

Könne es denn sein, fragte er einen Kongreßteilnehmer nach dem anderen, daß Friedrich August von Sachsen, legitimer Vertreter einer uralten Dynastie, in seinen Rechten derart brutal gekränkt werde? Beschädige man mit solchen Manövern nicht die Heiligkeit des Königtums überhaupt und damit die gute alte Ordnung, die es nach den von einem Usurpator verursachten Wirren wiederherzustellen gelte? Es war ein Argument, dem sich keiner der anwesenden Monarchen verschließen konnte, denn Legitimität, das ererbte Recht, eine Krone zu tragen, war für alle die wichtigste Basis ihrer Herrschaft. Der alte Fuchs aus Paris hatte sich endgültig an die Rampe gespielt. Von da an, Anfang Januar 1815, führte er auch noch Regie, und alles lief nach seinen Wünschen. Frankreich, von einem legitimen Herrscherhaus regiert, wurde als gleichberechtigte Großmacht neben England, Österreich und Preußen akzeptiert.

Alexander aber zog sich von der niedrigen Feilscherei am Konferenztisch gänzlich zurück, seinem Außenminister Karl Robert von Nesselrode, Stein, Hardenberg, Talleyrand und Metternich die Geschäfte überlassend. Schon wenige Wochen später war ein für alle akzeptables Paket geschnürt: Polen und Sachsen würden in der Tat wie vorgesehen geteilt werden, Preußen außerdem noch den schwedischen Teil Pommerns sowie ein Gebiet in Westphalen und auf dem linken Rheinufer erhalten, welches auch jene Region umschloß, die später als Ruhrgebiet bekannt werden sollte. Ganz am Ende wurden alle Länder des ehemaligen Reiches, alte wie neugeschaffene, zu einer losen Föderation mit dem Namen »Deutscher Bund« unter österreichischer Führung vereinigt. Gab es jemanden, der immer noch unzufrieden war? Außer dem sächsischen Wettiner eigentlich nicht. Sogar der Zar hatte sich wieder gefangen, machte dafür aber, wie Metternich es ausdrückte, eine der »periodischen Schwenkungen seines Geistes« durch: seit neuestem beschäftigten ihn Gott, seine unsterbliche Seele und das Heil der Welt – es sollte Folgen haben.

Den meisten Kongreßteilnehmern jedoch begann es fad zu werden. Sie hatten gehabt, was eine Stadt wie Wien zu bieten vermochte: die Galasoupers, die Ausritte im Prater, die schönen Frauen von Adel, die hübschen »Madeln« aus den Vorstädten, zwei Aufführungen der Siebenten Symphonie von Beethoven durch ihren Schöpfer, Bälle, Ballette und Redouten, die kleinen Skandale wie die großen, vor allem aber das Tratschen darüber. Friedrich Wilhelm hatte vor allem Ärger gehabt, zuletzt mit Hardenberg.

»Hab's immer gesagt, daß es ein voreiliger Schritt war«, wurde der Kanzler angeherrscht, als Preußen einen Teil des bereits besetzten Sachsens wieder räumen mußte, »haben aber alle klüger sein wollen.« Und gegen Ende der Veranstaltung: »Geschieht gar nichts Kluges mehr, soll aber alles so aussehen.«

Am 10. Juli 1815 konnte der Zollern dann zum zweiten Mal an der Seite Alexanders in das besiegte Paris einziehen. Die berühmten »hundert Tage« lang hatte der aus Elba zurückgekehrte Napoleon noch einmal in Frankreich regiert, war aber von Preußen und Briten erneut vertrieben worden. Der fromm gewordene Zar gedachte diesen ohne russische Unterstützung errungenen Sieg mit einem besonders gottgefälligen Werk zu krönen.

Friedrich Wilhelm und dem ebenfalls an die Seine geeilten »guten Kaiser Franz« schlug Alexander eine neue Ordnung für Europa vor. »Den Worten der Heiligen Schrift gemäß, welche verordnen, daß alle Menschen als Brüder anzusehen seien«, sollten »die drei contrahierenden Monarchen« sich »durch die Bande einer wahren und unzertrennlichen Brüderschaft« vereinigen, einander als »Compatriotes«, als Landsleute, betrachten, »ihren Unterthanen und Armeen« wahre »Familienväter« sein, vor allem jedoch ihre Konflikte nie wieder mit kriegerischen Mitteln austragen, sondern sie von einem Schiedsgericht beilegen lassen. Die Überschrift des von dem Romanow ausgearbeiteten Programms lautete »Heilige Allianz«, und so sollte auch ihr Bündnis heißen.

Stein, der ebenfalls mit dabei war, hielt das Konzept für unvollkommen, denn, wandte er ein, wenn ein Herrscher sich »Recht und Gewalt« nähme, das Gute zu bewirken, wäre es wohl angebracht, »dieser höchsten Gewalt ein Mittel zu geben, wodurch sie die Wünsche des Volkes kennenlernen« könnte, zu deutsch: eine Volksvertretung. Metternich hingegen meinte, wenn gekrönte Häupter sich »zum Schutz der Religion, des Friedens und der Gerechtigkeit« verpflichteten, seien sie von Haus aus sakrosankt und deshalb berechtigt, jeden, der ihre Vorrechte zu bestreiten versuchte, als Missetäter abzuurteilen. Diese Interpretation gefiel allen drei Monarchen weitaus besser als der Verbesserungsvorschlag Steins, und in diesem Sinn wurde Alexanders Papier auch angenommen. Am 26. September 1815 unterzeichneten sie es. Friedrich Wilhelm konnte aufatmen.

Nun war ihm schwarz auf weiß bestätigt worden, daß das Volk in der Tat kein Recht besaß, sich in seine Geschäfte einzumischen. Nicht nur als »legitimer« Herrscher, sondern auch als Garant einer wohltätigen Ordnung war er die unanfechtbar höchste Instanz im Staat. Daß er je die christlichen Gesetze verletzt oder gegen die guten Sitten verstoßen habe, konnte ihm ohnehin niemand nachsagen.

Vor allem hoffte der Zollern jedoch, nach seiner Rückkehr von Paris wieder so leben zu können, wie es ihm gemäß war: in streng geregeltem Tageslauf, bei bescheidenen Vergnügungen und möglichst vielen Erholungsaufenthalten auf einem von Wasser umschlossenen Stück Land. Er war fünfundvierzig Jahre alt.

Die Pfaueninsel bei Potsdam hatte bereits Friedrich Wilhelms Vater erworben und mit einem Schlößchen ausgestattet. Nun, in den Jahren nach 1815, nistete Preußens fünfter König sich in dem schilfgesäumten Stück Wildnis ein. Er ließ einen Rosengarten anlegen, einen »russischen Rollberg« (eine Art Rutschbahn) errichten und »russische Schaukeln« aufstellen, alles für seine jüngeren Kinder Karl und Albrecht sowie die Enkel, die er bald haben sollte.

Der Kronprinz heiratete 1823 die katholische Wittelsbacherin Elisabeth von Bayern (eine Tante der späteren Kaiserin Sissi von Österreich-Ungarn), sein Bruder Wilhelm 1829 Augusta von Sachsen-Weimar (eine Enkelin des »Goethe-Herzogs« Karl August). Von Friedrich Wilhelms drei Töchtern wurde eine nach Schwerin, die andere nach Den Haag, Charlotte Alexandra, die älteste, im Jahr 1817 nach Petersburg vergeben. Besonders auf letztere Ehe setzte der Brautvater seine größten Hoffnungen, denn er war nun einmal davon überzeugt, daß Preußen und Rußland so etwas wie natürliche Verbündete seien. Kein anderer Mann hatte ihn je so beeindruckt und für sich eingenommen wie der stürmische, hochfliegende, unausgeglichene Alexander. Man möchte annehmen, er habe bei ihm eine ganze Reihe jener männlichen Eigenschaften wahrgenommen, an der es seiner eigenen Person so sehr mangelte, und den Romanow darum beneidet. Auf einem Hügel über der Havel setzte er diesen Neigungen sogar ein Denkmal.

Bei der Hochzeit Charlottes in Petersburg muß Friedrich Wilhelm von den mit farbigem Schnitzwerk geschmückten russischen Bauernhäusern besonders beeindruckt worden sein. Am Ufer gegenüber der Pfaueninsel ließ er jedenfalls eine solche Kate errichten und nannte sie zu Ehren seines Schwiegersohnes Nikolaj »Nikolskoe«. Noch später, nach einem Besuch der jungen Zarin in Berlin (Alexander war 1825 gestorben, ohne Kinder hinterlassen zu haben), befahl ihr Vater per Kabinettsorder, neben dem einfachen Bau auch noch eine Kirche in russischem Stil zu errichten, deren Glocken dreimal täglich, sommers wie winters, zu erklingen hätten. So geschah es auch. Charlottes Wunsch nach einem stimmungsvollen Geläut, das die Abendstille auf der Pfaueninsel »durchtöne«, war erfüllt, der Vater glücklich, als er sie damit überraschen konnte. Und die Berliner hatten eine neue Ausflugsattraktion.

Das Eiland selbst aber baute Friedrich Wilhelm im Lauf der Zeit zu einem künstlichen Paradies aus mit Palmengarten, Tiergehege und dampfmaschinengetriebener Bewässerungsanlage. »Man träumte, in Indien zu sein«, erinnerte sich Fontane, der als Kind oft dort gewesen war. Einen Kindertraum hatte wahrscheinlich auch der Zollern für sich verwirklichen wollen. Und 1824 heiratete er noch einmal. Der damals Vierundfünfzigjährige machte eine um dreißig Jahre jüngere Kurbekanntschaft namens Auguste von Harrach zur Nachfolgerin der Königin Luise – nicht auf dem Thron, nur im eigenen Haus; sie wurde ihm zur linken Hand angetraut. Um diese Zeit begannen ihn die Berliner bereits »den guten alten Herrn« zu nennen; weshalb, ist nicht so recht ersichtlich.

Friedrich Wilhelms Vorliebe für Rußland beruhte weniger auf sentimentaler Slawophilie als vielmehr dem Respekt vor dem zarischen Regierungssystem. So wie sein Schwiegersohn Nikolaj hätte auch er am liebsten geherrscht: als Autokrat, der sein Volk mit Hilfe von Zensur, Geheimpolizei, Spitzelwesen und Denunziantentum erbarmungslos unterdrückte. Aber ähnlich wie dieser verhielt er sich auch.

Lutherische Pfarrer, die seine, des Calviners, 1817 erlassene Kirchenordnung nicht respektierten, wurden aus dem Land gejagt, was in Schlesien, wo ihnen die Gläubigen in Scharen nachfolgten, zur Entvölkerung ganzer Dörfer führte. Männer, auf deren Schultern er gewissermaßen zweimal hintereinander nach Paris gelangt war, erhielten Berufsverbot oder wurden »konfiniert«, so Ernst Moritz Arndt und Friedrich Ludwig Jahn. Der eine, erbitterter Streiter wider Napoleon, schon von diesem ins Exil gejagt, später Mitarbeiter Steins in Petersburg, durfte zwanzig Jahre lang seinen Beruf als Geschichtsprofessor in Bonn nicht ausüben, weil er, wie sein Mentor, von der Wiederherstellung des alten Reiches träumte. Jahn, während der Besatzungszeit Erfinder des Turnens als einer Art Wehrertüchtigung, später, im Befreiungskrieg, Angehöriger des Freikorps Lützow, lag fünf Jahre lang in Untersuchungshaft, wurde dann zu weiteren zwei Jahren Festung verurteilt und anschließend in einem kleinen thüringischen Nest konfiniert, also unter Polizeiaufsicht festgehalten.

Ähnlich erging es anderen sogenannten »Demagogen«, etwa Wilhelm von Humboldt, der als preußischer Gesandter in Wien Metternich bewogen hatte, dem antinapoleonischen Bündnis beizutreten, und dann sein Land auf dem Wiener Kongreß vertrat. 1819 verlor er wegen einer Denkschrift gegen die überall in Deutschland einreißenden Polizeistaatmethoden sein Ministeramt.

Schließlich Stein! Dieser glühende Patriot, Herz und Motor jener Reformpolitik, durch die Preußen befähigt worden war, sich zu befreien, hatte gebeten, als Lohn für erwiesene Dienste, den Zollernstaat beim Frankfurter »Bundestag«, der parlamentsähnlichen Legislative des Deutschen Bundes, vertreten zu dürfen – eine Besoldung verlange er nicht. Darauf Friedrich Wilhelm: eigentlich könne es ihm ganz recht sein, wenn ein Staatsdiener ohne Gehalt für ihn zu arbeiten bereit sei, trotzdem wolle er keine Leute haben, die zu stolz seien, sein Geld anzunehmen. Stein zog sich ins Privatleben zurück. Die ganze Reformergarde gab es damals ohnehin nicht mehr.

Scharnhorst bereits 1813 einer Kriegsverwundung erlegen; Gneisenau, zuletzt nach Koblenz, auf einen eher repräsentativen Posten abgeschoben, 1831 als Führer einer preußischen Observationsarmee in Polen an der Cholera verstorben, ebenso Clausewitz; Grolman und Boyen zur selben Zeit wie Humboldt und aus den gleichen Gründen wie er von ihren Posten zurückgetreten; Hardenberg nur deshalb noch in Amt und Würden, weil er es verstand, sich nach dem jeweils wehenden Wind zu drehen. Der erbetene Lohn für seine Arbeit wurde indessen auch dem Staatskanzler vorenthalten. Von der Verfassung, die er während des Befreiungskrieges gefordert hatte und die von Friedrich Wilhelm versprochen worden war, wollte der Zollern, als er wieder fest im Sattel saß, nichts mehr wissen. Wer brauchte sie denn auch? Wurde das Land nicht nach höchst christlichen Prinzipien, im Namen einer »Heiligen Allianz«, von guten, wohlgesinnten Männern regiert?

Die Wahrheit ist: es wurde nur kalmiert – und das heißt: unterdrückt. Sämtliche Fürsten Kontinentaleuropas (aber auch die Oberhäupter der Schweiz) beriefen sich mittlerweile auf Gott als ihren einzigen Souverän und sorgten dafür, daß allerorten tiefste Ruhe herrschte – Grabesruhe.

VI.

Der Romantiker auf dem Thron

Man schrieb den 19. März 1848. Berlin war in der Hand von Aufständischen. Das Volk hatte die Zollern besiegt.

In den beiden Höfen des Stadtschlosses drängten sich schreiende, weinende, aufgebrachte oder verwirrte Menschen, einige bewaffnet, andere waffenlos, viele in zerrissenen Kleidern, manche verwundet. »Fortwährend«, berichtet ein Augenzeuge, »wurden Todte auf Brettern, Tragbahren, Wagen in das Schloß geschafft... Alle nahmen dann Hüte und Mützen ab, eine Gasse bildete sich, die Ergriffensten stimmten einen Choral an.« Als sich auf der Balustrade Soldaten zeigten, ertönte der Ruf: »Herunter mit ihnen!« Im sogenannten »Großen Schloßhof«, wo sich die Wache befand, wurden die erschossenen, erstochenen, erschlagenen Männer in langen Reihen niedergelegt. Ein Wagen jedoch mit sechs oder sieben besonders furchtbar zugerichteten Leichen gelangte auch in den kleineren Schlüterhof, von dem eine Treppe zum Appartement des Herrschers hinaufführte. »Die Wuth und der Schmerz des Volkes bei diesem Anblick war unermeßlich, unbeschreiblich. Alle schrieen nach dem König.« Schließlich erschien er auch auf einer der Galerien, einen grauen Mantel über den Generalsrock geworfen, am Arm die Königin.

»Unter dem Anstimmen des Liedes ›Jesus, meine Zuversicht‹ wurden ihm ... die Leichen entgegengehalten.« Ihre Träger hoben die Bahren empor, so hoch sie die Arme recken konnten. Es geschah »unter dem schrecklichen Zuruf der Männer und Wehklagen der Frauen«: »Landesvater, das sind deine Kinder! Gib uns unsere Söhne, unsere Väter, unsere Männer wieder!« Dann die Aufforderung an den König: »Hut ab!« Einer der Zuschauer sagte entsetzt: »Herr Gott, wenn jetzt jemand auf ihn schießt!« Aber niemand schoß.

Der 19. März 1848 war ein Sonntag.

Als die Bürger, die sich während der vergangenen vierundzwanzig Stunden in ihren Häusern verkrochen hatten, wieder auf die Straße traten, sahen sie von Kartätschen durchlöcherte Fassaden, »tote Pferde und blutige Leichname ... Viele Tote, meistens in Arbeitertracht, liegen in den Häusern furchtbar entstellt und zerrissen.« Soldaten oder Polizisten hingegen sah man nirgendwo; deren Aufgabe schienen andere übernommen zu haben. »Bald darauf zog die Kompagnie der Schützengilde mit militärischem Schritt und Takt in das Schloß.« Das Volk hatte in der Tat gesiegt und unterstellte den König seiner Gewalt.

Niemand in Berlin, Preußen oder Deutschland hätte eine solche Entwicklung vorauszusagen gewagt, als Friedrich Wilhelm IV. acht Jahre zuvor den Thron bestieg. Überall zwischen Bodensee und Ostseeküste wurde damals gesungen: »Adler Friedrichs des Großen, gleich der Sonne decke du / Die Verlassnen, Heimatlosen mit der goldenen Schwinge zu!« Damit war er gemeint gewesen, der sechste Zollern, der die Königskrone trug.

Zu der Zeit, da Friedrich Wilhelm noch den Titel Prinz von Preußen führte, habe er, so wurde erzählt, einmal drei Pferde vor dem Palais seines Vaters herumführen lassen: ein blindes, ein lahmes und ein besonders mageres. Als der König ihn fragte, was das bedeuten solle, erwiderte der Thronfolger: »Das will ich Euer Majestät erklären. Das magere Pferd ist das Volk, das von Ihren schlechten Beamten ausgesogen wird, das lahme die Minister, die nicht zu handeln verstehen; und das blinde stellt Euer Majestät selbst dar, die nicht sieht, wie man mit Allerhöchst derselben Blindekuh spielt.« Daraufhin heißt es ferner, sei der aufmüpfige junge Mann mit Hausarrest bestraft worden, doch der König habe seine Mahnung zu Herzen genommen.

Die kleine Geschichte klingt, als sei sie erfunden worden, dennoch verdeutlicht sie, was man sich von Friedrich Wilhelm IV. nach dem Ende der zweiundvierzigjährigen Amtszeit seines Vaters versprach. Durch ihn sollte, mußte sich alles ändern, ein neuer Geist das zum Polizeistaat verkommene Preußen durchwehen, der bleierne Sargdeckel, unter dem die Mitglieder der Heiligen Allianz Europa begraben hatten, weggesprengt und das Volk an der Regierung beteiligt werden. Nicht zuletzt gründeten derartige Hoffnungen darauf, daß der älteste Sohn der Königin Luise mit dem verknöcherten, engherzigen Friedrich Wilhelm III. kaum etwas gemein zu haben schien. Er war ein Mann von imponierender Erscheinung, besaß Charme, Witz, Liebenswürdigkeit, war ein hinreißender Redner und scheute auch nicht davor zurück, von seinen Gaben Gebrauch zu machen – sogar in aller Öffentlichkeit. Hatte es so etwas in Preußen je gegeben: einen König, der von der Tribüne herab zu seinen Untertanen sprach?

Zum ersten Mal geschah es kurz nach dem Herrscherwechsel, am 15. Oktober 1840.

Die Vertreter der preußischen Provinzen hatten sich im Berliner Lustgarten eingefunden, um die Erbhuldigung zu leisten. Auf goldenem Throne sitzend, nahm Friedrich Wilhelm ihre Ergebenheitsadresse entgegen, danach ergriff er selbst das Wort. Die Wege der Könige, erfuhren seine Zuhörer, seien »tränenreich und tränenwert«. Dies gelte jedoch nur dann, wenn Herz und Geist ihrer Völker ihnen nicht zur Seite stünden. An alle Anwesenden richtete er deshalb die Frage: »Wollen Sie mir helfen und beistehen, die Eigenschaften immer herrlicher zu entfalten, durch welche Preußen mit seinen nur vierzehn Millionen den Großmächten der Erde zugesellt ist, nämlich: Ehre, Treue, Streben nach Licht, Recht und Wahrheit? Wollen Sie in der heiligen Treue der Deutschen, in der noch heiligeren Liebe der Christen an meiner Seite ausharren, in guten wie in bösen Tagen? Oh! Dann antworten Sie mir mit dem schönsten, klaren Laut der Muttersprache, antworten Sie mir ein ehrenfestes Ja.«

Derart hingerissen waren von diesem Appell die versammelten Menschen, daß sie, wie aus einem Mund, das geforderte Gelöbnis ablegten. Und noch auf dem Heimweg schwärmten alle von der großen, ja weihevollen Stunde, die ihnen bereitet worden sei, von dem starken patriotischen Gefühl, das der König in ihren Herzen wachgerufen habe. Mußte nicht wirklich, von hier und heute an alles, alles besser werden?

Daß die Vertreter Ostpreußens eigentlich erwartet hatten, Friedrich Wilhelm werde auf ihre Denkschrift eingehen, in der sie an die seit langem versprochene Verfassung erinnerten, war vorübergehend vergessen. Aber dann schien ja tatsächlich eine neue Ära zu beginnen.

Der wegen seiner Teilnahme an einigen Studentenkrawallen zu dreißig Jahren Festungshaft verurteilte Dichter Fritz Reuter wurde begnadigt; Friedrich Ludwig Jahn von der Konfinierung befreit; Ernst

Moritz Arndt durfte in Bonn wieder Vorlesungen halten; und einige der »Göttinger Sieben«, Professoren, die entlassen worden waren, weil sie gegen die Aufhebung des hannoveranischen Staatsgrundgesetzes durch ihren Landesherrn, den Welfen Ernst August, protestiert hatten, erhielten sogar Lehrstühle an preußischen Universitäten oder der Berliner Akademie, unter ihnen die Brüder Grimm. Von der im Zeichen des Monarchenbundes »Heilige Allianz« geübten Gesinnungsschnüffelei, vulgo »Demagogenverfolgung«, wollte der Zollern ebenfalls nichts mehr wissen. Wer konnte also noch daran zweifeln, daß wahrhaft freiere, liberalere Zeiten angebrochen seien? Schließlich blähte auch noch ein neuer nationaler Sturm das Banner des neuen preußischen Königs.

Im Nahen Osten waren der türkische Herrscher Mahmud II. und dessen mächtigster Vasall, Mehmet Ali, aneinandergeraten. Frankreich versuchte davon zu profitieren, indem es sich in ihre Querelen einmischte – halb Europa heulte vor Empörung auf. Was ging die Sache eigentlich Preußen an? Im Grunde nichts; dennoch heulte Preußen mit. Das wiederum empörte die Franzosen. Sofort erhoben sie ihre alte Forderung nach dem Rhein als Galliens natürlicher Grenze, was natürlich ihre deutschen Nachbarn auf die Palme brachte. Ein Nikolaus Becker erklärte: »Sie sollen ihn nicht haben, den freien deutschen Rhein.« Max Schneckenburger versicherte: »Lieb Vaterland, magst ruhig sein; / fest steht und treu die Wacht am Rhein.« Und Joseph Maria Radowitz, preußischer Militärbevollmächtigter beim Frankfurter Bundestag, meinte sogar, ein neuer Krieg gegen Frankreich sei vielleicht das Beste, was Friedrich Wilhelm widerfahren könne. Wenn er sich an die Spitze der neuen nationalen Bewegung stelle, könne, nach dem unvermeidlichen Endsieg, die Einigung Deutschlands unter seinem Zepter endlich herbeigeführt werden. Auch die Blitze des jäh aufgekommenen Gewitters rückten den Zollern also in eine höchst vorteilhafte Beleuchtung – aber das ging vorbei.

Eben während dieser Affäre zeigte sich zum ersten Mal, daß Preußens sechster König nach viel zu vielen verschiedenen Sternen navigierte, um einen klaren Kurs steuern zu können. Er wollte weder die Österreicher noch die Russen vergrämen, was gewiß der Fall gewesen wäre, wenn er versucht hätte, die auf den Prinzipien der Heiligen Allianz beruhende Ordnung Europas zu stören. Außerdem träumte

Friedrich Wilhelm zwar durchaus von einer Wiedererrichtung des alten Reiches, vermochte sich aber nicht vorzustellen, dessen Krone könne von jemand anderem als einem Mitglied des habsburgischen Erzhauses getragen werden; ihm selbst, meinte er, stünde äußerstenfalls das Amt eines »Reichserzfeldherrn« im neuen Sacrum Imperium zu. Dazu kam schließlich noch, daß seine ganz persönliche Sympathie Britannien galt, was ihm von Rußland und Österreich ohnehin schon verübelt wurde: der Inselstaat gehörte dem von Alexander I. initiierten, von Metternich praktisch gelenkten Monarchenbund nun einmal nicht an (wohl aber Frankreich). Um es deshalb allen recht zu machen, den beiden Ostmächten ebenso wie den Engländern, die mit den Franzosen im Mittelmeer rivalisierten und aus diesem Grund kaum etwas gegen einen deutsch-französischen Krieg einzuwenden gehabt hätten, ließ Friedrich Wilhelm den von ihm sehr geschätzten Radowitz abblitzen, versicherte dem französischen König Louis Philippe, er habe nicht die Absicht, dem Drängen der Kriegstreiber im eigenen Lager nachzugeben, schlug den Österreichern vor, für alle Fälle doch einen neuen Feldzugsplan gegen Frankreich auszuarbeiten, und machte sich England gegenüber für ein gemeinsames evangelisches Bistum in Jerusalem stark, damit beide Mächte auf türkischem Boden wenigstens friedlich Flagge zeigen konnten. Wie schon sein Vater schien auch er vor allem »kalmieren« zu wollen.

Ruhe an sämtlichen Fronten war denn auch die wichtigste Frucht seines ersten Regierungsjahres. Schon im nächsten trat freilich zutage, daß er sie mit solchen Methoden nicht lange würde bewahren können. Der Wind begann aufzufrischen, und zwar überall in Europa. Eigentlich hatten die Russen den Anfang gemacht.

Am 26. Dezember 1825 waren auf dem Petersburger Senatsplatz einige ausgesuchte Armee-Einheiten angetreten, um, stellvertretend für das ganze Heer, dem neuen Zaren Treue zu schwören. Als das entsprechende Kommando gegeben wurde, blieben die Soldaten jedoch stumm; keiner sprach die vorher auswendig gelernte Formel nach; ihre Offiziere hatten es ihnen verboten. Mit der Eidesverweigerung sollte Nikolaj I. daran erinnert werden, daß sein verstorbener Bruder dem Land eine Verfassung versprochen hatte. »Haben wir«, fragte einer der Teilnehmer am Protest der Militärs, »Europa nur dazu befreit, um nun selbst seine Ketten zu tragen? Haben wir Frankreich zu einer Konstitution verholfen, um selbst nicht einmal über sie reden zu dürfen?«

Dem Mann der Charlotte von Preußen war mit solchen Argumenten nicht beizukommen. Er gab Order, alle von dem Platz wegführenden Straßen durch linientreue Truppen abzusperren. Als die Meuterer nach acht Stunden immer noch unbewegt dastanden, ließ Nikolaj feuern. Der sogenannte »Dekabristenaufstand« (Dekabr heißt Dezember) wurde in Blut ersäuft, seine Initiatoren endeten am Galgen oder in Sibirien. Für Rußland war das Problem mit der Verfassung erledigt – bis zum Jahr 1917. In Westeuropa begann es erst virulent zu werden.

Hier machten die Franzosen den Anfang. Eine Verfassung hatten die beiden Nachfolger Napoleons, Ludwig XVIII. und Karl X., ihren Untertanen zwar gewährt, die Teilnahme an parlamentarischer Mitbestimmung blieb dem größten Teil der Bürger jedoch verwehrt. Sechzehn Jahre lang fanden sie sich damit ab, um dann, im Juli 1830, den letzten Bourbonenkönig davonzujagen und durch Louis Philippe aus dem Hause Orléans zu ersetzen. Es kam einer Rückkehr der Notabeln an die Macht gleich – die »goldene Zeit des Großbürgertums« war angebrochen.

Auch die Belgier wurden in diesem Jahr 1830 rebellisch. Sie rissen sich von den Vereinigten Niederlanden los, mit denen sie durch Beschluß des Wiener Kongresses zusammengespannt worden waren, machten den Deutschen Leopold von Sachsen-Gotha zu ihrem König und gaben dem Land eine parlamentarische Verfassung. Von der durch die Heilige Allianz verordneten Grabesruhe war also kaum noch etwas zu spüren in Europa. Sollte sie nur in Deutschland auf Dauer bewahrt werden können? Wer Augen hatte, zu sehen, erkannte, daß es auch hier schon kräftig rumorte.

In Sachsen, Braunschweig und Hessen-Kassel hatten Ex-Soldaten, die, wie ihre russischen Mitkämpfer, nicht nach Frankreich gezogen sein wollten, ohne von dort die Freiheit mit zurückgebracht zu haben, bereits Verfassungen erzwungen. In Frankfurt stürmten Studenten die Hauptwache, um damit einen allgemeinen Aufstand auszulösen. Dichter wie Ludwig Börne, Heinrich Heine oder Karl Gutzkow fochten mit einem neuen journalistischen Medium, genannt »Feuilleton«, für Liberalität und Demokratie. Auf der Maxburg im pfälzischen

Hambach waren bereits 1832 mehr als dreißigtausend Menschen zusammengekommen, überwiegend Mitglieder der von der Heiligen Allianz verbotenen Burschenschaften, um die »vereinigten Freistaaten Deutschlands« in einem »konföderierten republikanischen Europa« zu fordern.

Wie hatten die den christlichen Geboten verpflichteten Herrscher auf alle diese Vorfälle reagiert? Mit Verhaftungen, Vertreibung, völliger Aufhebung von Presse-, Vereins- und Versammlungsfreiheit. Und was hatten sie damit erreicht? Die Bewahrung eines Status quo, der nicht mehr lange halten konnte. Zu den Forderungen nach mehr Demokratie und Bürgerfreiheit gesellte sich bereits jene nach sozialer Gerechtigkeit. Der »vierte Stand«, das »Proletariat«, betrat die politische Bühne. Überall auf dem Kontinent war längst das Zeitalter der Industrialisierung angebrochen.

Dank neuen Verfahren konnte Eisen statt mit teurer Holzkohle mit billiger Steinkohle erschmolzen werden. Spinnmaschinen erzeugten Garn in ungeheuren Mengen und vorher nicht gekannter Gleichmäßigkeit. 1818 fuhr das erste Dampfschiff von New York nach Liverpool. Aus England schrieb 1825 ein bayerischer Professor nach Hause: »Nichts glich der Szene, als die Maschine auf das gegebene Signal mit ihrem ungeheueren Zug von Wagen dahinrollte« – er hatte die erste von George Stephenson auf Schienen gesetzte Eisenbahn gesehen. 1832 präsentierten die Physiker Wilhelm Weber, einer der »Göttinger Sieben«, und sein Kollege Karl Friedrich Gauß den elektromagnetischen Telegraphen, während in Essen ein gewisser Alfred Krupp 1847 die erste Gußstahlkanone vorführte.

Soviel technischer Fortschritt wiederum veränderte sowohl die Landschaft wie die Gesellschaft. Eisenhütten in den holzreichen Regionen der Alpen, der Eifel oder des Hunsrück wurden unrentabel; ihre Besitzer zogen in Steinkohlereviere um, an die Ruhr, den Rhein, die Saar. Industriegebiete von bisher ungekannter Siedlungsdichte schossen aus dem Boden. Zugleich wuchs eine neue Klasse von Technikern, Kaufleuten, Großunternehmern, Managern heran, die nicht mehr an der Scholle klebten, sondern in Begriffen wie Mobilität, Produktivität, Wettbewerb und Konkurrenzkampf dachten. Ihnen gegenüber standen wachsende Arbeitermassen, von deren Angehörigen noch tiefergreifende Umstellungen verlangt wurden: aus dem Dorf in die Großstadt, aus der Werkstatt oder dem Kuhstall in die Fabrik. Und auf alle diese Entwicklungen mußten die Gesetzgeber reagieren. Binnen eines Menschenalters wandelten sich die Verhältnisse auf nahezu allen Gebieten des Lebens derart, daß 1830 kaum noch etwas von dem galt, was bis 1790 eingewurzelte Tradition gewesen war.

Preußen wurde mit dieser Entwicklung von Anfang an eigentlich hervorragend fertig. Noch zu Zeiten Friedrich Wilhelms III. hatten Friedrich von Motz und Karl Georg von Maaßen, zwei weitsichtige Finanzminister, die Forderung Friedrich Lists nach einer Zollaußengrenze für ganz Deutschland als vorerst unrealisierbar verworfen, aber wenigstens ihr Land mit einheitlichen Tarifen ausgestattet. Bis 1834 führte dies dazu, daß sich alle übrigen Bundesstaaten (außer Österreich) wirtschaftlich dem der Zollern anschlossen und so dennoch ein einheitliches deutsches Zollgebiet zustande gekommen war. Auch die von Friedrich dem Großen gegründete »See-Handlungs-Gesellschaft« erinnerte sich wieder ihres Auftrags, die preußische Wirtschaft zu fördern; risikobereite Unternehmer wurden von ihr mit konkurrenzlos günstigen Krediten ausgestattet. Und die preußische Verwaltung gründete reihenweise Vereine »zur Beförderung des Gewerbefleißes«, deren Aufgabe es war, Handwerker und Fabrikanten, Erfinder und Investoren, Theoretiker und Praktiker miteinander in Kontakt zu bringen, sie zu informieren, zu unterstützen und zu beraten. Ebenso aktiv trieb die Regierung den Ausbau der Verkehrswege voran: neue Straßen entstanden, neue Kanäle; seit 1838 verkehrte zwischen Berlin und Potsdam eine Eisenbahn. Im gleichen Jahr wurden auch Gesetze erlassen, welche die weitere Entwicklung auf diesem Gebiet regelten; sie sahen Privatbahnen unter obrigkeitlicher Aufsicht vor.

Privatbahnen in einem Staat, der doch sonst alles, was die öffentlichen Interessen berührte, selbst in die Hand zu nehmen pflegte? Selbst Bayern und Württemberg hatten das neue Verkehrsmittel der fiskalischen Regie unterstellt. Sollte man in München und Stuttgart etwa preußischer gewesen sein oder gedacht haben als an der Spree? Die Antwort lautet: sowohl Friedrich Wilhelm III. als auch sein Nachfolger hätten sich liebend gerne der Eisenbahn bemächtigt und vor allem eine Strecke von ihrer Hauptstadt nach Königsberg gebaut. Doch leider: sie waren dazu nicht in der Lage. Wer Schienenwege bauen wollte, mußte Geld aufnehmen. Anleihen konnten aber nach einem

Gesetz von 1820, das noch der trickreiche Hardenberg durchgesetzt hatte, nur sogenannte »Reichsstände« genehmigen, eine Volksvertretung also – die gab es nicht. Und so seltsam es klingen mag: ebendiesem Umstand verdankte Friedrich Wilhelm IV. den ersten jener Konflikte, die per Kettenreaktion bewirkten, daß er sich am 19. März 1848 in seinem eigenen Stadtschloß von bewaffneten, aufständischen Bürgern belagern und beschimpfen lassen mußte.

Bei der Huldigungsfeier am 15. Oktober 1840 hatte der Zollern die Forderung der Stände nach einer Verfassung rhetorisch noch einmal überspielen können. In einer Kabinettsorder aus demselben Jahr bekundete er jedoch klipp und klar, er denke nicht daran, die von seinem Vater gemachten vagen Versprechungen zu erfüllen. Eine Volksvertretung werde es mit ihm nicht geben, wenn aber doch, sähe sie anders aus, als Stein oder Hardenberg sich das gedacht hätten. Von da an hatte er Schwierigkeiten.

In allen Buchläden lag plötzlich eine Schrift aus, die den harmlos klingenden Titel *Woher und Wohin* trug; weniger harmlos war ihr Inhalt. Respektvoll, aber bestimmt forderte der anonyme Verfasser »Generalstände«, die befugt sein sollten, das Gesamtvolk repräsentativ zu vertreten, notfalls auch gegen Krone und Staat. Dieser ersten Broschüre folgte alsband eine zweite mit ähnlichem Inhalt nach: *Vier Fragen beantwortet von einem Ostpreußen.* Beide knüpften außerdem an die Huldigung im Lustgarten an und beschworen eindringlich die während der Franzosenzeit gemachten Zusagen.

Der Wirbel, den die Pamphlete hervorriefen, war von Anfang an ungeheuer, erreichte jedoch Orkanstärke, als zudem bekannt wurde, wer *Woher und Wohin* geschrieben hatte: niemand anderer nämlich als Theodor Heinrich von Schön, ehemals enger Mitarbeiter des Freiherrn vom Stein, derzeit Oberpräsident von Westpreußen. Urheber der anderen Schrift war ein Königsberger Arzt namens Johann Jacoby. Friedrich Wilhelm sprach von Untreue, Verrat und Majestätsbeleidigung, lehnte aber, als Schön nach seiner Enttarnung den Rücktritt einreichte, dessen Gesuch ab. Dafür bekam der unbequeme Beamte es mit Preußens Innenminister Gustav Adolf von Rochow zu tun, jenem Mann, dem das geflügelte Wort »der beschränkte Untertanenverstand« zugeschrieben wird (zu Unrecht freilich, er hatte nur erklärt:

»Es ziemt dem Untertanen … nicht, die Handlungen des Staatsoberhauptes an den Maßstäben seiner beschränkten Einsicht anzulegen«). Der stockkonservative Nachfahre eines märkischen Raubritters brachte Schön schließlich soweit, daß er den Dienst doch quittierte. Jacoby hingegen wurde zu mehrjähriger Festungshaft verurteilt – in erster Instanz; in der zweiten sprach man ihn frei; es gab noch ein Kammergericht zu Berlin.

Friedrich Wilhelm aber witterte von da an überall Rebellion, Aufruhr und heimliche Hetze. Seine anfänglich tolerante Haltung gegenüber Schriftstellern und Journalisten schlug mehr und mehr in ihr Gegenteil um. Heinrich Hoffmann von Fallersleben, Professor in Breslau und Verfasser so unschuldiger Verse wie *Ein Männlein steht im Walde* oder *Morgen kommt der Weihnachtsmann*, doch natürlich auch des *Deutschlandliedes*, wurde wegen seiner ebenfalls eher harmlosen *Unpolitischen Lieder* aus dem Amt gejagt. Der fürwitzige Württemberger Georg Herwegh, der dem Ausspruch Rochows die zugespitzte Form gegeben hatte, mußte Preußen verlassen; ein Berliner Privatdozent, den der König, aus welchen Gründen auch immer, für einen »patentierten Revolutionär« hielt, seine Lehrberechtigung zurückgeben, und auf die Presse hagelten Zensurvorschriften, Veröffentlichungsverbote, Verleumdungsklagen herab. Ebensowenig wurde den Mitgliedern des Kammergerichts vergeben, daß sie Jacoby freigesprochen hatten; ein Disziplinargesetz legte ihnen, wie allen anderen Beamten auch, praktisch den Maulkorb an. Die Folge? Für jeden Kritiker, den er mundtot gemacht hatte, erstanden Friedrich Wilhelm zwei neue, und der Ton, den sie gegen ihn anschlugen, wurde immer schärfer, bitterer, höhnischer, ihre Methoden aber wurden immer subversiver.

Einen besonders schweren Tort tat dem Zollern der Philosoph, Theologe und Evangelienkritiker David Friedrich Strauß aus Ludwigsburg an. 1847 veröffentlichte er die Geschichte jenes römischen Kaisers Julian, der von der Kirche als »Apostata«, als Abtrünniger, gebrandmarkt worden war, weil er versucht hatte, im 4. Jahrhundert nach Christus das Heidentum wieder einzuführen. Vordergründig war Straußens Werk eine wissenschaftliche Abhandlung, in Wirklichkeit jedoch – und das blieb kaum jemandem verborgen – eine Satire auf Friedrich Wilhelm. So wie Julian, konnte man aus ihr herauslesen, versuche auch er, das Rad der Zeit zurückzudrehen und gegen die

Zukunft anzukämpfen. Strauß hatte seinem Buch den Titel *Der Romantiker auf dem Throne der Cäsaren* gegeben; diese Bezeichnung sollte hängenbleiben – an Preußens sechstem König. Als »Romantiker auf dem Thron« wurde er von der Geschichte vereinnahmt. Es gab ja auch gute Gründe dafür.

Friedrich Wilhelm lebte in einer Welt, zu der außer ihm nur noch ein paar andere ähnlich gesinnte Geister Zutritt hatten. Das Mittelalter war die Heimat seiner Träume, seiner Sehnsüchte und Ideale. Zur Zeit der Ottonen, Salier, Hohenstaufen, so glaubte er, habe eine vollkommene, harmonisch ausbalancierte Ordnung geherrscht: Gott auf dem Gipfel der Welt, am Fuß seines Thrones der von ihm erwählte Herrscher und zu dessen Füßen die ständisch gegliederte Gesellschaft: hoher Adel, Geistlichkeit, niederer Adel, Volk. Was der Zollern dabei ausklammerte, waren freilich die Päpste, die den Königen und Kaisern stets und immerdar Paroli geboten hatten, doch konnte er dies guten Gewissens tun. In ihm selbst verkörperten sich ja sowohl die geistliche wie auch die weltliche Gewalt. Über die preußische Landeskirche gebot er als »summus episcopus«, als oberster Bischof, über den preußischen Staat als rechtmäßiger Träger der Krone. Lag es da nicht wirklich nahe, die mittelalterliche Ordnung auf eigenem Grund in quasi vervollkommneter Form neu zu installieren – oder sie überhaupt erst zu vollenden? Auch seine mystischen Neigungen bestärkten Friedrich Wilhelm in solchen Vorstellungen.

Schon kurz nachdem er den Thron bestiegen hatte, vertraute der Zollern einem Mitglied seines Hofstaates an, noch als Kronprinz habe er nicht gewußt, was ihm jetzt, da er die Krone trage, offenbar sei. Gott, sollte das wohl heißen, pflege die Könige mit Einsichten auszustatten, die gewöhnlichen Sterblichen kaum je zuteil würden; das Amt des Herrschers werde keineswegs von irdischen, sondern von himmlischen Instanzen vergeben und könne also mit dem eines geweihten Priesters verglichen werden. Nicht einmal Johannes Calvin, zu dessen Lehre sich seine Familie bekannte, hätte es gewagt, das Prinzip der Gnadenwahl derart kraß zu überhöhen. Friedrich Wilhelm scheint es dazuhin noch mit seinen Vorstellungen vom besonderen Rang des hohen Adels angereichert und sich solcherart einen Privatmythos geschaffen zu haben, an dem er fürderhin festhielt. Es hatte zur Folge, daß er seinen eigenen Eingebungen im Zweifel immer mehr vertraute als dem guten Rat anderer; niemand außer ihm besaß ja diesen direkten Kontakt mit dem HErrn. Und zu seinem Unglück fand er auch noch Männer, die derlei Neigungen nach Kräften förderten.

Zu den maßgeblichen Mitgliedern der um den Zollern versammelten »Kamarilla« (wie Außenstehende seinen Beraterzirkel nannten) gehörte etwa der aus einer ungarischen katholischen Familie stammende Joseph Maria von Radowitz, von Bismarck »Garderobier der mittelalterlichen Phantasie des Königs« genannt. Noch größeren Einfluß auf ihn übten sein Generaladjutant Leopold von Gerlach, vor allem aber dessen Bruder Ernst Ludwig aus, ein ungemein konservativer Pietist. Weitere Angehörige des »inneren Kreises« waren der Diplomat und studierte Theologe Karl Josias von Bunsen, ausgewiesener Kenner mittelalterlicher Gebräuche und Anschauungen, sowie Karl Ludwig von Haller aus Bern, ein zum Katholizismus konvertierter glühender Verfechter des Gottesgnadentums. Instinktiv, wie es scheint, hatte Friedrich Wilhelm eine Schar Getreuer um sich versammelt, die der Gegenwart nicht trauten und das Volk für unfähig hielten, seine Geschicke selbst in die Hand zu nehmen.

Darüber hinaus teilten die Gesinnungsfreunde des Königs dessen antirationalistische Einstellung und seinen Widerwillen gegen alle aufklärerischen Tendenzen. Katholische und evangelische Mystik (eben den Pietismus) miteinander zu versöhnen, das war ihr Ziel, davon versprachen sie sich das Heil. Wie eine solche Annäherung zustande kommen und gar noch politisch ausgewertet werden sollte, ist ihren Bekundungen freilich nicht so recht zu entnehmen. Die Idee vom »christlich-germanischen« Staat gehörte noch zu den präziseren der von ihnen geschaffenen Begriffe. Auch mit Hegels »Weltgeist«, der sich ja in den Männern, die Geschichte machen, manifestiere, kamen sie einigermaßen gut zurecht, aber am liebsten war ihnen der aus Erlangen nach Berlin berufene schwäbische Modephilosoph Friedrich Wilhelm Joseph von Schelling, dieser dunkel orakelnde Prophet der Romantik, bei dem Geist und Natur einerseits gespalten waren, andererseits dennoch im selben Urgrund wurzelten. Und natürlich gehörten auch Moral und Sittenreinheit zu den Idealen des zollernschen Küchenkabinetts. Das wirkte sich aus.

Geistliche wurden angewiesen, bei möglichst häufigen Hausbesuchen den »Glauben und sittlichen Zustand ihrer Pfarrkinder« zu überprüfen. Neue Kirchenlieder durften erst ins Gesangbuch aufgenommen werden, wenn Fachleute geprüft hatten, ob sie auch »nicht anstößig« seien. Ehescheidungen wurden erschwert und die körperliche Züchtigung der Frauen für rechtens erklärt. Dagegen erfuhren eine »Gesellschaft zur Förderung des Christentums unter den Juden«, die Jesuiten sowie ein Verein für die »christliche Bildung des weiblichen Geschlechts besonders in Ostindien und Syrien« allerhöchste Unterstützung. Am liebsten widmete Friedrich Wilhelm sich freilich seinem heimlichen Steckenpferd, der Architektur. Wenn es ihm finanziell möglich gewesen wäre, hätte er den christlich-germanischen Staat als eine Art Disneyland in die Welt gesetzt – das bezeugen eine Reihe von Bauten aus seiner Regierungszeit.

»Der Hohe Burgherr und die Hohe Burgfrau wurden von den Innungen der Stadt Coblentz, die eine Ehrengarde bildeten, hinaufbegleitet ... Sämmtliche Meister und Gesellen, welche bei der Herstellung der Burg thätig gewesen ... die Meister in altdeutschem Rock, mit Barett, Spitzenkragen und Schärpe [veranstalteten] einen glänzenden Fackelzug ... zugleich ertönte ... von dem Ehrenbreitstein anhaltender Geschützdonner.« So ging es zu, als Friedrich Wilhelm und seine Frau Elisabeth am 14. September 1842 die von ihm (nach Entwürfen von Schinkel) wiedererrichtete Burg Stolzenfels an der Einmündung der Lahn in den Rhein einweihten, ein hochaufgetürmtes Bauwerk, das heute noch Touristen aus aller Herren Länder, vor allem Japaner in Entzücken versetzt.

Ähnlich prunkhaft verlief die Eröffnung des Hohenzollernschlosses am Rande der Schwäbischen Alb. Spitztürmiger, ragender, gotischer als jede Burg aus gotischer Zeit sticht es in den Himmel, ein Ruhmestempel der Familie, die achthundert Jahre zuvor von hier aus aufgebrochen war, um zuerst in Franken, dann in Brandenburg Geschichte zu machen; seine Vollendung erlebte Friedrich Wilhelm freilich nicht mehr. Das nämliche galt von dem größten Bauwerk, das der Preußenkönig den Deutschen hinterließ.

»Der majestätische Dom schien in Feuer zu stehen«, notierte ein Brite, der Queen Victoria von England 1843 auf eine Reise durch Deutschland begleitete; er meinte den Dom von Köln. Ein Jahr zuvor hatte Friedrich Wilhelm in der Rheinstadt, in der man ihm abweisender gegenüberstand als irgendwo sonst, wieder einmal eine seiner zündenden Reden gehalten, hatte die Versöhnung der Konfessionen gepredigt und die Errichtung des christlich-germanischen Staates angemahnt, um anschließend bekanntzugeben, daß er für die Vollendung des von seinen Stiftern nicht zu Ende gebauten Gotteshauses 60000 Taler sofort, in jedem folgenden Jahr weitere 30000 spenden werde. Als Victoria das gigantische Projekt bewunderte, wurde bereits überall in Preußen dafür gesammelt (sie selbst beteiligte sich mit 500 Pfund an der Kollekte, was die Kölner mit dem Kommentar quittierten, von einer geizigen Engländerin sei eben nicht mehr zu erwarten gewesen), waren die Arbeiten in Gang gekommen (sollten aber erst achtunddreißig Jahre später abgeschlossen werden). Im übrigen schien die Queen nicht recht zu wissen, was von dem ganzen Unternehmen zu halten sei; sie habe, berichtet ein Augenzeuge, nur »teilnahmslos umhergeschaut«. Um so besser gefiel ihr dann Stolzenfels, wo sie, in Begleitung Friedrich Wilhelms, einen Tag später eintraf – verständlicherweise: Schinkel war ein großer Anhänger englischer Baukunst, und das merkte man seinem Werk auch an. Ebenso verständlich könnte man es freilich finden, daß der Dombau Victoria etwas befremdet hatte: im Gegensatz zu dem Zollern war sie nicht sonderlich romantisch veranlagt.

Wohl wird hingegen Heinrich Heine zu den Romantikern gezählt. Und er glaubte auch zu erkennen, was sich hinter dem romantischen Gestus Friedrich Wilhelms in Wirklichkeit verbarg. »Mögen immerhin die gelehrten Knechte an der Spree von einem großen Imperator des Borussenreiches träumen und die Hegemonie und Schirmherrlichkeit Preußens betreiben«, unterstellt ihm der Poet, um triumphierend fortzufahren: »Aber bis jetzt ist es den langen Fingern von Hohenzollern noch nicht gelungen, die Krone Karls des Großen zu erfassen und zu dem Raub so vieler polnischer und sächsischer Kleinodien in den Sack zu stecken. Noch hängt die Krone Karls des Großen viel zu hoch, und ich zweifle sehr, ob sie je herabsinkt auf das witzige Haupt jenes goldgespornten Prinzen, dem seine Barone schon jetzt als dem künftigen Restaurator des Rittertums ihre Huldigungen darbringen.« Denn, so Heine: »Eine Handvoll Junker, die nichts gelernt haben als ein bißchen Roßtäuscherei ... wähnen, ein ganzes Volk betören zu können, und zwar ein Volk, welches das Pulver erfunden hat und die Buchdruckerei und die Kritik der reinen Vernunft.« Das wird nicht gehen, die für Heine grauenhafte Vorstellung ist unrealisierbar. Er hätte es sich freilich ersparen können, sie überhaupt heraufzubeschwören.

Eben die »Junker«, der landsässige ostelbische Adel, beobachteten Friedrich Wilhelms geistige Höhenflüge mit äußerstem Mißtrauen, ja geradezu mit Widerwillen. Der Gedanke, Preußen könne in Deutschland aufgehen oder dessen Führung übernehmen, ließ sich weder mit dem ihnen eigenen robusten Konservativismus vereinbaren noch mit dem Stolz auf ihren, wie sie es sahen, einzigartigen Rang unter den Adeligen des ehemaligen Reiches. Sie wollten bleiben, was sie waren: privilegierte Angehörige eines Staates, der die Mittel besaß, seine politischen Ziele ohne Rücksicht auf andere zu verwirklichen. Und in die Vergangenheit sehnten sie sich ohnehin nicht zurück – zumal diejenigen unter ihnen, die an den Hebeln der Macht saßen. Hatten sie das Land nicht fabelhaft im Griff? Funktionierte der Staatsapparat nicht wie eine präzise, wohlgeölte Maschine?

Auch der gekrönte Romantiker selbst wurde von Heine heillos überschätzt. Das alte Reich, gewiß, es sollte auferstehen aus Ruinen, aber wenn das große Werk vollbracht war, würde Preußens König nur »mit silbernem Becken« bei der Inthronisierung seines Kaisers assistieren, auf keinen Fall jedoch selbst nach der Karlskrone greifen. Dafür würde zu beider Füßen ein einig, glücklich Volk sich versammeln, Fackeln tragend und Hurra rufend, dem Herrscher und dessen vornehmstem Paladin huldigend. So, nicht anders, sollte es dereinst sein, daran allein glaubte der Vollender des Kölner Doms, Burgherr auf Hohenzollern und Stolzenfels, das war seine höchsteigene Utopie.

Wozu bedurfte es da einer Verfassung?

Gegen Ende seines zweiten Amtsjahres gab Friedrich Wilhelm bekannt, wie er die Forderung seiner Untertanen nach politischer Mitbestimmung zu befriedigen gedenke. Vertreter aller acht Provinziallandtage wurden nach Berlin gerufen und erfuhren dort, daß sie fortan einem Gremium mit der Bezeichnung »Vereinigte Ausschüsse« angehörten. Dieser Corpus, vernahmen sie ferner, bestehe aus achtundneunzig Abgeordneten, von denen sechsundvierzig dem Adel angehörten, zweiunddreißig die Städte und die zwanzig übrigen den bäuerlichen Grundbesitz zu vertreten hätten. Ihre gemeinsame Aufgabe aber bestehe darin, die Funktionen des allgemein gewünschten »General-Landtages« zu übernehmen, was keineswegs heiße, daß ihnen parlamentarische Mittel zur Verfügung stünden. Als Stützen der Krone müßten sie sich vielmehr betrachten. Und keineswegs dürften sie der Versuchung nachgeben, sich dem »Wind der Meinung und der Tageslehren« zu überlassen.

In Klartext hieß das: die Vereinigten Ausschüsse waren weder eine Volksvertretung noch selbst ein mit Kontrollaufgaben betrauter Ausschuß, sondern lediglich das Placebo für dies alles. Sie hatten das Recht, bereits vollzogene Regierungsakte zur Kenntnis zu nehmen, diese abzusegnen und dann wieder friedlich nach Hause zu gehen, sonst nichts. Friedrich Wilhelms Angebot entpuppte sich als plumper Versuch, die Forderung nach einer repräsentativen Verfassung einfach auszuhebeln. Wie sich alsbald erwies, war er nicht einmal gründlich genug durchdacht.

Noch immer gab es das von Hardenberg durchgedrückte Staatsschuldengesetz aus dem Jahr 1820, und noch immer brauchte der Staat dringend Geld, um endlich die Eisenbahnlinie Berlin–Königsberg bauen zu können. Als »Reichsstände« aber, die allein größere Anleihen hätten bewilligen dürfen, waren die »Vereinigten Ausschüsse« keineswegs gedacht. Woher also nehmen, was zunächst einmal notwendig wurde, nämlich die rechtsverbindliche Sanktionierung des geplanten Unternehmens durch eine Volksvertretung? Dieses Problem schien der König in der Tat übersehen zu haben.

Nachdem es ihm dann nahegebracht worden war, schlug er sofort eine neue Volte. Es gebe doch, ließen Majestät nunmehr verlauten, bereits acht preußische Provinziallandtage. Warum also nicht diesen Gremien die Aufgaben der »Reichsstände« gewissermaßen zuschanzen? Es könne etwa so geschehen, daß sie, gelegentlich, gemeinsam tagten, vor allem aber eine ständige Deputation bildeten, die das Staatsschuldenwesen kontrolliere und den vereinigten Parlamenten darüber berichte. Auch sei eigentlich nichts gegen ein regelmäßiges Zusammentreten der »Vereinigten Ausschüsse« einzuwenden. Wenn sie sich – sagen wir – alle vier Jahre einmal an einen Tisch setzten, wäre doch beiden Seiten gedient, den Parlamentariern ebenso wie der der Regierung.

Adolf Heinrich von Arnim-Boitzenburg, seit 1842 preußischer Minister des Inneren, schlug die Hände über dem Kopf zusammen, als er diesen Entwurf Friedrich Wilhelms vorgelegt bekam. Niemals, sagte er dem König ins Gesicht, könne ein derart komplizierter Apparat funktionieren (wobei ihm möglicherweise entging, daß gerade das sein Zweck sein sollte), und schon gar nicht werde er dem Sinn des Hardenbergschen Gesetzes gerecht. Warum nicht statt dessen eine einzige Versammlung aus Vertretern der Landtage bilden und ihr die Schuldenkontrolle übertragen? Nicht zuletzt werde dadurch auch denjenigen der Wind aus den Segeln genommen, die immer noch an die Versprechungen von 1815 erinnerten. In den Amtsstuben wurde des Ministers Initiative mit Beifall aufgenommen, ihr Adressat jedoch lehnte sie rundweg ab: Arnim-Boitzenburg trat zurück. Friedrich Wilhelm betraute daraufhin eine Kommission unter dem Vorsitz seines ältesten Bruders mit der ganzen Angelegenheit.

Wilhelm, amtierender Prinz von Preußen (weil der König keine Kinder hatte), galt bereits damals als besonders unnachgiebiger Feind aller Reformen, selbst der geringsten. Jetzt erklärte er, dem Testament ihres Vaters zufolge dürfe der Chef des Hauses die Verfassung eigentlich nur ändern, wenn damit auch die anderen Zollernprinzen einverstanden seien, aber darauf wolle er im Moment nicht beharren. Statt dessen sorgte der Thronfolger dafür, daß die Kommission den von Arnim-Boitzenburg kritisierten Entwurf annahm und ihn zum Gesetz erhob. Das geschah – soviel Zeit hatten die ganzen Querelen beansprucht – Mitte März 1846. Im Februar des folgenden Jahres wurde dann versucht, das Papier auch der Öffentlichkeit schmackhaft zu machen.

Mit großem publizistischen Aufwand ließ Friedrich Wilhelm IV. verkünden, sein Angebot übertreffe die Versprechungen Friedrich Wilhelms III. bei weitem, erteile er doch der Volksvertretung sogar das Recht, Steuern zu bewilligen. Der Volksvertretung? Was so genannt wurde, war, zunächst einmal, eine Hydra, bestehend aus den drei Gremien Vereinigte Landtage, Vereinigte Ausschüsse und Ständige Deputation. Da aber das erstgenannte auch noch in »Kurien« zerfiel wie der alte Reichstag – eine Art Oberhaus der Fürsten und Standesherren, eine Art Unterhaus für Ritter, Bürgerliche und Vertreter des Landvolks – und da alle separat zusammentreten sollten, gab es für die vier

Köpfe des Monstrums nicht einmal einen gemeinsamen Körper. Dennoch, forderte sein Schöpfer, sollten sie eng zusammenarbeiten und stets an einem Strang ziehen. Wie das geschehen könne, war bereits die nächste Frage.

Das königliche Edikt sah vor, daß die Vereinigten Landtage je nach Bedarf und Notwendigkeit einberufen werden würden (zu deutsch: immer, wenn der Staat Geld brauchte), die Ausschüsse hingegen – davon ging Friedrich Wilhelm nicht ab – alle vier Jahre, während die Deputation der Verwaltung ständig zur Verfügung stehen mußte. Des weiteren hatten die einen noch das Recht, gemeinsam bei der Gesetzgebung mitzuwirken (wenn auch nur innerhalb der Grenzen, die den einzelnen Provinziallandtagen gezogen waren), sowie die Möglichkeit, bei der Staatsschuldenverwaltung mitzureden (obwohl dafür eigentlich die ständige Deputation zuständig war). Und endlich konnten sowohl die Vereinigten Landtage wie die Ausschüsse Petitionen einreichen – zumindest auf gut Glück. Ein Bittgesuch, das von der Krone abgewiesen worden war, durfte erst in der nächsten Sitzungsperiode zum zweiten Mal vorgelegt werden, also, je nachdem, vier oder noch mehr Jahre später.

Mit diesem Konvolut von Gesetzen und Vorschriften nun, Bestimmungen zum Teil, die einander widersprachen oder sich sogar gegenseitig aufhoben, trat Friedrich Wilhelm vor das Volk, um dessen Dankbarkeit einzufordern. Seine Enttäuschung hätte schlimmer kaum ausfallen können. So unbedarft, daß die Bürger nicht erkannten, was er wirklich anstrebte, nämlich die Verhinderung jeder Art von parlamentarischer Mitbestimmung überhaupt, so vernagelt waren sie nun doch nicht.

Annehmen oder Ablehnen? lautete der Titel einer Protestschrift aus der Feder des Breslauer Stadtrichters Heinrich Simon, die schon Wochen später überall zu haben war. Andere, zum Teil namhafte Juristen, zerpflückten das sogenannte »Februarpatent«, bis nichts mehr von ihm übrig war. Auch Friedrich Wilhelm selbst kamen Zweifel, als er die Vorlage noch einmal überdachte – Zweifel allerdings, die mit denen seiner Kritiker nur wenig gemein hatten. Am 11. April 1847 trat der Vereinigte Landtag in Berlin zum ersten Mal zusammen. Natürlich hatte der Zollern die Rede, die er bei dieser Gelegenheit halten wollte, sorgfältig vorbereitet. Im letzten Moment regten sich seine Bedenken jedoch abermals, weshalb er mitten im Vortrag vom Manuskript abwich und einer neuen Eingebung nachgab.

Preußen, vernahmen die verblüfften Abgeordneten, sei groß geworden »durch das Schwert des Krieges nach außen, durch das Schwert des Geistes nach innen«, letzten Endes verdanke es jedoch all seine Erfolge und Errungenschaften nur dem einen allmächtigen Gott und könne deshalb auch nur von einem einzigen Willen geleitet werden. Dann folgten die entscheidenden Sätze der berühmt gewordenen Ansprache. »Es drängt mich«, lauteten sie, »zu der feierlichen Erklärung, daß es keiner Macht der Erde je gelingen soll, mich zu bewegen, das natürliche, gerade bei uns durch seine innere Wahrheit so mächtig machende Verhältnis zwischen Fürst und Volk in ein konstitutionelles zu verwandeln, und daß ich es nie und nimmermehr zugeben werde, daß sich zwischen unseren Herrgott und dieses Land *ein beschriebenes Blatt*, gleichsam eine zweite Vorsehung, eindränge, um uns mit seinen Paragraphen zu regieren und durch sie die alte heilige Treue zu ersetzen. Zwischen uns sei Wahrheit. Von einer Schwäche weiß ich mich gänzlich frei. Ich strebe nicht nach eitler Volksgunst.«

Die Stille, in der Friedrich Wilhelms letzte Worte ertranken, muß blankes Entsetzen ausgedrückt haben. Das also wollte er wirklich: Die alleinige Entscheidungsgewalt behalten und im Namen Gottes bestimmen, was gut oder schlecht für Preußen sei? Als sein Eigentum betrachtete er dieses Land, Privatbesitz der Familie Zollern, der ihr vom Himmel zugeteilt worden war? Oder wie anders sollte man seine Rede verstehen, vor allem diese ominöse Formulierung »ein beschriebenes Blatt«? Hatte er nicht eigentlich sagen wollen: »ein Stück«, vielleicht sogar: »ein Fetzen Papier«? Waren Verfassungen in den Augen des Königs nicht mehr als das?

Sogar dem konservativen Leopold von Gerlach verschlug es die Sprache. Die Vertreter Ostpreußens und des Rheinlandes wollten Berlin sofort verlassen. Was wirklich im Kopf Friedrich Wilhelms vorging, dürften indes nicht einmal seine engsten Vertrauten begriffen haben. War er ein machtbesessener Gewaltherrscher wie Nikolaj von Rußland? Hielt er sich tatsächlich für einen Auserwählten des Herrn? Oder lebte er geistig bereits auf einem Schloß im Mond? (Die letzte Frage bejahen hätte geheißen, ihn für verrückt zu halten.) Am Ende reiste dann doch niemand ab; alle blieben. Irgendwie mußte es ja weitergehen.

Es ging auch weiter, es schien sogar gutzugehen – für Friedrich Wilhelm. Hundertzweiundvierzig Parlamentarier taten sich zusammen und protestierten gegen die in der königlichen Rede zutage getretenen Tendenzen; Gustav Adolf von Rochow, vom König zum Landtagsmarschall ernannt, weigerte sich einfach, das Papier entgegenzunehmen. Andere erklärten die Vereinigten Ausschüsse für rechtswidrig; trotzdem wurden sie eingesetzt und nahmen ihre Arbeit auf. Als es zur Wahl der Mitglieder kam, gaben die meisten Abgeordneten ihre Stimme mit Vorbehalt ab oder enthielten sich gänzlich; der König ließ bekanntgeben, das Gremium sei dennoch zustande gekommen. Von da an ging es vor allem ums Geld.

Die Regierung wollte 25 Millionen Taler für die Bahn nach Königsberg haben; alle Vertreter der östlichen Provinzen stimmten zu; Gottfried Ludolf von Camphausen aus Hünshoven bei Aachen und sein rheinischer Landsmann David Hansemann, beide Bankiers und erfahren in Eisenbahnangelegenheiten, lehnten ab. Hansemann prägte das Wort: »In Geldsachen hört die Gemütlichkeit auf.« Die Anleihe wurde abgelehnt; dessenungeachtet gingen die bereits begonnenen Bauarbeiten weiter. Dann forderten Vertreter der Westprovinzen eine Besteuerung des adeligen Landbesitzes in den ostelbischen Gefilden; das versetzte die »Junker« in Rage. Als ein Westler erklärte, zwischen Monarchie und Untertanen bestünde kein Vertrauen mehr, weil der König die Versprechungen nicht halte, die dem Volk gegeben worden waren, nachdem es 1813 die Monarchie gerettet hatte, schoß ein Vertreter des Ostens zurück: jemand, der sich endlich wehre, weil er lange genug geprügelt worden sei, könne keine Ansprüche an Dritte richten – der Mann hieß Otto von Bismarck.

So ging es weiter bis zum Ende der Sitzungsperiode im Juni 1847. Als die Pseudoparlamentarier auseinandergingen, war nichts zu Ende diskutiert, nichts vorangebracht, kaum etwas entschieden worden. Davon völlig unbeeindruckt, fuhr der Staatsapparat jedoch fort, seine Vorhaben weiter voranzutreiben.

Und so ging es in Preußen auch noch zu, als das Jahr 1848 heraufzog.

Leopold von Gerlach trank Tee in einem Salon des Kopenhagener Hotels »D'Angleterre«, als sein Adjutant hereinstürzte und atemlos hervorstieß, in Paris sei die Revolution ausgebrochen. Schon Stunden später brachten die Zeitungen Einzelheiten. Studenten, Arbeiter und Soldaten der Nationalgarde hatten einen Aufstand entfesselt, hatten Barrikaden errichtet und binnen knapp zwei Tagen den »Bürgerkönig« Louis Philippe zur Abdankung gezwungen. Seit dem 24. Februar 1848 war Frankreich eine Republik. Und fast hätte das neue Staatswesen auch eine neue Fahne bekommen, nämlich die rote. Das konnte jedoch der Dichter und amtierende Außenminister Alphonse de Lamartine in letzter Minute verhindern; die Trikolore blieb.

Überstürzt reiste Gerlach nach Berlin zurück, wo er einen zutiefst verunsicherten König antraf. »Die schwere Zeit«, vertraute der Generaladjutant seinem Tagebuch an, »lastet wohl schon auf dem Herrn, besonders das Gefühl des Unterliegens unter dem von ihm verabscheuten Konstitutionalismus.«

Auch an den anderen Höfen herrschte schwere Verstörung. Leopold von Belgien fürchtete »dringendste Gefahr, nicht allein für die europäischen Monarchien, sondern selbst für die Existenz der menschlichen Gesellschaft«. Albert von Sachsen-Coburg-Gotha, Prinzgemahl Queen Victorias, schrieb nach Berlin: »In Frankreich sind durch die Katastrophe die bösen Geister des Kommunismus, der Erbfeind aller Sozietät, freigeworden und drohen allen übrigen Staaten Umsturz.« In Wien jammerte Metternich, das heimliche Oberhaupt der Heiligen Allianz: »Wie groß ist die gemeinsame Gefahr! In Wahrheit könnte man verzweifeln am Heil des sozialen Körpers!«

Nur einer der Großen des Kontinents bewahrte die Ruhe, Rußlands eiserner Nikolaj. An seinen Schwager in Preußen richtete er die Worte: »Wenn wir Schwäche zeigen, sind wir verloren … Mut! Handeln Sie! Gott wird bei Ihnen sein!« Zugleich versprach der Zar, binnen drei Monaten mit dreihundertfünfzigtausend Mann am Rhein zu stehen; bis dahin solle Friedrich Wilhelm die Franzosen in Schach halten. Wie auch der König der Belgier war Nikolaj davon überzeugt, daß aus der Französischen Revolution ein neuer Krieg erwachsen würde. Leopold hoffte sogar darauf, denn das wäre »kein übles Mittel gegen die Gärung, die jetzt existiert, er würde zum Respekt der Autorität führen«. Seine Worte waren in den Wind gesprochen, und der Wind frischte auf.

In Mannheim forderten badische Städtevertreter die Bewaffnung des Volkes, Einführung der Pressefreiheit, Schwurgerichte sowie die Errichtung eines deutschen Parlaments; der König von Württemberg mußte unter dem Druck der Öffentlichkeit einige besonders reaktionäre Minister entlassen und sie durch Liberale ersetzen; Hessen-Darmstadt erlebte einen veritablen Bauernaufstand; auch im Südwesten kam es während der ersten Märztage zu Revolten auf dem flachen Land: Schlösser gingen in Flammen auf, Adelige wurden verprügelt, Pachtforderungen mit dem Vermerk »Wird nicht bezahlt« an die Absender zurückgeschickt. In Bayern mußte sogar ein König abtreten.

Ludwig I., bauwütig wie kein anderer Romantiker auf dem Thron, hatte Unsummen ausgegeben, um seine Residenzstadt in ein zweites Florenz oder ein christliches Athen zu verwandeln, hatte Wissenschaft und Industrie gefördert, im übrigen aber seine Untertanen eher am langen Zügel laufen lassen. Was ihn trotzdem den Thron kostete, war das Liebesverhältnis des Wittelsbach mit der Irin Eliza Gilbert, die sich Lola Montez nannte, vor allem der Umstand, daß er die angebliche Spanierin zur Gräfin Landsfeld erhob, als eben die ersten Unruhen von Paris herüberwehten. Offene Maitressenwirtschaft in einer Zeit, da allerorten neue Freiheiten und der Verfassungsstaat gefordert wurde – das war selbst den notorisch konservativen Münchnern zuviel. Die schöne Lola mußte gehen, der König folgte ihr (freiwillig) nach, die Bürger bekamen, was die gefordert hatten: Wahlreform, Pressefreiheit und noch einiges mehr.

Glücklicher agierte zunächst Ludwigs Amtsbruder Friedrich August II. von Sachsen. Schon 1845 hatte er einen Aufstand hungernder Bauern aus dem Erzgebirge mit Mühe und Not beilegen können. Nun half ihm der Mann, dank dem es damals gelungen war, das Schlimmste abzuwenden, ein zweites Mal. Der begnadete Volksredner Robert Blum, Stadtverordneter in Leipzig, vermittelte geschickt zwischen dem erneut unruhig gewordenen Landvolk und der Dresdner Regierung, um dann, nachdem einige Zugeständnisse gemacht worden waren, ein neues Amt in Franfurt anzutreten; man hatte ihn zum Vizepräsidenten des deutschen Vorparlamentes gewählt. Dem aus Köln stammenden Schriftsteller und Verleger war nur eines wahre Herzenssache: die »Vereinigung sämtlicher deutscher Völker« in einer Republik, deren Fahne die Farben »Schwarz-Rot-Gold« führen sollte. Zu den Fragen, mit denen er sich künftig würde beschäftigen müssen, gehörte auch die, ob der Habsburgerstaat dem neuen Staatswesen angehören solle oder nicht.

In der österreichischen Hauptstadt brach die Revolution am 13. März 1848 aus; der zündende Funke war von Budapest her übergesprungen. Früher als alle anderen hatten die Ungarn eine Verfassung gefordert, die ihnen gegenüber der Wiener Zentralregierung größere Unabhängigkeit gewähren sollte. Metternich, eisern entschlossen, die von ihm geschaffene Ordnung zu verteidigen, war den Rebellen nicht um Haaresbreite entgegengekommen; dabei stand er längst auf verlorenem Posten. Die Donaumonarchie schlitterte seit Jahren von einer Krise in die andere. Bei allen ihren Völkern regten sich nationale Ressentiments, die Regierung stand der wirtschaftlichen Entwicklung weit hilfloser gegenüber als jene in Preußen, die Bürger hatten es gründlich satt, überwacht, bespitzelt und von den Ämtern kujoniert zu werden. Seit der Pariser Februarrevolution hätte man Wetten darüber abschließen können, wie lange es noch bis zum Ausbruch einer Wiener Revolution dauern würde; neunzehn Tage wäre der richtige Tip gewesen.

Am Morgen des 13. März ließ der allmächtige Staatskanzler noch Truppen alarmieren, um das Volk, das sich überall zusammengerottet hatte und seinen Rücktritt forderte, auseinanderzutreiben. Gegen Abend traf er mit den Vertretern des Erzhauses zusammen, die sich wegen der ersten Schießereien höchst besorgt zeigten. Nach der Besprechung fuhr Metternich als geschlagener Mann in sein Palais am Rennweg zurück, wo ihn die Fürstin Metternich erwartete. »Sind wir tot?« fragte sie. Ihr Mann nickte: »Ja, meine Liebe, wir sind tot.« Tags darauf reisten beide in aller Heimlichkeit von Wien ab. Die Revolutionäre hatten gesiegt – fürs erste. Wie viele Tage würden noch vergehen, bis der Funke nach Berlin übersprang? Binnen kurzem wußte man es: nicht mehr als acht.

Friedrich Wilhelm begann allmählich zu ahnen, daß er nicht länger lavieren konnte. Auch im preußischen Rheinland war es bereits zu Unruhen gekommen; Arbeiterdelegationen hatten das Kölner Rathaus belagert und besseren Schutz für ihresgleichen gefordert. Zugleich erklang von Frankfurt herüber der Ruf nach einer endgültigen Lösung der deutschen Frage: Einigkeit und Recht und Freiheit – mit oder ohne Österreich? Für den Zollern war es die letzte Chance, sich an die Spitze der liberalen Bewegung zu setzen und Habsburg aus dem

Deutschen Bund zu verdrängen – aber hätten da auch seine »Junker« mitgemacht?

»Der Teufel weiß, was dieses launische und verrückte Individuum tun will«, schrieb Friedrich Engels aus Barmen an Karl Marx in Köln. »Wenn er [doch] nur an seine feudalen Formen hielte.« Dann nämlich, meinte der Spinnereibesitzer und Kommunist, hätten »wir in ein paar Monaten die deutsche Revolution«. Friedrich Wilhelm indessen versuchte erneut, das eine zu tun, ohne das andere zu lassen.

Den Mitgliedern des Ständigen Ausschusses teilte er mit, die Krone könne sich möglicherweise doch mit der Vorstellung von einer Zusammenkunft der Vereinigten Landtage in kürzeren Abständen anfreunden. Im selben Atemzug warnte er jedoch vor drohenden »Exzessen«, die natürlich gewaltsam unterdrückt werden müßten, während Thronfolger Wilhelm einigen besorgten rheinischen Abgeordneten gegenüber den Militär herauskehrte, der nicht mit sich würde spaßen lassen. Der König und sein Bruder schienen sich auf ein Spiel mit verteilten Rollen verständigt zu haben: wo der eine Nachgiebigkeit signalisierte, demonstrierte der andere Härte. Dabei entging offenbar beiden, daß sie es längst nicht mehr allein mit aufmüpfigen Bürgern zu tun hatten, sondern auch mit unzufriedenen Arbeitern – vielleicht hätten sie die *Vossische Zeitung* lesen sollen.

Im angesehensten aller Berliner Blätter war eine Petition abgedruckt worden, deren entscheidende Sätze lauteten: »Wir wagen … Ew. Majestät unterthänigst vorzustellen, ein Ministerium bestellen zu wollen, ein Ministerium für Arbeiter, das aber nur von Arbeitgebenden und Arbeitern zusammengesetzt werden darf … Nur ein solches Ministerium ist imstande, den wahren Grund der drückenden Lage des Volkes kennenzulernen.« Hintergrund dieses Appells: In der aufstrebenden Industriestadt Berlin waren Tausende ohne Beschäftigung, auf dem flachen Land herrschten, nach mehreren schlechten Ernten, sogar Hungersnot und Hungertyphus. Das immerhin wußte Friedrich Wilhelm. Aber wie reagierte er darauf?

»Der König«, notierte Gerlach, »ist ängstlich.« Er glaubte an die unabwendbare Katastrophe und redigierte bereits den Entwurf einer Proklamation »An mein Volk«. Prinz Wilhelm hingegen mobilisierte insgeheim das Militär, zog Reservisten ein und schickte bewaffnete Streifenkommandos aus. Die Zollernbrüder spielten längst nicht mehr mit verteilten Rollen, sie agierten schon gegeneinander. Das war die Lage am 12. März 1848. Tags darauf fielen die ersten Schüsse.

Arbeiter und Handwerksgesellen, die von einer (verbotenen) Versammlung im Tiergarten zurückkehrten, wurden von Kavalleristen mit blankem Säbel auseinandergetrieben, ein junger Mann erstochen, Frauen verprügelt, andere niedergeritten. Auch während der nächsten Tage ging es so weiter. Wo immer sich Menschen in größeren Mengen zusammenfanden, tauchte Militär auf und schlug zu. Schon meinte Gerlach, »der Pöbel« sei ein und für allemal eingeschüchtert; er irrte. Hier und da riß der »Pöbel« das Pflaster auf und errichtete Barrikaden. Friedrich Wilhelm sagte: »Mir ist die Geschichte bis an den Hals.« Dies wiederum betrachtete Bruder Wilhelm offensichtlich als Freibrief, denn er befahl, noch härter vorzugehen. Und so kam der 16. März heran.

Am Morgen dieses Tages erfuhr Berlin vom Sieg der Wiener Revolutionäre über Metternich. Am Nachmittag ritt der Prinz von Preußen mit seinen Offizieren durch die Straßen, die zum Teil bereits von Toten und Verwundeten übersät waren. Ein Bürgerkomitee beschloß, tausend Mann zum Schloß zu schicken und dem König eine Adresse mit neuesten Forderungen überreichen zu lassen: »Pressefreiheit, beschleunigte Einberufung des Landtags, Zurückziehung der Truppen, Rücktritt der Minister und Berücksichtigung der arbeitenden Klasse.«

Im Schloß tagte der Kronrat unter dem Vorsitz des Königs. Innenminister Ernst von Bodelschwingh-Velmede hatte ein Patent vorbereitet, das den Bürgern alles zusagte, was sie verlangten – bis auf eines: das Militär würde vor Ort bleiben. Friedrich Wilhelm unterzeichnete das Papier, worauf Bodelschwingh sein Amt zur Verfügung stellte: den Rücktritt aller Minister hatten die Bürger ja gefordert. Im übrigen hoffte der aus Westfalen stammende Politiker, »den Strom der Bewegung« so kanalisiert zu haben, daß nunmehr »eine durchgreifende, schon vorher erwogene, als notwendig und heilsam erkannte Reform ohne Revolution« möglich sei. Das Patent bekundete auch die Absicht des preußischen Königs, Deutschlands Einigung herbeizuführen. Der »Berliner Unwille« – so die Bezeichnung eines Bürgeraufstandes, der genau vierhundert Jahre zuvor ausgebrochen (und niedergeschlagen) worden war – sollte auf ein größeres Ziel hin abgeleitet werden.

Und so kam Nachmittag des 18. März heran. Vor dem Schloß hatten sich nicht nur die tausendköpfige Delegation, sondern eine unübersehbare Menge von Bürgern, Arbeitern und Studenten eingefunden. Friedrich Wilhelm, hieß es, wolle zu seinen Untertanen sprechen. Alle waren eigentlich bester Hoffnung. Wenn der König, wie Plakate bereits verkündeten, ihnen in den entscheidenden Punkten nachgab, brauchten sie sich nicht länger mit dem Militär herumzuschlagen. Außerdem konnte zu Beginn der nächsten Woche auf dem Schloßplatz der übliche Jahrmarkt beginnen.

In solcher Erwartung ging es auch weiter. Majestät erschienen auf einem Balkon und verkündeten mit weithin hallender Stimme, sämtliche Forderungen des Volkes, von der nach Pressefreiheit bis zu jener nach einer liberalen Verfassung, seien bewilligt. Darüber hinaus, rief der Zollern, wolle er, »daß Preußen sich an die Spitze der Bewegung (für die Vereinigung aller Deutschen) stellt«. Konnte man angesichts solch guter Nachrichten etwas anderes tun als jubeln, die Hüte in die Luft werfen und »Vivat« schreien? Immer näher drängte sich die dankbare Menge an das Schloß heran. Dann stockte sie. Die Vordersten hatten gesehen, daß das ganze Gebäude ein einziges Heerlager war. Aus allen Torbogen blitzten Bajonette. In den Höfen scharrten die Pferde geballter Kavallerieeinheiten. Der König hatte seine Proklamation mit gepanzerter Faust überreicht. Er traute dem Volk nicht, er fürchtete es.

»Fort mit dem Militär!« Das war der Schrei, mit dem die Empörung sich Luft machte. Andere nahmen ihn auf, begannen den Satz zu skandieren; schließlich brüllte die ganze Menge wie aus einem Hals. Friedrich Wilhelm überfiel ein »unheimliches« Gefühl. Er gab Befehl, »die Leute wegzuschaffen«. Karl Ludwig von Prittwitz, kommissarischer Kommandeur des in Berlin stationierten Gardekorps (und enger Vertrauter des Prinzen von Preußen), hatte darauf nur gewartet. Strahlenförmig ließ er seine vierzehntausend Mann aus dem Schloß heraus vorrücken. Dann fielen auch noch zwei Schüsse.

Wer auf wessen Befehl den Finger krumm gemacht hatte – es wurde nie geklärt. Ebensowenig erfuhr man je, wer daraufhin anfing, »Verrat« zu schreien, »Betrug! Auf die Barrikaden!« Binnen kürzester Frist verwandelte der Schloßplatz sich in ein Tollhaus; in den benachbarten Vierteln wuchsen die Barrikaden geradezu aus dem Boden. Wagen wurden quergestellt und umgekippt, Dachrinnen abgerissen, Möbel aus den Häusern gezerrt und übereinandergetürmt. Alle schienen genau zu wissen, was getan werden mußte: Waffenläden aufbrechen, Bleikugeln auf dem Küchenherd gießen, Bettlaken zerreißen und als Verbandsmaterial bereithalten. Wenn die heranrückenden Truppen ein Hindernis überwunden hatten, stellten sie fest, daß dahinter schon das nächste stand. Aus Fenstern, Hausfluren, von Dächern herab schlug ihnen ein wehrer Kugelhagel entgegen, sie wurden mit siedendem Wasser übergossen, mit Steinen beworfen. Keine Frage: den aktiven Soldaten standen Reservisten oder erfahrene Kriegsveteranen gegenüber. Auch Sinn für Strategie konnte diesen alten Hasen nicht abgesprochen werden. Als Prittwitz Verstärkung aus den umliegenden Garnisonen heranführen lassen wollte, waren die meisten Stadttore schon verrammelt. Dann gingen auch die innerstädtischen Arsenale in Flammen auf. Gegen zwei Uhr morgens mußte das Militär am Alexanderplatz seine erste schwere Niederlage hinnehmen; die dort errichteten Barrikaden konnten selbst mit Artillerieunterstützung nicht genommen werden.

Prittwitz begab sich ins Schloß und meldete dem König, wenn die Aufständischen weiterhin mit derartigem Furor kämpften, könne er sich günstigstenfalls noch zwei Tage lang halten. Danach müßten Majestät mit den Truppen die Stadt verlassen, um sie belagern zu können.

Berlin von außen her angreifen! Hieß das nicht Krieg führen gegen das eigene Volk? Aber was wäre die Alternative gewesen? Eine Niederlage im Kampf gegen »den Pöbel« eingestehen? Mußte das dem König nicht die Armee entfremden, des Thrones wichtigste Stütze?

Friedrich Wilhelm war kein Mann für brachiale Entscheidungen; er hatte stets versucht, sich möglichst viele Optionen offenzuhalten; das tat er auch in dieser Nacht. Eine larmoyante Proklamation – »An Meine lieben Berliner!« – ging hinaus, beginnend mit Entschuldigungen wegen des Angriffs auf die Demonstranten (es sei alles ein Irrtum gewesen), fortfahrend mit Verdächtigungen (fremde Provokateure hätten das Volk aufgehetzt), endend mit Tönen, wie man sie von ihm gewöhnt war: »Entsendet an mich Männer, voll des echten Berliner Geistes mit Worten, wie sie sich Eurem König gegenüber geziemen ... Vergeßt das Geschehene ... um der großen Zukunft willen, die unter dem Friedenssegen Gottes für Preußen und durch Preußen für

Deutschland anbrechen wird ... Eure liebe Königin und wahrhaft treue Mutter und Freundin, die sehr leidend darniederliegt, vereinigt ihre innigen tränenreichen Bitten mit der Meinigen.« Danach begannen erste Verhandlungen.

Die Barrikadenkämpfer waren guter Dinge, zugleich aber aufgebrachter denn je. Sie wußten mittlerweile, daß man gefangene Aufständische verprügelt, mißhandelt, gemartert hatte, und wollten schon deshalb den Kampf mit allen Mitteln fortsetzen. Aus den Gehsteigen wurden Granitplatten herausgerissen und in die oberen Stockwerke der Häuser geschleppt, damit man sie von dort herabwerfen konnte. Apotheker bereiteten Schwefelsäure, die den Angreifern ins Gesicht gespritzt werden sollte. Kaufleute teilten ihre Vorräte aus, Frauen zupften Scharpie. Gegen acht Uhr morgens läuteten von allen Kirchen die Glocken – nicht zum Gottesdienst, es war ja Sonntag, sondern zum Appell.

Wenig später fielen in der Stadt schon wieder Schüsse. Im Schloß traf die erste Abordnung der Bürger ein. Der König forderte, »nunmehr die Barrikaden zu eröffnen und die Ruhe wieder herzustellen«. Die Gegenseite blieb hart: erst müsse das Militär sich zurückziehen – aus der ganzen Stadt. Prinz Wilhelm sprach von Unverschämtheit. Sein Bruder zog sich mit Bodelschwingh und dem Ex-Diplomaten Heinrich von Arnim zur Beratung in den »Sternensaal« zurück. Was dort geschah, wer von den beiden eher liberalen Männern dem König mit welchen Argumenten zusetzte, wurde ebenfalls nie bekannt. Sicher ist nur, daß Bodelschwingh kurze Zeit später wieder erschien und »in höchster Erregung« bekanntgab, Majestät hätten den bedingungslosen Rückzug des Militärs befohlen. Prittwitz und Wilhelm wollten ihren Ohren nicht trauen, aber Bodelschwingh blieb bei dem, was er gesagt hatte. Es war der Sieg der Revolution.

Unter dem Triumphgeschrei der Berliner, verspottet, verhöhnt und beschimpft, rückten die Truppen tatsächlich in ihre Kasernen ab, während das Volk über die Lange Brücke auf die Spreeinsel drängte und den König in seinem eigenen Schloß belagerte. Ob er wirklich angeordnet habe, was Bodelschwingh bekanntgegeben hätte, wollte Wilhelm vom älteren Bruder noch wissen. Dieser sagte: »Um Gottes willen, nein«, sein Befehl habe gelautet: erst die Barrikaden räumen, dann Truppenrückzug. Der Thronfolger mußte sich damit begnügen;

für ihn begann es gefährlich zu werden. Den Aufständischen galt er als Urheber der ganzen Greuel; sie nannten ihn bereits »Kartätschenprinz«. Durch einen Hintereingang mußte er erst das Schloß, dann auf Schleichwegen das Land verlassen; die nächsten zweieinhalb Monate verbrachte Preußens künftiger Herrscher in England. Ob es aber zutraf, daß tatsächlich er befohlen hatte, mit Geschützen auf die Barrikaden zu feuern, oder nicht, wurde ebenfalls nie enthüllt. Kein Wunder freilich: mit solcher Vergangenheit hätte man ihn den Deutschen später kaum als Kaiser Wilhelm I. präsentieren können.

Sein Bruder selbst blieb im Schloß zurück, als Gefangener des Volkes, bewacht von einer rasch gebildeten Bürgerwehr. Arnim-Boitzenburg, noch in der Nacht vom 18. auf den 19. März zum Ministerpräsidenten berufen, ließ ihn nicht einmal nach Potsdam abreisen, wo das höhere Offizierskorps sich versammelt hatte. Zusammen mit seinem (weitläufigen) Vetter Heinrich von Arnim, nunmehr Außenminister, beschwor er den völlig verunsicherten Herrscher, sich der Situation zu stellen, sonst sei alles verloren. Und wie schon Bodelschwingh schlug er zudem vor, das Volk auf die gesamtdeutsche Sache einzuschwören, um es so von den Problemen vor der eigenen Haustür abzulenken.

Die beiden Arnims müssen gewußt haben, wie Friedrich Wilhelm zu nehmen war: nichts liebte er ja mehr als große Worte, große Auftritte und verschwommene Visionen.

Schon zwei Tage nach ihrem Sieg über das Militär erfuhren denn die Berliner, Preußens König habe sich »zur Rettung Deutschlands an die Spitze der Gesamt-Nation gestellt«, noch heute würden sie ihn »mit den alten ehrwürdigen Farben Deutscher Nation ... zu Pferde« in ihrer Mitte sehen – er meinte Schwarz-Rot-Gold. Als der große Tag, der 21. März, dann herangekommen war, zeigte sich indessen, daß keine derartige Trikolore im Schloß zu finden war. Ein Mann aus Friedrich Wilhelms Begleitung riß deshalb die nächstbeste Fahne vom nächstbesten Haus ab und reichte sie ihm aufs Pferd. Geschmückt mit diesem Tuch – keineswegs den alten Reichsfarben, denn so etwas gab es nicht, sondern dem Wahrzeichen der Jenenser Burschenschaft und der Revolution –, ritt der Zollern also durch das verwüstete Berlin, grüßte huldvoll nach allen Seiten und hielt dreimal an, um seine berühmten schwungvollen Ansprachen zu halten. Dabei fiel auch der Satz: »Preußen geht fortan in Deutschland auf.« Halb Deutschland mokierte sich über den seltsamen Umzug und die noch seltsamere Ankündigung. Nicht wenige der gedemütigten Offiziere aber hielten Friedrich Wilhelm IV. schon damals für geisteskrank.

Sicher ist indessen nur, daß er von da an den Eindruck hervorrief, das Steuer der preußischen Politik sei ihm entglitten – oder andere hätten ihn diskret beiseite gedrängt, um den Kurs zu bestimmen. Von dem, was er während der letzten Revolutionstage von sich gegeben hatte, galt jedenfalls schon Wochen später nahezu nichts mehr. Arnim-Boitzenburg zum Beispiel, am 19. März Ministerpräsident geworden, mußte bereits am 29. dieses Monats wieder zurücktreten.

»Ich habe die Sache übernommen«, sagte Friedrich Wilhelm Graf Brandenburg, »habe aber kaum die Zeitungen gelesen, bin mit staatsrechtlichen Fragen unbekannt und kann nichts weiter tun, als meinen Kopf zu Markte zu tragen. Ich brauche einen *Elefantenführer*, einen Mann, dem ich traue und der mir sagt, was ich tun kann.«

Graf Brandenburg, sechsundfünfzig Jahre alt, General der Kavallerie, war der Sohn Friedrich Wilhelms II. aus seiner morganatischen Ehe mit Gräfin Dönhoff. Am 2. November 1848 hatte der König ihn zum preußischen Ministerpräsidenten ernannt, dem vierten schon seit Arnim-Boitzenburgs Rücktritt. Der Mann, dem er seine Sorgen anvertraute, hieß Otto von Bismarck, Mitglied des im April wieder einberufenen Landtags sowie des »Vereins zum Schutze des Eigentums«, auch »Junkerparlament« genannt. Keine Frage, daß der damals Dreiunddreißigjährige sich zugetraut hätte, dem braven Soldaten Brandenburg als Elefantenführer zu dienen, doch davon konnte keine Rede sein – diese Rolle beanspruchte Leopold von Gerlach. Die »Kamarilla« um den königlichen Generaladjutanten war entschlossener denn je, so gut wie alles rückgängig zu machen, was sich seit dem 19. März in puncto Liberalisierung getan hatte. Als ihre Mitglieder Ende Oktober erfuhren, in Wien sei der dritte Bürgeraufstand des Jahres 1848 gegen Kaiser und Reich mit brutaler Gewalt niedergeschlagen worden, glaubten sie, nun hätte auch in Preußen die Stunde der Reaktion geschlagen. Brandenburg erhielt Anweisung, den Landtag aufzulösen. In der Nacht vor dem Tag, an dem dies geschehen sollte, hatte Militär die Umgebung des Schauspielhauses, dem Tagungsort der Parlamentarier, abgeriegelt, und Friedrich von Wrangel, Oberkommandierender in den Marken, stand bereit, über die ganze Stadt den Belagerungszustand zu verhängen. Mit generalstabsmäßiger Präzision lief das Unternehmen dann ab.

Am 9. November trat der Ministerpräsident vor den Landtag und erklärte ihn für geschlossen, seine Beschlüsse für illegal. Tags darauf marschierte Wrangel, stieg auf dem Gendarmenmarkt vom Pferd, ließ sich einen Stuhl bringen, nahm Platz und erklärte dem verdutzten Kommandanten der Bürgerwehr, er würde so lange sitzen bleiben, bis seine Truppe sich aufgelöst habe. Nach nicht einmal zwei Stunden konnte er wieder aufstehen. Der Staatsstreich war vollzogen. Selbst Gerlach wollte es nicht glauben. Was sollte eigentlich als nächstes geschehen?

In den vergangenen Monaten war aus dem Frankfurter Vorparlament eine »Verfassungsgebende Nationalversammlung« hervorgegangen, die in der Paulskirche tagte und später nach ihr benannt wurde. Im Juni bildete sie eine provisorische Reichsregierung und setzte Erzherzog Johann zu ihrem Oberhaupt ein, den siebten Sohn Kaiser Leopolds II., der in Österreich so populär war, daß sogar ein Jodler seinen Namen trug. Allerdings sollte er dem großdeutschen Staat (»großdeutsch«, weil er auch die Habsburger Monarchie mit einschloß) nur als Platzhalter für den künftigen Erbkaiser dienen; das »Parlament der Professoren« hatte sich für eine konstitutionelle Monarchie entschieden. Nun fragte sich, wem es die Krone andienen sollte.

Eine von insgesamt drei großen Fraktionen dachte an den jungen Franz Joseph I. aus dem Hause Habsburg, eine zweite, die nur Deutsch-Österreich, nicht aber Ungarn, Böhmen und die anderen Länder des von Wien aus regierten Vielvölkerstaates in das neue Gemeinwesen mit hineinnehmen wollte, war noch unentschieden, die dritte plädierte für einen rein deutschen Verbund unter Führung Preußens.

Während aber die Frankfurter Parlamentarier diese verschiedenen Möglichkeiten noch diskutierten, hatte die preußische Regierung entschieden, wie es im eigenen Land weitergehen sollte, und dem Staat eine Verfassung »oktroyiert«, also kraft eigener »auctoritas« aufgezwungen. Das neue Grundgesetz sah ein Dreiklassenwahlrecht vor (die wenigen Höchstbesteuerten kürten ebenso viele Wahlmänner wie die größere Gruppe der mittleren Einkommensbezieher und die Masse der gering besteuerten Bürger), ferner zwei Kammern (ein Herrenhaus, dessen adelige Mitglieder auf Lebenszeit berufen wurden, sowie ein Abgeordnetenhaus, in das man, eben von den Wahlmännern, auf fünf Jahre gewählt werden konnte). Die Armee unterstand dem König und mußte auch auf ihn vereidigt werden, ebenso die Beamten, vom Staatssekretär bis zum Forstadjunkt. Ein besonders wichtiger Artikel lautete: »Wenn die Kammern nicht versammelt sind, können in dringenden Fällen unter Verantwortlichkeit des gesamten Staatsministeriums Verordnungen mit Gesetzeskraft erlassen werden«, allerdings seien diese den Parlamentariern später zur Genehmigung vorzulegen. Damit, meinten die maßgebenden Leute um Gerlach, könne einigermaßen ordentlich regiert werden. Das Kabinett halte die wichtigsten Fäden in der Hand, die Bürger seien nicht völlig entmündigt, und die Vorrechte des Königs blieben unangetastet. Der König selbst meinte das keineswegs. Ihm war die ganze Konstitution bei weitem zu liberal. Er mußte jedoch nachgeben; seine Stimme besaß seit den Iden des März nicht mehr allzuviel Gewicht.

Doch wie stand es eigentlich mit seinem Versprechen, Preußen werde in Deutschland aufgehen? Der Zollern hatte es weder vergessen noch verdrängt, im Gegenteil. Während Brandenburg tat, was ihm die »Elefantenführer« vorschrieben, entwarf er mit Feder und Zeichenstift das neue Reich der Deutschen auf dem Papier. An seiner Spitze sollte – natürlich – ein Erbkaiser stehen, aber nicht aus dem Haus Zollern würde er kommen, denn Habsburg, dabei blieb es, durfte seines Vorranges nicht beraubt werden. Dafür konnte Friedrich Wilhelm sich neben dem Kaiser durchaus einen Fürstenrat vorstellen, der den regierenden König wählte. Und dessen Krone, ja, die hätte er ganz gerne getragen, wäre also der Schwertarm des Reiches gewesen, der erste unter mehreren »Reichswehrherzögen«. Warum bloß zeigte niemand so richtig Interesse, wenn er derlei Pläne herumzeigte?

Die einzigen, die ihn ernst zu nehmen schienen, waren einige der Frankfurter Parlamentarier. Auch in der Paulskirche kursierten Reichsentwürfe der unterschiedlichsten Art, kraß nüchtern die einen, utopisch angehaucht oder romantisch verbrämt viele andere. Entscheidend blieb indes die Frage, ob man einen straff geleiteten Zentralstaat haben wollte, der nicht allzu groß hätte sein dürfen, oder die lockere Union mit den habsburgischen Ländern, denen mittlerweile ebenfalls eine Verfassung oktroyiert worden war. Und wer sollte dem Gemeinwesen vorstehen? Doch ein erblicher Herrscher oder, wie der Abgeordnete Ludwig Uhland es ex negativo formulierte, auf keinen Fall »ein Haupt … das nicht mit einem Tropfen demokratischen Öls gesalbt ist«?

Heinrich von Gagern, Präsident der Nationalversammlung, versuchte schließlich den wirren Knoten aus Argumenten und Gegenargumenten mit einem Schlag zu durchhauen. Er fuhr nach Potsdam und fragte Friedrich Wilhelm klipp und klar, ob er die deutsche Kaiserkrone annehmen würde, wenn das Parlament sie ihm antrüge. Für den Zollern war es trotz allem eine schwere Versuchung – einerseits. Andererseits freilich: Konnte, durfte er sich gegen Österreich stellen? Und was würde Schwager Nikolaj sagen, wenn er sich von Demokraten den Purpur umhängen ließ? Wie immer in solchen Situationen, versuchte Preußens König auch jetzt, eine verbindliche Entscheidung hinauszuschieben, aber dennoch alle Eisen im Feuer zu behalten.

Gagern erfuhr: nach seiner festen Meinung könne das Parlament keine Krone vergeben, nur die Fürsten seien dazu berechtigt. Zugleich wandelte er jedoch seinen Reichsentwurf ab und ließ ihn an den deutschen Höfen kursieren. Könne es nicht, fragte er die Amtsbrüder nun, einen (klein-)deutschen Bundesstaat und neben diesem einen Staatenbund geben, dem auch die Länder der Donaumonarchie angehörten? Und wie stünden die Herren Kollegen zu der Idee, das umfassendere dieser Gebilde von einem Königskollegium regieren zu lassen, das kleinere aber dem Haus Zollern anzuvertrauen? Ein kaiserliches Oberhaupt müsse es in dem asymmetrischen Gemeinwesen eigentlich gar nicht geben, dafür aber ein »Staatenhaus« als zweite Kammer, in das die Regierungen der verschiedenen Länder ihre Vertreter entsenden würden. Wäre das nicht die eleganteste aller denkbaren Lösungen?

Die Antworten, die dem Zollern aus Stuttgart, München, vor allem aber aus Wien zuteil wurden, glichen insgesamt einem kalten Guß. Felix von Schwarzenberg, der österreichische Staatskanzler, wollte von einem Bundesstaat im Staatenbund überhaupt nichts wissen. Statt dessen verlangte er, daß die gesamte Donaumonarchie in das künftige deutsche Reich integriert werde, was auf nichts anderes hinausgelaufen wäre als auf ein Deutschland unter habsburgischer Vorherrschaft.

So kam es denn, daß Friedrich Wilhelm IV. am 28. März 1849 zum deutschen Kaiser gewählt wurde.

Die Männer der Paulskirche hatten begriffen, was Schwarzenberg anstrebte. Es hatte ihnen – selbst den »Großdeutschen« – zutiefst mißfallen, und deshalb hatten sie mit 290 Stimmen, bei 248 Stimmenthaltungen, beschlossen, dem Zollern die Krone anzubieten – sie, das Volk.

War das nicht eine geradezu triumphale Genugtuung für jemanden, den das Volk zwölf Monate zuvor noch verhöhnt, beschimpft und zutiefst gedemütigt hatte?

Was Friedrich Wilhelm wirklich bewegte, als er die »Kaiserdeputation« der Frankfurter Nationalversammlung im Rittersaal seines Berliner Schlosses empfing und aus dem Mund des Delegationsleiters Eduard von Simson erfuhr, daß er es sei, den die Deutschen an der Spitze ihres Staates sehen wollten – niemand weiß es. Überliefert ist nur seine Antwort an die zweiunddreißig Parlamentarier: »Ich würde Ihr Vertrauen nicht rechtfertigen, wollte ich ohne das freie Einverständnis *der gekrönten Fürsten* eine Entschließung fassen. An den Regierungen der einzelnen Staaten wird es jetzt sein, in gemeinsamer Beratung zu prüfen, ob die Verfassung dem Ganzen frommt.« Da er deren Meinung aber schon kannte, war dies die Absage und für ihn selbst der Verzicht. Anzunehmen, daß der Bescheid ihm leichtgefallen sei, hieße freilich, den Zollern verkennen. Er wäre schon ganz gerne Oberhaupt aller Deutschen geworden, nur: er wagte es nicht, die deutschen Fürsten gegen sich aufzubringen. Um so ätzender deshalb die Kommentare, mit denen er später zu bemänteln versuchte, daß es ihm im entscheidenden Moment am nötigen Mut gefehlt habe.

»Was würde ich denn«, fragte er die Angehörigen der Kamarilla, »nähme ich die Krone an? Eine Kreatur der sechshundert in der Paulskirche versammelten Männer. Ihr Recht wäre älter als mein deutschkönigliches Recht; die Obrigkeit stünde unter den Untertanen; der Hase jagte den Jäger.« An Ernst Moritz Arndt ließ er schreiben: »Ist diese Ausgeburt des gräßlich kreißenden 1848sten Jahres eine Krone? Das Ding, von dem wir reden, trägt nicht das Zeichen des heiligen Kreuzes, drückt nicht den Stempel von Gottes Gnaden aufs Haupt, ist keine Krone. Es ist das eiserne Halsband der Knechtschaft, durch welches der Sohn von mehr als vierundzwanzig Regenten, Kurfürsten und Königen, das Haupt von sechzehn Millionen, der Herr des treuesten und tapfersten Heeres der Welt zum Leibeigenen der Revolution gemacht werden würde.« In einem Brief von eigener Hand wurde Friedrich Wilheln noch gröber. »Jeder nachgeborene Graf des alten Reiches«, heißt es da, »ist viel zu gut für solch ein Diadem, geknetet aus Dreck und Letten der Treulosigkeit, des Eidbruchs und des Hochverrats.« Dreck und Letten läßt sich mit einem einzigen Wort ins Vulgärdeutsche übersetzen: »Scheiße.«

Als ihn Hermann von Beckerath, Abgeordneter der Nationalversammlung, später doch noch einmal umzustimmen suchte, bekannte der Zollern, wie es wirklich um ihn stand und wen er in Wahrheit so haltlos begeiferte – sich selbst. »Ich bin«, sagte er dem Rheinländer, »kein Friedrich der Große.«

VII.

Der Zollern und sein Hausmeier

Zum ersten Mal begegneten sie einander bei einem Hofball im Winter 1834. Der jüngere von beiden trug die Uniform der Rechtsreferendare, der Ältere vermutlich Offiziersgala. Die Justiz, sagte der Ältere, auf den Jüngeren und einen ebenso hochgewachsenen Kollegen zutretend, suche sich jetzt die Leute wohl nach dem Gardemaß aus, um dann sofort eine Frage nachzureichen, die ihm wohl stets auf der Zunge lag: Weshalb sei er nicht Soldat geworden? »Ich hatte den Wunsch«, erwiderte dieser, »aber die Eltern waren dagegen, weil die Aussichten zu ungünstig wären.« Der Ältere nickte. »Brillant ist die Karriere allerdings nicht, aber bei der Justiz auch nicht.«

Das nächste Mal trafen sie sich im Revolutionsjahr 1848 auf einem Kleinstadtbahnhof. Der Jüngere, ungewiß, ob der Ältere mit ihm gesehen werden wolle, versteckte sich hinter anderen Leuten. Da er aber alles Volk um Haupteslänge überragte, sah ihn der Gesprächspartner von damals, bahnte sich einen Weg zu ihm, schüttelte seine Hand und sagte: »Ich weiß, daß Sie für mich tätig gewesen sind, und werde Ihnen das nie vergessen.« Wenig später lud er den blondhaarigen Hünen nach Schloß Babelsberg ein, seinem Potsdamer Sommersitz. Der Gast trug ihm ein Lied vor, das die Soldaten bei ihrem erzwungenen Rückzug vom Schauplatz der Berliner Straßenkämpfe gesungen hatten: »Ihr sollt nicht Preußen mehr, sollt Deutsche sein / ... Vernimm die Schandtat, heil'ges Vaterland, / Sieht man des Pöbels schmutz'ge Schlächterreihen / Um jenen König stehen Hand in Hand.« Der Schlußvers schließlich ging so: »Was du hier tatest, Fürst, wird dich gereu'n, / so treu wird keiner, wie die Preußen sein.«

Als der Sänger geendet hatte, brach sein Gastgeber in »heftiges Weinen« aus – was jener aber nicht befremdlich fand: in Momenten höchster Anspannung neigte er selbst zu unkontrollierbaren Tränenausbrüchen.

Von da an sieht man den jungen Abgeordneten häufiger im neugotischen Schloß am Tiefen See. Die Frau des Älteren ist es nun, von der er eingeladen wird. Sie will ihn wissen lassen, was ein preußischer Parlamentarier zu tun oder zu lassen habe, beendet aber jedes Gespräch mit der stehenden Formel: »Es freut mich, *Ihre* Meinung gehört zu haben.« Beim Verlassen der weitläufigen Anlage geschieht es dann gelegentlich, daß der Sohn des Paares den Besucher abfängt, um heimlich seine Hand zu drücken.

Es ist die Dame des Hauses, die in Babelsberg Regie führt. Beim Frühstück pflegt sie dem Gemahl Vortrag zu halten und dabei vertrauliche Briefe oder Zeitungsartikel auszubreiten, welche ihren eigenen Argumenten Nachdruck verleihen sollen. Als der Gast, den dies insgeheim amüsiert, einmal andeutet, die Papiere seien möglicherweise von Alexander Graf Schleinitz, dem zeitweiligen preußischen Außenminister und engen Vertrauten der Gastgeberin, »ad hoc redigiert«, also nach ihren Wünschen frisiert, erfährt er eine herbe Abfuhr. Der Ehemann »mit seinem ritterlichen Sinne« pflegte stets für die Gemahlin einzutreten, »auch wenn der Anschein einleuchtend gegen sie war«. Der Gast gewöhnte sich daran, keineswegs jedoch die Gastgeberin. Bismarck, denn von ihm ist hier die Rede, hatte es sich schon frühzeitig mit der Prinzessin von Preußen verdorben. Sie konnte diesen Junker, der ihren Mann, den Bruder des Königs und künftigen Herrscher, so zielstrebig in seinen Bann zu ziehen suchte, von Anfang an nicht ausstehen und ließ es ihn auch spüren.

Augusta, Enkelin des »Goethe-Herzogs« Karl August von Sachsen-Weimar, Tochter der Großfürstin Maria Paulowna, wollte die Geschicke Preußens selbst bestimmen – was keineswegs mit persönlichem Ehrgeiz zu tun gehabt haben muß; es könnte auch sein, daß sie ihrem Mann einfach nicht die zum Regieren notwendigen Fähigkeiten zutraute (und das wiederum hätte für ihren Realitätssinn gesprochen).

Wilhelm, zweiter Sohn der Königin Luise, war, gemäß zollernscher Familientradition, zum Soldaten bestimmt und entsprechend erzogen worden. Das hieß: mit zehn Jahren Eintritt ins Heer, mit siebzehn Ernennung zum Hauptmann, anschließend Teilnahme am Krieg gegen Napoleon. Er hört Kugeln pfeifen, sieht Menschen sterben und reitet mit dem Vater zweimal in Paris ein. Das alles hat ihn geprägt und bestimmt fortan sein Bewußtsein; der Rest ist ererbt. Preußen und die

Familie Zollern bilden in seinen Augen eine gewachsene, natürliche Einheit, sie können nicht auseinanderdividiert werden; wer es dennoch versuchte, wäre mehr als ein Hochverräter – er verstieße gegen Gottes Gesetz. Nach außen hin tritt diese fleischgewordene Überzeugung als natürliche Würde zutage; man nähert sich dem Prinzen nicht, er nähert sich dem anderen; man spricht ihn nicht an, er hat das erste Wort. Als geborener Aristokrat ist Wilhelm auch nicht darauf angewiesen, sich in Szene zu setzen, geht vielmehr davon aus, daß er in jedem Zirkel stets den Mittelpunkt markiert und selbst an runden Tischen immer oben sitzt. Nach anstrengenden Truppenparaden ein trockenes Brötchen aus der Tasche ziehen, um vor aller Augen hineinzubeißen, ist für ihn keine Effekthascherei; derlei hat er einfach nicht nötig. Kommt noch hinzu, daß er recht gut aussieht: in jungen Jahren ein Offizier, nach dem sich die Frauen umdrehen, später von ungemein achtungsgebietender Erscheinung. Aber das weiß er auch und sucht es zu bewahren: als ihm die Haare ausgehen, läßt er die Koteletten bis übers Kinn hinabwachsen und legt sich einen Schnauzbart zu.

Im übrigen sind Wilhelms Überzeugungen derart fest gefügt und sicher verwurzelt, daß er sie nie in Frage stellt, ja völlig außerstande ist, sie aus einem anderen als dem eigenen Blickwinkel zu betrachten, was ihn zuweilen starrsinnig, häufiger naiv erscheinen läßt. Persönlich bescheiden, sogar beinahe knauserig (wie sein Vater), wird er bockig, wenn es an ihm teure Prinzipien geht. Die aber stimmen nun einmal mit seinem Selbstverständnis fast völlig überein. Preußen, die Dynastie, das Heer: auf dieser Trias, einer für ihn fast heiligen Dreieinigkeit, ruht des Zollern ganze Welt. Was außerhalb ihrer Grenzen liegt, im räumlichen wie im geistigen Sinn, hat ihn nie besonders interessiert (wenn man davon absieht, daß er gern nach Baden-Baden fährt). Wilhelm genügt, was er versteht und besitzt; mehr möchte er weder wissen noch haben. Alles, was ihm gehört, will er jedoch unbedingt behalten: es steht ihm schließlich zu. In diesem Punkt ist er sich mit seinem Bruder völlig einig.

Anders als der um zwei Jahre ältere gehört Wilhelm indessen zu den wenigen Zollern, die völlig amusisch sind und frei von jeglichem genialischen Zug. Eben dadurch kommt er im Vergleich mit Friedrich Wilhelm IV. eher besser weg: neben dem überspannten Romantiker auf dem Thron wirkt Königin Luises zweiter Sohn zwar farblos, nüchtern und bieder, zugleich aber normal, verläßlich und berechenbar. Da er keine Visionen hat, kann er sich auch nicht in Phantasmen verrennen, da sein Blick begrenzt ist, wird er den einmal beschrittenen Weg stets konsequent zu Ende gehen. Wenn er dann noch kluge Ratgeber findet, kann man von ihm sogar erwarten, daß er gut regiert.

So oder so ähnlich scheint ihn auch seine Frau eingeschätzt zu haben.

Über Augustas Mutter, die Tochter des ermordeten Kaisers Paul I. von Rußland, sagte Goethe zu Eckermann: »Ich kenne die Großherzogin seit dem Jahr 1805 und habe Gelegenheit in Menge gehabt, ihren Geist und Charakter zu bewundern. Sie ist eine der besten und bedeutendsten Frauen unserer Zeit und würde es sein, wenn sie auch keine Fürstin wäre.« Maria Paulowna war eine leicht exotisch wirkende, dunkelhaarige Schönheit gewesen; das nämliche galt für ihre Tochter. Als die Halbrussin aus Weimar 1829 den Zollernprinzen heiratete, schien zumindest eines vorhersehbar: die beiden würden gutaussehende Kinder haben (das hat sich dann bewahrheitet). Die andere Frage lautete allerdings: Wie würden sie miteinander auskommen?

Augusta, nicht nur schön, sondern auch temperamentvoll und hochgebildet, war an einem der liberalsten deutschen Fürstenhöfe aufgewachsen, kannte neben Goethe eine ganze Reihe anderer literarischer Größen jener Zeit – von dem Amerikaner Ralph Waldo Emerson bis zu Franz Grillparzer aus Wien – und hegte eine ausgesprochene Vorliebe für die katholische Kirche. Zudem besaß sie Willensstärke, Entschlußkraft, Ehrgeiz und hatte die Absicht, von all diesen Gaben auch Gebrauch zu machen. Sobald sie unter die Haube gekommen war, kam Wilhelm deshalb unter den Pantoffel; das bezeugen nicht nur Bismarcks Berichte über die morgendlichen Instruktionsstunden in Babelsberg. Als ihr Mann 1841 den Titel Prinz von Preußen verliehen bekam, versuchte sie auch, bereits das Terrain zu sichern, auf dem er als König würde operieren müssen; und natürlich gab es Männer im Kabinett, die nur allzu bereit waren, der künftigen Königin nützliche Dienste zu erweisen. Bismarck nennt nur einen davon beim Namen, den Grafen Schleinitz; daneben kam Augusta jedoch auch gut mit dem Katholiken Joseph Maria von Radowitz und dem anderen heimlichen Hausmeier am preußischen Hof, Leopold von Gerlach, zurecht.

Wessen sie fähig war, bewies die Frau des Thronfolgers zum ersten Mal am und nach dem 19. März 1848.

Als die siegreichen Revolutionäre dem König ihre gefallenen Mitkämpfer präsentierten, hielt Augusta sich gerade im Schloß auf. So blieb ihr keineswegs verborgen, wer von den aufgebrachten Frauen und Männern am heftigsten beschimpft wurde, nämlich Wilhelm, der »Kartätschenprinz«. Was sie, seine Frau, dabei empfand, wurde nie bekannt, wie sie die Lage einschätzte, läßt sich indes rekonstruieren: Augusta gab ihren Mann verloren. Nachdem er sich davongestohlen hatte, ging auch sie – allerdings durch die Vordertür. Augenzeugen sahen »eine Dame in schwarzer Kleidung, einen jungen Menschen zwischen Knabe und Jüngling fest an der Hand« die Treppe herabkommen, auf die bewaffneten Männer zugehen, deren Reihen durchschreiten und in einen Wagen steigen. Als die Kutsche »durch das Portal, das sich dem Dom gegenüber öffnet, langsam, schrittweise davonfuhr, erhob sich keine Hand, keine Drohung, keine Beleidigung wurde ihr entgegengeschleudert«. Dabei wußten die Leute durchaus, wer in dem Fahrzeug saß: »Es war die Prinzeß von Preußen« mit ihrem damals siebzehnjährigen Sohn Friedrich Wilhelm (der sich als deutscher Kaiser Friedrich III. nennen sollte). Augusta fuhr nach Potsdam, wenn auch keineswegs in der Absicht, ihren Mann auf der Pfaueninsel zu besuchen, wo er sich vorübergehend versteckt hatte. Augusta spielte ihr eigenes Spiel. Georg von Vincke, dem Sprecher der konservativen Fraktion im Vereinigten Landtag, ließ sie übermitteln, das Parlament solle den König zur Abdankung zu bewegen und einen Nachfolger für ihn bestimmen – nicht Wilhelm, ihren Mann, sondern dessen Sohn. Der Prinz von Preußen, erfuhr Vincke ferner, sei mit dieser Regelung einverstanden und billige es auch, daß sie, Augusta, für den minderjährigen Friedrich Wilhelm die Regentschaft übernehme.

Anstelle des ihr bekannten Politikers erschien dann jedoch ein Mann in Potsdam, von dem die Prinzessin bis dato noch nicht gehört haben dürfte.

Otto von Bismarck hatte seine bäuerlichen Gutsnachbarn im hinterpommerschen Kniephof gefragt, ob sie bereit seien, mit ihm nach Berlin zu gehen und dem König in seiner Not beizustehen. Als sie begeistert »ja« geschrien hatten, steckte er seinen Revolver in die

Rocktasche und fuhr nach Potsdam, um Prinz Wilhelm zu finden, den einzigen, der ihm geeignet erschien, die konterrevolutionäre Truppe anzuführen. Im Stadtschloß stieß er aber nur auf dessen Frau.

»Sie empfing mich im Entresol [dem ersten Stock], auf einem fichtenen Stuhle sitzend, verweigerte die erbetene Auskunft [über den Aufenthaltsort Wilhelms] und erklärte in lebhafter Erregung, daß es ihre Pflicht sei, die Rechte ihres Sohnes zu wahren. Was sie sagte, beruhte auf der Voraussetzung, daß der König und ihr Gemahl sich nicht halten könnten.« Wie Bismarck auf diese Ankündigung reagierte, hat er bis an sein Lebensende nicht preisgegeben. Als er jedoch später von Vincke erfuhr, daß Augusta tatsächlich daran denke, die Regentschaft zu übernehmen, und der Kollege ihn bat, ihr Manöver zu unterstützen, muß es zu einer mittleren Explosion gekommen sein.

»Ich lehnte sofort ab und erklärte, daß ich einen Antrag des Inhalts mit dem Antrage auf ein gerichtliches Verfahren wegen Hochverrats beantworten würde ... Die Verhandlung fand bei mir im Hotel des Princes, parterre rechts, statt und enthielt beiderseits mehr, als sich niederschreiben läßt.« Auch Wilhelm erfuhr nie etwas von dieser sicherlich hochdramatischen Auseinandersetzung – ebensowenig unterrichtete Bismarck ihn je über seine erste Begegnung mit Augusta im Potsdamer Stadtschloß. Bleibt deshalb die Frage: Hat Augusta das gewußt, oder bestellte sie ihn – denkbar wäre es ja – nur deshalb immer wieder zu sich, um es herauszubekommen? Auf jeden Fall war sie dem späteren Kanzler von Anfang an in heimlicher, feindseliger Komplizenschaft verbunden; es muß ihrem Verhältnis eine Art von giftigsüßem Reiz verliehen haben. Wilhelm hingegen wußte bestenfalls die Hälfte dessen, was Bismarck wirklich für ihn getan hatte – auch damals schon, als er ihm auf dem Bahnhof von Genthin die Hand schüttelte.

So könnte man vermuten, das Verhältnis dieser drei Menschen habe, solange es dandauerte, eine Affaire zu dritt geglichen: die Frau, der Hausfreund, der von ihrem Fehltritt wußte, und der ahnungslose Ehemann. Wer in dieser »ménage« die stärkste Position einnahm, dürfte auf der Hand liegen.

»Bismarck ist eine Natur, die das Leben verzehrt, aber die Ruhe tötet«, so sein Jugendfreund Alexander von Keyserling. Da der spätere Naturforscher aus dem Baltikum stammte, liegt die Vermutung nahe, er habe mit dieser Sentenz nur den vieldeutigen russischen Begriff »schirokaja natura« ins Deutsche übersetzen wollen: breites Wesen, das ungestüm dahinströmt, Geröllbrocken mit sich schleppend, Strudel bildend, gegen Felsen brandend, sich immer wieder verwandelnd, heute weit und still, morgen brodelnd und aufgeregt, ungleich Alexander I. jedoch alles andere als leicht zu beeinflussen. In Göttingen, wo er studierte, führte Bismarck Spitznamen wie »Kindskopf«, »Kassube« oder »Achilles«, war ein gefürchteter Duellgegner, ein beliebter Zechkumpan und galt als Modegeck, Naturbursche, Klassenlümmel, Hypochonder zugleich. Auch in seiner äußeren Erscheinung schien nichts zusammenzupassen: hünenhafte Gestalt, dünne Stimme; muskulöse Arme, zartgliedrige Hände. Nach den Abschlußexamina und einem kurzen Praktikum in Aachen schwor der fertige Jurist dem Staatsdienst wieder ab, absolvierte noch einige Semester Chemie und zog sich auf seine ererbten Güter zurück, entschlossen, ein guter Landwirt zu werden; das gelang ihm zwar, zufrieden machte es ihn jedoch nicht. Sowohl in Kniephof wie im altmärkischen Schönhausen langweilte er sich »zum Hängen«, ging deswegen auch weiterhin keinem Streit und keinem Saufgelage aus dem Weg, las, was ihm an Gedrucktem in die Hände fiel: philosophische Schriften, geschichtliche Werke, Gedichte, Dramen, Einführungen in alle möglichen Sachgebiete, von der doppelten Buchführung bis zur *Lehre vom Dünger*. Seine Lebensweise brachte ihm die Bezeichnung »der tolle Bismarck« ein, was nicht eben schmeichelhaft gemeint war; als er sich zum ersten Mal verloben wollte, wurde er vom Brautvater abgewiesen.

Eben aus Langeweile geht er dann zu den Ulanen, erweist sich als verwegener Reiter, exzellenter Schütze, erwirbt ein Leutnantspatent, kann dem Leben in Uniform trotzdem sowenig abgewinnen wie dem in der Amtsstube und spielt deshalb mit dem Gedanken, alle Brücken hinter sich abzubrechen, um seine »Zigarren am Ganges, statt an der [pommerschen] Rega zu rauchen«; es reicht dann aber nur zu einer Reise nach England (wo er sich wohl fühlt und den Porter kennenlernt, ein dunkles Bier, das er später mit Champagner zu mischen pflegt). Endlich kommt der unruhige junge Mann dank einer Tochter aus pietistischem Haus mit dem Pietismus in Berührung. Die Dame ist jedoch bereits verheiratet, taugt also nur zur Seelenfreundin; dann stirbt sie an der Grippe: Es wird zu einem entscheidenden Wendepunkt (von vielen) in Bismarcks Leben. An ihrem Totenbett lernt der erklärte (dennoch sehr abergläubische) »Pantheist« beten, und schon fürchten seine Freunde, er könne »fromm« werden. In gewisser Weise wird er es sogar; es hat wiederum mit einer Frau zu tun.

Auch Johanna von Puttkamer ist im Pietismus verwurzelt; ihr zuliebe versucht er einen Weg zum christlichen Glauben zu finden; es war wohl notwendig. Wo sein wildes, sinnleeres Leben hingeführt hätte, wäre es ihm nicht gelungen, irgendwo Anker zu werfen; allein der Gedanke daran läßt ihn später erschauern. Die »schirokaja natura« Otto von Bismarcks hatte schon immer nach einem sicheren Flußbett gesucht. Nun ist er bereit, sich auch führen zu lassen – als Ehemann und Familienvater. Doch da erreicht ihn, auf Gut Schönhausen im Magdeburgischen, wohin er aus Pommern übergesiedelt ist, die Nachricht von der Zusammenlegung der acht preußischen Provinziallandtage zum Vereinigten Landtag in Berlin. Und sofort setzt er alle Hebel in Bewegung, um einen Abgeordnetensitz zu erlangen.

Welcher Fraktion soll er sich anschließen? Die Schule hatte Bismarck mit der Überzeugung verlassen, »daß die Republik die vernünftigste Staatsform sei«. Der Frankfurter Putsch und das Hambacher Fest stießen ihn jedoch ab, weil »tumultuarische Eingriffe in die staatliche Ordnung« seiner »preußischen Erziehung« widerstrebten. Im übrigen blieb er davon überzeugt, »daß die Entwicklung der nächsten Zeit uns zur deutschen Einheit führen werde« (behauptet dies zumindest später, im Rückblick auf sein Leben). Also wohin mit ihm? Zu den Liberalen, Konservativen oder Großdeutschen? Seine Entscheidung fällt erst, nachdem er schon gewählt ist, und zwar im Plenum.

Ein Sprecher der Fortschrittlichen hat daran erinnert, daß das Volk 1813 auch aufgestanden sei, um seine eigene Freiheit zu erlangen, wovon aber nur die Monarchie profitiert habe; die müsse sich endlich revanchieren. Darauf eine dünne, helle Stimme aus der anderen Ecke des Saales: »Man spricht sich jedes Ehrgefühl ab, wenn man darum, daß man sich gegen Schläge, die man selbst empfängt, zur Wehr setzt, Verdienste gegen Dritte ableiten will, als hätte man sich nur deshalb gewehrt.« Es schien ein spontaner Einwurf zu sein, war aber sorgfältig geplant gewesen: kein jäher Zornesausbruch, sondern eine wohlvorbereitete Rede. Das Protokoll vermerkt: »Lautes, wiederholtes Murren, großer Lärm.« In der »Kamarilla« jedoch ist man auf den jungen

Mann aufmerksam geworden. Sollte das der Zweck der Übung gewesen sein?

Ob ja oder nein: Bismarck hatte eine Position gefunden, die er glaubte halten zu können, und eine Rolle, die seinem Temperament entsprach. Provozieren, angreifen, andere auf die Hörner nehmen, das lag ihm, das machte er gerne – und pflegt fortan mit Bedacht das Image des bei jeder Gelegenheit losbrüllenden Löwen. Daß es ihm den Ruf einträgt, ein besonders reaktionärer »Junker« zu sein – wenn schon. Er war ja keineswegs auf eine bestimmte Haltung festgelegt, sondern geborener Rebell, Zweifler an allem und jedem, standesbewußter Libertin und kritischer Konservativer zugleich. Unter allen diesen Anlagen mußte er eine auswählen und sich auf sie kaprizieren (ohne deswegen den anderen völlig abzuschwören). Nur so konnte er im Verhau der Meinungen, Richtungen und Positionen sowohl bestehen wie auch vorankommen. Bismarck hatte sich für den Part des landsässigen Lehensmannes entschieden; das kam auch seinen romantischen Neigungen entgegen.

Konsequenterweise versucht er als nächstes, sich dem König zu nähern, kann aber nicht zu ihm vordringen und schreibt ihn schließlich, nachdem Friedrich Wilhelm vor den Aufständischen kapituliert hat, innerlich ab. Statt dessen gerät er, per Zufall, in den Dunstkreis des Prinzen von Preußen und wird, ebenfalls rein zufällig, zum Mitwisser Augustas. Damit beginnt die überaus stürmische Ehe zu dritt, deren politische Frucht die Vereinigung der deutschen Staaten unter preußischer Führung sein wird. Der irrende Ritter hat seinen Lehensherrn gefunden, Wilhelm seinen künftigen Hausmeier.

Schon im Juni 1848, zwei Monate nach seiner Flucht, konnte der Prinz aus England zurückkehren und wieder einen Platz im öffentlichen Leben einnehmen; der König schickte ihn als Abgeordneten in den Preußischen Landtag. Nachdem Friedrich Wilhelm dann die Kaiserdeputation abgewiesen hatte, das Frankfurter Parlament sich aufzulösen begann und daraufhin am Rhein, in Sachsen, aber vor allem in Baden und der Pfalz radikale Demokraten den Aufstand probten, erhielt Wilhelm Befehl, die Unruhen gewaltsam niederzuschlagen. Er tat es mit brutaler Härte.

Am 23. Juli 1849 stehen seine Truppen vor Rastatt, dem letzten

Zufluchtsort der geschlagenen Rebellen, bereit, die befestigte Stadt zusammenzuschießen. Deren Anführer läßt jedoch die weiße Flagge hissen; seine fünftausendsechshundert Mann ergeben sich. Prinz Wilhelm mit Begleitung sieht man, in eine Staubwolke gehüllt, vom Schauplatz der Kapitulation wegreiten. »Ich will«, hatte er erklärt, »diese Menschen nicht sehen.« Neunzehn von ihnen läßt er auf der Stelle erschießen. Einundzwanzig weitere werden erst zum Tode verurteilt, dann zu hohen Zuchthausstrafen »begnadigt«, die meisten übrigen ebenfalls ins Gefängnis gesteckt. Wer unbehelligt davongekommen ist, verläßt Deutschland, mit Vorliebe in Richtung Amerika. Unter ihnen ein gewisser Carl Schurz aus Liblar bei Köln, später US-Staatssekretär des Inneren, Vorkämpfer für die Gleichberechtigung der Indianer und noch später hochgeehrter Gast Ottos von Bismarck in der Reichskanzlei (die beiden verstanden sich ganz hervorragend).

Wilhelm und Augusta verbrachten die folgenden Jahre in Koblenz. Der Prinz war zum Generalgouverneur von Rheinland und Westfalen ernannt worden – ein Schicksal, mit dem Augusta haderte: an der Spree bahnten sich Entwicklungen an, in die sie liebend gerne eingegriffen hätte. Joseph Maria von Radowitz hatte sich zum heimlichen Haupt der Kamarilla aufgeschwungen und Friedrich Wilhelm davon überzeugt, daß die Vertrauensbekundung der Paulskirche ein Bonus gewesen sei, mit dem sich immer noch wuchern ließe. Nach wie vor, sagte er, träumten die Deutschen von nationaler Einigung; die könne ebensogut von den Fürsten wie von einem Parlament herbeigeführt werden: statt Volkssouveränität Legitimität wie einst zu Metternichs Zeiten und anstelle eines Kaisers aus dem Hause Zollern ein »Reichsvorstand« – natürlich auch aus dem Hause Zollern. Radowitz scheint mit den wechselnden Seelenlagen des Königs gut vertraut gewesen zu sein.

Insgeheim trauerte Friedrich Wilhelm der von ihm abgelehnten Krone bereits wieder nach und hatte auch seine verschiedenen Reichsverfassungsentwürfe keineswegs in den Kamin geworfen. Schnell entschlossen machte er Radowitz deshalb zum Verweser seiner Träume; es schien sogar eine glückliche Entscheidung gewesen zu sein. Binnen kürzester Frist zauberte der agile Mann ein »Dreikönigsbündnis« zwischen Preußen, Sachsen und Hannover aus dem Hut, dann eine Vereinigung, der alle deutsche Staaten außer Württemberg, Bayern,

Holstein, Luxemburg, Liechtenstein – und natürlich außer Österreich – angehörten. »Union« sollte das neue Gemeinwesen genannt werden; ein Parlament sollte es ebenfalls haben. Dessen beide Kammern, »Volkshaus« und »Staatenhaus«, traten Ende März 1850 in der Augustinerkirche von Erfurt zusammen, um die Verfassung auszuarbeiten. Auch Bismarck war dabei, allerdings ohne große Lust.

Begieriger denn je, endlich Pfähle einschlagen zu können, ödeten ihn die in der Paulskirchen-Tradition geführten Debatten unsäglich an. Alle wichtigen Mitglieder der Frankfurter Nationalversammlung, von Simson über Gagern bis Camphausen, hatten sich ja an der Gera eingefunden und versuchten nach Kräften, soviel Volkssouveränität wie möglich im Unionsgrundgesetz zu verankern. Bismarck hielt davon nichts, was ihn auch zu einem Antagonisten Augustas machte. Die Prinzessin von Preußen wünschte eine möglichst liberale »Erfurter Union«; die Gruppe, der er angehörte, bemühte sich hingegen, dem Unternehmen Radowitzens ein Ende mit Schrecken zu bereiten.

Der es dann herbeiführte, war indes keiner aus ihren Reihen, sondern der wohl fähigste Staatsmann im weiten Feld zwischen Wien und Berlin: Felix Fürst zu Schwarzenberg. Schon die Art, wie er dabei vorging, wies ihn als Meister des politischen Ränkespiels aus.

Als der hessische Kurfürst Friedrich Wilhelm I., ein Mitglied der Union, von empörten Bürgern wegen Verfassungsbruches davongejagt wurde, sich darüber aber keineswegs bei seinem »Reichsvorstand« in Berlin beschwerte, wie es nahegelegen hätte, sondern an den de jure noch immer bestehenden Deutschen Bund appellierte, beschloß der österreichische Staatskanzler, »die beste Partie daraus zu ziehen« – und tat es. Präsident jener vom Wiener Kongreß geschaffenen Institution war ja der jeweilige Kabinettschef des Habsburgerreiches, also er selbst. Andererseits gehörte auch der König von Preußen, nunmehr Oberhaupt der Union, zu den führenden Mitgliedern des Bundes; dies brachte den Zollern in eine mehr als prekäre Lage. Während nämlich die Erfurter Vereinigung sich verpflichtet fühlte, die Verfassungen der ihr angehörenden Länder zu schützen – und somit gegen den Kurfürsten hätte Stellung beziehen müssen –, vertrat der Bund die Interessen derer, die ihn begründet hatten, der Fürsten, also auch das des, zudem noch mit dem Zollern verschwägerten, hessischen Namensvetters. Aus dieser rechtlichen, politischen und familiären Zwickmühle gedachte Schwarzenberg Friedrich Wilhelm auf keinen Fall entkommen zu lassen, mochte Radowitz noch so viele Kompromißvorschläge auf den Tisch legen. Genüßlich soll der in Böhmen ansässige Uradlige vielmehr erklärt haben: »Il faut avilir la Prusse, puis la démolir« (»Preußen muß erst gedemütigt, dann zerschlagen werden«). Der Preußenkönig spielte ihm dabei sogar noch in die Hand.

Als er nicht mehr aus noch ein wußte, schickte Friedrich Wilhelm IV. seinen Onkel, den Ministerpräsidenten Brandenburg, nach Warschau, um Nikolaj I., der sich dort gerade aufhielt, als Bundesgenossen zu gewinnen; es war das Dümmste, was er hatte machen können. Dem russischen Autokraten war die Union schon deswegen ein Greuel, weil sie ein Parlament besaß. Aus dem Mund seiner kaiserlichen Majestät erfuhr denn auch der völlig konsternierte Brandenburg, das kleindeutsche Staatswesen sei umgehend aufzulösen, andernfalls Petersburg sich Schritte vorbehalten müsse.

Radowitz, als er des Zaren Botschaft vernahm, erklärte zwar trotzig, wenn Preußens Ehre nicht anders zu retten sei, müsse es eben »alle neun Armeekorps« mobilisieren und einen Krieg mit Österreich riskieren – bei Bronnzell, südlich von Fulda, standen sich österreichisch-bayerische und preußische Truppen wegen der hessischen Affäre bereits auf Schußweite gegenüber. Bevor es aber zu einer ernsthaften Gefechtsberührung kommen konnte, hatte Schwarzenberg bereits den Bundesrat nach Frankfurt einberufen und das fürstliche Gremium zum Tribunal umfunktioniert. Einziger Angeklagter: der Reichsvorstand in Berlin.

Den Unionsmitgliedern fiel es plötzlich wie Schuppen von den Augen: Natürlich! Nicht ein vereinigtes Deutschland wollte Friedrich Wilhelm gemeinsam mit ihnen zustande bringen, sondern sie in Wahrheit durch eine Revolution von oben um ihre Selbständigkeit bringen. Als ihnen das völlig klargeworden war, gingen alle so erleichtert wie dankbar auf die andere Seite über. Und schon betäubte auch eine neue Vision ihre Sinne. Großzügig hatte Schwarzenberg versprochen, sämtliche Völker der Donaumonarchie in ein »Mitteleuropa der siebzig Millionen« einzubringen, also zusammen mit Deutschlands Herrschern das stärkste Reich des Kontinents zu begründen.

Wie ein begossener Pudel stand Friedrich Wilhelm in der Ecke; es half ihm auch nur wenig, daß er Radowitz fallenließ. Den von Österreichs Staatskanzler kredenzten Becher mußte die preußische Regierung bis zur bitteren Neige leeren. Otto von Manteuffel, der Nachfolger des verabschiedeten Außenministers, wurde nach Olmütz zitiert, um dort eine nach der böhmischen Festungsstadt benannte, von Schwarzenberg diktierte »Punktation« zu unterschreiben. Inhalt: die Erfurter Union wird aufgelöst, Preußen erkennt die Souveränität des von Österreich geführten Deutschen Bundes ohne Wenn und Aber an. Datum: der 29. November 1850.

Vier Tage später erklärte Bismarck im Preußischen Landtag: »Die Hauptfrage, die Krieg und Frieden birgt, die Gestaltung Deutschlands, die Regelung der Verhältnisse zwischen Preußen und Österreich und die Verhältnisse von Preußen und Österreich zu den kleineren Staaten, soll in wenigen Tagen der Gegenstand der freien Konferenzen werden, kann also *jetzt* nicht Gegenstand eines Krieges sein. Wer den Krieg [aber] durchaus will, den vertröste ich darauf, daß er in den freien Konferenzen *jederzeit zu finden ist*: in vier oder sechs Wochen, wenn man ihn haben will.« Mit »Konferenzen« waren die Debatten in der Frankfurter Bundesversammlung gemeint, dem wieder aus der Asche auferstandenen ständigen Gesandtenkongreß der deutschen Staaten.

Prinz Wilhelm hatte der Abgeordnete Bismarck keineswegs aus der Seele gesprochen. Als er von der Olmützer Punktation erfuhr, soll der jüngere Bruder dem älteren seinen Degen vor die Füße geworfen und geschrien haben: »Unter dir kann man nicht mehr mit Ehren dienen.« Wohlwollende Aufmerksamkeit erregte Bismarck jedoch an anderer Stelle. Die Brüder Gerlach, von Anfang Gegner der Union und noch mehr gegen einen Krieg mit Österreich eingestellt, glaubten in dem mittlerweile fünfunddreißigjährigen Altmärker einen Gesinnungsgenossen zu erkennen, der dazu noch hervorragend formulieren konnte. Sie schlugen deshalb dem König vor, ihn als Vertreter Preußens in die Bundesversammlung zu entsenden, und setzten seine Berufung auch durch – gegen Wilhelms (oder wohl eher Augustas) vehemente Proteste.

Ende 1851 wurde Johanna, geborene Puttkamer von ihrem Mann angewiesen: »Schreibe von jetzt nach Frankfurt am Main an den Königl. Geheimen Legationsrat von Bismarck, Preußische Gesandtschaft.« Es war der wichtigste diplomatische Posten, den Berlin hatte vergeben können.

Der Prinz und die Prinzessin von Preußen mußten auch weiterhin in der preußischen Rheinprovinz ausharren, wo Augusta bessere Figur machte als Wilhelm. Romantischen Stimmungen nicht unzugänglich, »gewöhnte [sie] sich daran, die Interessen des alten Krummstablandes und seiner Geistlichkeit als ihrer Fürsorge besonders zugewiesen anzusehen« (Bismarck). Überdies bemühte sich Augusta, in Koblenz einen eigenen Hof aufzubauen, um dem von Berlin Konkurrenz machen zu können; auch dort hielt eine Frau die Zügel in der Hand.

Elisabeth aus dem Hause Wittelsbach, Schwester der Königin von Sachsen und Mutter Kaiser Franz Josephs I., versuchte, Heiratspolitik nach herkömmlichem Muster zu betreiben. Möglichst enge familiäre Verbindungen zwischen den Häusern Zollern, Wettin und Habsburg – damit glaubte sie die Zukunft sichern zu können. Dem eigenen Mann konnte Elisabeth solche Vorstellungen gelegentlich nahebringen, seinen Ministern weniger und schon gar nicht der Frau Generalgouverneurin des Rheinlandes. Eines immerhin bewirkte der auch von Bismarck bemerkte »okkulte« Damenkrieg: Wilhelm und sein königlicher Bruder lebten sich immer mehr auseinander. Des weiteren hatte Augusta es mittlerweile geschafft, ihrem Gemahl den preußischen Gesandten beim Deutschen Bund fast völlig zu entfremden. Wie groß die Kluft zwischen den beiden geworden war, erwies sich zum ersten Mal Anfang 1853.

Frankreich, das seit dem 22. November 1852 wieder einen Kaiser hatte, nämlich Napoleon III., den Neffen Bonapartes, steuerte mit vollen Segeln auf einen Krieg gegen Rußland zu. Streitpunkte waren vorgeblich die heiligen Stätten der Christenheit im türkischen Jerusalem, tatsächlich ging es um die Meerengen zwischen Schwarzmeer und Mittelmeer. Nikolaj I. wollte sie in seinen Griff bekommen; die Briten fürchteten um ihre Seeverbindungen nach Indien; der französische Kaiser war bestrebt, aus dem Schatten des Korsen herauszutreten und sein Regime mit etwas Gloire auszustatten. Kam noch dazu, daß Österreich – wie auch der Zar – ein begehrliches Auge auf die zum Osmanischen Reich gehörenden Donaufürstentümer Moldau und Walachei geworfen hatte. Was ging die ganze Angelegenheit Preußen an?

Einerseits gar nichts. Andererseits war Nikolaj der Schwager Friedrich Wilhelms, Rußland der große Verbündete von 1813, und nicht zuletzt war Augusta die Enkelin eines Zaren. Dieser letzte Punkt sollte sich schließlich als ausschlaggebend erweisen – für Augustas Mann. Unbedingt möchte Wilhelm an der bevorstehenden Auseinandersetzung teilnehmen, allerdings keineswegs auf seiten Nikolajs, sondern auf der seiner Gegner. Nicht nur Bismarck fragt sich, wie das zu erklären sei, gerade er findet jedoch eine Erklärung: Maria Paulownas Tochter verachtet die Heimat der eigenen Mutter. Die andere mögliche Vermutung, Augusta habe aus liberaler Überzeugung auch ihren autokratischen Onkel gehaßt, stellt Bismarck seltsamerweise nicht an. Im übrigen ist er der Mann, auf den sich alle Blicke richten.

Leopold von Gerlach hat ihn nach Berlin rufen lassen, damit der Gesandte, dessen analytischer Verstand inzwischen anerkannt wird, dem Prinzen von Preußen seine Kriegslust ausrede. So kommt es zur ersten der vielen schweren Auseinandersetzungen, die beide in ihrem weiteren Leben miteinander haben werden.

»Sie«, sagt Wilhelm, »Sie kommen frisch hierher, sind vom König gewissermaßen als Schiedsmann berufen. Ihre Meinung wird daher den Ausschlag geben, und ich beschwöre Sie, sprechen Sie sich so aus, wie es nicht nur die europäische Situation, sondern auch ein richtiges Freundesinteresse für Rußland erfordert.«

Freundesinteresse für das Zarenreich? Will der Prinz dem Russen denn nicht ans Leder? Bismarck begreift, worauf sein Gegenüber anspielt: 1854 ist der Krieg um die Meerengen ausgebrochen, ein britisch-französisches Expeditionskorps steht auf der Krim und hat nach fürchterlichen Materialschlachten die Festung Sewastopol erobert; Nikolaj befindet sich also in Schwierigkeiten. Tatsächlich scheint Wilhelm eben von diesen Ereignissen zu sprechen, denn er fährt fort: »Alle unsere Freunde, die dort geblieben sind [er nennt die Namen einiger russischen Adeligen], würden noch leben, wenn wir richtig eingegriffen und Rußland zum Frieden gezwungen hätten.« Und weiter sagt er, es sei auch jetzt noch Preußens »von der Vorsehung gegebene Aufgabe«, den Frieden »diktatorisch« herbeizuführen und den Kaiser (seit März 1855 regiert in Petersburg Nikolajs Sohn Alexander II., ein Neffe Wilhelms) »auch gegen seinen Willen zu retten«.

Könnte man abenteuerlicher argumentieren, als der Prinz es tut? Jemandem den Krieg erklären, um ihn vor dem sicheren Untergang zu bewahren? Bismarck glaubt zu wissen, wer Wilhelm diese Überlegung

»annehmbar« gemacht hat: die »Prinzeß«. In seinem ruhigsten Ton erklärt er dem so leicht beeinflußbaren Menschen, für Preußen gebe es keinen triftigen Grund, Rußland anzugreifen, und an der »orientalischen Frage« sei es auch nicht interessiert. Mobilisiere der Zollernstaat aber dennoch, könne er beschuldigt werden, »aus Furcht vor Frankreich oder im Liebesdienste Englands« zu handeln und so die Rolle eines »indischen Vasallenfürsten« zu spielen, der in britischem Interesse britische Kriege führe. Vielleicht war das doch ein bißchen zu scharf formuliert. Wilhelm unterbricht jedenfalls »mit zorniger Röte«: »Von Vasallen und Furcht ist hier gar keine Rede.« Ein politisches Argument konnte man auch dieses mannes- und adelsstolze Wort kaum nennen. Trotzdem gibt Bismarck sich geschlagen: gegen den Einfluß »der Frau Prinzessin konnte ich nicht aufkommen«.

Wenig später geht der Krimkrieg dann ohnehin zu Ende. Zu den Friedensverhandlungen in Paris wird Preußen erst nach demütigenden Bitten als eine Art Zaungast zugelassen und muß sich dann auch noch von Österreich, das immerhin Moldau und die Walachei besetzen konnte, vorschreiben lassen, wie es abzustimmen habe. Alle preußischen Patrioten sind empört. Bismarck zieht es vor, auf Reisen zu gehen. In Berlin ist er für längere Zeit »persona non grata«. Dann kommt das Jahr 1858 heran.

Friedrich Wilhelm IV. hat einen ersten Schlaganfall hinter sich. Als Bismarck ihn zu einer Exerzierübung begleitet, muß er immer wieder nach den Zügeln des Königspferdes greifen, damit das Tier nicht durchgeht. In Offizierskreisen kommt der Verdacht auf, auch am 19. März 1848 habe er eine schwere Nervenkrise durchlitten (oder sei bereits damals geisteskrank gewesen), denn wie anders lasse sich sein damaliges Verhalten erklären? Wilhelm wird klar, daß er demnächst als Prinzregent die Herrschaft übernehmen muß. Vorher will er jedoch noch einmal mit Bismarck sprechen, denn auch ihm ist klargeworden, daß an diesem Mann kein Weg mehr vorbeiführt.

Bismarck weiß inzwischen, wie man den damals Einundsechzigjährigen nehmen muß. Gewiß, sagt er geduldig, wenn Königliche Hoheit die von Ihr ungeliebte Verfassung ändern wollten, könne wohl niemand etwas daran aussetzen, nach dem Erbrecht seien Hoheit dazu befugt. Politische Gründe sprächen indes gegen solch einen Schritt: der unvermeidliche Konflikt zwischen Krone und Landtag würde

Preußens Ansehen in Deutschland unheilbar beschädigen. Schweigend nimmt der Prinz diese Ausführungen zur Kenntnis. Kurz darauf wird er »durch allerhöchsten Erlaß« zum amtierenden Stellvertreter des Königs ernannt, vorläufig für drei Monate.

Nachdem diese Frist dann dreimal verlängert worden war, bricht der »okkulte« Damenkrieg zwischen Elisabeth und Augusta abermals aus. Die Königin will ihrem Mann die schriftliche Erklärung abfordern, es gehe ihm gesundheitlich wieder besser, Bruder Wilhelm könne die Amtsgeschäfte getrost in seine Hände zurücklegen. Bismarck, der für dieses Manöver gewonnen werden soll, wittert sofort eine »Haremsregierung« unter dem Zepter der Königin, fährt nach Baden-Baden, wo Wilhelm gerade zur Kur weilt, und informiert ihn über die geplante Intrige. Der Prinzregent reagiert wie ein subalterner Offizier: »Dann nehme ich meinen Abschied!«

Innerlich amüsiert, rät Bismarck, er solle lieber den Ministerpräsidenten Manteuffel anweisen, das ganze Vorhaben diskret abzuwürgen. Zum ersten Mal kann er dabei auch auf Augusta bauen. Ihrem Drängen ist es (wahrscheinlich) zu verdanken, daß Wilhelm schließlich doch energisch wird, seine Erhebung zum Prinzregenten auf Dauer durchsetzt und ein neues, liberales Kabinett beruft; »die Prinzeß« hat es so gewünscht. Wird Bismarck jetzt wenigstens Minister werden? Er ist illusionslos genug, damit nicht zu rechnen, und gibt vor, auch keineswegs enttäuscht zu sein.

»Es wird«, schreibt er einem Freund, »hier [in Berlin] wohl schlechtes Wetter, politisches, geben, welches ich recht gern im Bärenpelz, bei Kaviar und Elenjagd abwarte.« Man hat ihn als preußischen Gesandten in Petersburg kaltgestellt. Augusta will jetzt, da sie Königin ist, von einer Ehe zu dritt nichts mehr wissen.

Das von Bismarck prophezeite schlechte Wetter kündigte sich bereits im Jahr seiner Versetzung nach Rußland an. 1859 erhoben sich die Italiener, von Frankreich unterstützt, gegen ihre habsburgischen Herrscher. Ging die Sache Preußen etwas an? Nicht wenige Landtagsabgeordnete meinten: durchaus. Sie sprachen jedoch mit verschiedenen Zungen. Einige forderten, man müssen den Unabhängigkeitskampf des Nachbarvolkes unterstützen oder wenigstens – so die anderen – Österreichs Notlage ausnützen und den Habsburgerstaat aus Deutschland hinausdrängen. Prinzregent Wilhelm, der seine militärischen Fähigkeiten auch jetzt ganz gerne unter Beweis gestellt hätte, entschied sich für den dritten Weg. Er bot Kaiser Franz Joseph Unterstützung an unter der Bedingung, daß ihm, dem Zollern, die Truppen beider Länder unterstellt würden; zugleich ließ er am Rhein gegen Frankreich mobilisieren. Es wurde abermals ein Schlag ins Wasser. Habsburg, dessen Armee eine Niederlage nach der anderen einstecken mußte, verzichtete lieber auf die Lombardei, als Preußen den Triumph eines möglichen Sieges zu gönnen. Aber vielleicht hatte es Wilhelm damit auch nur vor einer Blamage bewahrt.

Schon bei der Mobilmachung war deutlich geworden, daß die preußische Militärmaschinerie ihrem furchterregenden Ruf kaum noch gerecht wurde. Nichts hatte so richtig geklappt. Die Landwehr bestand überwiegend aus kampfesunlustigen Verheirateten und Familienvätern, die stehende Truppe zählte nicht mehr als hundertvierzigtausend Mann; aus Sparsamkeitsgründen waren in den vergangenen Jahren weniger Leute ausgebildet worden, als es möglich gewesen wäre. Immerhin – das wenigstens ließ sich auf der Habenseite verbuchen: die Heeresleitung wußte nun, woran sie war. Ihr oberster Chef, der Prinzregent, entschied denn auch, die Armee müsse ohne Verzug »auf Vordermann gebracht« und zugleich erheblich verstärkt werden. Es war die erste harte Nuß seiner Amtszeit, die er sich selbst vorlegte. Die zweite wurde ihm ebenfalls von niemandem aufgedrängt.

Am 2. Januar 1861 starb Friedrich Wilhelm IV.; sein Bruder würde somit den Thron besteigen. In welcher Form sollte es geschehen? Rede vor dem Parlament und Eid auf die Verfassung, wie in konstitutionellen Monarchien üblich, oder die herkömmliche Erbhuldigung der Stände? Wilhelm, dank Augusta zu einem eher liberal gesinnten Mann herangereift, erkennt plötzlich, daß sein Amt doch von Gott allein sei, und beharrt, nachdem ihm die Erbhuldigung ausgeredet worden ist, wenigstens auf einer feierlichen Krönung in Königsberg.

Sofort bricht eine Sturzflut von Hohn und Gelächter über den Zollern herein. Will er das Possenspiel im mittelalterlichen Kostüm, das sein Bruder so sehr liebte, noch einmal über die Bühne gehen lassen? Will er aus der Moderne zurück in eine längst abgelegte Vergangenheit? Eben das scheint Wilhelm zu wollen. Jedenfalls fährt er in die ostpreußische Hauptstadt, tritt im hermelinbesetzten Purpurmantel vor den Altar, nimmt von dort das Herrscherdiadem herab und setzt es erst sich, dann Augusta aufs Haupt, um danach mit erhobenem Reichsschwert zu erklären: »Eingedenk, daß die Krone nur von Gott kommt, habe ich durch die Krönung an heiliger Stätte bekundet, daß ich sie in Demut aus seinen Händen empfangen habe.« In der Ordenstracht der Ritter vom Schwarzen Adler knien zu seinen Füßen Kronprinz Friedrich Wilhelm samt den Spitzen von Militär und Staat. Selbst konservative Zeitgenossen finden, es sei »eine Zeremonie aus den längst verklungenen Tagen des Feudalstaates, wiederholt im Zeitalter demokratischer Gedanken«. Den Verdacht, Wilhelm vermöge in anderen als feudalen Bezügen überhaupt nicht zu denken, wagt niemand zu äußern.

Sechs Wochen später wird der neue König dann in die demokratisch geprägte Realität zurückgeschleudert. Bei den Landtagswahlen hat die Fortschrittspartei einen überwältigenden Sieg errungen. Nie und nimmer werden ihre Abgeordneten seine Militärvorlage billigen. Vergrößerung der Armee um neununddreißig Infanterie- und zehn Kavallerieregimenter, Kostenpunkt: neuneinhalb Millionen Taler? Überflüssig und viel zu teuer!

Was tun? Zähneknirschend nachgeben oder das Parlament ignorieren und damit den Verfassungsbruch wagen? Wilhelm erwägt noch eine dritte Möglichkeit.

»Ich will nicht amtieren«, erklärt er, »wenn ich es nicht so vermag, wie ich es vor Gott, meinem Gewissen und meinen Untertanen verantworten kann ... Ich finde keine Minister mehr, die bereit wären, meine Regierung zu führen, und habe deshalb beschlossen, sie niederzulegen.«

Sein Gesprächspartner ist – ein rundes Jahr nach der Krönung in Königsberg – Otto von Bismarck. Ihn aus Paris zu holen, wo er seit wenigen Monaten als preußischer Gesandter residiert, und zu ergründen, ob er bereit sei, den vorläufig letzten am Parlament gescheiterten Ministerpräsidenten, Adolf von Hohenlohe-Ingelfingen (Sohn des bei Jena geschlagenen Generals), abzulösen – das war schließlich die vierte Möglichkeit gewesen, die schlimmste. »Bismarck«, formuliert es ein Journalist, »ist der Staatsstreich.« Bismarck hat »ja« gesagt.

»Wären Sie«, fragt Wilhelm, »auch bereit, für die Neuordnung der Armee gegen die Mehrheit einzustehen?« – »Ja.« – »Dann«, so der König, »ist es meine Pflicht, mit Ihnen die Weiterführung des Kampfes zu versuchen, und ich abdiziere nicht.«

Damit wird ein Verhältnis begründet, wie es im Verlauf der europäischen Geschichte schon viele gab: schwacher, politisch herzlich unbedarfter Herrscher findet starken Partner. Nur ist in diesem Fall das Verhältnis eine Art Teufelspakt. Es kann in die Hölle führen.

Die nächste wichtige Szene des Stückes »Der Zollern und sein Hausmeier« spielt im Eisenbahnabteil eines fahrplanmäßigen Zuges. Wilhelm (damals fuhren Könige mit Krethi und Plethi noch im selben Waggon) will von Baden-Baden nach Berlin zurück. Eine schreckliche Familienszene liegt hinter ihm. Augusta hat ihrem Mann prophezeit, er werde wie Ludwig XVI. von Frankreich enden, falls Bismarck so weitermache wie bisher; der Untergang des Hauses Zollern sei dann nicht mehr abzuwenden. In der Tat war es ein starkes Stück gewesen, das der Premierminister sich vor dem Landtag zu leisten beliebte.

»Preußen«, hatte er in verbindlichem Parlando erklärt, »muß seine Kräfte zusammenfassen und -halten für einen günstigen Augenblick, der schon einige Male verpaßt worden ist. Unsere Grenzen liegen seit den Wiener Verträgen [von 1815] ungünstig. Nicht durch Reden und Majoritätsbeschlüsse werden die großen Fragen der Zeit entschieden, das war der große Fehler von achtundvierzig/neunundvierzig, sondern *durch Eisen und Blut.*«

In Jüterborg wird Wilhelm von Bismarck erwartet. Noch ehe er dazu gekommen ist, in dem halbdunklen Coupé Platz zu nehmen, sagt sein König: »Ich sehe ganz genau voraus, wie das alles endigen wird: da, vor dem Opernplatz unter meinem Fenster, wird man Ihnen den Kopf abschlagen und etwas später mir.«

Scheinbar gelassen fragt Bismarck zurück: »Et après, Sire?« (»Und was dann?«) – »Ja, après! Dann sind wir tot.«

Auch solche Momente werden die beiden noch oft erleben, und sie werden sich immer gleichen: meist packt dabei der Minister seinen Herrn am Offiziersportepee. Diesmal sagt er: »Sterben müssen wir früher oder später doch, und können wir anständiger umkommen? ... Euer Majestät sind in der Notwendigkeit zu fechten. Sie können nicht kapitulieren, Sie müssen, und wenn es mit körperlicher Gefahr wäre, der Vergewaltigung entgegentreten.« Was geschieht? Der eingefleischte Militär Wilhelm von Preußen reagiert wie ein altgedientes Kavalleriepferd beim Klang der Trompete. Schon vor der Ankunft in

Berlin ist seine Niedergeschlagenheit einer fast heiteren, kampfeslustigen Stimmung gewichen. Ganz nebenbei hat Bismarck damit auch Augusta besiegt – fürs erste wenigstens.

Spätestens seit dem Gespräch im Zugabteil muß der König wissen, wohin die Fahrt gehen wird, wenn er diesen Mann weiterhin auf dem Führerstand beläßt. »Eisen und Blut«, das bedeutet Krieg irgendwann. »Majestät sind in der Notwendigkeit zu fechten« bedeutet, fürs erste, Kampf gegen das Parlament. Eben so ist es ja auch gekommen. Zwar führte Bismarck den Degen, doch hatten Majestät seine Ausfälle und Finten zu verantworten; es war der schwerere Part. Andererseits: Bismarck konnte fechten.

1867, als einige der wichtigsten von ihm angestrebten Ziele bereits erreicht waren, verriet er einem russischen Redakteur das Geheimnis seines Erfolgs. »Politik«, erfuhr der Journalist, »ist die Kunst des Möglichen.« Es war eine glatte Untertreibung: um das Mögliche tun zu können, muß man zunächst einmal erkennen, was möglich ist, aber gerade darin bestand Bismarcks Kunst.

1863 erreichte der sogenannte »Preußische Verfassungskonflikt« seinen Höhepunkt. Das Abgeordnetenhaus hatte den von der Regierung eingebrachten Etat wegen der hohen Kosten für die Reorganisation der Armee abgelehnt, das Herrenhaus hatte ihn gebilligt. Bismarck hielt das Ergebnis für günstig. Ein Gesetz, ließ er den König erklären, könne nur durch einen »übereinstimmenden Beschluß beider Häuser« zustande kommen; liege der nicht vor, sei eine »Lücke in der Verfassung« zutage getreten – und die müsse von der Regierung überbrückt werden, indem sie einfach tue, was notwendig sei. Im gegebenen Fall hieß das, die Armeereform könne, unberührt vom Prozeß der parlamentarischen Willensbildung, weiter vorangetrieben werden.

Eben so geschah es auch. Und es ging sogar besser als erwartet. Bei der nächsten Landtagswahl verloren Bismarcks Widersacher im Abgeordnetenhaus zwei Fünftel ihrer Sitze, eine neuentstandene nationalliberale Partei suchte umgehend die Zusammenarbeit mit ihm. Allerdings verdankte er diesen Erfolg bereits seiner Außenpolitik.

Auf Preußens zerrissene Grenzen hatte, wie einst schon Friedrich II., der Ministerpräsident hingewiesen. Tatsächlich war er der Ansicht, die Zollern hätten seit dessen Zeit nur noch eine Politik der verpaßten Gelegenheiten betrieben, vor allem, weil sie nie am deutschen Dualismus – hie Wien, da Berlin – zu rütteln wagten. Auch das sollte in Kürze anders werden; es galt nur die dafür notwendigen Möglichkeiten herbeizuzwingen. Bismarck begann ein bißchen zu provozieren.

Alois Graf Károly, Österreichs Gesandter in Berlin, erfuhr aus seinem Mund, Habsburg müsse das Haus Zollern an der Leitung des Deutschen Bundes beteiligen, andernfalls sei damit zu rechnen, daß Preußen im nächsten möglichen Krieg nicht auf seiten der Donaumonarchie stehe. Im übrigen und überhaupt: Warum wolle der Kaiserstaat seinen Schwerpunkt nicht nach Ofen (Budapest) verlegen, das entspräche den Wiener Interessen doch sicherlich am besten?

Österreichs Reaktion: Franz Joseph I. lud sämtliche deutschen Fürsten zu einem Kongreß nach Frankfurt ein, um dem »gegenwärtigen chaotischen Zustande« im Bund ein Ende zu machen. Den mit ihm verschwägerten Zollern forderte er sogar persönlich auf, das Treffen zu besuchen; es geschah in Bad Gastein. Da auch Bismarck sich dort aufhielt (er ließ seinen Herrn selbst im Urlaub nicht gern allein), waren wieder einmal einige jener Auseinandersetzungen zwischen König und Hausmeier programmiert, bei denen beide bis zur völligen nervlichen Erschöpfung miteinander ringen würden.

Wilhelm wollte keineswegs fehlen, wenn »fünfundzwanzig regierende Herrn« aufeinanderträfen. Bismarck hingegen hatte schon vorher Franz Josephs Frau, der schönen Sissi, gesagt, gehe sein König nach Frankfurt, werde er ihn natürlich begleiten, »aber nicht als Minister nach Berlin zurückkehren«. Bei dieser Haltung verharrte er noch in seinem allerletzten Gespräch mit Wilhelm, bestritten auf einer Kutschfahrt von Wildbad nach Baden-Baden (die hohen Herrschaften pflegten fast den ganzen Sommer lang zu kuren). Als sie an der Oos eintrafen, hatte er den Zollern herumgekriegt, was dieser sowohl ihm als auch sich selbst übelnahm.

In der alten Wahl- und Krönungsstadt entfaltete der deutsche Hochadel noch einmal die ganze pomphafte Pracht des alten Reiches. Da aber Wilhelm von Preußen nicht mit von der Partie war, konnte mit dem »chaotischen Zustande« auch keineswegs Schluß gemacht werden. Alles blieb, wie gehabt; das hatte Bismarck gewollt. Warum?

Einem späteren britischen Premier erklärt er es: Nachdem die

Armee reorganisiert worden sei, werde Preußen »unter dem erstbesten Vorwande« Österreich den Krieg erklären, den Deutschen Bund auflösen und die deutschen Kleinstaaten zur Einigung unter zollernscher Führung zwingen. In seinem Bericht nach Westminster merkte Benjamin Disraeli an: »Geben Sie acht auf den Mann, er meint, was er sagt.« Um es aber eines Tages ernst meinen zu können, hatte Bismarck zunächst einmal verhindern müssen, daß in Frankfurt Pfähle eingeschlagen werden würden, die seinen Bewegungsspielraum einengen konnten.

Die nächste Möglichkeit für Preußens Kabinettschef bot sich 1863. Friedrich VII. von Dänemark verfügte, daß Schleswig und Holstein seinem Land einverleibt werden sollten, womit er gegen das völkerrechtlich verbindliche »Londoner Protokoll« von 1850 verstieß, das beiden Provinzen, einschließlich Lauenburgs, eine staatsrechtliche Sonderstellung innerhalb der dänischen Gesamtmonarchie garantierte. Die Deutschen, die, unter Preußens Führung, eben im Jahr 1850 schon einmal versucht hatten, »Schleswig-Holstein meerumschlungen« dem skandinavischen Königreich zu entreißen, leisteten sich wie dreizehn Jahre zuvor – was ihnen bisher ja selten vergönnt gewesen war – erneut einen wilden nationalen Gefühlsausbruch. Bismarck hingegen blieb kühl – und wurde aktiv.

Den Deutschen Bund mobilisierend (den er zu beseitigen vorhatte), gelang es ihm, Österreich für ein »Exekutionsverfahren« zu gewinnen, also den gemeinsamen Krieg gegen Dänemark. Die dazu nötigen Aufmarschpläne entwarf ein ehemals dänischer Offizier namens Helmuth von Moltke, der bereits als aufgehender Stern am militärischen Himmel galt. Daß dann doch nicht alles glattging, wie Moltke gehofft hatte, lag an dem altgewordenen »Papa Wrangel«. Erst nachdem man ihn durch Wilhelms Neffen, Prinz Friedrich Karl, ersetzt hatte, konnte das letzte dänische Bollwerk auf dem Festland, die »Düppeler Schanzen«, erstürmt werden; seine Verteidiger mußten sich über den Alsensund nach Alsen zurückziehen. Aber wem gehörte Schleswig-Holstein jetzt eigentlich?

Begründete Erbansprüche erhob Herzog Friedrich VIII. von Schleswig-Holstein-Sonderburg-Augustenburg. Bismarck indessen hatte nicht die Absicht, ein strategisch so wichtiges Küstenland aus der Hand zu geben; darüber kam es zum Streit mit Österreich. In Österreich wurde er schließlich auch beigelegt; da es Sommer war, traf man sich abermals an der tosenden Gasteiner Ache. Eine nach dem salzburgischen Kurort benannte Vereinbarung legte fest: das Herzogtum Lauenburg könne von Preußen käuflich erworben werden; der Hafenplatz Kiel dürfe weiterhin von seinen Truppen besetzt bleiben; Schleswig unterstehe künftig Berlin, Holstein aber der Wiener Verwaltung.

Wilhelm, dem das ganze Hin und Her sichtliche Qualen bereitet hatte – immerhin brachte er einen Standesgenossen um sein angestammes Recht –, atmete sichtlich auf, als alles ordentlich geregelt war, und verlieh aus lauter Dankbarkeit Bismarck den Grafentitel. Der empfand Genugtuung (die jedoch nicht von solch einer Standeserhöhung herrührte).

Zufrieden (und etwas hämisch) notierte er: »Nach dem Gasteiner Vertrage ... der ersten Mehrung des Reiches unter König Wilhelm, fand meiner Wahrnehmung nach ... in seiner Stimmung ein Geschmackfinden an Eroberungen statt.« Der Hausmeier hatte den alten (mittlerweile achtundsechzigjährigen) Herrn schon beinahe dort, wo er ihn haben wollte: an der Schwelle zum Krieg mit Österreich. Nach dem »erstbesten Vorwande« mußte gar nicht mehr lange gesucht werden; dieser Hund lag bereits jetzt in Schleswig-Holstein begraben. Und Felix Fürst zu Schwarzenberg, der große Hausmeier auf der anderen Seite, war 1865 bereits seit dreizehn Jahren tot; er allein hätte (vielleicht) durchschaut, worauf der Preuße abzielte, und es verhindern können. Politik als Kunst des Möglichen, das war, unausgesprochen, auch seine Devise gewesen.

Friedrich Wilhelm, ältester Enkel der Königin Luise, Sohn von Wilhelm und Augusta, gehörte gewiß zu den bestaussehenden Männern, die das Haus Zollern je hervorgebracht hatte: hochgewachsen, straff, das markante Gesichtsprofil von einem markanten Kinnbart zusätzlich betont. Im Sommer 1855 hielt er sich bei seinen englischen Verwandten in Balmoral auf. Eines schönen Tages ritt Prinzgemahl Albert mit ihm nach Craign-na-Ban. Der Feriengast brachte von dem Ausflug einen Strauß »white heather« zurück; den überreichte er Victoria – nicht der Queen, sondern ihrer gleichnamigen Tochter, der »Princess Royal«. Vicky, wie das Mädchen genannt wurde, wußte sofort, was die Blumengabe zu bedeuten hatte: weißes Heidekraut galt in Schottland als Symbol des Glücks. »Die jungen Leute«, notierte Albert, »sind innig verliebt ineinander.« Sie waren es damals bereits seit vier Jahren. Der Zollern hatte Victoria 1851 bei der Weltausstellung in Paris kennengelernt, und auf der Stelle, gestand er nun ihrer Mutter, sei es um ihn geschehen gewesen. Mittlerweile war Friedrich Wilhelm vierundzwanzig, die Princess Royal vierzehn Jahre alt. Gab es einen Grund, dem künftigen König von Preußen die Hand der britischen Königstochter zu verweigern? Vicky jedenfalls beantwortete die Frage, ob sie Friedrich Wilhelm heiraten wolle, mit einem schlichten »Ja«. Und so geschah es denn: noch in diesem schottischen Sommer verlobten sich die beiden. Ganz Europa horchte auf, als es bekannt wurde.

Eine Verbindung zwischen dem englischen und dem preußischen Herrscherhaus – mußte das nicht sehr weitreichende politische Folgen haben? Doch wem hätte es schaden können? Zwei starke Mächte, familiär miteinander verflochten, würden einander zumindest nicht bekriegen. Gewiß, in Frankreich, auch in Österreich war man etwas weniger glücklich, auch Petersburg neigte zu leiser Eifersucht. Der Rest der Welt indessen spendete uneingeschränkten Beifall, auch ihr deutscher Teil, soweit er liberalen Ansichten huldigte. Die Tochter Alberts von Sachsen-Coburg-Gotha und der Queen (einer Tochter der Marie Luise Viktoria von Sachsen-Saalfeld-Coburg) wurde von allen denjenigen als Hoffnungsträgerin vereinnahmt, die Preußens Wandlung zur konstitutionellen Monarchie nach britischem Vorbild erstrebten. Solche Hoffnungen schienen schon deshalb besonders tragfähig zu sein, weil Vickys künftiger Mann wiederum die Neigungen seiner liberal gesinnten Mutter teilte. Wenn also beide auf dem Thron säßen, sei, so glaubte man, die Zeit der reaktionären Junker endgültig abgelaufen. Entweder würde Friedrich Wilhelm dafür sorgen oder die hübsche Britin, von der sich bald herumsprach, daß sie auch überdurchschnittlich gescheit, vor allem aber fähig sei, ihren Willen durchzusetzen.

Am 25. Januar 1858 heirateten Friedrich Wilhelm und die Princess Royal – natürlich in London, darauf hatte die Queen bestanden. Berlin empfing das Paar Wochen später mit eisigem Schneeregen und respektvoll am Straßenrand aufgereihten Bürgern. Alles übrige fand Vicky grauenhaft. Die Stadt: »Eine schreckliche Höhle. Kein Abfluß, furchtbares Pflaster, übler Geruch.« Das Schloß auf der Spreeinsel:

»Kein WC, kein Bad … keine Schränke für meine Kleider … Jeder Tropfen Wasser für Wanne und Küche usw. mußte von Soldaten herbeigeschleppt werden – ein Bataillon von Männern … In einem großen leeren Raum fand ich Tausende von Fledermäusen und Hunderte von Wanzen … Auf Gut Bornstedt [dem Landsitz des Prinzen nahe Potsdam] hatte keiner der Diener jemals eine Matratze oder Laken oder Decken gehabt; sie gingen nie ohne Kleider ins Bett und behielten auch ihre großen Lederstiefel an! Sie wuschen sich nie und hatten auch keinen bestimmten Platz zum Essen; irgendwo im Hof, im Stall oder auf der Treppe setzten sie sich hin und aßen.« Zum Ausgleich für solche Mängel war die Etikette am preußischen Hof um so steifer; als Vicky bei irgendeiner feierlichen Veranstaltung niesen mußte, wurde sie von ihrer Schwiegermutter gerügt: Erkältung oder nicht, in Gegenwart des Königs unterdrücke man derartige Ausbrüche.

Auch den landsässigen Adel mochte Victoria nicht; die meisten seiner Vertreter erschienen ihr engstirnig bis zur Dummheit und provinziell bis an die Grenze des Lächerlichen. Aus anderen Gründen verabscheute sie den Abgeordneten Bismarck. Vicky wußte (natürlich), welche politischen Positionen er vertrat, und stufte ihn deshalb als besonders finsteren Reaktionär ein. Eine erste Begegnung mit ihm ließ ihr »das Mark in den Knochen gefrieren«.

»Schon bald nach ihrer Ankunft in Deutschland«, gab dieser später zu Protokoll, »konnte ich … die Überzeugung gewinnen, daß die Prinzessin gegen mich persönlich voreingenommen war.« Was das für ihn zu bedeuten hatte, erfuhr er dann zum ersten Mal nach der praktischen Anwendung seiner »Lückentheorie«. Das Parlament war matt gesetzt, Vicky war zutiefst entsetzt.

Umgehend reiste sie ihrem Mann nach, der gerade eine Inspektionsfahrt durch Westpreußen unternahm, erreichte ihn in Graudenz und verlangte, er solle gegen diesen »Verfassungsbruch« sofort aufs schärfste protestieren. Friedrich Wilhelm tat zwar sein Bestes, Vickys Ansinnen abzuwehren, hatte aber nicht die geringste Chance, sich gegen sie durchzusetzen. Der bisher schwerste Familienkonflikt im Königshaus war damit programmiert.

Auf einer öffentlichen Veranstaltung in Danzig erklärte Preußens Thronfolger: »Mit der ungesetzlichen Handlungsweise der Regierung

[Bismarck] habe ich nichts zu tun ... ich wußte nicht einmal, daß eine solche in Betracht gezogen wurde. Ich war abwesend.« Das klang vielleicht nicht gerade so, wie seine Frau es sich gewünscht haben mochte, der König zeigte dennoch Wirkung. Umgehend forderte er von Friedrich Wilhelm eine öffentliche, formelle Entschuldigung. Als dieser sich weigerte, drohte der aufgebrachte Vater sogar mit Festungshaft, lenkte dann aber wieder ein und begnügte sich mit einem strikten Redeverbot, womit die Sache eigentlich aus der Welt gewesen wäre. Statt dessen kam es jedoch umgehend zum nächsten Eklat. Die *London Times* veröffentlichte den ganzen Briefwechsel zwischen Vater und Sohn, einen Kommentar hinzufügend, der dem jungen Paar zu seiner mutigen Haltung gratulierte. Auch das war Vicky indessen noch nicht wirkungsvoll genug.

Der Skandal schlug noch letzte Wellen, da veranlaßte sie »Fritz«, Bismarck praktisch den Fehdehandschuh hinzuwerfen. »Ich will Ihnen sagen, welchen Erfolg Ihrer Politik ich vorhersehe«, schrieb er (vermutlich) auf Geheiß seiner Frau dem Ministerpräsidenten. »Mögen Sie es wollen oder nicht, Sie werden von einer gewagten Interpretation [der Gesetze] zur anderen, bis zum nackten, unverschleierten Verfassungsbruch getrieben werden. Diejenigen, welche Seine Majestät den König, meinen Allergnädigsten Herrn Vater, auf solche Wege führen, betrachte ich als die allergefährlichsten Ratgeber für Krone und Vaterland.« Konnte der Kronprinz den solcherart provozierten Streit indessen auch gewinnen? Er hatte ihn bereits verloren: von Stund an hörte sein Vater nicht mehr auf ihn, sondern nur noch auf Bismarck.

Die »Herrschaft der Unterröcke«, von der bereits gesprochen wurde, schien damit fürs erste abgewehrt – natürlich war ganz Berlin davon ausgegangen, daß nicht nur Vicky hinter dem wenig willensstarken Fritz gestanden habe, sondern auch Augusta und Queen Victoria. Was war eigentlich aus dem Jungen geworden, der Bismarck einst heimlich abzufangen pflegte, wenn er von den Besuchen bei seiner Mutter kam, um ihm seine Bewunderung auszudrücken?

Das wohl einschneidendste Ereignis im Leben des jungen Friedrich Wilhelm dürfte der 19. März 1848 gewesen sein. Im Stadtschloß tobten die aufgebrachten Bürger. Der königliche Großvater bot ein Bild schierer Hilflosigkeit. Vater Wilhelm hatte sich heimlich aus dem Staub machen müssen. Der einzige feste Pol in dem ganzen Durcheinander war Mutter. Augusta nahm den Sohn an der Hand, führte ihn auf die Schar der waffenstarrenden Revolutionäre zu und zwang sie mit starrer Würde, ihnen Platz zu machen. Als einziges Mitglied der Herrscherfamilie hatte die Kronprinzessin an diesem Tag Haltung bewahrt, vor allem aber Mut bewiesen. Kein Wunder deshalb, daß Friedrich Wilhelm fortan eher sie konsultierte, wenn er eine wichtige Entscheidung zu treffen hatte, als den Vater oder Großvater. Und da Augusta nun einmal für Verfassungsstaat und mehr Liberalität eintrat, mußte auch diese Haltung auf den Sohn abfärben. Aus dem jugendlichen Bewunderer Bismarcks dürfte so der spätere Bismarck-Kritiker geworden sein, zugleich aber ein Mann, der von Haus aus dazu neigte, sich im Zweifel an starke und kluge Frauen zu halten.

Nach dem Großen Kurfürsten war Friedrich Wilhelm der zweite brandenburgisch-preußische Thronerbe, dem der Besuch einer Universität gestattet wurde. Ernst Curtius, Historiker, Philologe und Archäologe, Entdecker des klassischen Olympia, betreute ihn während seiner Bonner Studienjahre – auch das ein Wunsch der im Weimar der Goethe-Zeit herangewachsenen Augusta. Wilhelm hingegen legte mehr Gewicht auf militärische Ausbildung. Und da der Prinz zumindest willig war, erlernte er auch das Kriegshandwerk gründlich genug, um später anständig führen zu können – vorausgesetzt, ein guter Generalstabschef nahm ihm die schwierigeren Probleme ab.

Als Friedrich Wilhelm aus dem Krieg gegen Dänemark zurückkehrte, nannten ihn die Soldaten wegen seines leutseligen Wesens bereits »unseren Fritz«. Er selbst war überzeugt, den entscheidenden Durchbruch bei Düppel mitbewirkt zu haben; auf sein Drängen hin hatte man Wrangel abberufen. Auch Vicky mauserte sich nach der siegreichen Kampagne von der kritischen Britin zur patriotischen Deutschen. »Über den furchtbaren Unsinn, der in den [englischen] Blättern und im Parlament aus reiner Leidenschaft geschwätzt wird«, empöre sich, ließ sie die Queen wissen, ihr ganzer »Gerechtigkeitssinn«. Mit Bismarck, der Preußen in das gewinnbringende Unternehmen hineinfinassiert hatte, wollte das Kronprinzenpaar aber weiterhin nichts zu tun haben.

Sowohl Vicky als auch Fritz vertraten damals die Ansicht, Friedrich VIII. von Schleswig-Holstein-Sonderburg-Augustenburg, mit dem sie befreundet waren, sei rechtmäßiger Erbe der beiden Herzogtümer. Es führte zur letzten schweren Auseinandersetzung zwischen dem Kronprinzen und seines Vaters Hausmeier. Daß Bismarck ihn dabei am Ende ausmanövrieren konnte, war einmal dem taktischen Unvermögen des Thronfolgers wie auch jenem des Augustenburgers zuzuschreiben, in erster Linie jedoch dem Umstand, daß König Wilhelm seit der Danziger Affäre allen Rat- und Vorschlägen seines Sohnes grundsätzlich mißtraute.

Irgendwann in diesen Tagen treffen Ministerpräsident und Kronprinz in einem Saal des Berliner Schlosses unerwartet aufeinander. Bismarck fragt Friedrich Wilhelm, warum er sich von einer Regierung fernhalte, die doch in etlicher Zeit seine Regierung sein werde; auch ein Austausch kritischer Gedanken könnte dem künftigen »Übergang« nur förderlich sein. Der Thronfolger erstarrt zur Salzsäule.

»Er lehnte scharf ab«, erinnerte sich Bismarck später, »wie mir schien in der Vermutung, daß ich meinen ›Übergang‹ in seine Dienste anbahnen wollte. Ich habe den feindlichen Ausdruck olympischer Hoheit, mit dem es geschah, Jahre hindurch nicht vergessen können und sehe noch heut den zurückgeworfenen Kopf, das gerötete Gesicht und den Blick über die linke Schulter vor mir. Ich unterdrückte meine eigene Aufwallung und antwortete ... ich hoffte, er würde sich des Gedankens, als ob ich danach strebte, einmal sein Minister zu sein, entschlagen: Ich werde es niemals sein. Ebenso rasch wie erregt, ebenso rasch wurde er weich und schloß das Gespräch mit freundlichen Worten.«

Die kleine Momentaufnahme zeigt den Anwärter auf Preußens Thron so, wie er nun einmal war: durchdrungen vom Gefühl gottgegebener Hoheit, aber unfähig, selbst ein einfaches Blickduell durchzustehen. Und so andererseits war Bismarck: nicht weniger standesbewußt als der Zollern, jedoch wohl in der Lage, dessen Gedanken zu lesen. Wäre er anders geartet gewesen, er hätte freilich kaum zwei Dynasten von hohem Selbstbewußtsein, aber geringer Entschlußkraft über die Hürden jagen können, die ihren Staat noch vom nächsten, bereits anvisierten Krieg trennten – einer Auseinandersetzung zumal, über die Moltke später schrieb, sie sei »nicht aus Notwehr gegen die Bedrohung der eigenen Existenz« geführt, sondern kalten Blutes vom Zaun gebrochen worden. Der ehemals dänische Offizier und spätere Adjutant Friedrich Wilhelms wußte genau, wovon er sprach. Seit 1858

Chef des preußischen Generalstabs, hatte er in aller Stille den von Bismarck geplanten Schlag vorbereitet – so akkurat in der Tat, daß dieser nie am Erfolg seines Coups zu zweifeln brauchte. Die Früchte von Moltkes Arbeit indessen fielen vor allem »unserem Fritz« in den Schoß. Als der strahlendste aller Helden sollte Vickys Mann aus einem Krieg hervorgehen, den er bis zuletzt als Verbrechen angesehen hatte.

Mit der schwächsten Figur auf dem Brett eröffnete Wilhelms Hausmeier seine Operationen: Friedrich VIII. von Augustenburg hoffte, von Österreich unterstützt, noch immer die beiden meerumschlungenen Herzogtümer oder wenigstens Holstein zurückzubekommen. Solche Bestrebungen verurteilte Preußen jedoch als Verstoß gegen die Gasteiner Konvention. Da sich gegen diesen Vorwurf wiederum Wien verwahrte, kam es sowohl in der Hofburg als auch in Potsdam zu ersten militärischen Krisensitzungen. Bismarcks nächster Zug war ein Rundschreiben an alle deutschen Höfe: der Bund müsse endlich reformiert werden; damit wollte er vor allem herausfinden, auf welche Seite sich die sogenannten »Mittelstaaten« bei einer preußisch-österreichischen Konfrontation schlagen würden. Nachdem ihm klargeworden war, daß die meisten eher zu Habsburg als zum Haus Zollern neigten, schloß er, noch 1865, ein Bündnis mit dem dezidiert antihabsburgischen Italien ab, was ohne Frankreichs heimliche Zustimmung kaum möglich gewesen wäre.

Alexander von Mensdorff-Pouilly, sein Wiener Gegenspieler, stellte daraufhin die Entscheidung über Schleswig-Holstein dem Bundestag anheim. Das konnte abermals als Verletzung der Gasteiner Vereinbarung interpretiert werden und erlaubte es Preußen (nach Bismarcks Meinung), das von Österreich verwaltete Holstein zu besetzen. Nachdem dies geschehen war, hielt Mensdorff sich für berechtigt, Preußen den Bruch der Bundesverfassung vorzuwerfen, bot damit aber (Bismarcks Interpretation) Preußen lediglich einen Anlaß, die Bundesverfassung für aufgehoben zu erklären. Mensdorff konterte mit der Aufforderung an die deutschen Fürsten, das Bundesheer gegen Preußen zu mobilisieren; da fast alle ihr nachkamen, hatte Bismarck, was er hatte haben wollen: den »casus belli«. Folgt sofort sein finaler Zug, ein Ultimatum an Preußens Nachbarn, an Hannover, Kurhessen und Sachsen: Neutralität, Abrüstung und Annahme der preußischen Vorschläge zur Neuordnung des Deutschen Bundes (ohne Österreich) – oder Preußen marschiert.

Da alle drei Staaten ablehnten, waren drei Tage später ihre Hauptstädte besetzt. Der hessische Kurfürst wurde gefangengenommen; Georg V. von Hannover, von früher Jugend an blind, mußte sich bei Langensalza ergeben; nur Sachsens König konnte sein Heer nach Böhmen führen und es mit den dort stehenden österreichischen Streitkräften vereinen. Das war der Beginn des »Deutschen Krieges von 1866«.

Eine umfänglichere Darstellung dieser Geschichte müßte freilich auch mehrere retardierende Momente nennen, schwere Auseinandersetzungen nämlich zwischen Wilhelm einerseits, Moltke, dem Kriegsminister und Heeresreformer Albrecht von Roon sowie Bismarck auf der anderen Seite.

Nachdem der Bundestag auf Österreichs Antrag hin beschlossen hatte, gegen Preußen mobil zu machen, schien die Situation sowohl für den König als auch seinen Ministerpräsidenten klar zu sein: man war gefordert worden und konnte also vom Leder ziehen. Wilhelm indessen zählte neunundsechzig Jahre – und hatte Gewissen. Durfte er als Deutscher gegen Deutsche, als Kurfürst von Brandenburg gegen einen Nachfahren der Kaiser des alten Reiches antreten, als Zollern gegen die Vertreter verwandter Fürstenhäuser kämpfen? War er nicht im Begriff, einen Bruderkrieg zu entfesseln? Während eines Gesprächs in diesen entscheidenden Tagen bat er Bismarck unvermittelt, ihn für kurze Zeit allein zu lassen. Als der Ministerpräsident die Zimmertür schließen wollte, sah er, daß sein König niedergekniet war und im Gebet den Ratschlag Gottes erflehte.

Wenig später wurde Wilhelm nacheinander von Roon, Moltke und wiederum von Bismarck aufgesucht. Die Militärs erklärten, sie benötigten dringend eine allerhöchste Entscheidung, um Vorbereitungen treffen zu können; jeder verlorene Tag vermindere die preußischen Chancen. Erstere verließen jedoch den Raum, ohne eine definitive Antwort erhalten zu haben. Wilhelm hing am Frieden fest wie ein Schiffbrüchiger an seiner Planke. Zuletzt ging Bismarck hinein.

Heinrich Graf Lehndorff, des Königs Flügeladjutant, hörte sie drinnen sprechen, erst leise und gedämpft, dann immer lauter; schließlich brüllten sie einander derart an, daß der Wächter vor der Tür die diensthabenden Lakaien wegschickte. Als Bismarck wieder herauskam, schien er völlig geistesabwesend, wenn nicht sogar verstört zu sein. Er starrte eine Weile vor sich hin und sagte dann: »Melden Sie mich noch einmal.« Lehndorff tat, wie ihm geheißen, kam indessen mit dem Bescheid zurück, die Sache sei entschieden, Majestät wollten sich nicht weiter dazu äußern. Was daraufhin geschah, hat er später dem Historiker Hans Delbrück erzählt.

Der Hüne Bismarck stieß den auch nicht gerade schmalbrüstigen Offizier zu Seite, riß die Tür auf und schlug sie hinter sich zu. In derselben Lautstärke, in der sie ihr voriges Gespräch beendet hatten, eröffneten beide das nächste. Lehndorff, der befürchtete, Bismarck sei verrückt geworden, fragte sich schon, ob er nicht hineingehen müsse, um seinen Herrn vor ihm zu schützen. Da kam der Ministerpräsident schon wieder heraus, sank schweratmend auf ein Sofa und sagte: »Lassen Sie mich möglichst lebendig nach Hause bringen; der Krieg ist beschlossen.«

Einem ungarischen Grafen gestand er Jahre danach: »Dieser Kampf [gemeint war auch der gegen das Parlament] kostete mich meine Nerven, meine Lebenskraft! Aber besiegt habe ich alle! Alle!« Und laut seinem Gesprächspartner fielen in diesem Zusammenhang noch die Namen dreier Frauen, »welche ihm besonders viel Ärgernis bereitet hätten« – unschwer zu erraten, wie sie gelautet hatten: Augusta, Victoria, Elisabeth (die Witwe Friedrich Wilhelms IV. traute ihm ja ebenfalls nie über den Weg). Doch dann machte er einen Mann, den diese Damen alle liebten, zum strahlenden Helden: »Unseren Fritz.«

Die uralte Stadt Hradec Králové, von den Österreichern Königgrätz genannt, liegt östlich von Prag an der Elbe; ein Dorf in ihrer näheren Umgebung trägt den Namen Sadowa. Beide Orte erlangten am 3. Juli 1866 Weltruf, der eine, weil Ludwig August von Benedek, Kommandeur der kaiserlichen Nordarmee (die Südarmee kämpfte in Italien) ihn als Verteidigungsstellung gegen die angreifenden Preußen gewählt, der andere, weil das preußische Oberkommando beschlossen hatte, von Sadowa aus Benedeks Kräfte anzugreifen. Seit Beginn des Krieges war das österreichische Heer fast nur noch auf dem Rückzug. Die drei Korps, in die Moltke seine Streitmacht aufgeteilt hatte, trieben es praktisch vor sich her. Jedes davon operierte völlig selbständig; erst in der Entscheidungsschlacht sollten sie sich vereinigen. Eben darin bestand freilich die Crux des preußischen Gesamtplans: wenn einmal feststand, wo der entscheidende Schlag geführt werden konnte, mußte auch dafür gesorgt werden, daß alle drei rechtzeitig zur Stelle waren. »Getrennt marschieren, vereint schlagen«, war zu Moltkes Zeit längst kein originelles Konzept mehr (schon Karl der Große hatte es angewandt); Risiken barg es dafür die Fülle.

Eigentlich hatten die preußischen Kommandeure diesen 3. Juli zum Rasttag für ihre vom Marsch erschöpften Truppen bestimmt gehabt. Prinz Friedrich Karl, dem Befehlshaber der mittleren Heeressäule, wurde jedoch gemeldet, jenseits des Dorfes Sadowa stünden starke feindliche Kräfte. Umgehend fragte der Neffe des Königs im Hauptquartier an, ob er sie angreifen dürfe. Nach längerer Beratung mit seinem Stab meinte Moltke, es könne gehen. Außer der Heeresgruppe Friedrich Karl (dreiundneunzigtausend Mann) stand auch die Elbarmee unter Eberhard Herwarth von Bittenfeld (sechsundvierzigtausend Mann) unweit Sadowas; der Gegner wurde auf etwas über dreihundertzwanzigtausend Mann geschätzt, seine Artillerie war der preußischen überlegen. Wäre auch die dritte Heeressäule unter Kronprinz Friedrich Wilhelm (hundertfünfzehntausend Mann) noch vor Ort gewesen, hätte man mit einem relativ sicheren Erfolg rechnen können; sie stand jedoch sechs Marschstunden östlich des Raumes Sadowa/Königgrätz. Zu hohes Risiko? Moltke schickte einen Kurier los, hoffend – es war längst dunkel geworden –, er werde den Kronprinzen noch vor Morgengrauen erreichen und dessen Streitmacht noch während des nächsten Tages zur Stelle sein. Das machte »unseren Fritz« zu so etwas wie den Joker in seinem Vabanquespiel. Aber das weiß auch Bismarck.

Auf dem Höhepunkt der Schlacht, als alles noch in der Schwebe steht, fragt ihn jemand, wie er die Lage beurteile. Des Ministerpräsidenten Antwort: »Ich spiele eine Partie Landsknecht [ein damals populäres Kartenspiel] um eine Million Einsatz, ohne sie zu besitzen.« Stunden später ist der Kronprinz immer noch nicht da und keine entscheidende Wendung in Sicht. Bismarck – die Szene spielt auf dem Feldherrnhügel – reitet zu Moltke hinüber und hält ihm sein Zigarrenetui hin. Der läßt sich Zeit, wählt sorgfältig das beste Stück aus und raucht es an. Zwar spricht solch gelassenes Tun nur für die guten Nerven des »Schweigers«, dennoch ist Bismarck beruhigt. In Wirklichkeit allerdings steht es gar nicht gut für die Preußen. Benedeks

Kavallerie und seine moderneren Geschütze fügen ihnen furchtbare Verluste zu. Schon droht jene Einheit zu weichen, die als erste mit der Armee des Kronprinzen Fühlung aufnehmen müßte, schon will Friedrich Karl im Zentrum seine Reserven nach vorne ziehen (was Moltke untersagt) da, Mittag ist längst vorbei, erscheint ein Melder und bringt die erlösende Nachricht: Friedrich Wilhelms Truppen haben in den Kampf eingegriffen.

»Eure Majestät«, spricht daraufhin Moltke, »haben nicht nur die Schlacht, sondern den Feldzug gewonnen.« Eine korrekte Lagebeurteilung. Die Österreicher ziehen sich hinter ihre Verteidigungslinie rund um Königgrätz zurück. Die Preußen belassen es dabei; zu weiteren Anstrengungen fehlt auch ihnen die Kraft.

»Unser Fritz« aber, der Retter in der Not und somit die herausragende Erscheinung des ganzen blutigen Spektakels, reitet auf die um König Wilhelm versammelten Generäle zu, wird respektvoll empfangen und nimmt aus der Hand des Vaters Preußens höchste Militärauszeichnung, den Orden »Pour le mérite«, entgegen. Nach langer Zeit hat das Haus Zollern wieder einmal einen bedeutenden Feldherrn hervorgebracht, für die Familie keineswegs der geringste Gewinn in diesem Krieg.

König Wilhelm sieht das freilich anders.

Von einem Tag auf den anderen wächst er in die Rolle des Mannes hinein, der seinen Gegner glanzvoll bezwungen hat. Und gehört es nicht seit je zu den Rechten eines Siegers, dem Unterlegenen mit aller Deutlichkeit vor Augen zu führen, wer gewonnen hat? An der Spitze seiner Truppen möchte Wilhelm plötzlich in Wien einreiten, um vor aller Welt zu demonstrieren, daß Gott sich auf die Seite seiner Bataillone geschlagen habe. Auch die Generale halten das für selbstverständlich. Darüber hinaus möchte er natürlich Beute machen, denn auch das ist ein uraltes Recht des erfolgreichen Kriegers: Nordböhmen vielleicht oder Österreichisch-Schlesien? Für ebenso selbstverständlich hält es Preußens König schließlich, daß auch die anderen geschlagenen Mächte büßen müssen: von Sachsen will er Leipzig samt Leipziger Bucht haben, von Hannover und Kurhessen so viel Land, daß damit die Lücke zwischen Preußen-Ost und Preußen-West aufgefüllt werden kann – der Zollernstaat ein geschlossener Block von der Memel bis (fast) an die Maas.

Gegen diese in seinen Augen törichten Projekte kämpft Bismarck wiederum bis an die Grenzen seiner Nervenkraft. Erneut kommt es zu diesen Szenen, die für Wilhelm und ihn bereits Routine sein müßten. Sie schreien sich an, sie ringen miteinander. Der König bricht in Tränen aus, der Ministerpräsident bekommt Weinkrämpfe. Begreift denn dieser alte, noch im 18. Jahrhundert geborene Mann nicht, daß man im 19. auf ein Europa Rücksicht nehmen muß, das keine ernsthafte Störung des politischen Gleichgewichts dulden kann?

In seiner Not ruft Bismarck schließlich den Kronprinzen zu Hilfe. Der trifft ihn in einem Moment an, da er gerade darüber nachdenkt, »ob es nicht besser sei, aus dem ... vier Stock hohen Fenster zu fallen.« Und seltsamerweise scheint Friedrich Wilhelm sich in seine Lage hineinversetzen zu können. Eine Hand auf des Ministerpräsidenten Schulter legend, sagt er: »Sie wissen, daß ich gegen den Krieg gewesen bin, Sie haben ihn für notwendig gehalten und tragen die Verantwortlichkeit dafür. Wenn Sie nun überzeugt sind, daß der Zweck erreicht ist und jetzt Friede geschlossen werden muß, so bin ich bereit ... Ihre Meinung bei meinem Vater zu vertreten.«

Wenig später kehrt der Kronprinz zurück und verkündet: »Es hat sehr schwer gehalten, aber mein Vater hat zugestimmt.« Das geschieht im mährischen Nikolsburg, wo über einen Vorfrieden mit Österreich verhandelt wird. Bismarck hat sich mit seinen Vorschlägen durchgesetzt: Österreich muß keine territorialen Opfer bringen, scheidet dafür aber aus dem Deutschen Bund aus, tritt seine holsteinischen Rechte an Preußen ab und zahlt zwanzig Millionen Kriegskostenentschädigung. Auch Sachsen bleibt völlig ungeschmälert; nur die Hessen und die Hannoveraner müssen bluten. Der Welfenstaat wird in toto zu Preußen geschlagen, das Vermögen seines Herrschers beschlagnahmt; ebenso ergeht es Hessen-Kassel. Nahezu ganz Norddeutschland ist damit zollernscher Besitz geworden. Dennoch spricht König Wilhelm von einem »schmachvollen Frieden«. Sollte es ihn gegrämt haben, daß er gegen seinen Hausmeier verloren hatte?

Der bereitet schon die nächsten Unternehmungen vor.

VIII.

Ein Prinz will Kaiser werden

Im Jahr 1191 wurde ein Zollern namens Friedrich Burggraf von Nürnberg; er war der Stammvater jenes Familienzweiges, dem später Ansbach und Bayreuth zufielen, noch später Brandenburg, die Urzelle des Königreiches Preußen. Das zollernsche Stammhaus am Nordrand der Schwäbischen Alb blieb damals in der Hand seiner Brüder oder Vettern, aber auch diese und ihre Nachfahren machten Karriere. Zwischen der unteren Donau und dem Neckar brachten sie einen beachtlichen Besitz zusammen, nahmen in der Mitte des 14. Jahrhunderts den Namen *Hohen*zollern an und leisteten sich im 16. den Luxus einer Landesteilung. Seit 1576 gab es die Teilgrafschaften Hohenzollern-Haigerloch, Hohenzollern-Sigmaringen und Hohenzollern-Hechingen; Haigerloch bestand nur knapp sechzig Jahre lang; mit den Inhabern der beiden anderen Herrschaften hingegen ging es weiterhin sachte bergauf. Sie wurden gefürstet, bekamen Sitz und Stimme im Reichstag und erlangten die volle Souveränität. Anders als der unglückliche Fürst von Hohenlohe-Ingelfingen gehörten sie endlich auch zu den wenigen der kleineren Herren, die vom Reichsdeputationshauptschluß profitierten. Ihre Ländchen wurden keineswegs einem größeren Machthaber zugeschanzt, sondern vielmehr durch Teile anderer zerschlagener Adelsreviere aufs erfreulichste arrondiert. Der Grund: Karl von Hohenzollern-Sigmaringen hatte Antoinette, die Tochter des napoleonischen Reiterführers Joachim Murat, geheiratet, und dessen Sohn Karl Anton nahm Josephine von Baden zur Frau, eine Tochter der von Napoleon adoptierten Stephanie Beauharnais, welche wiederum die Nichte seiner ersten Frau Josephine war. Bonaparte selbst bewahrte also die Hohenzollern vor der Mediatisierung, aber dafür mußten sie dem Rheinbund beitreten und Soldaten für seine Feldzüge stellen.

Nachdem er dann geschlagen worden war, wechselten die Schwaben unbeschadet zum Deutschen Bund über, in dessen Fürstenrat sie häufiger mit Österreich als mit Preußen stimmten, denn beide, der Hechingen und der Sigmaringen, waren katholisch. Bei dieser Haltung blieben sie auch – bis zum Jahr 1849.

Die Achtundvierzigerrevolution hatte sowohl Karl Anton von Hohenzollern-Sigmaringen als auch Wilhelm Constantin von Hohenzollern-Hechingen derart verschreckt, daß einer wie der andere es für geraten hielt, sich unter die Fittiche der Berliner Verwandten zu flüchten und diesen auch ihre Staaten zu übertragen. Es brachte ihnen die Titel »Hoheit«, später »Königliche Hoheit« ein, Karl Anton außerdem das Amt des preußischen Ministerpräsidenten, das er 1862 an Bismarck abtrat. Die Zollern an der Spree aber profitierten noch auf andere Weise von den zugezogenen Vettern: immer häufiger nannten sie sich nun ebenfalls »Hohenzollern« statt wie bisher »von Preußen«. Und dann geschah es, daß plötzlich alle Welt ihren neuen Namen im Munde führte. Verantwortlich dafür war Napoleon III.

Am 7. Februar 1859 erfuhren die Europäer, daß es auf ihrem Kontinent einen neuen Staat gebe: die bis dahin zum Osmanischen Reich gehörenden Donaufürstentümer Moldau und Walachei hatten sich zusammengeschlossen und den Namen Rumänien angenommen. Als Geburtshelfer des jungen Gemeinwesens galten die Kaiser von Rußland und Frankreich. Alexander II., dem sogenannten »Griechischen Projekt« seiner Vorgänger (bis zurück zu Peter dem Großen) verpflichtet, trachtete nach dem Besitz der von Konstantinopel beherrschten Meerengen; Napoleon – abgesehen davon, daß er immer noch auf »Gloire« angewiesen war – träumte von einem lateinischen Brudervolk auf dem Balkan, und beide bemühten sich natürlich, einen Mann ihrer Wahl als Herrscher in Bukarest zu installieren. Der Franzose favorisierte Karl, den doppelt mit ihm verwandten jüngeren Sohn Karl Antons von Hohenzollern-Sigmaringen (Stephanie Beauharnais war eine Kusine seiner Mutter, Napoleons Großmutter eine Murat gewesen). Und da gegen dessen Ernennung zum Fürsten von Rumänien weder London noch Wien oder Petersburg (schon gar nicht Berlin) ernsthafte Einwände erhoben, konnte der junge Mann 1866 als Carol I. sein Amt antreten. Nicht dieser Rochade war es indessen zu verdanken, daß der Name Hohenzollern ein Synonym für politische

Krise und Kriegsgefahr wurde, sondern einem zweiten Vorgang von (scheinbar) ganz ähnlicher Art.

Maria II. da Gloria von Portugal hatte 1836 einen Prinzen aus dem Hause Sachsen-Coburg geheiratet, der nach ihrem Tod zwei Jahre lang als Regent für seinen minderjährigen Sohn amtierte, dann fristgerecht zurücktrat und fortan als Staatspensionär ein behagliches Leben führte. Diesen Ferdinand II. nun begehrten plötzlich die Spanier als neuen König, nachdem sie 1868 ihre Herrscherin Isabella II. aus dem Hause Bourbon per Militärputsch gestürzt hatten. Ferdinand indes winkte ab und verwies auf seinen Schwiegersohn, den damals fünfunddreißigjährigen Leopold von Hohenzollern-Sigmaringen, der schon einmal als König der Hellenen vorgesehen gewesen war, das Rennen um den Thron im südgriechischen Nauplia aber verloren hatte. Gab er nicht einen viel besseren Thronprätendenten ab als jemand in seinem, Ferdinands, Alter? Gutaussehend, Stabsoffizier in einer der besten Armeen der Welt, Vater von drei Kindern und treuer Sohn der katholischen Kirche, außerdem mit der im westlichen Nachbarland herrschenden Dynastie eng verwandt: seine Schwester Stephanie saß auf dem Thron in Lissabon, seine Frau Maria war eine Schwester Pedros V. von Portugal. Und last not least: auch der große Bruder nördlich der Pyrenäen gehörte zur Sippschaft des deutschen Prinzen.

General Juan Prim, Spaniens neuer starker Mann, ließ sich von Ferdinands Argumenten mühelos überzeugen und schickte sofort seinen Staatsrat Eusebio de Salazar zu Karl Anton von Hohenzollern-Sigmaringen. Der ehemalige preußische Ministerpräsident konnte indes dem Vorschlag aus Madrid nicht besonders viel abgewinnen. Nur wenn Napoleon König Wilhelm die Kandidatur Leopolds vorschlage, werde er prüfen, ob es auch den Interessen seiner Familie entspräche, die Offerte anzunehmen. Mit dieser Erklärung wurde Salazar nach Spanien zurückgeschickt. Juan Prim jedoch hatte nicht die Absicht, sich so einfach abspeisen zu lassen. Im Februar 1870 schickte er seinen Sonderbotschafter zu Wilhelm selbst; es war abermals vergebene Liebesmüh. Der König empfing Salazar nicht einmal, schaltete aber seinen Mann für schwierige Fälle ein: Bismarck solle ihn wissen lassen, was von der ganzen Sache zu halten sei.

Preußens Ministerpräsident (seit 1867 auch Kanzler des Norddeutschen Bundes) sagte dem zuständigen Mann im Außenamt, Robert von Keudell, über diese Frage müsse er erst einmal gründlich nachdenken, was der altgediente Diplomat durchaus verstehen konnte. Auf Anhieb sah es so aus, als könne ein Hohenzollern im spanischen Königspalast die preußische Position in Europa nur stärken, aber, so lautete die eigentliche Frage, was hätte eine derartige Konstellation für das politische Gleichgewicht auf dem Kontinent bedeutet? Das hieß zuerst und zuletzt: Wie stellte sich eine Kandidatur Leopolds in den Augen Napoleons dar?

Dem Kaiser der Franzosen drohte damals bereits der politische Schiffbruch. Er hatte versprochen, das »Empire« wieder zu dem zu machen, was es in der Zeit seines großen Onkels gewesen war: eine beherrschende Macht, deren Ruhm und Glanz ganz Europa wie ein Leuchtfeuer überstrahlte. Statt dessen sah es so aus, als gerate Frankreich immer mehr ins Abseits. Ohne seinen Kaiser auch nur zu konsultieren, hatte Preußen Österreich aus Deutschland hinausgedrängt und die »troisième Allemagne«, den alten französischen Einflußbereich östlich des Rheins, an die Kandare genommen: Württemberg, Baden und Hessen-Darmstadt durch ein geheimes, längst bekannt gewordenes Schutz- und Trutzbündnis mit dem Zollernstaat verbunden, Bayern den Berlinern ebenfalls zu militärischer Gefolgschaft verpflichtet. Dazu auch noch der 1866 gegründete Norddeutsche Bund, dem alle Staaten nördlich des Mains, dazu Sachsen, Sachsen-Meiningen und Reuß ältere Linie (in Thüringen) angehörten, der eine eigene Verfassung hatte, einen frei gewählten Reichstag, einen Bundesrat als Vertretung der Länder, einen Bundeskanzler namens Bismarck sowie ein Bundespräsidium, das von Preußens König Wilhelm verkörpert wurde. War es nicht schon das wiederauferstandene alte Reich, dem die Länder südlich der Mainlinie nur nominell noch nicht angehörten? Und das alles geschaffen mit einem einzigen Schlag, ja beinahe durch eine einzige Schlacht, nämlich die von Königgrätz – oder, wie man, der leichteren Aussprache wegen, in Frankreich sagte: die Schlacht von Sadowa. Weshalb hatte Napoleon es toleriert, daß dies vor seiner eigenen Nase geschehen konnte? Und warum nur hatte er sich immer wieder hinhalten lassen, nachdem es geschehen war und sich nichts mehr daran ändern ließ?!

Schon während der Verhandlungen über einen Vorfrieden zwischen Preußen und Österreich war in Nikolsburg Vincent Graf Benedetti, sein Botschafter, erschienen und hatte Kompensationen für die Veränderung im Vorfeld Frankreichs gefordert. Das mindeste, was Napoleon verlangen könne, seien das Saargebiet und Luxemburg, wofür Preußen Ostfriesland an Holland abtreten müsse, da dessen König auch Großherzog des Ländchens am Abhang der Ardennen war. Beinahe lässig hatte Bismarck jedoch diese »Gastwirtsrechnung« vom Tisch gefegt und den kleingewachsenen Korsen (aus Bastia) mit allerlei vagen Versprechungen eingewickelt. Auch als Benedetti zum zweiten Mal erschien und nun sogar die gesamte Rheinpfalz plus Rheinhessen dazuverlangte, anderenfalls es zu »dauernder Verstimmung« zwischen Paris und Berlin kommen könne, spielte er nur Katz und Maus mit ihm, ließ die Forderung nach Luxemburg in der Luft hängen, verwies dafür auf Belgien, das doch viel besser zu Frankreich passe, drohte auch ein bißchen und verspürte fast eine Regung von Mitleid, als sein Gesprächspartner klagte: Napoleon müsse endlich einen Erfolg vorweisen können, sonst sei es um seine Dynastie geschehen. Tatsächlich war der Kaiser der Franzosen schon derart verzweifelt, daß er nach diesen Gesprächen versuchte, Luxemburg dem Haus Oranien abzukaufen. Selbst das mißlang jedoch.

Das Großherzogtum, von dessen schwer befestigter Hauptstadt Napoleon I. gesagt hatte, wer sie besitze, sei der Herr Europas, unterstand dem preußischen Militärgouverneur im Rheinland (damals Karl Anton von Hohenzollern) und galt dem Berliner Generalstab als unverzichtbarer Besitz. Trotzdem hätte Bismarck das »Gibraltar des Nordens« dem Franzosen überlassen, wenn dieser bereit gewesen wäre, sich dafür mit den neuen Verhältnissen in Deutschland abzufinden – er hatte nicht mit den Protesten der Strategen, vor allem Moltkes, gerechnet. Notgedrungen einigten sich denn sein Mann in Paris und Napoleon III. darauf, die ganze Angelegenheit einer internationalen Konferenz zu übertragen und deren Entscheidung als bindend anzuerkennen. Der Kaiser hatte abermals Pech: die in London zusammengetretene Diplomatenversammlung votierte übereinstimmend für ein neutrales, unabhängiges Luxemburg. Die Riesenfestung wurde also geschleift, die preußische Besatzung im Ländchen zog ab, dem Deutschen Zollverein durfte das Großherzogtum weiterhin angehören; Napoleon blieb weiterhin unter Druck. Immer dringlicher forderte die französische Presse – von ihm, wohlgemerkt – »Revanche pour Sadowa«. Um sich wenigstens etwas Luft zu verschaffen, gestand der bis dahin fast allmächtige Empereur dem Senat in Paris schließlich größere Rechte zu; es half – ein wenig. Ohne außenpolitische Erfolge würde sein Thron jedoch weiterhin auf wackeligen Füßen stehen. Das wußte auch Bismarck und mußte es ins Kalkül ziehen, als er nun über jene neueste Entwicklung nachdachte, die von den Zeitungen unter der Rubrik »spanische Thronkandidatur« abgehandelt oder sogar schon »spanische Bombe« genannt wurde.

Was würde geschehen, wenn sie explodierte? Aber bestand diese Gefahr denn überhaupt noch? Wilhelm hatte den Zünder doch bereits entfernt, indem er Salazar abblitzen ließ.

Am 27. Februar 1870 ging dem König ein Immediatbericht seines Ministerpräsidenten zu, der ihn »wie ein Blitz aus heiterer Luft auf den Leib« anmutete. Mit allem Nachdruck trat Bismarck dafür ein, daß Leopold die Kandidatur annehme. Begründung: ein Hohenzollern auf dem spanischen Thron sei im Kriegsfall zwei Armeekorps wert. Bei einem Krieg gegen wen? Auf der Sitzung, zu welcher Wilhelm auch den Kronprinzen, Moltke, Roon und Karl Anton geladen hatte, scheint diese Frage gar nicht diskutiert worden zu sein, zumindest nicht in dieser konkreten Form. Friedrich Wilhelm war strikt gegen jeden weiteren Kontakt mit Madrid (wobei auch Mißgunst mit im Spiel gewesen sein mag; der schwäbische Vetter würde möglicherweise noch vor ihm König werden). Karl Anton gab bekannt, sein Sohn könne nur durch einen »bestimmten Befehl« des Königs zur Bewerbung um die Krone bewogen werden. Wilhelm sagte, diesen Befehl gebe er auf keinen Fall. Alle übrigen stellten sich hinter Bismarck. Und als einer aus der Runde schließlich doch die Frage stellte: »Wenn aber Napoleon das übelnimmt, sind wir dann bereit?«, beschränkte Moltke sich darauf, seinem Beinamen Ehre zu machen: schweigend nickte er. Entschieden war jedoch gar nichts.

Prinz Leopold fühlte weiterhin »wenig Impuls in sich«, eine eigene Entscheidung zu treffen. Seinem Bruder Friedrich, der gefragt wurde, ob er sich vielleicht für den vakanten Thron interessiere, ging es genauso. Bismarck schickte dennoch einen Legationsrat nach Madrid, der Prim ein bißchen auf den Zahn fühlen sollte: Wie wichtig sei dem regierenden General die »Spanische Thronkandidatur«? Nach außen hin gibt sich der Kanzler freilich weiterhin harmlos: es handele sich schließlich um die rein private Angelegenheit eines deutschen Adeligen (auch in seinen Memoiren wird er noch behaupten, so habe sich die Sache tatsächlich für ihn dargestellt). In Wahrheit muß ihm längst klargewesen sein, daß er in einen Nervenkrieg eingetreten war, bei dem alles davon abhing, wer, wie es im Kauderwelsch moderner Strategietheoretiker heißt, die »Eskalationsdominanz« zu besitzen glaubte. War Napoleon überzeugt, ihn ohne größeres Risiko bis zum äußersten treiben zu können, oder war er in der Lage, dem Franzosen durch gezielte Nadelstiche so lange zuzusetzen, bis dieser ein weiteres Mal von seinem selbstgesteckten Ziel abwich und kampflos den Platz räumte? Auch das nämlich muß Bismarck bewußt gewesen sein: Napoleon konnte sich aus reinen Prestigegründen – und Prestige war für einen Emporkömmling wie ihn überlebensnotwendig – niemals damit abfinden, daß die spanische Krone in deutsche Hände geriet. Schließlich hatte Frankreich schon einmal zu den Waffen gegriffen, hatte sogar den ersten Weltkrieg der Neuzeit entfesselt (jenen um die »Spanische Erbfolge«), als Karl von Habsburg den Thron in Madrid besetzen wollte – und auch dieser Prätendent war mit dem damals in Versailles regierenden Herrscher (Ludwig XIV.) verwandt gewesen.

Weiterhin sollte Bismarck geahnt haben, daß Napoleon, den er persönlich sehr gut kannte, aus irgendeinem Grund die Eskalationsdominanz zu besitzen wähnte. Tatsächlich, aber das konnte der Kanzler nicht wissen, lag auf dessen Tisch eine schriftliche Erklärung Franz Josephs I., in der es hieß, gemeinsam mit Frankreich könne er zwar keineswegs gegen Preußen losschlagen, denn dadurch würden »die deutschen Stämme in Deutschland und Österreich« entflammt und das wäre für seine Regierung »von den schwersten Folgen«. Zöge Napoleon hingegen »nicht als Sieger« (sprich: Eroberer), sondern »als Befreier« (von preußischer Vorherrschaft) in West- und Süddeutschland ein, dann wäre er sogar gezwungen, sich »an seine Stelle zu stellen«. Österreich-Ungarn, hieß das im Klartext, sei durchaus bereit, zusammen mit Frankreich gegen den Sieger von 1866 anzutreten, es müsse dafür aber mit der Wiederherstellung des Status quo ante honoriert werden, der Neugründung eines von Wien beherrschten Deutschen Bundes.

Nicht wissen konnte Bismarck außerdem, daß Ferdinand von Beust, der Außenminister des seit 1867 als k.u.k. (kaiserlich und königlichungarisch) firmierenden Staatswesens, den Text seines Kaisers am Quai d'Orsay so interpretiert hatte, daß man dort sicher zu wissen glaubte, Österreichs Armee werde sich an einem französischen Angriffskrieg gegen Preußen auf jeden Fall beteiligen. Dennoch: Warum beharrte er weiterhin darauf, daß aus Prinz Leopold von Hohenzollern-Sigmaringen unbedingt ein Rey Leopoldo I. d'Espagna werden müsse? Die meistgenannte Antwort dazu lautet: Irgendwann während der »Luxemburgischen Krise« habe sich der Kanzler entschlossen, seinen bisherigen Kurs zu ändern.

Friedrich I., Großherzog von Baden, Ehemann Luises, der einzigen Tochter des preußischen Königs (und ebenfalls mit Napoleon versippt), hatte er noch abgewiesen, als dieser um Aufnahme seines Landes in den Norddeutschen Bund nachsuchte. Es war aus einem einzigen Grund geschehen: Frankreich hätte sauer reagieren können. Und es läßt die Mutmaßung zu, Bismarck habe damals noch darauf vertraut, die deutschen Länder würden unter dem Zwang der Verhältnisse, vielleicht auch dem Druck der wirtschaftlichen Entwicklung früher oder später einfach, auf quasi organische Weise, zusammenwachsen. Das alles schien jetzt nicht mehr zu gelten. Auf einmal, so seine Interpreten, sei es dem Kanzler praktikabler erschienen, diesen Prozeß gewaltsam zu beschleunigen. Das heißt: auch er muß ab einem bestimmten Zeitpunkt überzeugt gewesen sein, die Eskalationsdominanz zu besitzen. Leopolds Thronkandidatur kann er jedenfalls nur in der Absicht befürwortet haben, Napoleon damit aus der Deckung zu locken.

Im Mai 1870 besuchte Bismarck den Fürsten Karl Anton und drängte ihn, seinen Ältesten für die Kandidatur zu erwärmen. Mit welchem Erfolg? Überraschend gibt der Prinz zu, daß er eigentlich ganz gerne König werden würde (wie auch anders: schließlich entsprach es dem Berufsethos des Adels, jede gebotene Standeserhöhung ohne langes Zögern zu akzeptieren). Kurz darauf erschien Salazar zum dritten Mal in Deutschland, und nun, am 19. Juni 1870, wurde er erhört. Nochmals zwei Tage später gab »schweren, sehr schweren Herzens« auch Wilhelm sein »Einverständnis«, worauf der Spanier ein chiffriertes Telegramm nach Madrid abschickte, in dem er sich (wahrscheinlich) selbst auf die Schulter klopfte. Seltsamerweise rief die Botschaft bei Prim nur ein gedämpftes Echo wach. Der General vertagte die Cortes auf den 31. Oktober; erst im Herbst sollte das

Parlament seinen neuen König wählen. Spaniens starker Mann dürfte die Absicht gehabt haben, sich zuvor noch mit dem Herrn des nördlichen Nachbarlandes ins Benehmen zu setzen. Leopolds Zusage, verfügte er weiterhin, solle zunächst geheimgehalten werden – umsonst. Salazar konnte den Mund nicht halten; binnen kurzem wußte alle Welt, wie Sigmaringen und Berlin entschieden hatten. Als Prim die ersten Schlagzeilen sah, rief er entsetzt: »Verlorene Kandidatur! Und gebe Gott, daß es nur das ist.« Es war nicht nur das.

In Paris nimmt sich Antoine Alfred Agénor, Duc de Gramont, Frankreichs Außenminister, umgehend der Sache an; er tritt eine Lawine los. Vor dem Abgeordnetenhaus erklärt der glühende Bonapartist, die Nation brauche nicht zu dulden, »daß eine fremde Macht, indem sie einen ihrer Prinzen auf den Thron Karls V. setzt, dadurch zu ihrem Vorteil das gegenwärtige Gleichgewicht der europäischen Mächte stören und so die Interessen wie die Ehre Frankreichs gefährden könnte«. Das einprägsamere Bild gelingt den Journalisten: »Wenn Preußen eine spanische Schildwache an unsere Grenze stellt, sind wir sechsunddreißig Millionen Gefangene.« Der regierungsamtliche *Moniteur* fordert bereits, Preußen müsse, zu Frankreichs Genugtuung, seine Bündnisse mit den süddeutschen Staaten lösen und die Festung Mainz räumen, während Napoleon, von diesem Gefühlssturm angenehm überrascht, sich der Hoffnung hingibt, einem bedeutenden außenpolitischen Erfolg näher zu sein als jemals zuvor. Was immer beim Tauziehen um die spanische Kandidatur auch herauskommen mag, er wird gewinnen: seine Generale haben ihm gesagt, die französische Armee sei der preußischen überlegen, Österreich ist auf Frankreichs Seite. »Weicht Bismarck jedoch zurück«, so Kaiserin Eugénie, »dann ist das eine Blamage, von der er sich nur schwer erholen wird.«

Von soviel Zuversicht wird schließlich auch der an sich friedliebende Ministerpräsident Emile Ollivier angesteckt. »In vierzehn Tagen«, erklärt er, »haben wir vierhunderttausend Mann an der Saar ... Wir werden das Volk bewaffnen, das dann zu den Grenzen strömt, wie 1793.« Und Karl von Werther, Preußens Gesandter in Frankreich, erfährt aus dem Mund des Herzogs von Gramont, Napoleon werde Leopolds Kandidatur niemals hinnehmen, er möge sofort nach Bad Ems fahren, wo König Wilhelm die Bäder »gebraucht«, und ihn dies wissen lassen.

Wie verhält sich Bismarck angesichts dieser Entwicklung? Der Kanzler verbringt seinen Urlaub im pommerschen Varzin (heute: Warcino), einem Gut, das er sich nach dem Krieg 1866, dank finanzieller Zuwendung des Preußischen Landtags, hatte kaufen können. Dorthin werden ihm alle wichtigen Nachrichten übermittelt. Eine der neuesten lautet, Leopold II. von Belgien und Carol I. von Rumänien ließen Karl Anton bestürmen, er möge Leopolds Kandidatur zurückziehen, da sonst ein europäischer Krieg unvermeidbar sei. Unbekannt bleibt Bismarck, daß Madrid bereits beschlossen hat, den Hohenzollernprinzen ebenfalls um Verzicht zu bitten. Gemeldet wird ihm hingegen am 12. Juli 1870, der Sigmaringer Fürst habe von sich aus Juan Prim mitgeteilt, sein Sohn stehe nicht mehr zur Verfügung. Auf diese Depesche hin telegraphiert er umgehend nach Bad Ems, das sei zu erwarten gewesen, und es finde auch seinen Beifall. In Wirklichkeit kocht er jedoch »vor Ingrimm«: Karl Anton hat ihm eine Waffe aus der Hand geschlagen, die er zu benutzen gedachte. Derart groß ist sogar seine Wut – auch über Wilhelm, dem bei der Nachricht aus Sigmaringen »ein Stein vom Herzen war« –, daß er (wieder einmal) an Rücktritt denkt.

Auch den folgenden Tag über hält diese Stimmung bei ihm vor. Moltke und Roon, die seine Gäste sind, erfahren, daß es einen Kanzler und Ministerpräsidenten Bismarck nicht mehr lange geben werde.

Varzin ist ein angenehmer Ort, er liegt jedoch etwas aus der Welt; bis der Telegrammbote kommt, wird es fast immer Abend. So auch an diesem 13. Juli 1870. Die Herren sitzen schon bei Tisch, als aus Bad Ems eine längere Depesche eintrifft, aufgesetzt von Heinrich Abeken, Vortragendem Rat im Auswärtigen Amt, einem Spezialisten für die Darstellung schwieriger Sachverhalte.

»S. M. der König schreibt mir«, meldet Abeken, »Graf Benedetti fing mich auf der Promenade ab, um auf zuletzt sehr zudringliche Art von mir zu verlangen, ich sollte ihn autorisieren, sofort zu telegraphieren, daß ich für alle Zukunft mich verpflichte, niemals wieder meine Zustimmung zu geben, wenn die Hohenzollern auf ihre Kandidatur zurückkämen.«

Was sich hinter diesen Sätzen verbirgt, können Bismarck und seine Gäste zu diesem Zeitpunkt bestenfalls ahnen. Paris, heißt es wohl, sei mit seinem diplomatischen Erfolg in der Angelegenheit spanische

Kandidatur nicht zufrieden, es wolle aus der Sache noch etwas mehr herauskitzeln; das trifft auch zu. Eugénie hat die Verzichtserklärung Karl Antons zu einer Genugtuung zweiter Klasse herabgestuft, einer »moquerie«, die das »Übel von Sadowa« keineswegs auslösche. Das wiederum hat Gramont auf die Idee gebracht, von Wilhelm quasi eine Entschuldigung dafür zu verlangen, daß er den Franzosen überhaupt zugemutet habe, sich wegen dieser Affaire zu echauffieren, des weiteren eine Bürgschaft für die Zukunft, dergleichen werde nicht wieder vorkommen. Da aber Kaiserin und Kaiser seinen Vorschlag billigten, wurde Benedetti beordert, sofort ins Lahntal zu fahren, um dem preußischen König dieses Ansinnen zu unterbreiten. Und derart viel Druck hatten seine Auftraggeber gemacht, daß der Diplomat glaubte, sich nach seiner Ankunft in Bad Ems nicht einmal die Zeit für eine förmliche Anmeldung nehmen zu können.

Auf der Kurpromenade sieht er den König lustwandeln. Der winkt ihm mit der *Kölnischen Zeitung*, die über Leopolds Thronverzicht berichtet, fröhlich zu. Benedetti ist nicht zu beneiden in diesem Moment; er tut aber tapfer seine Pflicht und bringt vor, was er zu sagen hat. Wilhelm erstarrt in kühler Würde.

»Natürlich sagte ich ihm, daß ich [von Karl Anton] noch nichts erhalten hätte und, da er über Paris und Madrid früher benachrichtigt sei als ich, er wohl einsähe, daß mein Gouvernement wiederum aus dem Spiel sei.«

Kurz darauf trifft im Quartier des Königs ein Telegramm aus Sigmaringen ein, das bestätigt, daß Leopold weder nach Madrid gehen noch dort erwartet werde. Davon wird sofort auch Benedetti informiert. Sein Herr, erklärt der Überbringer der Nachricht, Wilhelms Flügeladjutant Anton von Radziwill, sehe die ganze Angelegenheit hiermit als endgültig erledigt an. Bendetti wird trotzdem noch nicht von der Leine gelassen. Gramont fordert ihn auf, eine weitere persönliche Rücksprache mit dem König zu verlangen, was er auch tut. Über des Zollern Reaktion auf dieses Ansinnen heißt es in Abekens Depesche: »... hat Allerhöchstderselbe ... auf des Grafen Eulenburg [Friedrich von, preußischer Innenminister] und meinen Vortrag beschlossen, den Grafen Benedetti nicht mehr zu empfangen, sondern ihm nur durch einen Adjutanten sagen zu lassen, daß S. M. jetzt vom Fürsten [Karl Anton] die Bestätigung der Nachricht erhalten, die Benedetti aus Paris schon gehabt und dem Botschafter nichts weiter zu sagen habe.« Folgt der letzte Abschnitt der an Bismarck gerichteten Botschaft: »S. M. stellt Ew. Exzellenz anheim, ob nicht die neue Forderung Benedettis und ihre Zurückweisung sogleich sowohl unseren Gesandten als in der Presse mitgeteilt werden sollte.«

Das ganze stilistische Ungetüm liegt nun auf dem Tisch in Varzin. Der Hausherr hat es vorgelesen. Was ihm daran gefällt, ist allein die königliche Ermächtigung, mit dem Text an die Öffentlichkeit zu gehen. Vorsichtshalber befragt er Moltke noch einmal über »das Maß seines Vertrauens auf den Stand unserer Rüstungen«. Als der Schweiger erklärt, wenn schon Krieg, dann lieber jetzt als später, nimmt Bismarck einen Bleistift und beginnt Abekens Bericht zu redigieren. So entsteht die eigentliche, die historisch gewordene »Emser Depesche«. Ihr abschließender Satz kommt einer Ohrfeige gleich: »S. M. hat es darauf abgelehnt, den französischen Botschafter nochmals zu empfangen, und demselben durch den Adjutanten vom Dienst sagen lassen, daß S. M. dem Botschafter nichts weiter mitzuteilen habe.«

Moltke, nachdem er das Schriftstück gelesen hat, sagt anerkennend: »So hat das einen anderen Klang, vorher klang es wie Schamade, jetzt wie eine Fanfare.« – Schamade war ein militärisches Signal, mit dem die Bereitschaft zur Kapitulation angekündigt wurde, Fanfaren pflegten beim Angriff zu schmettern.

Am 14. Juli erschien die Depesche in allen wichtigen Zeitungen Europas. Am 15. beschlossen Senat und Kammer in Paris die Mobilmachung. Am 16. ordnete Bayerns »Märchenkönig« Ludwig II. Kriegsbereitschaft an, am 17. Karl I. von Württemberg, zwei Tage später der Reichstag des Norddeutschen Bundes. Dasselbe Datum, 19. Juli 1870, trägt auch die französische Kriegserklärung an Preußen.

Wie verhält sich Österreich? Beust läßt erklären, die habsburgische Monarchie gebe ihre Neutralität nur dann auf, wenn Rußland für Preußen aktiv werden sollte. Was gedenkt also der Zar zu tun? Bereits Anfang Juni hat Alexander II. seinem Onkel Wilhelm versichert, er falle über Österreichisch-Galizien her, wenn die k.u.k. Armee sich der französischen anschließe. Gibt es noch jemanden, der eventuell bereit wäre, mit Napoleon zu gehen? Des Kaisers Augen schweifen über ganz Europa hin; er findet keinen.

Unter solchen Auspizien beginnt Anfang August der »Deutsch-

Französische Krieg von 1870/71«, und man kann durchaus sagen, es sei der dritte gewesen, in den Bismarck die Hohenzollern hineinmanövriert hat – zugleich aber der erste, über dessen Verlauf er nicht bis zum Ende mitbestimmen konnte. Bei den Kampagnen in Schleswig-Holstein und Böhmen hatte der Kanzler die Eskalationsdominanz oder später eben die Deeskalationsdominanz immer in der Hand gehabt. Diesmal verlor er sie gänzlich – was nicht zuletzt seinem heimlichen Gegenspieler Friedrich Wilhelm zu verdanken war.

Dem einflußreichen Journalisten, Erfolgsschriftsteller *(Soll und Haben, Die Ahnen)* und Reichstagsabgeordneten Gustav Freytag sagte der Kronprinz noch während der ersten Kriegstage: »Ich hasse das Gemetzel. Ich habe niemals nach Kriegsruhm gestrebt und hätte solche Ehren gern anderen überlassen. Dennoch ist es mein hartes Schicksal, von Schlachtfeld zu Schlachtfeld ziehen zu müssen ... bevor ich den Thron meiner Väter besteigen kann.« Freytag dürfte nicht schlecht verblüfft gewesen sein. Bis dahin hatte er eher den Eindruck gehabt, Friedrich Wilhelm genieße es, an der Spitze der Dritten Armee durch rasch erobertes Feindesland zu reiten und einen militärischen Erfolg nach dem anderen einzuheimsen (sein Stabschef war der überaus fähige General Leonhard von Blumenthal). Auch glaubte er beobachtet zu haben, daß der Zollern sich durchaus in der Zuneigung seiner Soldaten sonnte, was für ihn um so genußvoller gewesen sein muß, als diese keineswegs Preußen waren, sondern Bayern, Hessen, Badener und Württemberger. Auch bei den Süddeutschen hatte sich »unser Fritz« überaus rasch beliebt machen können. Weshalb also plötzlich solch tragische Töne?

Tage später – man kampierte im elsässischen Petersbach – verblüffte Friedrich Wilhelm den Schriftsteller noch mehr. Die Zukunft war angesprochen: Was würde nach dem Krieg aus Deutschland werden, konstitutioneller Staat oder strikte Monarchie? Auf einmal, so Freytag, »brach es stark aus ihm heraus, und seine Augen leuchteten: Nein, er muß Kaiser werden!« Wer? König Wilhelm war gemeint, der Dreiundsiebzigjährige, dem »unser Fritz« vermutlich sehr bald nachfolgen würde.

»Betroffen«, fährt der Autor fort, »sah ich auf den Herrn. Er hatte den Generalsmantel so umgelegt, daß er wie ein Königsmantel seine hohe Gestalt umfloß, und auch die goldene Kette der Hohenzollern umgeschlungen, die er doch sonst in der Ruhe des Lagers nicht zu tragen pflegte, und schritt gehoben auf dem Dorfanger dahin. Offenbar hatte er, erfüllt von der Bedeutung, die der Kaisergedanke für ihn hatte, auch sein Äußeres der Unterredung angepaßt.«

Freytag, (national-)liberal, aber auch Alt-Preuße bis ans Herz hinan, kann dieser opernreifen Vorstellung nicht viel abgewinnen. »Der einfache blaue Rock der Hohenzollern«, gibt er zu bedenken, »wird zuletzt nur noch als altertümliche Erinnerung vorgeholt werden ... Und wie bisher, so wird auch im Volk ein höfisches und serviles Wesen sich einschleichen, das unserer alten preußischen Loyalität nicht eigen war.« Dann spricht auch noch der Politiker aus ihm: »Durch unser Jahrhundert geht eine starke demokratische Unterströmung. Wird einmal durch große Unfälle und ein Mißregiment im Volke Unzufriedenheit verbreitet, dann drohen auch den altheimischen regierenden Familien Gefahren.«

Mit großer Gebärde wischt Friedrich Wilhelm diese Bedenken jedoch weg und begründet nun auch, warum sein Vater Kaiser werden müsse. Vor der Pariser Weltausstellung habe Napoleon den alten Herrn gefragt, wem bei einem gemeinsamen Auftritt mit Alexander III. der Vorrang gebühre, worauf dieser erwiderte, natürlich Seiner Majestät, dem »Herrscher aller Reußen«. Und erneut »bricht es« nach dieser Anekdote aus dem Kronprinzen heraus: »Hören Sie an! Das soll kein Hohenzollern mehr sagen! Das darf für keinen Hohenzollern mehr gelten!« Dem darob erschütterten Freytag hat es die Sprache endgültig verschlagen. »Er war«, schließt seine Schilderung, »erfüllt von dem fürstlichen Stolze ... so daß alles weitere Einreden nichtig sein müßte«; und das habe tief in sein Gemüt blicken lassen.

Was der Schriftsteller aber damals, am Beginn des Krieges, noch keineswegs ahnen konnte: der zu Petersbach erstmals geäußerte »Kaisergedanke« sollte sich nicht mehr aus der Welt schaffen lassen. Das mußte auch Bismarck erfahren.

Der Mann, der den Krieg praktisch ausgelöst hat, ist seit Kriegsbeginn nichts weiter als ein »Zivilist im Kürassiersrock«. Die »Halbgötter« des Generalstabs sind entschlossen, ihn, anders als auf dem böhmischen Feldzug, von ihren Beratungen fernzuhalten, obwohl (oder weil) König Wilhelm gesagt hat, mit seinem Widerspruch treffe er öfter den Nagel auf den Kopf als die Mehrheit der Militärexperten.

Mürrisch reist er denn hinter der Truppe her, erlebt par distance die zum Teil mörderischen, aber für Preußen-Deutschland stets erfolgreichen Schlachten mit: Weißenburg, Wörth, Spichern, Colombey-Nouilly, Vionville-Mars-la-Tour, Gravelotte-Saint Privat. Moltkes Kalkül geht nicht immer auf, aber die drei deutschen Armeen, zwei von Hohenzollern angeführt, kommen zügig voran. Und schon knapp vier Wochen nach ihrem Einbruch in Frankreich (von der pfälzischen Grenze her) sieht es so aus, als sei der Feind endgültig geschlagen.

Patrice Maurice de MacMahon, einer der erfahrensten Marschälle Napoleons, hat sich hinter die veralteten Verteidigungsanlagen der kleinen Festung Sedan im Maastal zurückgezogen. Dort wird er von knapp einer Viertelmillion deutscher Soldaten eingeschlossen. Daß seine Lage aussichtslos ist, dürfte ihm schon am ersten Tag der Belagerung klargeworden sein, denn noch vor dessen Ende läßt er die weiße Fahne hissen – nicht aus eigenem Entschluß, sondern auf Befehl eines »Privatmannes«. Napoleon sitzt mit ihm in der Falle, und er ist es, der weitere sinnlose Verluste vermeiden will. Welchen Fang sie da gemacht haben, erfahren die Deutschen jedoch erst am nächsten Tag, dem 2. September 1870. Sollte der Krieg etwa bereits zu Ende sein? Bismarck hofft es, Napoleon weist jeden Gedanken daran zurück. Er »legt seinen Degen« in die Hände Wilhelms; für Frankreich will er nicht mehr sprechen. Ein kranker, gelbgesichtiger Mann, der gern Heinrich Heines Lied von jenen zwei Grenadieren gesungen hatte, die da klagen: »Und der Kaiser, der Kaiser gefangen«, muß sich nun selbst internieren lassen. Der Krieg aber geht tatsächlich weiter.

In Paris haben elf Parlamentarier Napoleon für abgesetzt erklärt, eine neue Republik ausgerufen und die Volkserhebung gegen alle »Barbaren« proklamiert, deren Stiefel »den heiligen Boden Frankreichs« entweihen. Leon Gambetta, der neue Innenminister, stampft zwölf neue Armeekorps praktisch aus dem Boden. Da deren Kommandeure sich aber auf die noch uneroberten Festungen des Landes stützen, sind Reiterattacken oder Bajonettangriffe obsolet geworden; statt dessen kommt es zu aufwendigen Materialschlachten. Und Frankreichs größte Festung heißt nun einmal Paris; nach Toul, Metz und Straßburg wird es ebenfalls erobert werden müssen. So kommt es freilich auch, daß Friedrich Wilhelms Träume noch üppiger als bisher schon ins Kraut zu schießen beginnen.

Am »Tag von Sedan« hatte der Kronprinz Bismarck gefragt, was er von seinem »Kaisergedanken« halte. Der fragte zurück, wie er sich die Verwirklichung dieses Projekts denn in der Praxis vorstelle. Des Zollern Antwort: »Nichts einfacher, als von den in der Mehrzahl hier anwesenden Fürsten den Kaiser ausrufen zu lassen und eine [entsprechende] Verfassung einfach zu verkündigen.« Dem Kanzler schien diese Methode reichlich brachial zu sein, der Kronprinz ließ sich nicht beirren. Die Könige von Bayern, Württemberg und Sachsen würden schon nachgeben, wenn man ihnen nur »unseren festen Willen« zeigte. Bismarck wiegte den Kopf. »Wir stehen mit unseren Bundesgenossen gemeinsam im Felde und können ihnen schon deshalb niemals drohen. Das würde diese Staaten nur in Österreichs Arme treiben.« Außerdem: »Zu solchen Schritten ist der König selbst nicht zu bringen.« Darauf die spitze Erwiderung: »Wenn Sie nicht wollen, Exzellenz, so genügt das freilich, um eine Sache beim König unmöglich zu machen.« Der Kanzler versucht die Spitze abzubiegen: »Man muß die Entwicklung der deutschen Frage jetzt der Zeit anheimstellen.« Aber wieder einmal »bricht es« da aus dem Kronprinzen heraus: »Ich aber, der ich die Zukunft repräsentiere, kann solches Zaudern nicht gleichgültig ansehen!« Hätte er noch deutlicher werden können? Für sich selbst begehrt dieser Zollern die Kaiserkrone, der Vater soll nur in die Lage versetzt werden, sie ihm eines (baldigen) Tages zu vererben. Das versteht auch Bismarck so, denn schockiert gibt er zurück: »Der Kronprinz sollte dergleichen Ansichten nicht äußern.« Von da an nimmt ihr Dialog beinah absurde Züge an.

»Ich verwahre mich auf das bestimmteste dagegen, daß mir auf diese Weise der Mund verboten wird. Es steht nur bei Seiner Majestät, mir über Dinge, die ich besprechen dürfte oder nicht, Weisungen zu geben!« Bismarck verwandelt sich zum Höfling: »Wenn der Kronprinz befiehlt, so werde ich nach seinen Ansichten handeln.« Aber wie schon einmal weicht dieser im entscheidenden Moment zurück: »Ich habe dem Grafen Bismarck keine Befehle zu erteilen.« Und wie damals im Berliner Schloß empfängt er dafür auch jetzt den Fangstoß: »Ich bin jederzeit bereit, jeder anderen Persönlichkeit Platz zu machen, die Sie zur Leitung der Geschäfte für geeigneter halten.« Friedrich Wilhelm hat erneut verloren; es ist ihm sogar bewußt.

Seinem Tagebuch vertraut er an: »Ich hätte freilich früher mir vergegenwärtigen sollen, daß Graf Bismarck als ›unser großer Staatsmann‹ niemals wahre Begeisterung für die deutsche Frage gekannt hat ... königlich preußische Beamte [so also stuft er den Kanzler ein] vermögen nun einmal nicht, sich über die Berliner Kleinstaaterei zu erheben ... Wehe aber über die, welche nicht einmal aus solchen gewaltigen Zeiten wie den gegenwärtigen die Wahrheit erkennen und überhaupt niemals lernen und klug werden wollen!«

Seit dem Gespräch bei Sedan sind mittlerweile sechzehn Tage vergangen. Die Deutschen stehen vor Paris. Ihr Generalstab hat in Versailles Quartier bezogen. Alle Diskussionen kreisen um die eine Frage: Soll die Stadt nur ausgehungert oder soll sie auch beschossen werden? Die Brennpunkte der Auseinandersetzung sind wiederum von Bismarck und vom Kronprinzen besetzt.

Friedrich Wilhelm, »vor allen Dingen der Mann seiner Frau« (Gustav Freytag), vertritt die Meinung Vickys, aber damit auch die seiner Mutter und seiner Schwiegermutter: das »Mekka der Zivilisation« dürfe nicht bombardiert werden. Für den Kanzler ist es eine längst vertraute Situation: Frauen versuchen ihm ins Geschäft zu reden. Sollte er sich vielleicht deshalb auf die Seite der »Schießer« geschlagen haben?

Daß besonders die Aktivitäten Augustas ihn verärgerten, deutete Bismarck später an; damals lagen seiner Entscheidung andere Motive zugrunde. Er fühlte sich nutzlos, überflüssig, auf die Seite gedrängt und spürte vor allem auch, daß die allgemeine Entwicklung ihn zu überrollen drohte. In einem Siegestaumel ohnegleichen verlangten die Deutschen, dem vermeintlich geschlagenen Frankreich (in Wirklichkeit leisteten seine Truppen noch vielerorts heftigen Widerstand) müsse eine gewaltige Kriegsentschädigung abverlangt werden: nicht nur Geld, sondern in erster Linie Land. Elsaß und Lothringen habe es zurückzugeben, dazu Straßburg und die starke Festung Belfort am Tor zum Rhônetal. Zwar hielt Bismarck solche Vorbringungen für »Professoren-Ideen«, aber würde er den nationalen Rausch, der sie hervorgebracht hatte, auf Dauer zurückdämmen können? Bestand nicht darüber hinaus die Gefahr, daß Österreich vielleicht doch noch aktiv werden könnte, ehe Frankreich völlig am Boden lag? (Der ziemlich harte Winter hätte die Russen daran gehindert, in Galizien einzufallen.) Mit einem Wort: solange keine militärische Entscheidung erzwungen war, konnte er sich politisch weder regen noch rühren. Der Krieg mußte deshalb so schnell wie möglich beendet werden (worin übrigens der Kronprinz mit ihm übereinstimmte). Es galt, »Nägel mit Köpfen zu machen«, Paris war unter Feuer zu nehmen. Und wenn es gar nicht anders ging, würde man danach eben auch Elsaß, Lothringen, Straßburg, Belfort verlangen, dazu eine hohe finanzielle Entschädigung. Last not least schien mittlerweile an einer weiteren Forderung ebenfalls kein Weg mehr vorbeizuführen: die Deutschen wollten den geeinten Nationalstaat, wollten »das Reich«; also gab man es ihnen und einen Kaiser obendrein. Bismarck hatte die Lawine losgetreten, jetzt mußte er auf ihr reiten.

Wie gewohnt, eröffnet er sein Spiel mit den schwächeren Figuren auf dem Brett, in diesem Fall den willigeren. Friedrich von Baden brauchte nur angetippt zu werden, und schon erneuerte er seine Bitte um Aufnahme in den Norddeutschen Bund. Etwas sperriger, aber nicht völlig unbeugsam, gaben sich die Vertreter Hessens, Württembergs und Sachsens; mit allerlei Zusagen und Versprechungen waren sie, nach freilich zermürbenden Verhandlungen, herumzubekommen, ebenso der Reichstag des Norddeutschen Bundes. Blieb als hartnäkkigster Gegner eines neuen Reiches schließlich nur Ludwig II. von Bayern. Doch hatte auch er offenbar seine Achillesferse.

Max Graf von Holnstein, Oberstallmeister des Wittelsbach, in München »Roßober« genannt, war von seinem Herrn nach Versailles geschickt worden. Wozu? Bei einem privaten Gespräch erfährt es der Kanzler. Wenn, sagt Holnstein, Berlin fünf Millionen Gulden zur Finanzierung von Ludwigs monströsen Bauplänen nach München überweisen würde, könnte dieser sich geneigt fühlen, den »Kaisergedanken« noch einmal in seinem Herzen zu bewegen. Fünf Millionen? Bismarck denkt nach. Zwar verwaltet er seit 1868 das beschlagnahmte Privatvermögen König Georgs V. von Hannover, den sogenannten »Welfenfonds« (auch »Reptilienfonds« genannt, weil das gehortete Geld unter anderem zur Bekämpfung gefährlicher Nattern dient, wie sie in Zeitungsredaktionen zischen), und könnte also mühelos zahlen, aber soviel an Barem will er dann doch nicht herausrücken. Sein Gegenangebot: sechs Prozent dieser Summe, also dreihunderttausend, jährlich und garantiert.

Sofort macht der Roßober sich auf den Weg nach Hohenschwangau, um dem Bayernkönig die Offerte zu unterbreiten. Er nimmt jedoch auch ein Schreiben mit, wie nur Bismarck es abfassen konnte, und zugleich die Antwort darauf; Ludwig muß nur unterzeichnen. Eigentlich, so heißt es in dem Brief, seien die Bismarcks ja alte wittelsbachische Vasallen, hätten sie doch schon in Brandenburg gelebt, als von den Zollern dort noch nicht die Rede war, wohl aber Kaiser Ludwig IV., »der Baier« (im 14. Jahrhundert), die Marken besessen habe. Solcherart als getreuer Lehnsmann ausgewiesen, erlaubt er sich denn die Anmerkung, erniedrigend könne es für den Wittelsbach doch nur sein, sich einem anderen König zu unterstellen, nicht aber einem höherrangigen Potentaten, weshalb er sich den Vorschlag erlaube, er, Ludwig, möge es Wilhelm von Preußen nahelegen, die deutsche Kaiserkrone anzunehmen, ein entsprechendes Schreiben füge der »Endesunterfertigte submissest« bei. Und siehe: vor allem die Huldigung tut ihre erwartete Wirkung.

Prinz Luitpold, Ludwigs Onkel (und späterer Nachfolger als Prinzregent), erhält den Auftrag, das vorgefertigte, nunmehr signierte Antwortschreiben dem Preußenkönig zu überreichen, womit alle Hindernisse genommen sind.

Ist Wilhelm seinem Kanzler wenigstens dankbar?

Augusta, als sie von Bismarcks Aktivitäten hörte, hat umgehend für sich den Titel Kaiserin, für ihre Kinder die Erhebung zu kaiserlichen Prinzen gefordert. Ihr Mann hingegen ist die allerletzte Figur auf dem Brett, die Bismarck ausmanövrieren muß, um den Deutschen einen Kaiser bescheren zu können. »Was soll mir der Charaktermajor?« fragt er gereizt, als das Thema zum ersten Mal aufs Tapet kommt (Charaktermajor nannte man die einem Hauptmann bei seiner Verabschiedung gnadenhalber nachgereichte nächsthöhere Rangbezeichnung). »Majestät wollen doch nicht ewig ein Neutrum bleiben, ›das Präsidium‹?« fragt Bismarck zurück. »In dem Ausdrucke liegt eine Abstraktion, in dem Worte eine große Schwungkraft.« Und vollends zum Marketingstrategen mutierend, fügt er hinzu, der Titel »Kaiser« sei »ein *werbendes* Element für Einheit und Zentralisation«. Dem alten Herrn ist mit solchen Argumenten jedoch nicht beizukommen.

In etwas kindisch anmutendem Trotz versteift er sich auf immer neue, immer spitzfindigere Einwände, will etwa, nachdem schon fast alles entschieden ist, auf keinen Fall »Deutscher Kaiser« werden, sondern, wenn schon, »Kaiser *von* Deutschland oder gar kein Kaiser«; auch sein Neffe nenne sich schließlich nicht russischer Kaiser, sondern Kaiser von Rußland. Und als es schließlich um die Frage geht, wer demnächst auf der höheren Rangleitersprosse stehe, preußische Prinzen oder Erz- und Großherzöge, schlägt Wilhelm auf den Tisch: »Die Erzherzoge und Großherzoge haben stets den Vorrang vor preußischen Prinzen gehabt, und so soll es ferner sein.«

Der einzige, den dieses Hin und Her weder beschwert noch anödet, ist Friedrich Wilhelm – verständlicherweise. Hat er sich nicht durchgesetzt und dem »Kaisergedanken« doch zum Sieg verholfen? Ist er nicht wirklich derjenige, dem als erstem klargeworden war, was diese »gewaltigen Zeiten« von den Deutschen verlangten? Nun verficht der Kronprinz bereits seine nächste blendende Idee: gerade hier müsse »die Wiederherstellung von Kaiser und Reich gefeiert werden«; er meint Versailles, die (seit der großen Revolution etwas heruntergekommene) Prunkresidenz Ludwigs XIV.; vor allem meint er jedoch die »Galerie des Glaces«, den Spiegelsaal mit seinen barocken Deckengemälden und den siebzehn Riesenfenstern zum Park, denen je eine verspiegelte Arkade an der Innenwand gegenübersteht.

Verwundert schüttelt Bismarck sein kahles Haupt: »Alles auf den Kopf gestellt, was bisher auf den Füßen stand: der Papst vielleicht bald in einer protestantischen deutschen Stadt, der Reichstag in Versailles, die französische Legislative in Kassel« (wo Napoleon interniert ist). Auch gegen diese neueste Entwicklung kann oder will er sich jedoch nicht mehr stemmen, und so nimmt die Sache denn ihren Lauf. Regie führt Kronprinz Friedrich Wilhelm.

In der Neujahrsnacht 1870/71 tritt das Deutsche Reich in Kraft. Am 18. Januar soll Wilhelm zum Kaiser ausgerufen werden (die Frage, wie sein neuer Titel lauten soll, ist freilich noch immer nicht geklärt). Den Text der Proklamation verfassen Friedrich Wilhelm und der Großherzog von Baden. Auch ein Maler ist schon bestellt, der das weihevolle Ereignis im Bild festhalten soll (Anton Werner ist sein Name; die Arbeit wird ihn berühmt machen). Am 17. Januar kommt es dann zum letzten Zerwürfnis zwischen Wilhelm und seinem Hausmeier. Schluchzend sagt der alte Herr: »Morgen ist der unglücklichste Tag meines Lebens. Da tragen wir das preußische Königtum zu Grabe, und daran sind Sie, Graf Bismarck, schuld.« Damit verläßt er den Raum – er wolle von der Proklamation nichts wissen. Aber natürlich steht er tags darauf doch auf dem vorbereiteten Podest, hinter ihm die deutschen Fürsten und die Fahnen seiner siegreichen Regimenter, über ihm die Deckengemälde, das an den vor fast zweihundert Jahren geschlossenen Frieden von Nimwegen erinnert (er hatte Frankreich unter anderem Aachen, Düren, Zons und Neuß eingebracht).

Endlich der spannende Höhepunkt der ganzen Veranstaltung: Mit welchen Worten wird Friedrich von Baden, dem diese Ehre zuteil wurde, das erste Vivat auf den neuen Imperator ausbringen? Ungemein elegant zieht der Großherzog sich aus der Affäre. Vor die Versammlung tretend, ruft er: »Hoch lebe Seine Majestät Kaiser Wilhelm!« Notbehelf oder Dauerlösung?

Niemanden scheint es zu interessieren, am wenigsten Friedrich Wilhelm. In denkmalsreifer Pose, das bärtige Kinn leicht emporgereckt, steht er neben dem greisen Vater. Er ist am Ziel seiner Wünsche angekommen.

Bismarck aber will nur noch den Frieden unter Dach und Fach bringen. Es kostet ihn schwere Arbeit. Adolphe Thiers, der Chef der französischen Delegation, bietet alle Argumente auf, über die er verfügt; er ist ein wortgewaltiger Mann. Der Kanzler bleibt dennoch bei seiner Verhandlungslinie: Frankreich habe diesen Krieg leichtfertig heraufbeschworen, es könne ihm nicht erlaubt werden, dies ein zweites Mal zu versuchen, weshalb er zu Deutschlands Schutz alles Land bis hin zum Vogesenkamm fordern müsse, also Elsaß und Belfort, Lothringen mit Metz, außerdem eine Kriegskostenentschädigung von sechs Milliarden Francs. Davon kann Thiers ihm schon deshalb kaum etwas abhandeln, weil er auf glühenden Kohlen sitzt: in Paris kämpft MacMahon gegen revoltierende Arbeiter, die sich als »communards« bezeichnen und die Einführung des Sozialismus fordern. Immerhin darf er am Ende Belfort behalten und muß nur fünf Milliarden zahlen (ratenweise bis zum März 1874). Ende Februar ist der Vorfriede ratifiziert, am 10. März wird er in Frankfurt besiegelt. Folgt für die Deutschen das glorreiche Finale des siegreich beendeten Krieges.

Am 16. Juni reitet Kaiser Wilhelm I., vor kurzem vierundsiebzig geworden, an der Spitze seiner Truppen durch das girlandengeschmückte Brandenburger Tor. Mit einer halben Pferdelänge Abstand folgen ihm zwei Armeeführer: Friedrich Wilhelm von Hohenzollern, der seinen Ruhm General von Blumenthal verdankt, und dessen Vetter Friedrich Karl von Hohenzollern, der bereits in Schleswig-Holstein und Böhmen bewiesen hat, daß er das Kriegshandwerk beherrscht. Hinter diesen wiederum je ein Vertreter der Kaiser von Rußland und von Österreich sowie »das Dreigestirn«: Bismarck, Moltke, Roon.

Bismarck, seit kurzem Fürst, ist nicht mehr nur preußischer Ministerpräsident, sondern auch Reichskanzler und damit der bei weitem mächtigste Mann in Deutschland. Trotzdem hat er in Versailles beschlossen, nach Friedensschluß von allen seinen Ämtern zurückzutreten.

»Dem König blieb nichts anderes übrig, als ... den Herrscher zu spielen, die von überall her kommenden Gesandten anzuhören und ihnen ... die ihm eingelernten oder anbefohlenen Antworten wie aus eigener Machtvollkommenheit zu erteilen ... Die Staatsverwaltung aber und alles, was im Inneren oder nach außen hin zu tun war, besorgte der Hausmeier.«

So beschreibt Einhard, ein Zeitgenosse Karls des Großen, das Leben der letzten merowingischen Herrscher; er wußte auch, wie es weitergegangen war. Ein Hausmeier namens Pippin hatte seinen König abgesetzt und selbst den Thron bestiegen; es machte ihn zum Begründer der karolingischen Königsdynastie.

Kein Zweifel, daß der in historische Präzedenzfälle geradezu verliebte Bismarck diese Geschichte nicht nur kannte, sondern sie sogar nachzuschmecken verstand, schließlich glich seine eigene Situation der des Vaters von Karl dem Großen fast aufs Haar. Wie dieser diente er einer regierenden Familie, deren Angehörige dem wirklichen Leben schon lange nicht mehr gewachsen waren. Und wie Pippin mußte auch er einem Herrscher, der den Staat nur noch repräsentieren, aber keineswegs führen konnte, in den Mund legen, was ex officio zu verkünden sei. Anders als der Franke besaß er jedoch keine Chance, die etablierte Königsdynastie jemals völlig zu entmachten und selbst eine neue zu begründen. Schicksal oder selbstverschuldete Lage?

Bei ehrlicher Gewissensprüfung hätte der allmächtige Kanzler zu der Einsicht kommen müssen, daß er durchaus einmal am Kreuzweg gestanden war und wählen konnte, ob er seinen republikanischen Neigungen nachgeben oder lieber romantisch verbrämten Instinkten gehorchen sollte. Die eine Entscheidung hätte bewirkt, daß er zu den revolutionären Demokraten stieß, ihnen möglicherweise zum Durchbruch verhalf, selbst an die Spitze ihrer Bewegung aufstieg und irgendwann als konstitutioneller Präsident alle Fürsten und Könige aufs Altenteil schickte. Das war vertan. Er hatte sich damals nicht nach links, sondern zur rechten Seite hingewendet und war nun da, wo er eben stand: im Zentrum der Macht, aber nicht an der Spitze des Staates, am Steuer des Schiffes, aber nicht auf dem Admiralsdeck. Das Licht, das die wirklich Großen im Reich umfloß, ihn streifte es nur; er war ein Mann im Halbschatten, zuständig fürs Grobe, weniger fürs Edle, in schwierigen Zeiten der Bluthund, an besonnteren Tagen der hochgeehrte treue Diener zu Füßen des Throns. Darüber machte er sich auch gar keine Illusionen.

Einmal gefragt, was künftige Könige studieren sollten, entfuhr ihm die Antwort: »Ein Fürst müßte eigentlich auf persische Art erzogen werden, das heißt, er müßte lernen, zu reiten und zu fechten ... sehr lange zu stehen, jedem Fremden eine angenehme Phrase zu sagen, unangenehme Wahrheiten braucht er ja nie auszusprechen, das machen seine Minister.« So oder so ähnlich könnte schon Pippin über den letzten Merowinger gedacht haben, bevor er ihn dann ins Kloster steckte. Indes verhielt auch Bismarck sich gar nicht so völlig anders als der nachmalig erste karolingische König des Frankenreiches.

Nachdem er von seinem in Versailles bekundeten Vorhaben, nach Friedensschluß zurückzutreten, wieder abgerückt war, schuf der Kanzler – zielstrebig, wie es den Anschein hat – eine Art Nebenhof, der sich von dem seines kaiserlichen Herrn grundlegend unterschied, dessen beherrschende Figur er selbst war und an dem völlig andere Gesetze galten als in den Berliner und Potsdamer Schlössern. Zudem lag diese Residenz nicht einmal in der Nähe der Hauptstadt, sondern östlich von Hamburg im siebzig Quadratkilometer großen Sachsenwald, den Bismarck 1871 geschenkt bekommen hatte. Dort haust er unter dem Dach eines ehemaligen Ausflugshotels, das »Schloß Friedrichsruh« genannt wird, in Räumen, von deren Türen nicht einmal die Zimmernummern entfernt worden sind, zwischen wahllos zusammengestellten Möbeln, die Nacht zum Tag und den halben Tag zur Nacht machend.

Da er schlecht einschlafen kann, findet er selten vor elf Uhr aus dem

Bett, sitzt dann im (geblümten) Morgenrock am Frühstückstisch, zieht später einen langen schwarzen Tuchrock an, schlingt dazu einen weißen Seidenschal um den Hals (da Kragen ihn angeblich drückten), hängt in dieser Kostümierung halb liegend auf der Chaiselongue, Zeitungen durchblätternd und auf den Boden werfend, rauchend, mit Gästen plaudernd, an denen es nie fehlt, Wein, Cognac, Bier oder seine Spezialmischung Sekt mit Porter trinkend, zu Füßen stets eine jener mächtigen Doggen, die schon bald als »Reichshunde« berühmt sind, und in regelmäßigen Abständen gewaltige Mahlzeiten zu sich nehmend; die abgenagten Knochen wirft er den Hunden zu.

»Merkwürdiges Tableau im Salon des ersten Diplomaten des Jahrhunderts«, findet ein Besucher. »Der Qualm eines Tabakskollegiums, dazwischen glänzende Toiletten der Damen.«

Und fast immer sind Bismarcks Söhne in seiner Nähe: Herbert der ältere, ein Hüne gleich dem Vater, Wilhelm, genannt »Bill«, begabt, aber faul, schwere Trinker der eine wie der andere. Mit ihnen pflegt er gelegentlich auch auszureiten und von den Bäumen, die ihm ans Herz gewachsen sind, dürre Wipfel herabzuschießen, damit der Förster sie nicht zum Abholzen vormerkt; er ist geradezu vernarrt in Eichen, Buchen, Linden. Die Söhne, besonders Herbert, sind überdies seine engsten Vertrauten, eingeweiht in alle Vorgänge und Geheimnisse der Reichs-, vor allem der Reichsaußenpolitik. Zielstrebig baut er die beiden als Nachfolger auf, eine Hausmeierdynastie Bismarck im Auge, die noch nach seinem Tod die Macht ausüben und die Kaiser gängeln soll (zumindest könnte man ihm dies unterstellen; es mißlingt dann ja ohnehin). Dazuhin stilisiert er sich selbst zu einer Erscheinung, welche mit jener der gekrönten Herrn aufs krasseste kontrastiert, die Deutschen aber vertraut anmutet: der »Alte aus dem Sachsenwald«, verwachsen mit knorrigem Geäst und rauher Borke, verkörpernd die Geheimnisse des dunklen, raunenden Forstes, Mischung aus Wotan und Barbarossa im Kyffhäuser; den tief herabgezogenen Schlapphut, mit dem der germanische Göttervater seine leere Augenhöhle verdeckte, legt er sich ja ebenfalls zu, und einer seiner Hunde heißt Odin. Aber hatte er denn nicht wirklich vollbracht, was Richard Wagner in »Rheingold« nachzuerzählen scheint? Für eine Sippschaft leicht dekadenter Aristokraten Riesen betrogen, tückisches Zwergengelichter besiegt und dann dieses schimmernde Walhall, genannt »das Reich«, errichtet? In der Tat könnte dies die Botschaft gewesen sein, die er verkünden wollte: Seht her, ich bin der, dem sie alles zu verdanken haben, aber akzeptieren sie mich deshalb als ihresgleichen? Am dafür nötigen Selbstmitleid hat es Bismarck wahrhaftig nicht gemangelt. So kam seine Botschaft denn an – bei vielen, nicht bei jedem.

»Diese Mischung von Übermensch und Schlauberger ... von Heros und Heulhuber«, notierte etwa Theodor Fontane, »erfüllt mich mit gemischten Gefühlen und läßt eine reine, helle Bewunderung in mir nicht aufkommen.«

Auf einem völlig anderen Stern lebten Wilhelm und Augusta.

Im Sommer, wenn die Markisen über den hohen Fenstern ausgespannt waren, glich das Schloß auf der Spree-Insel einem etwas groß geratenen Kurhotel für betuchte Gäste. Eher bürgerlich als feudal waren auch die Wohnräume des Kaiserpaares eingerichtet, so das Arbeitszimmer Wilhelms. Ein einfacher, unter Aktenstößen begrabener Schreibtisch, drei oder vier weitere Möbelstücke, aber alle vollgestellt mit gerahmten Fotografien, Votivtafeln, kleinen, nur selten wertvollen Geschenken; an den Wänden Damenstickereien, Albumblätter oder weiteren Aufnahmen von Verwandten, Freunden, Jagdgefährten. Etwas eleganter der Lieblingsraum der Kaiserin, die sogenannte »Bonbonnière«.

Hier gibt Augusta, ohne Flügeladjutanten, Hofmeister oder sonstiges gehobenes Personal, ihre intimen Abende für ausgesuchte Gäste. Livrierte Diener servieren Tee und Mandarinen, später Eis sowie für jeden ein Gläschen, aber wirklich nur ein Gläschen Wein. Wilhelm, der die Gewohnheit seines Vaters angenommen hat, sooft wie möglich ins Theater zu gehen, stößt erst später zu den Geladenen, kommt im offenen Überrock herein, schüttelt jedem die Hand und nimmt ohne weiteres Zeremoniell an dem Tisch, um den alle sitzen, Platz. Fast immer wirkte er heiter, gelöst und fragt gerne, ob von dem Champagner, den es gestern gegeben habe, noch etwas übrig sei; aber das ist pure Koketterie, den Pegel nämlich hat er eigenhändig mit einem Bleistiftstrich markiert, ehe die Flasche in die Küche zurückging. Und meist kann Wilhelm der Versuchung nicht widerstehen, aus seiner Jugend zu erzählen.

Als des Kaisers Lieblingsgeschichte gilt die von dem Siegesmahl nach der Leipziger Völkerschlacht. Vom Zaren gefragt, warum er denn keinen Hummer nähme, erwiderte der Prinz: »Ich wüßte nicht, wie das zu essen wäre, denn im Hause meiner Eltern hatte ich einen Hummer nie zu Gesicht bekommen.« Die Gäste wandelt jedesmal, wenn sie das hören, das blanke Staunen an, weniger darüber freilich, daß es in der Familie Zollern so einfach zuging – schließlich ist bekannt, daß die preußischen Tugenden Sparsamkeit und Bescheidenheit dort stets geübt wurden –, nein, sie können einfach nicht fassen, daß dieser alte Herr noch Alexander I., Talleyrand, Metternich, Blücher, Gneisenau und Scharnhorst persönlich gekannt hat (oder Augusta Johann Wolfgang von Goethe). Gehören alle diese Männer nicht einem längst versunkenen, vom Mythos überglänzten Zeitalter an? Doch andererseits: Winken nicht auch diese beiden, Kaiserin und Kaiser, bereits vom Ufer der Vergangenheit in eine völlig andere Gegenwart herüber?

Natürlich werden auch aktuelle Themen behandelt, kommt die Rede auf Bismarck und seine Politik. Aber da wird Augusta argwöhnisch, achtet auf jedes Wort aus dem Mund ihres Mannes und korrigiert ihn sogar, wenn sie es für nötig hält. Wilhelm indes weiß dies zu überhören – was die Gäste ebenfalls entzückt. Sitzen sie doch mit einer lebenden Legende am Tisch, dem »Heldenkaiser«, der drei Kriege gewonnen hat, dem gütigen, weißbärtigen Vater des Vaterlandes, dessen Bild jedem Deutschen vertraut ist.

Erscheint aber der Kanzler persönlich im Schloß, so ist er, zumal bei festlichen Gelegenheiten, auch nur ein Höfling unter vielen und muß die höfischen Riten zelebrieren. Auf der Hochzeit des Prinzen Albrecht, eines Neffen von Wilhelm, mit Maria von Sachsen-Altenburg zum Beispiel sieht man ihn, eine große Kerze in der Hand, zusammen mit anderen Würdenträgern den traditionellen Fackeltanz ausführen. Zweiunddreißigmal müssen die Herren eine freigelassene Fläche umkreisen, erst hinter der Braut und den Brüdern ihres Bräutigams her, dann im Gefolge des Bräutigams und der Brautschwestern. Während aber einige von ihnen das schweißtreibende Zeremoniell als Zumutung empfinden, marschieren Bismarck und Roon »würdig, ohne eine Miene zu verziehen, im Gleichschritt immer wieder vorbei«, bis, so eine Augenzeugin, »auch diese Komödie glücklich vorüber ist«.

Abermals anders die Hofbälle im Schloß. Unter Anton Werners Monumentalgemälde, darstellend die Kaiserproklamation zu Versailles, versammeln sich die Gäste in ihren Militär- oder Amtsuniformen (zivile Fräcke sieht man kaum), trinken Tee, warten, plaudern und tauschen die neuesten Klatschgeschichten aus. Fast immer dabei ist der Maler Adolf von Menzel, laut Jules Laforgue, dem Vorleser Augustas, »nicht höher als ein Gardekürassierstiefel, mit Ordensketten überladen«. Seltener sieht man Gelehrte wie den Historiker Theodor Mommsen »mit seinem Alt-Hexengesicht« oder den Physiker Hermann von Helmholtz, relativ häufig hingegen Vater und Sohn Bismarck, der eine stets in Offiziersuniform, der andere »die Brauen jupiterhaft, fortwährend ... seinen großen Schnurrbart zwirbelnd«. Und überall schwirren Kammerherren herum, »den Zeremonienstab in der Hand, den Schlüssel inmitten einer Moiréschleife am Frackschoß«.

Wenn das diplomatische Corps dann im »Weißen Saal« verschwunden ist, marschieren dröhnenden Gleichschritts Gardekürassiere herein, um sich mit gezogenen Säbeln paarweise vor den Türen zu postieren: Die kaiserliche Familie darf erwartet werden. Ihr voraus trippelt »eine ganze Hierarchie von Kammerherren in immer reicheren Uniformen«.

Endlich die Majestäten selbst, gefolgt vom Kronprinzenpaar und deren ältestem Sohn. Friedrich Wilhelm trägt eine weiße Kürassieruniform, was nicht ganz dem Reglement entspricht, aber sie steht ihm nun einmal besonders gut. Prinz Wilhelm, der übernächste am Thron, »steckt in der extravagantesten, komplettesten Husarenuniform, die man sich denken kann. Affektiert lebhaft blickt er nach rechts und links und verteilt da und dort einen Händedruck mit übertrieben herzlichem Lachen.« Auch Moltke ist da, »in seiner halb dänisch, halb englischen Vornehmheit«, dazu noch eine Reihe deutscher Prinzen, die bei der preußischen Armee stehen. Und während alle in den Saal strömen, erklingt von drinnen bereits »die unvermeidliche ›schöne blaue Donau‹«.

Kaiser und Kronprinz schauen den Tanzenden ein paar Minuten lang zu, dann beginnen sie mit dem, was Bismarck als ihre wichtigste Pflicht ansieht: sie halten »cercle«, stehen also da und verteilen huldvolle Worte, wohingegen Prinz Wilhelm durch den Saal streift »mit seiner ewig affektierten Lebhaftigkeit, die sich den Gesandten gegenüber zur Ungeniertheit steigert; von seinem Vater hat er den Aufwand an übertrieben herzlichen Manieren übernommen, ihm aber auch [man schreibt das Jahr 1886] in der Popularität beim Heer den Rang abgelaufen«. Etwa eine Stunde lang dauert dieses Plaudern am Rande der Tanzfläche, dann werden in einem Dutzend weiterer Säle die Buffets eröffnet – von denen, wie es ihm sein Nationalstolz gebietet, der Franzose Laforgue sagt, sie seien »hinsichtlich Aufbau und Reichhaltigkeit« eher mittelmäßig, aber das halte »die wackeren Deutschen« nicht davon ab, sich ihrer »herzhaft« zu bedienen.

Wie überstehen die Bismarcks das festliche Ereignis? Herbert bringt »da und dort kühl seine starken Witze an«. Otto könnte sich, wie er es schon früher gern tat, auch diesmal auf eine Empore zurückgezogen haben, um »von oben ... auf einem weichen Diwan unter Palmen und plätschernden Fontänen die Musik zu hören und das Wogen der Eitelkeit unter sich zu sehen«. Denn, »darin«, schrieb er einmal seiner Frau, »liegt Poesie und Stoff zum Nachdenken«.

Nach dem Buffet und während des Kotillons, mit dem jeder Ball zu Ende geht, ziehen Kaiserin und Kaiser sich zurück. Wenig später folgt ihnen das Kronprinzenpaar. Welchen Stoff zum Nachdenken hat Bismarck gefunden? Er könnte sich eines Tages erinnert haben, der jetzt fünfzehn Jahre zurückliegt. Im Weißen Saal war am 21. März 1871 der erste Reichstag der geeinten Nation eröffnet worden; auch dabei hatte der Kronprinz Regie geführt.

Aus der Kaiserpfalz in Goslar war ein urtümliches Sitzmöbel »mit Lehne und Seitenteilen von eisernem Gitterwerk« herbeigeschafft worden, das einst dem Salier Heinrich III. als Thron gedient hatte und nun denselben Zweck für Wilhelm I. erfüllte. Links und rechts von ihm hatte man alle zollernschen Prinzen und Prinzessinnen postiert, mindestens vierzehn an der Zahl, der jüngste sechs, der älteste siebzig Jahre alt. Vor dem Thron standen Moltke mit dem Reichsschwert, Roon mit dem Reichsapfel, Wrangel mit der Reichsfahne, Bismarck hielt sich abseits. Wie eine Freundin des Kanzlers berichtet, wurde des Kaisers Rede »an vielen Stellen von lauten Bravos der offenbar lebhaft erregten Versammlung unterbrochen«; im übrigen sei sie »schön und ergreifend« gewesen. Nachdem alles dann vorüber war, bezogen die Abgeordneten ihr nicht allzuweit vom Schloß entferntes Quartier, das »Reichstagshaus« in der Leipziger Straße Nr. 4. Dort schwang der einzige Minister dieses Reiches seither die Peitsche, rang mit seinen alten Widersachern und schuf sich neue. Daß der Monarch, dem er allein verantwortlich war, ihm auf allen seinen Wegen und Irrwegen folgen konnte, ist mehr als zweifelhaft, aber ohne den Hausmeier wäre Wilhelm völlig verloren gewesen; das wußte er auch.

Das greise Staatsoberhaupt mußte sich von Bismarck durch den sogenannten »Kulturkampf« gegen die katholische Kirche steuern lassen, der seiner Regierung als neuen Feind die Zentrumspartei einbrachte und den der Kanzler mit Pauken und Trompeten verlor. Auch das Gesetz »wider die gemeingefährlichen Bestrebungen der Sozialdemokratie« unterschrieb der Kaiser und setzte sich damit dem Tode aus: binnen drei Wochen wurde zweimal von Attentätern auf ihn geschossen. Sogar einen erneuten Kampf gegen den eigenen Sohn ließ der alte Herr sich aufzwingen: Friedrich Wilhelm und Vicky hatten den preußischen Staatsminister, Admiral und Ex-General Albrecht von Stosch als Kanzler ihres künftigen Regimes aufzubauen versucht; der Kaiser hielt dagegen, indem er Bismarcks Entlassungsgesuch (dessen schwerstes Geschütz gegen ihm unliebsame Entwicklungen) mit dem Wort »niemals« quittierte. Das wiederum heißt jedoch, er nahm auch hin, daß Bismarck die eigene Stellung immer weiter absicherte, zementierte, ausbaute und so zugleich für die Zeit nach Wilhelms Tod vorsorgte, in der vielleicht niemand mehr seine Entlassungsgesuche zurückweisen würde. Politik, zumal Außenpolitik, betrieb er schon jetzt wie eine Geheimwissenschaft, deren Formeln und Gesetze nur ihm offenbar waren.

Im Herbst 1877 ließ der Kanzler einen Vermerk zu den Akten nehmen: von französischen Blättern werde ihm nachgesagt, er leide unter dem »cauchemar des coalitions«, der alptraumhaften Furcht vor einer Einkreisung Deutschlands durch Allianzen feindlicher Staaten. Diese Unterstellung, mußte Sohn Herbert hinzufügen, sei durchaus zutreffend; ein Land in der Mitte Europas könne nun einmal jederzeit von zweien oder gar dreien seiner Nachbarn in die Zange genommen werden; schlimmste aller denkbaren Vorstellungen sei die feindselige Verbindung Frankreichs mit Österreich und Rußland. Um das Zustandekommen einer derartigen Kombination von vornherein auszuschließen, müsse dafür gesorgt werden, daß »alle Mächte außer Frankreich unser bedürfen und von Koalitionen gegen uns durch ihre Beziehungen zueinander ... abgehalten werden«. Das war eine der

Formeln, mit denen Bismarck zu operieren liebte. Praktisch angewandt hatte er diese bereits vier Jahre zuvor.

Nach mühevollen Sondierungen in Wien und Petersburg war 1873 eine »Deutsch-russische Militärkonvention« zustande gekommen, in der beide Kontrahenten sich Unterstützung gegen einen Angriff von dritter Seite zusicherten. Wenig später trat ihr auch Österreich-Ungarn bei, wodurch aus der Zweierkonvention das »Dreikaiserabkommen« wurde und Bismarcks Alpträume gebannt waren – bis 1875.

Zu Beginn dieses Jahres explodierte das »Pulverfaß Europas«. Bosnier und Hercegoviner erhoben sich gegen ihre türkischen Oberherren, der Sultan führte Truppen heran, binnen kurzem brannte es an allen Ecken und Enden des Balkans; es war ein Vorgang, der besonders Rußland und Österreich beunruhigte. Beide betrachteten den kleinen Subkontinent zwischen Karpatenbogen und der Peloponnes als ihr Einflußgebiet, beide beschlossen, ihn endgültig unter sich aufzuteilen; ihre jeweiligen Reviere steckten sie in der geheimen »Konvention von Budapest« ab (womit bereits Keime des Ersten Weltkriegs ausgesät waren). Bismarck befand, daß bei der ganzen Affäre »kein Interesse in Frage stehe, welches auch nur die gesunden Knochen eines einzigen pommerschen Musketiers wert wäre« und teilte dies dem Zaren mit. Die »Orientkrise« hatte er trotzdem am Hals. Alexander II. konnte der Versuchung nicht widerstehen, das »griechische Projekt« seiner Vorfahren endlich zu verwirklichen, griff die Türkei an (womit er die Budapester Konvention verletzte) und stand 1878 mit seinen Truppen in San Stefano, auf dem Gelände des heutigen Flughafens von Istanbul. Weiter kam er allerdings nicht.

Sein Wiener Vertragspartner legte gegen den Frieden, den der Russe dem Sultan diktieren wollte, schärfsten Protest ein, England schickte Panzerschiffe ins Marmarameer, und Bismarck mußte zur Kenntnis nehmen, daß dem Dreikaiserabkommen die politische Grundlage abhanden gekommen war. Auf dem »Berliner Kongreß« von 1878 suchte er deshalb, als »ehrlicher Makler« die verfahrene Situation zu bereinigen. Das Kunststück, alle um ihn versammelten Streithammel zu waschen, ohne ihr Fell naß zu machen, gelang jedoch selbst ihm nicht. Vor allem Alexander fühlte sich am Ende übervorteilt und kündigte seinem »lieben Oheim«, Kaiser Wilhelm, per Brief die Freundschaft auf. Erneut begann Bismarck unter dem »cauchemar« zu leiden.

Aber sofort machte er sich auch daran, das zerstörte Vertragswerk von 1873 zu reparieren.

Im Oktober 1879 gelang es ihm, einen »Zweibund« mit Österreich zu begründen, dessen Spitze sich gegen Rußland richtete – Wilhelm war entsetzt, als er davon hörte. Mußte ein solcher Schritt den Zaren nicht in Frankreichs Arme treiben? Bismarck, auf die Verwandtschaft der Häuser Romanow und Hohenzollern sowie auf die an Spree und Newa (aber auch an der Donau) vorherrschenden dynastischen Gefühle setzend, rechnete eher damit, der neue Bund würde den Zaren ins alte Dreikaiserhaus zurückführen – um am Ende recht zu behalten. Nach der Ermordung seines Vaters (und durch dieses Ereignis entsprechend verunsichert) erklärte sich Alexander III. im Juni 1881 bereit, aus dem Dreikaiserabkommen von einst den neuen »Dreikaiservertrag« zu machen. Was darin stand, erfuhr die Öffentlichkeit erst 1919: die den Balkan betreffenden Absprachen hätten damals, als sie zustande kamen, kaum jedermanns Beifall gefunden.

Auch das nächste Abkommen zur Ergänzung des vorigen blieb geheim. Der sogenannte »Dreibund« sicherte Italien deutsche und österreichische Hilfe gegen einen französischen Angriff und Deutschland italienische Unterstützung in einem unprovozierten Krieg mit Frankreich zu (es würde genügen, meinte Bismarck, wenn im Ernstfall ein Bersaglieri-Trompeter auf dem Alpenkamm erschiene und zu blasen begänne). Konnte er also wieder ruhig schlafen, der Wächter an der Schwelle des Reiches, nachdem (im Mai 1882) auch dieses Vertragswerk unter Dach und Fach war? In der Tat hatte er fünf weitere Jahre Ruhe. Dann wollten Wien und Petersburg den abgelaufenen Dreikaiservertrag nicht mehr erneuern; wegen des Balkans waren sie sich uneiniger denn je.

In dieser von Bismarck wiederum als äußerst ungemütlich empfundenen Zeit geschah es dann auch noch, daß die Franzosen dem Kriegsminister Georges Boulanger zuzujubeln begannen, einem antideutschen Revanchisten reinsten Wassers, und ferner, daß die von Alexander III. gefürchteten Panslawisten ein französisch-russisches Bündnis forderten, das sich ebenfalls gegen Deutschland gerichtet hätte. Diese letzte Entwicklung geriet Bismarck allerdings zum Vorteil. Sie als Hebel benutzend, konnte er mit Paul Schuwalow, dem Botschafter des Zaren in Berlin, das berühmteste seiner Abkommen treffen, den »Rückversicherungsvertrag« von 1887, ein diplomatisches Meisterstück, wie Bewunderer des Kanzlers später zu versichern pflegten. Im Fall eines Kriegs mit dritten Mächten sicherten sich die Signatare Neutralität zu, nicht jedoch bei einem russischen Angriff auf Österreich oder einem deutschen auf Frankreich. Aber was würde geschehen, wenn sich Wien und Petersburg wieder einmal wegen ihrer balkanischen Differenzen in die Haare gerieten? Für diesen Fall galten die Artikel 2 und 3: Berlin erkannte alle Bestrebungen Rußlands auf dem kleinen Subkontinent als berechtigt an. Hieß das, es würde sich im Zweifel auch gegen Österreich, seinen anderen Bündnispartner, engagieren? Bismarcks Antwort: Der Vertrag solle ja verhindern, daß es zwischen beiden Mächten je zum Äußersten käme. Im übrigen sei das Papier ebenfalls geheim, weshalb nicht befürchtet werden müsse, daß Wien oder Rom seinen Inhalt kennenlernen würden – und das gelte umgekehrt ebenso: was die Urheber des »Dreibundes« vereinbart hätten (auch er enthielt einige den Balkan betreffende Klauseln), wüßten nur diese selbst.

Durchschaute am Ende eigentlich überhaupt noch jemand, wie eines zum anderen paßte, sich alles ergänzte und ineinandergriff? War das, was Bismarck da zuwege gebracht hatte, ein ausbalanciertes System oder, bei Licht betrachtet, doch nur ein Wust von beschriebenem Papier, aus dem im Ernstfall jeder herauslesen konnte, was ihm gefiel? Überhaupt: Wodurch wurde die Rückversicherung abgesichert, wer garantierte sie, bei wem sollte notfalls eingeklagt werden, was sie versprach? Ihre gekrönten Signatare hatten die Unterschriften ohne öffentliches Mandat geleistet. Was, wenn der eine oder andere morgen gestürzt werden würde? Mußten ihre Nachfolger (etwa eine Revolutionsregierung) die von ihnen getroffenen Vereinbarungen dann honorieren? Noch anders gefragt: Verhielt Bismarck sich im Grunde nicht wie ein Kabinettspolitiker des 18. Jahrhunderts, in dem absolutistische Könige mit absoluter Macht im Inneren und unanfechtbarer Verbindlichkeit nach außen hin über die Schicksale ihrer Völker hatten bestimmen können? Lebte er etwa noch in dieser abgestorbenen Zeit oder wollte sie gar neu beleben?

Was immer man von seinen diplomatischen Manövern halten mag, etwas immerhin vermögen sie im Rückblick zu bewirken: das Aufkeimen nämlich einer beinahe zärtlichen Liebe zu den internationalen

Konferenzschlachten unserer Tage, bei denen die faulen Kompromisse im Dutzenderpack verabschiedet werden und die Berge kreißen, um Zwergmäuse zu gebären, aber es geschieht im Licht der Öffentlichkeit, ist in der Regel nachvollziehbar – und siehe: nach einigen hundert Marathonsitzungen hat sich (meistens) doch etwas zum Besseren hin verändert. Der Kanzler und »Reichsgründer« hingegen spann seine Netze im verborgenen, behielt sich selbst das Urteil über ihren Wert und Nutzen vor, schätzte die Risiken nach eigener Erfahrung ab, erkannte nur seine persönlichen Maßstäbe an und schnitt die ganze deutsche Außenpolitik allein auf sich zu, überzeugt, er habe die Fäden auch beim größten anzunehmenden (politischen) Unfall noch sicher in der Hand (was kein Sterblicher von Verantwortungsgefühl glauben sollte). Dem allem entsprach auch Bismarcks Entschlossenheit, niemanden neben sich zu dulden, der ihm vielleicht das Wasser hätte reichen können. Wer mit diesem Mann zusammenarbeiten wollte, mußte kuschen – so umgaben ihn nur Mitarbeiter, wie er sie verdiente.

Herbert, der Sohn und engste Vertraute, Staatssekretär des Auswärtigen, ordnete sich dem Vater sogar in Liebesangelegenheiten unter: als er eine Fürstin Carolath heiraten wollte, drohte der Alte, dem die Dame nicht paßte, mit Selbstmord. Heinrich von Abeken, um ein weiteres Beispiel zu nennen, war der Inbegriff der grauen Maus: gebildet, liebenswürdig, zurückhaltend, dazu noch etwas verwachsen; auf langen, einsamen Spaziergängen pflegte er laut Gedichte zu deklamieren. Aber vor allem gab es im Auswärtigen Amt Friedrich von Holstein, den Inbegriff des ruchlosen Intriganten.

Der »Mann mit den Hyänenaugen«, wie sein Chef ihn nannte, war von Bismarck selbst entdeckt und tatkräftig gefördert worden, mehr als Geheimrat begehrte er jedoch nie zu sein. Ein kleines, kahles Büro an einem abgelegenen Korridor genügte ihm völlig, um seiner einzigen Leidenschaft zu frönen: der Ausübung anonymer Macht. Wenn Holstein etwas durchsetzen wollte, schreckte er weder vor Bestechung, Verleumdung noch Erpressung zurück; eben das machte ihn für Bismarck so wertvoll. Diesem Mann konnte man die Hintertreppenaktionen und unblutigen Meuchelmorde übertragen – Holstein erledigte alles, ohne dabei je seinen Schreibtisch zu verlassen. Da er überdies jeden Vorgang, auch den scheinbar unwichtigsten, gründlich studierte, gehörte der Geheimrat zu den wenigen Beamten des Außenministeriums, die alle abgeschlossenen Verträge, geheime wie veröffentlichte, bis ins Detail kannten, womit er über ein Herrschaftswissen verfügte, das ihn unangreifbar machte. Selbst der Chef des Hauses hätte Holstein nicht gefahrlos auf die Straße setzen können; »man riskierte sonst«, glaubte Herbert von Bismarck, »daß er vielleicht im Ausland zu plaudern anfinge«. Dessenungeachtet trug der kontaktarme Hagestolz stets eine geladene Pistole bei sich und besuchte mehrmals in der Woche einen privaten Schießstand, um nicht aus der Übung zu kommen.

Philipp zu Eulenburg und Hertefeld, ein Diplomat, der den Geheimrat gut kannte, sagte über ihn, »auf dem intriganten Gebiete« der Politik sei er ein wahres Genie gewesen. Ebensogut hätte man Holstein jedoch als Abgußnegativ des politischen Genies Otto von Bismarck bezeichnen können. Und auf jeden Fall konnte der geringere von beiden nur im Schatten des mächtigeren gedeihen. Aber was, wenn nun dieser seinen Patron verlöre, wie es demnächst wohl geschehen würde? Käme auch ein neuer Kaiser mit dem Alten aus dem Sachsenwald und der Schar seiner gnomenhaften, lichtscheuen Helfershelfer zurecht? Ja, wäre er überhaupt in der Lage, die verschachtelten, einander zum Teil widersprechenden Bismarckschen Verträge – Garanten der Sicherheit des Reiches – zu verstehen und sie anzuwenden? Würde also je ein Hohenzollern wieder fähig sein, ohne Hausmeier zu regieren?

An jenem 2. Juni 1878, an dem ein Dr. Nobiling aus Posen das zweite Attentat binnen weniger als drei Wochen auf Wilhelm I. verübte, war dieser einundachtzig Jahre alt gewesen, sein Sohn siebenundvierzig. Da man lange Zeit nicht wußte, ob der von mehreren Schrotkugeln getroffene Kaiser überleben würde, beschloß der Ministerrat, den Reichstag aufzulösen, Neuwahlen auszuschreiben und Friedrich Wilhelm die Stellvertretung seines Vaters zu übertragen. Insgeheim mag der Kronprinz damals den Tod des verwundeten Herrschers herbeigewünscht haben, damit er endlich selbst den Thron besteigen könne; sicher ist, daß viele seiner liberalen Freunde es taten. Bismarck mußte endlich abgesetzt und eine neue Ära heraufgeführt werden; es kam jedoch ganz anders. Nobiling hatte dem Kanzler praktisch eine neue Mehrheit im Parlament verschafft. Die Konservativen waren stärker denn zuvor und Wilhelm, der überlebte, dank dem Mordanschlag so populär wie noch nie in seinem Leben (selbst die Berliner verzichteten darauf, ihn weiterhin Lehmann zu nennen, also den Namen zu gebrauchen, unter dem er 1848 nach England geflohen war). Im Kronprinzenpalais aber begann man zu ahnen, daß diesem Monarchen ein märchenhaft hohes Alter beschieden sei, was vor allem Vicky derart bedrückte, daß sie kaum noch einen frohen Tag hatte und immer häufiger klagende Briefe nach England schickte.

»Ich wundere mich«, heißt es in einem davon, »daß er [Bismarck] nicht gerade heraus sagt: ›Solange ich lebe, sind die Verfassung und der Thron aufgehoben‹, denn indeed, so ist es.« Ein anderes Mal behauptete sie, der Kanzler unterhalte Spitzel und Spione selbst in ihrem eigenen Haushalt. Sicher ist jedoch nur, daß dieser die Kronprinzessin für seine gefährlichste Feindin hielt und sie entsprechend behandelte.

1884 etwa hatte Victoria ihre gleichnamige Tochter mit Alexander von Battenberg, dem Fürsten des 1878 gegründeten Staates Bulgarien (von Rußlands Gnaden), verheiraten wollen und war von Bismarck, dem dies nicht in seine Rückversicherungspolitik paßte, massiv daran gehindert worden. Als nicht minder schmerzhaft empfand sie ihre in der Affaire um Albrecht von Stosch erlittene Niederlage oder jene Augustas, die es hatte erleben müssen, daß ihr Vertrauter Harry von Arnim durch Geheimrat Holstein systematisch zugrunde gerichtet wurde. Mit einem Wort: der Cauchemar Vickys trug den Namen Bismarck, und weil dies so war, lastete derselbe Alpdruck auch auf Friedrich Wilhelm.

Die Sorge um seine Frau beschwerte ihn so sehr, daß er selbst die Lust am Leben verlor und immer trübsinniger in den Tag hineinlebte. »Ohne sie«, notierte der Privatsekretär des Kronprinzen, »wäre er ein Durchschnittsmensch, sehr hochmütig, gutmütig, mittelmäßig begabt, mit einem Quantum gesunden Menschenverstandes. Jetzt aber ist er überhaupt kein Mensch mehr, er hat keine eigenen Gedanken, wenn sie ihm dieselben nicht erlaubt. Er ist gar nichts.«

Zu alledem kam schließlich noch das Unglück mit Friedrich Wilhelm Victor Albert, dem ältesten Sohn des Paares: scheinbar leblos zur Welt gekommen, dann doch zum Atmen gebracht, darüber derartige Aufregung, daß man erst am dritten Tag bemerkt hatte, was mit seinem linken Arm los war – das Kind vermochte ihn nicht zu bewegen;

der Defekt, ein Riß im Schulterkugelgelenk, konnte auch keineswegs behoben werden. Preußens künftiger König (geboren am 27. Januar 1859) also ein Krüppel? Vielleicht hätte Vicky diesen Schicksalsschlag sogar noch verwunden, wenn »Fritz«, wie er lange gerufen wurde, sich wenigstens ihren Wünschen gemäß entwickelt hätte: zu einem höflichen, zurückhaltenden, vor allem liberalen Gentleman guten britischen Zuschnitts. Aber nein, der junge Prinz wandte sich schon früh von der Mutter ab, nahm zudem jene preußischen Junkersitten an, die sie so sehr verabscheute, gab sich schnarrend und schneidig als preußischer Gardeoffizier und trug am liebsten die mit Tressen und Troddeln verzierte operettenhafteste aller Uniformen, jene der Husaren. Was Vicky indes noch schwerer traf: »Fritz« betete Bismarck geradezu an. Daß sich dies nicht eben günstig auf das Familienleben im Hause Hohenzollern auswirkte, bemerkte auch der Geheimrat Holstein.

»Merkwürdig, geradezu komisch«, heißt es in seinen Aufzeichnungen, »ist das Verhältnis unter den drei Regentengenerationen. Der Kaiser ignoriert den Kronprinzen ... Der Kronprinz wiederum überträgt die gleiche Nichtbeachtung auf den Prinzen Wilhelm.« Wie verhielt sich Bismarck angesichts dieser Situation? 1886 – der neunundachtzigjährige Kaiser war gerade so krank, daß man jeden Tag mit seinem Ableben rechnete – gestattete er Wilhelm den Zugang zum Auswärtigen Amt, ein Privileg, das seinem Vater nie zuteil geworden war. Baute er vor? Dachte er bereits über die Zeit des nächsten Kaisers hinaus? Man hätte ihn dann einen Propheten nennen müssen. Erst im Jahr darauf begann nämlich der Kronprinz immer häufiger über Heiserkeit zu klagen. Und erst im Februar 1888 wußte man, daß es Kehlkopfkrebs war. Ende des Monats wurde Friedrich Wilhelm operiert; es geschah in San Remo. Zu dieser Zeit lag in Berlin Wilhelm I. nun wirklich auf dem Sterbebett. Deutschland würde also einen stummen Kaiser bekommen: durch den Eingriff hatte das Leben, nicht aber die Stimme des Kranken gerettet werden können.

Und Bismarck mußte doch eine richtige Vorahnung gehabt haben. Vickys Mann regierte als Friedrich III. nur neunundneunzig Tage lang.

IX.

Das verschleuderte Erbe

Der letzte Hausmeier der Hohenzollern brach in Tränen aus, als er die Residenz des Kaisers betrat, ahnend, er werde seinen Herrn zum letzten Mal sehen. Wie Bismarck war auch Paul von Beneckendorff und Hindenburg eine riesenhafte Erscheinung.

Im kalten Gartensaal des Château de la Fraineuse zu Spa in Belgien warten bereits die anderen: Generalquartiermeister Wilhelm Groener, Generaladjutant Hans Georg Hermann von Plessen, Graf Hans von der Schulenburg, Werner von Grünau und Oberstleutnant Alfred Niemann. Wilhelm II., damals neunundfünfzig Jahre alt, lehnt fröstelnd am Kamingitter. Man schreibt den 9. November 1918. Die deutsche Westarmee in Frankreich steht vor dem Zusammenbruch. In der Heimat ist die Revolution ausgebrochen. Eine einzige Frage soll nun geklärt werden: Gibt es noch genügend treue Truppen, mit denen man nach Berlin marschieren kann, um die Unruhen niederzuschlagen? Wenn nicht, würde der Kaiser wohl abdanken müssen.

Rasch kommt das Gespräch in Gang. Plessen und Schulenburg halten eine Konterrevolution für möglich und legen entsprechende Pläne vor. Hindenburg scheint skeptischer zu sein, bittet aber, keine Stellungnahme abgeben zu müssen. Bleibt Wilhelm Groener übrig, Nachfolger Erich Ludendorffs, des bis vor wenigen Wochen zweiten Hausmeiers am Hofe der Hohenzollern. Ludendorff war entlassen worden, weil er schon im Oktober ein Waffenstillstandsangebot an die Alliierten und eine Demokratisierung der Reichsverfassung gefordert hatte. Auf welche Seite wird sich der von Wilhelm noch vor kurzem als »braver Schwabe« gelobte Stabschef schlagen?

Groener tritt vor und erklärt nüchtern: »Unter seinen Führern und Generalen wird das Heer in Ruhe und Ordnung in die Heimat zurückmarschieren, nicht aber unter dem Befehl Eurer Majestät. Es steht nicht mehr hinter Ihnen.«

Das hieß: der Kaiser befand sich in der gleichen Situation wie Napoleon I. im April 1814. Auf dem Schloßhof von Fontainebleau hatte ihm Michel Ney, »der Tapferste der Tapferen«, damals ins Gesicht gesagt: »Die Armee gehorcht nur noch ihren Generalen.« Napoleon hatte abgedankt. Was tut Wilhelm?

Erregt stößt er sich von dem Kamingitter ab und ruft: »Exzellenz, diese Erklärung verlange ich von Ihnen schriftlich! Schwarz auf weiß will ich die Meldung aller kommandierenden Generale haben, daß das Heer nicht mehr hinter seinem Obersten Kriegsherrn steht. Hat es mir nicht den Fahneneid geschworen?«

Resigniert und wohl auch etwas verwundert über die Realitätsferne des Kaisers gibt Groener zurück: »Der ist in solchen Lagen eine Fiktion.«

Reicht dieses Wort, um Wilhelm zu überzeugen? Oder erinnert er sich wenigstens an Bismarck, der ihm einmal sagte: »Solange Sie das Offizierskorps haben, können Sie sich alles erlauben. Ohne das wäre freilich alles anders.« Jetzt hat er es nicht mehr, jetzt ist alles anders. Geht er also? Majestät möchten erst einmal frühstücken.

Während Wilhelm mit seinem Gefolge bei Tisch sitzt – die Generale sind in ihr Quartier, das Hotel Britannique, zurückgekehrt –, trifft aus Berlin die Meldung ein, der Reichskanzler Prinz Max von Baden habe auf eigene Faust die Abdankung des Kaisers und des Kronprinzen bekanntgegeben. Empört springt Wilhelm auf. »Verrat! Schamloser, empörender Verrat!« Hat er es nicht schon immer gewußt, daß diesem von liberalen Gedankengängen angekränkelten Zähringer nicht zu trauen ist?! Er stürzt in die Vorhalle und beginnt fieberhaft, Telegrammformulare vollzuschreiben. Wenn ihm schon die Kaiserkrone genommen werden soll, die Krone von Preußen wenigstens will er behalten. Noch ehe seine Erklärung hinausgegangen ist, ereilt ihn jedoch die nächste Hiobsbotschaft: Staatssekretär Philipp Scheidemann von der SPD hat im Säulenhof des Reichstags die Republik ausgerufen. Ist er nun also gestürzt?

Hindenburg und Groener kommen zurück, der vierschrötige Generalfeldmarschall bedrückter denn je. »Mein Gott«, sagt Wilhelm auf den Stabschef blickend, »sind Sie schon wieder da!« An dessen Stelle erwidert Hindenburg: »Ich muß Euer Majestät dringend ersuchen, sofort abzudanken und nach Holland abzureisen. Ich kann es als preußischer General nicht verantworten, daß Sie von Ihren eigenen Truppen verhaftet und der revolutionären Regierung ausgeliefert werden!«

Die blauen Zollernaugen »blitzen« ihn an. »Glauben Sie, ich fürchte mich, bei meinen Truppen zu bleiben?« Wilhelms Frage hängt noch im Raum, als Reinhard Scheer, der Chef des Admiralstabs, gemeldet wird. Kaum ist er eingetreten, wendet der Kaiser sich abermals an Hindenburg: »Herr Feldmarschall, wiederholen Sie bitte Exzellenz Scheer, was Sie mir soeben gesagt haben.«

Stoisch erklärt der Sieger von Tannenberg dem »Helden von Skagerrak«: »Das Heer hält nicht mehr, die Truppen stehen nicht mehr zu S. M. Es gibt keine treuen Truppen mehr. Wollte Gott, es stünde anders!«

Wilhelm faßt den Admiral ins Auge. »Wenn es so ist, wie der Feldmarschall meldet, so kann ich mich doch nicht arretieren lassen! Es bleibt nichts übrig, als abzudanken – als Kaiser. Ich bleibe König von Preußen. Aber damit die Herren wissen, wie ich von meinem letzten Kanzler bedient worden bin: Prinz Max von Baden hat bereits heut vormittag ohne mein Wissen und ohne meine Ermächtigung meine Abdankung proklamiert, als Kaiser und als König. So bin ich von meinem letzten Kanzler bedient worden!«

Scheer entscheidet sich für eine neutrale Erwiderung: »Die Folgen für die Marine sind unabsehbar, wenn sie keinen höchsten Kriegsherrn mehr hat.«

Da endlich läßt Wilhelm den Kopf sinken. »Ich habe keine Marine mehr.« War es sein Schlußwort?

Am Abend sitzt er wieder mit etlichen Getreuen zusammen und wälzt Pläne. Ein Sturmbataillon aus zuverlässigen Offizieren soll gebildet werden; mit ihm will er »bis zum äußersten« kämpfen, »und wenn wir alle totgeschlagen werden«. Er befiehlt, Waffen und Munition ins Château zu bringen. Die Kaiserin hat angerufen und mitgeteilt, daß es ihr in Potsdam gutgehe und sie von niemandem belästigt werde. Wilhelm sagt darauf: »Meine Frau hält sich, und mich will man überreden, nach Holland zu gehen? Das tue ich nicht! Das wäre wie ein Kapitän, der sein sinkendes Schiff verläßt!« Dann sieht er draußen den weiß-gold-schimmernden Hofzug stehen, zur Abfahrt bereit, und beschließt, dort sein Abendessen einzunehmen. Als Niemann etwas später das Luxusgefährt betritt, fürchtend, »die Erregung der letzten Stunden würde bei ihm eine Lethargie auslösen«, findet er einen Mann vor, der »voller Lebensenergie« ist und auf dessen Gesicht »ruhige Entschlossenheit liegt«. Noch später kommen Grünau und Plessen, um Hindenburgs dringende Bitte zu übermitteln, der Kaiser möge umgehend abfahren. Wilhelm scheint auf einmal erleichtert zu sein.

»Wenn es denn sein muß!« sagt er, um auftrumpfend hinzuzufügen: »Aber nicht vor morgen früh!« Danach läßt er sich einen Briefbogen bringen und schreibt an seinen Ältesten: »Lieber Junge, da der Feldmarschall mir meine Sicherheit nicht mehr gewährleisten kann und auch für die Zuverlässigkeit der Truppe keine Bürgschaft übernehmen will, so habe ich mich entschlossen, nach schweren inneren Kämpfen das zusammengebrochene Heer zu verlassen ... Dein tiefgebeugter Vater, gez. Wilhelm.«

Als der Kronprinz am nächsten Morgen in Spa eintrifft, ist der Vater bereits verschwunden. Sein Zug steht vor der belgisch-holländischen Grenze. Die letzten Kilometer hat der abgesetzte Kaiser im Auto zurückgelegt. Bei Eysen übergibt er einem ziemlich verdutzten niederländischen Zolloffizier seinen Degen und wird von diesem festgesetzt. Sechs Stunden lang muß er in einem engen, kahlen Zimmer warten, dann trifft aus Den Haag die Meldung ein, der Hohenzollern sei im Land seiner oranischen Verwandten willkommen, Graf Godard Bentinck stelle ihm ein Schlößchen bei Amerongen zur Verfügung.

Vierundzwanzig Stunden später wird bei Compiègne in einem Eisenbahnwagen der Waffenstillstand unterschrieben. Nach vier Jahren Krieg hat das Deutsche Reich kapituliert. Der Krieg hatte zehn Millionen Tote gefordert.

An diesem 11. November 1918 trifft Wilhelm mit seinem Gastgeber zusammen und spricht die Worte: »Jetzt müssen Sie mir eine Tasse heißen, guten, echten englischen Tee machen lassen.« Damit ist die Amtszeit des letzten deutschen Kaisers zu Ende (offiziell abgedankt hat er erst am 28. November).

Die dreitägige Frist zwischen Hindenburgs Tränenausbruch und seiner Ankunft auf dem Bahnhof von Maarn, wo Bentinck ihn empfing, zeigen Wilhelm als den, der er von Jugend an war: seit seiner Kronprinzenzeit schien er nichts dazugelernt zu haben. Der Boden unter seinen Füßen ist längst schon weggebrochen, aber er benimmt sich noch immer so, als sei die Welt, in der er lebt, intakt wie eh und je. Groener gegenüber kehrt er den »Obersten Kriegsherrn« heraus und pocht auf die ihm geleisteten Fahneneide. Hindenburg teilt ihm nichts mit, der Feldmarschall »meldet«. Die Truppen, die ihn unterstützen sollen, sind »meine Truppen«, auch die Marine hat ihm offenbar gehört. Und als der von Revolutionären bedrängte Reichskanzler tut, was er tun zu müssen glaubt, damit die Ordnung nicht völlig zusammenbricht, ist es »empörender Verrat«, wurde er schlecht »bedient«. Zuletzt spielt Wilhelm noch mit dem Bild vom wackeren Kapitän, der sein sinkendes Schiff nicht verläßt, um wenig später, ohne mehr als einen flüchtigen Abschiedsgruß an den Kronprinzen, in aller Stille und allem Komfort zu entweichen.

Der Römer Juvenal meinte, es sei manchmal schwer, über bestimmte Personen oder Vorgänge *keine* Satire zu schreiben; man könnte seinen Ausspruch auf Wilhelm II. anwenden. Ebensogut wäre es freilich möglich, ihn als tragischen Helden zu zeichnen.

Dieser Hohenzollern wurde in eine Position hineingeboren, für die kaum jemand weniger geeignet war als gerade er, aber dafür kann man ihn weder schuldig sprechen noch haftbar machen. Schuld trifft eher jene, die die Bühne für seine Auftritte geschaffen hatten, sowie jene anderen, die ihn dort nicht nur völlig ungehemmt agieren ließen, sondern selbst dann noch Beifall spendeten, wenn sie von Rechts wegen nach dem Eisernen Vorhang hätten rufen müssen. Opfer unglücklicher Umstände gibt es in der Geschichte und im täglichen Leben wie Sand am Meer. Wilhelms Tragödie bestand darin, daß die Umstände, unter denen er lebte, seinen Schwächen eher förderlich als hinderlich waren und es ihm auch noch ermöglichten, mit seinen wenigen Stärken darüber hinwegzutäuschen, daß er das Geschäft des Regierens nicht beherrschte, ja, dafür völlig ungeeignet war.

Als der krebskranke Friedrich III. den Tod herannahen fühlte, ließ er sich per Schiff nach Potsdam ins Neue Palais bringen, wo er geboren worden war und seine ersten Ehejahre verlebt hatte. Am 17. Juni 1888 gaben die Ärzte bekannt, daß der Kaiser im Sterben liege. Von da an stand die Residenz, die er kurz vorher noch in Schloß Friedrichskron umbenannt hatte, praktisch unter Belagerungszustand. Offiziere, die niemand kannte, gingen darin aus und ein und wiesen, wenn man sie zur Rede stellte, Erlaubnisscheine mit der Unterschrift des Kronprinzen vor. Auch ein neuer Hausmarschall war von Wilhelm bereits eingesetzt worden; er gab den Befehl: »Niemand im Schloß, auch kein Arzt, darf nach außen korrespondieren ... Will einer der Ärzte das Schloß verlassen, so wird er verhaftet.« Gedachte der kommende König das Todesdatum des Vaters zu verheimlichen? Wenn ja, warum? Gelungen wäre es ihm ohnehin nicht.

In der Redaktion des Berliner *Lokalanzeigers* sitzt längst schon dessen Verleger August Scherl und wartet auf den Anruf einer Beschließerin in Friedrichskron. Wenn sie sagt: »Die Wäsche kann abgeholt werden«, ist der Kaiser gestorben, und die Druckmaschinen können anspringen.

Am Vormittag des 18. Juni klingelt Scherls Telefon; Stunden später sind Hunderte von Zeitungsboten mit kostenlosen Extrablättern unterwegs. Dem Schloß aber nähern sich im Laufschritt Abteilungen eines Lehrbataillons und stellen rings um seine Sockelterrasse Posten mit geladenem Gewehr auf. Dann werden von Gardehusaren auch noch die Parktore besetzt. Als der Pathologe Rudolf Virchow erscheint, um den Toten zu sezieren, bellt ihn einer der Wachsoldaten an: Zurück – oder er würde festgenommen. Unter den Gefangenen im Schloß sind auch Wilhelms Geschwister und seine Mutter. Sie müssen mit ansehen, wie die eingedrungenen Offiziere Schreibtische durchwühlen und Schränke aufbrechen. Werden sie fündig?

Draußen im Park spaziert der Kronprinz mit seinem Vertrauten, dem stellvertretenden Chef des Generalsstabs, Alfred von Waldersee, herum und schimpft auf Vicky, die sich fortan Kaiserin Friedrich nennen wird. »Sie ist«, behauptet er, »lange auf den Tod meines Vaters vorbereitet gewesen; alles ist daraufhin mit vieler Überlegung eingerichtet. So ist nichts Schriftliches da; es ist alles beseitigt.« Die Offiziere haben also nicht entdeckt, was Wilhelm haben wollte; niemand weiß deshalb, wonach sie überhaupt gespürt hatten. Sicher ist nur: der Erbe des Toten mißtraute seinen Eltern zutiefst. Fürchtete er etwa, sie hätten unliebsame Enthüllungen über ihn selbst hinterlassen? Von welcher Art könnten sie gewesen sein?

Gewiß, es hatte Affairen gegeben im Leben des Kronprinzen, aber nichts, was geeignet gewesen wäre, ihn zu desavouieren. Während seiner Bonner Studentenzeit ein kurzer Flirt mit Cousine Elisabeth von Hessen-Darmstadt, die ihn jedoch nicht ausstehen konnte. Er sei zu ruhelos, klagte sie, sein schneller Stimmungswechsel mache ihn zu einem unmöglichen Gesellschafter. »In diesem Augenblick wollte er rudern, im nächsten reiten oder Tennis spielen. Immer war er darauf aus zu beweisen, was er trotz seines verkrüppelten Armes alles konnte.« Auch sei es vorgekommen, daß Wilhelm »mitten im Spiel den Schläger hinwarf und alle zu sich befahl, damit sie ihn anhörten, wenn er aus der Bibel vorlas«. Ja, er predigte gerne und gab sich auch seinen Kommilitonen gegenüber als Moralapostel. Nachdem er erfahren hatte, daß Kronprinz Rudolf von Österreich-Ungarn sich mehrere Geliebte halte und Rauschgift nehme, war der Habsburg für ihn gestorben. Und selbst an Paris, das er während seiner Universitätszeit besuchte, konnte der sittenstrenge junge Mann nichts finden, was ihn beeindruckt hätte.

Immerhin, es gab eine Frau in seinem Leben, die sich durch ihn den Beinamen »Madame Pompadour von Potsdam« erwarb; ihr Mädchenname: Mary Esther Lee; ihr Geburtsort: New York. Als der Kronprinz die Dame kennenlernte, war sie eine verwitwete Fürstin Noer, verheiratet mit Alfred von Waldersee, ungemein wohlhabend, von dem Ehrgeiz besessen, die Welt, vor allem das Deutsche Reich, moralisch aufzurüsten, und mit reichen Erfahrungen ausgestattet. Der Mann, dem die Millionärstochter Mary den größeren Teil ihres Vermögens verdankte, hatte, bevor er sich von Kaiser Franz Joseph I. zum Fürsten Noer machen ließ, Friedrich von Schleswig-Holstein-Sonderburg-Augustenburg geheißen, war also jener Aspirant auf das Herzogtum Holstein gewesen, den Bismarck um sein Erbe brachte.

Den Kronprinzen lernte die Ex-Amerikanerin in Hannover kennen, wo ihr Mann als Stabschef eines Armeekorps amtierte. Wilhelm zählte in diesem Jahr 1880 einundzwanzig Jahre, Mary Esther doppelt so viele; sie muß alles verkörpert haben, was ihn ansprach, war eine Puritanerin reinsten Wassers, gut aussehend, Dame von Welt und alt genug, um ihm auch mütterliche Gefühle entgegenbringen zu können – zärtlichere, als Vicky sie für ihn hegte. Schon damals kann die Gräfin Waldersee ihm auch in einer wichtigen Sache behilflich sein: Wilhelm sucht eine Frau. Die neue Herzensfreundin verweist auf den Neffen ihres ersten Mannes, der eine heiratsfähige Tochter hat. Wenig später verlobt sich Wilhelm mit Auguste Viktoria von Schleswig-Holstein-Sonderburg-Augustenburg; er nennt sie »Dona«. Ausweislich ihres Kindersegens – drei Söhne in drei aufeinanderfolgenden Jahren – darf die Ehe wohl als gut eingeschätzt werden (bis 1892 werden es sechs Prinzen und eine Prinzessin sein). Aber mittlerweile ist auch Mary in Berlin.

1882 wurde Waldersee zum Stellvertreter Moltkes ernannt und wohnt also mit diesem am Kronprinzenufer unter einem Dach, in der Herwarthstraße Nr. 2, dem Sitz des Generalstabs. Es ist jedoch Mary, die diesem mit kriegerischen Emblemen überreich verzierten Bau nun auch gesellschaftlichen Glanz verleiht. Bei ihren Festen gibt tout Berlin sich ein Stelldichein – oder vielmehr: ein ganz bestimmter Teil der tonangebenden Schicht in Deutschlands Hauptstadt.

Fast immer ist Adolf Stoecker anwesend, Hof- und Domprediger zu Berlin, Vorsitzender der Stadtmission, die sich um Arbeiter, Arbeitslose und Arme kümmert, aber auch Begründer einer christlich-sozialen Partei sowie Mitglied des Preußischen Abgeordnetenhauses, ein ungemein beredter und betriebsamer Mann mit Ansichten, die wohl populär sind, aber meist hinter vorgehaltener Hand geäußert werden: den Liberalismus hält er für eine Ausgeburt des »modernen Judentums«. Im übrigen schauen durchreisende Amerikaner vorbei, nehmen russische Gräfinnen bei Mary den Tee, während im Raucherzimmer meist Herren zusammensitzen und über Politik reden: Waldersee, der sich für einen kommenden Mann hält, Moltke, der ihn schätzt, und streng konservative Angehörige der sogenannten »Kreuzzeitungspartei«, die auf Bismarcks Rücktritt warten (der Kanzler selbst nennt den ganzen Klüngel »die Stöckerei«).

In diesen Kreis nun wird Wilhelm durch Mary hineingezogen. Er findet Gefallen an seinen Mitgliedern und deren Ansichten, erwärmt sich besonders für Stoeckers Idee, den Sozialismus mit christlichen Argumenten und Volksfürsorge zu bekämpfen, beteiligt sich auch selbst an Wohltätigkeitsveranstaltungen zugunsten der Berliner Armen. Vor allem soll jedoch in der Herwarthstraße Nr. 2 ein Satz gefallen sein, der dem Kronprinzen besonders viel zu denken gibt: »Wenn Friedrich II. einen Bismarck an seiner Seite gehabt hätte, wäre er nicht Friedrich der Große geworden.« Man versucht bewußt, ihn dem Kanzler zu entfremden – was dieser natürlich erfährt (dank Holstein bleibt seinen

Ohren nahezu nichts verborgen) und worauf er reagiert. Wie schon sein Vater, so geht auch Wilhelm indessen jedem möglichen Streit aus dem Weg. »Ich ließe mir«, schreibt er dem Alten, »stückweise ein Glied nach dem anderen für Sie abhauen, eher, als daß ich etwas unternähme, was Ihnen Schwierigkeiten machen ... würde.« Glaubhafte Versicherung? Die Berliner wissen es besser. Sie nennen Mary auch »Bismarck im Unterrock«, überzeugt, die Gräfin halte den Kronprinzen fest an der Kandare. Ihren anderen Beinamen, »Pompadour von Potsdam«, verdankt sie dem Umstand, daß er seine Freundin fast täglich zwischen neun und zehn Uhr besucht, immer dann, wenn Graf Waldersee gerade aus der Dienstwohnung ins Büro hinuntergegangen ist. Wird es dem möglicherweise gehörnten Ehemann mit der Zeit wenigstens peinlich? Ganz im Gegenteil: seinem Tagebuch vertraut er an, es sei ihm viel zu lästig, des Kronprinzen Besuche noch zu notieren, dazu fänden sie viel zu häufig, »eine Zeitlang täglich« statt. Abgesehen davon profitiert er auch davon. Wilhelm behandelt ihn als Vertrauten und läßt sich in seiner Gegenwart oft über »die delikatesten Familienverhältnisse« aus. Auf die Karriere eines ehrgeizigen Offiziers kann sich so etwas nur günstig auswirken, und Waldersee ist ungemein ehrgeizig, selbst auf dem Sessel des Reichskanzlers vermag er sich schon zu sehen. Fürchten muß er jedoch Kaiser Friedrich III., denn dessen Frau haßt Mary von ganzem Herzen.

Aber dann waren Vicky und ihrem Mann ja nur neunundneunzig Tage an der Macht vergönnt. Und jetzt, da diese Frist vorüber ist, spaziert kein anderer als Waldersee an der Seite Wilhelms durch den Park von Schloß Friedrichskron. Beginnen seine Träume bereits Gestalt anzunehmen?

Knapp vier Wochen nach dem Begräbnis Friedrichs wird Waldersee als Nachfolger Moltkes zum Generalstabschef ernannt, eine Beförderung, die mit der Aufnahme ins Herrenhaus und in den Staatsrat verbunden ist. Zugleich läßt der nunmehrige Kaiser den Freund wissen, daß er ihn als Ratgeber »in der inneren und äußeren Politik« zu beanspruchen gedenke. Trotzdem setzt er seine vormittäglichen Besuche bei Mary fort; natürlich kann das auf Dauer selbst Dona nicht verborgen bleiben. Aber was hätte sie, die fast ständig in anderen Umständen war, dagegen unternehmen können? Und gehörte Mary nicht auch zu ihren allerbesten Freundinnen?

Am 25. Juni 1888 eröffnete Wilhelm II. den Reichstag mit seiner ersten öffentlichen Rede. Umgeben von zwölf (nicht Jüngern, sondern deutschen) Fürsten, stand er auf der Tribüne und versprach vor allem eines: er werde tun, was er könne, um den Frieden zu bewahren. Zwei Tage danach, bei der Eidesleistung vor dem preußischen Landtag, beschwor der neue Kaiser Friedrich den Großen: wie dieser betrachte er sich als ersten Diener des Staates. Folgte eine Ansprache fürs Militär, in der die Worte vorkamen: »So gehören wir zusammen – Ich und die Armee –, so sind wir füreinander geboren, und so wollen wir unauflöslich fest zusammenhalten, möge nach Gottes Willen Friede oder Sturm sein.« Das Thema seiner nächsten Rede – sie war den Seestreitkräften gewidmet – mutete bereits etwas ungewöhnlicher an. »Die Marine«, sagte Wilhelm, »weiß, daß mich seit frühester Jugend ein lebhaftes und warmes Interesse mit ihr verbindet«, um dann fortzufahren, je mehr sich Deutschland vom Agrarstaat zum Industriestaat weiterentwickle, desto mehr sei es auf die Sicherung überseeischer Absatzgebiete angewiesen, je weiter sich sein Handel ausdehne, um so mächtiger müsse es auf den Meeren werden.

Sollten das vier Programmpunkte einer Regierungserklärung gewesen sein? Wer, im In- oder Ausland, hätte etwas dagegen einwenden können? Der neue Mann gelobte Frieden zu halten, setzte auf preußische Traditionen und machte sich für die natürlichen Interessen einer wirtschaftlichen Großmacht stark. Das entsprach seinem Rang, seiner Herkunft und einer zeitgemäßen Weltsicht. Oder war es vielleicht zu leugnen, daß Deutschland auf vielen Gebieten noch Nachholbedarf hatte? Selbst Holland und Belgien besaßen größere Besitzungen in Übersee als das Reich.

Auch Bismarck, der für Kolonialpolitik nicht besonders viel übrig hatte, aber immerhin einsah, daß es die Pflicht einer Regierung sei, Unternehmer, die sich in fremden Weltteilen engagierten, bei »ihren Bestrebungen zu unterstützen«, hatte an Wilhelms ersten politischen Auftritten nicht viel auszusetzen, noch weniger an seinem Verhalten ihm gegenüber. Wenn der Kaiser seinen Kanzler in Friedrichsruh besuchte, herrschte, wie der österreichische Botschafter bemerkte, »Flitterwochenstimmung«. Der Jüngere ließ dem Älteren überall den Vortritt, reichte ihm Feuer für seine Pfeife und schlief sogar so lange wie möglich, weil er wußte, daß sein Gastgeber erst gegen Mittag zu frühstücken pflegte. Der wiederum war derart davon überzeugt, Wilhelm werde seine Kreise nicht stören, daß er zwischen Juli 1888 und Dezember 1889 nur viermal nach Berlin fuhr, die übrige Zeit im Sachsenwald verbrachte und sich alle Vorgänge dorthin schicken ließ. Als Reichskanzler, preußischem Ministerpräsident, Minister des Auswärtigen und Handelsminister war es ihm möglich, auch aus der Ferne in so gut wie jedes höhere Amt hineinzuregieren und all jene zu disziplinieren, die gegen seinen Stachel löckten. Außerdem hielt Bismarck die Enden unendlich vieler Fäden in der Hand, von deren Existenz oder gar deren Verflechtungen miteinander nur seine engsten Vertrauten wußten. Wie hätte ein junger, unerfahrener Herrscher da auf den Gedanken kommen sollen, einen anderen Kurs einzuschlagen als den von ihm gewünschten? Außerdem: Sagte Wilhelm nicht immer wieder selbst, daß solches ferne von ihm sei?

Herbert war anderer Ansicht als der alternde Vater. »Kalt wie eine Hundeschnauze«, lautete sein Urteil über den Kaiser. »Von vornherein darüber klar, daß jeder Mensch für irgend etwas – Arbeit oder Amüsement – zu brauchen sein muß und auch dann nur für eine bestimmte Zeit verwendbar, nachher beiseite zu schieben ist.« Herbert hatte den besseren Blick: Wilhelm lebte bereits nicht mehr in der Vorstellungswelt des Kanzlers – oder jener seines Großvaters. Er gehörte der Moderne an, und die war laut, lärmend, neureich, protzig; ihre Exponenten gaben sich forsch bis arrogant.

»Garde meist sehr exklusiv, / Von feudalem Geist, / Sieht auf Bürgerpack nur schief, / Weil der Grundsatz heißt: / ›Adelsprädikat bezweckt, / Daß kein Plebs uns naht, / Völlig wertlos so 'n Subjekt / Ohne Prädikat‹.« Das sangen sie damals im Berliner »Metropol«, und der größte Reiz für die Zuhörer bestand darin, daß der Mann am Dirigentenpult (und Komponist des Liedes) ein Ebenbild des Kaisers zu sein schien: extrem hochgebürsteter Schnurrbart vom Typ »Es ist erreicht«, blitzendes Auge, ruckartige Kopfbewegungen. Er hieß jedoch Paul Lincke, wurde der »feine Paul« genannt und verdankte seiner Ähnlichkeit mit Wilhelm ein zweijähriges Engagement in Paris. Majestät selbst lud ihn nicht nur gelegentlich ins Schloß ein, sondern grüßte auch zu Linckes Fenster hinauf, wenn er an der Spitze seiner Regimenter von den Paraden auf dem Tempelhofer Feld zurückkehrte.

Er gab sich ja populär, der junge Hohenzollern, wollte bewundert, geliebt, verehrt werden und sehnte sich nach Applaus. Es genügte ihm nicht, »Allerhöchstderselbe« zu sein – Wilhelm begehrte den Status eines Stars und war überhaupt ein begabter Selbstdarsteller; das Stilgefühl seines bedeutendsten Vorgängers in diesem Fach ging ihm freilich ab. War es dem Alten Fritz gelungen, sich auf eine sparsame, aber einprägsame Silhouette zu reduzieren, so prunkte der späte Nachfolger mit den phantastischsten, von Fangschnüren geradezu überwucherten, vor Orden klirrenden Uniformen, die er auch noch bis zu zehnmal am Tag wechselte (wenn der Kaiser den »Fliegenden Holländer« anhören wolle, spotteten die Berliner, verkleide er sich als Admiral). So schien es denn fast symptomatisch zu sein, daß er mit einem Show-Dirigenten (oder dieser mit ihm) verwechselt werden konnte; die abenteuerliche Barttracht verlieh Wilhelm ohnehin das Air eines Zirkusreiters. Indes: Was wäre daran zu bekritteln gewesen?

Der Mann an der Spitze ist nicht verpflichtet, einen besseren Geschmack zu haben als der Mann aus dem Volk. Wenn deshalb dem Volk ein Herrscher gefällt, der heute (mit Husarenattila und verschnürtem Rock) so aussieht, als könnte er auch den Zigeunerbaron spielen, morgen aber (in schwarzem Brustpanzer und wallendem, weißem Umhang) so, als sei er eben aus Lohengrins Kahn gestiegen, dann ist dieser Herrscher eben volkstümlich, kommt an und könnte sogar zum Volksführer werden. Tatsächlich scheint Wilhelm, zumindest in seinen ersten Regierungsjahren, nach ebendieser Rolle geschielt zu haben; er hatte ja auch das Zeug dafür. Seine rhetorische Begabung war enorm, die griffigen Formulierungen, geglückte und weniger geglückte, flogen ihm ebenso rasch zu wie Bismarck; er redete gern und hörte sich gern reden, konnte ebenso schnoddrig wie weihevoll sein und beherrschte selbst das Spiel auf der Gemütssaite. Nicht zuletzt besaß er einen Sinn für soziale Gerechtigkeit sowie viel Gespür für gesellschaftliche Entwicklungen.

Eben deswegen freilich kam es zum ersten schweren Zerwürfnis mit Bismarck.

Anfang 1889 begannen die Bergarbeiter im Gelsenkirchener Revier für bessere Löhne zu streiken (Höchstverdienst eines Hauers: vier Mark pro Tag); binnen kurzem befanden sich in ganz Deutschland über hundertfünfzigtausend Kumpels im Ausstand. Der Kanzler wollte die Unruhen mit harter Hand niederschlagen, ja sogar den Ausnahmezustand verhängen. Wilhelm hingegen empfing – unerhörter Vorgang! – eine Arbeiterdelegation und versprach, ihre Forderungen zu prüfen. Anschließend trug er den Ministern, auch Bismarck, vor, was seiner Ansicht nach geboten sei, nämlich Milderung des Gesetzes wider die gemeingefährlichen Bestrebungen der Sozialdemokratie, Einführung kürzerer Arbeitszeiten sowie Verbot der Kinder- und der Sonntagsarbeit. Sozialistische Agitatoren bekämpfe man am besten mit der Herstellung besserer Arbeitsverhältnisse, ohnehin verdienten die Unternehmer viel zuviel. Bismarck war entsetzt: Das von ihm geschaffene Ordnungsgefüge drohe einzustürzen, wenn man auf der Basis solcher Argumente Politik betreibe. In der Tat hatte er guten Grund, dies anzunehmen.

Seine Utopie war der paternalistische Staat, in dem von oben her verfügt, genommen und fürsorglicherweise gegeben wurde – nach Gutsherrenart. Die deutschen Arbeiter verdankten ihm eine umfassende Sozial- und Altersversicherung, die fortschrittlichste in Europa. Dafür hatten sie, gehorsam, fleißig, ordentlich, ihren Teil zur Entwicklung der Volkswirtschaft beizutragen. Um diese Haltung notfalls erzwingen zu können, bedurfte es freilich des Sozialistengesetzes. Aber was, wenn es einmal nicht greifen sollte? »Dann«, so Bismarck, »möge es zu einem Zusammenstoß kommen«, zu Barrikadenkämpfen also wie 1848.

Des Kanzlers Szenario wiederum entsetzte den Kaiser. »Er wolle«, ließ Wilhelm erklären, »nicht seine ersten Regierungsjahre mit dem Blut seiner Untertanen färben.« Wie reagierte der Kanzler? Nicht anders als in früheren Fällen auch: »Wenn Eure Majestät kein Gewicht auf meinen Rat legen, so weiß ich nicht, ob ich auf meinem Platz bleiben kann.« Rücktrittsdrohung, die schwerste Waffe in Bismarcks Arsenal! Anders als Wilhelm I. blieb Wilhelm II. indessen kühl. Er blickte in die Runde (die Szene war eine Kronratssitzung): »Ich bitte die Herren um ihre Meinung.« Die Herren zogen es vor zu schweigen – zum letztenmal. Schon beim nächsten Zusammentritt des exklusiven Zirkels konnte der Kaiser den Entwurf seiner Sozialreformen durchbringen und sich bei dieser Gelegenheit zum »roi des gueux« erklären, zum Bettlerkönig. Von da an lieferte Bismarck nur noch Rückzugsgefechte, was alle Welt erkannte – außer ihm selbst.

Holstein baut seine ohnehin schon guten Beziehungen zur Herwarthstr. Nr. 2 noch weiter aus – in der Annahme wohl, Waldersee werde der nächste Kanzler sein. Und wahrscheinlich ist auch er es, der Marys Mann eine besonders brisante Nachricht zusteckt. Binnen kurzem muß der Rückversicherungsvertrag mit Rußland erneuert werden. Waldersee, wie auch Moltke, waren schon immer Feinde dieses Abkommens gewesen, hatten sogar wieder und wieder den Präventivkrieg gegen die östliche Riesenmacht gefordert. Nun zeigt ihnen der Geheimrat aus dem Außenamt zudem noch Berichte des deutschen Konsuls in Kiew, in denen von einem forcierten Ausbau des ukrainischen Eisenbahnnetzes die Rede ist, annehmend, sie würden daraus schließen (wie jeder Militär es getan hätte), die Russen bereiteten den Aufmarsch an der deutschen Ostgrenze vor (nicht aber, was naheliegender gewesen wäre, sie strebten eine Verbesserung ihres Handelsverkehrs mit dem größten Abnehmer ukrainischen Weizens an). Und natürlich war Holstein auch gerissen genug, um zu wissen, daß es keinen besseren Briefboten für die Strecke Generalstabsgebäude–Stadtschloß gab als Waldersee. Beim letzten Schlagabtausch zwischen Kaiser und Kanzler sind Wilhelm die Meldungen aus Kiew jedenfalls bekannt.

Bevor es zu dieser Auseinandersetzung kommt, scheint der Wind jedoch Bismarcks Segel noch einmal zu schwellen. Am 20. Februar 1890 finden Wahlen statt. Sie bringen den Sozialdemokraten nahezu zwei Drittel aller Reichstagssitze ein. Wacht der gekrönte Sozialromantiker jetzt endlich auf? Kann man mit einem solchen Parlament überhaupt noch regieren, vor allem Militärvorlagen durchbringen? Muß man es vielmehr nicht umgehend auflösen und die Verfassung ändern? Tatsächlich ergreift ein völlig verunsicherter Kaiser des Kanzlers Hand und erklärt, von jetzt an stehe er rückhaltlos auf seiner Seite. Knapp zwei Wochen später ist das Gelöbnis schon wieder vergessen.

Minister, Generale, Hofbeamte, alle fragen Wilhelm, ob es denn nicht am Tag liege, daß der Kanzler diese Niederlage der Nationalliberalen, Konservativen und des Zentrums zu verantworten habe, ob es nicht seine harten Sozialistengesetze gewesen seien, die die rote Flut entfesselt hätten. So präpariert, geht der Hohenzollern ins allerletzte Gefecht. Schauplatz: die Reichskanzlei; Datum: der 15. März 1890.

Könne man ihn nicht etwas ausführlicher über Vorgänge in den Ministerien informieren, fragt der Kaiser zunächst, er erfahre immer erst hinterher, was dort beschlossen worden sei.

Bismarck erwidert: »Wenn ich zu Euer Majestät komme, müssen meine Entschlüsse gefaßt sein.« Einer Vorauskontrolle könne er sich nicht unterwerfen.

»Auch nicht, wenn Ihr Souverän es Ihnen befiehlt?«

Bismarck beharrt auf seiner Ablehnung, verweist auf eine »ordre« aus dem Jahr 1852, die ihn dazu berechtige, und wechselt das Thema. Wer ihn kennt, müßte wissen, daß er einen Tiefschlag plant, der den Gegner endgültig niederstrecken soll. Aber diesmal überschätzt er sich oder begeht bewußt politischen Selbstmord (schon Tage vorher hat er die Höhe seiner Pension berechnen lassen). Zur Sprache kommt Wilhelms Absicht, im Sommer nach Rußland zu reisen. Davon hat Bismarck schon einmal abgeraten und tut es abermals, jetzt mit dem Hinweis auf geheime Berichte aus Petersburg, die ihn via London erreicht hätten: »Sie enthielten ungünstige angebliche Äußerungen des Zaren über S. M. und über den letzten Besuch, den S. M. ihm gemacht.« Eine dieser Meldungen hält er – zufälligerweise – in der Hand. Wilhelm verlangt, daß sie ihm vorgelesen würde. Bismarck weigert sich, »weil der wörtliche Inhalt ihn verletzten würde«, läßt es aber zu, daß der Kaiser ihm das Schriftstück aus der Hand nimmt, darin liest und in der Tat verletzt ist – »mit Recht«, wie der Kanzler in seinen Memoiren anmerkt. Alexander III., ein Enkel Charlottes von Preußen, hat über den Preußenkönig gesagt: »Il est fou. C'est un garçon mal élevé« (»Er ist verrückt, ein schlecht erzogener Bengel«).

Wilhelm, vermutlich bleich geworden, gibt das Papier zurück, nimmt den Helm, den er sonst mit der verkrüppelten Linken zu halten pflegt, in die rechte Hand und reicht Bismarck »kühler als sonst« die zwei oder drei freigebliebenen Finger. Der weiß überhaupt nicht, wie ihm geschieht, zumindest bemüht er sich, in *Gedanken und Erinnerungen* diesen Eindruck hervorzurufen. In Wahrheit muß ihm klargewesen sein, daß es nach dieser peinlichen Szene nur noch um die Frage gehen kann: Wer kündigt zuerst? Am 17. März 1890 fordert Wilhelm vom Kanzler ein mündliches Rücktrittsgesuch; Bismarck erklärt, er fühle sich »nicht wohl genug und würde schreiben«.

Als der Chef seines Militärkabinetts mit diesem Bescheid ins Schloß kommt, speist beim Kaiser gerade Philipp zu Eulenburg. »Jetzt ist der Abschied da«, sagt Wilhelm und bittet den Intimfreund, ihm ein Lied vorzuspielen.

Nachdem die Nachricht dann bekanntgeworden ist, schreibt er einem Bekannten in Weimar: »Das Amt des wachthabenden Offiziers auf dem Staatsschiff ist mir zugefallen. Der Kurs bleibt der alte, und nun Volldampf voraus!« Das ergab gleich drei geflügelte Worte auf einmal. Der »alte Kurs« war fortan jener, den Bismarck gesteuert hatte, einen »neuen Kurs« würde der Kaiser fahren – und dafür galt die Parole »Volldampf voraus«.

Mit ihr konnte auch Leo von Caprivi zurechtkommen, der neue Mann auf Bismarcks Stuhl; er war von Haus aus Admiral.

Was es mit dem neuen Kurs auf sich hatte, erfuhr als erster Rußlands Botschafter in Berlin, Paul Schuwalow. Kurz vor dessen Rücktritt war er beim Kanzler gewesen und hatte ihn wissen lassen, Alexander III. sei bereit, den demnächst auslaufenden Rückversicherungsvertrag zu verlängern, und zwar nicht, wie es vorgesehen war, um drei, sondern um sechs Jahre. Nachdem Schuwalow dann erfahren hatte, daß Bismarck gehen werde, telegrafiert er mit Petersburg und bekommt Weisung, zunächst einmal abzuwarten, wer der nächste Kanzler sein werde und wie dieser zu der ganzen Angelegenheit stehe. Was also hält Caprivi von der Bündnispolitik seines Vorgängers?

Als Bismarck ihn in ihre Zusammenhänge einzuweihen versuchte, will der Ex-Admiral, nach eigenen Angaben, gesagt haben: »Ein Mann wie Sie kann mit fünf Bällen gleichzeitig spielen, während andere Leute guttun, sich auf einen oder zwei zu beschränken.« Dem gelernten Militär sind die Zusammenhänge zwischen Dreibund und Rückversicherung (beide Verträge geheim und einander zum Teil widersprechend) schlichtweg zu kompliziert. Das hat er auch dem Kaiser schon gesagt. Aber wie steht Wilhelm überhaupt zu der ganzen Materie?

Er hat gerade den Bericht des Kiewer Konsuls vor sich liegen, die Russen bauten das ukrainische Eisenbahnnetz aus, als die Frage für ihn akut wird. Zudem ist er noch über Alexanders boshafte Äußerungen verärgert und denkt deshalb daran, Österreich vor einem möglichen Angriff der Russen zu warnen. Aber dann schreibt er doch an den Rand einer Benachrichtigung aus der Hand Herberts von Bismarck: »Einverstanden mit Erneuerung des Vertrags.« Vor allem soll es möglichst schnell über die Bühne gehen. Nachts gegen ein Uhr wird Schuwalow auf den kommenden Morgen ins Schloß zitiert. Der Russe benutzt die ihm verbleibende Frist, um abermals mit Petersburg zu telegraphieren, so lange, bis Alexander bereit ist, auch mit Bismarcks Nachfolger abschließen zu lassen.

Taucht jedoch schon die nächste Frage auf: Wo ist der Vertrag überhaupt? In der geheimen Registratur des Außenamtes kann der noch auf seinem Posten ausharrende Herbert von Bismarck ihn nicht finden. »Die Akten«, erklärt ein zuständiger Beamter, »hat Herr Baron von Holstein mitgenommen.« Der ist bei Caprivi und läßt den neuen Chef wissen, was von der Rückversicherung zu halten sei, nämlich gar nichts. »Etwas Greifbares«, erklärt er, sei von ihr nicht zu erwarten. »Wenn es herauskommt, sind wir als falsche Kerle blamiert. Wird die Vereinbarung perfekt, so hängt unser guter Ruf und unsere gesellschaftliche Stellung von der Diskretion der Russen ab« (was keineswegs von der Hand zu weisen ist). Noch ehe Schuwalow ins Schloß kommt, interpretiert Caprivi dem Kaiser das Holsteinsche Diktum. »Ruhig, klar und offen vorzugehen, ohne diplomatische Wagnisse«, das halte er für die beste Politik; es leuchtet dem Promotor des »Volldampf voraus« auf Anhieb ein. Herzlich wendet er sich an den Kanzler: »Nun, dann geht es nicht, so leid es mir tut.« Mit diesem knappen Satz ist Bismarcks kostbarer Rückversicherungsvertrag beerdigt.

Sieht so der »neue Kurs« aus, der fortan gefahren werden soll? Wenn ja, wer bestimmt ihn eigentlich?

Die Macht des deutschen Kaisers war umfassender als die irgendeines anderen westeuropäischen Staatsoberhauptes. Er konnte Kabinettschefs berufen und fallenlassen; sie waren nur ihm und den Parlamenten verantwortlich. Doch hätte weder das preußische Abgeordnetenhaus den Ministerpräsidenten noch der Reichstag den Kanzler absetzen können. Da beide Ämter aber meist von ein und demselben Mann geleitet wurden, war dieser ebenfalls sehr mächtig. Die Kammern besaßen lediglich das Recht, ihm, also indirekt dem Kaiser und König, Gelder zu bewilligen oder zu verweigern. Nicht einmal diese starke Position schien Wilhelm jedoch zu genügen; häufiger als alle seine Vorgänger berief er sich auch noch auf das Gottesgnadentum, was zunächst einmal voraussetzte, daß er dieses Prinzip neu definierte.

»Dei Gratia Imperator«, hatte sich einst Karl der Große genannt, Kaiser durch Gottes, nicht von eines Papstes Gnade. Der Hohenzollern nun deutete die drei Worte um in »Auserwählt von Gott«. Es könnte mit seiner calvinischen Erziehung zu tun gehabt haben, dürfte aber eher der ererbten Überzeugung entsprungen sein, die Nachfahren Friedrichs des Großen stünden allesamt dem Himmel näher als gewöhnliche Menschen, somit könne auch er entsprechende Verehrung einfordern. Herr der preußischen Landeskirche war Wilhelm zudem noch, also praktisch ein Priesterkönig, und er versuchte ja auch sein quasigeistliches Amt bei jeder Gelegenheit auszuüben. Aber wie diese caesareopapistischen Ansprüche, die Friedrich Wilhelm IV. noch den Beinamen »Romantiker auf dem Thron« eingetragen hatten, in einer Zeit verwirklichen, die schon den Marxismus kannte und demnächst auch den Kommunismus kennenlernen würde? Der Großneffe des zuletzt geistig verwirrten Preußenkönigs versuchte sich mit Mitteln in Szene zu setzen, die einerseits an dessen Spielereien mit Versatzstükken aus der Zeit des Absolutismus erinnerten, anderseits auch höchst moderne Apparate umfaßten.

Die Diener im Berliner Schloß mußten ihre Fräcke abgeben und sich in Rokokokostüme stecken lassen: Schnallenschuhe, Seidenstrümpfe, Kniehosen. Zugleich wurde ein mit allen Raffinessen der zeitgenössischen Technik ausgestatteter Hofzug angeschafft: zwölf Waggons, drei luxuriös eingerichtete Salonwagen, rollende Hofküche, weitere Wagen für Dienerschaft und die Soldaten vom Wachregiment Garde du Corps: ein Schloß auf Rädern.

Zwei Jahre später erfuhren dann die Volksvertreter, Deutschlands junge Marine habe sich einen »Aviso für große Geschwader« zugelegt, ein schnelles, leicht bewaffnetes Aufklärungsschiff (Kostenpunkt: vier Millionen). Aber wie staunten sie, als ihnen der Dreimaster mit Doppelschraubenmaschine (Höchstgeschwindigkeit: 22 Seemeilen pro Stunde) vorgeführt wurde: Flaggenknöpfe in Form von Kaiserkronen, unter Deck ein Salon, genannt »Blauer Saal«, auf dem Oberdeck ein riesiger Speisesaal und am Heck eine Raucherkajüte. Natürlich standen auch etliche 5-Zentimeter-Geschütze herum. Aber war die »Hohenzollern« mit ihren dreihundert Mann Besatzung nicht eher eine Yacht? Ein »Vergnügungsdampfer«, sagte Wilhelm beiläufig, gedacht für ihn und seine Familie. So benutzt er ihn auch.

Daß der junge Kaiser kein Sitzfleisch hatte, wußte man schon lange; nun machte er das Reisen zu seiner Hauptbeschäftigung: mit dem

Hofzug kreuz und quer durch die deutschen Lande oder zur Jagd nach Ostpreußen (er lud sich auch gerne selber ein), per Schiff nach Norwegen, ins Mittelmeer, über den Kanal zu Großmutter Victoria. Dreißig Wochen im Jahr war er bald von Berlin abwesend; die anfallende Arbeit mußte dort erledigt werden, wo er sich gerade aufhielt, meist nach dem Mittagsschlaf zwischen drei und vier Uhr. Die übrige Zeit gehörte den Zerstreuungen; besonders gemütlich waren die abendlichen Herrenrunden. Eulenburg trug am Klavier seine selbstgedichteten, selbstvertonten »Rosenlieder« oder »Skaldengesänge« vor. Dietrich von Hülsen-Haeseler, Chef des Militärkabinetts, war ein begabter Pantomime und konnte zaubern, andere zeichneten Karikaturen oder betätigten sich als Kunstschützen. Ähnlich amüsant ging es auf der »Hohenzollern« zu. Jeden Morgen war Frühsport angesetzt; die mitreisenden Exzellenzen mußten sich im Bocksprung üben und es auch hinnehmen, daß der Kaiser den einen oder anderen mit einem freundschaftlichen Stoß aus dem Gleichgewicht brachte und zu Boden warf. Wenn gerade Sonntag war, zogen Majestät anschließend den Talar über die Uniform und predigten (was Wilhelms ehemaligen Erzieher Georg Hinzpeter einmal zu der Bemerkung veranlaßte: »Ich dachte schon, der kaiserliche Toast würde mit den Worten schließen: ›Unser Herr Jesus Christus, hurra, hurra, hurra‹!«).

Überhaupt: Wilhelms engere Gefährten begannen sich mit der Zeit zu fragen, wie es um das Amtsverständnis ihres Monarchen eigentlich bestellt sei.

Waldersee etwa notierte: »Ich habe den Kaiser Friedrich für einen sehr eitlen Herrn gehalten. Der jetzige Herrscher übertrifft ihn aber darin bei weitem. Er hascht geradezu nach Ovationen und hat nichts lieber als hurrabrüllende Volksmassen.« Noch entsetzter war er, als Eulenburg ihm mitteilte, der Kaiser habe wegen seiner Rußlandpolitik bei einem Medium Rat gesucht. Aber hatte Marys Mann nicht selbst zu denen gehört, die Bismarck weghaben wollten, damit endlich ein neuer Wind die höheren Amtsstuben des Reiches durchlüfte?

Waldersees Häme wurzelte auch in Enttäuschung. Als einer der ersten aus der Clique um den Kronprinzen mußte er erfahren, was von Wilhelms vagen Versprechungen zu halten sei. Insgeheim hatte sich der Generalstabschef bei Bismarcks Rücktritt schon auf dessen Stuhl gesehen. Aber dann ließ der Freund ihn fallen und die Freundin dazu, um ein so unbeschriebenes Blatt wie Leo von Caprivi ins Kanzleramt zu holen. Wünschte der neue Herr denn nur noch Jasager, Leisetreter, buckelnde Höflinge und beflissene Schmeichler um sich zu haben?

Sicher war nur eines: auf gar keinen Fall wollte Wilhelm einen neuen Hausmeier vom Kaliber des alten an seiner Seite wissen. Den leeren Raum, den Bismarck hinterlassen hatte, glaubte er selber ausfüllen zu können, erleuchtet von Visionen, die ihm der HErr zur rechten Zeit schon eingeben würde, unterstützt von ein paar tüchtigeren Zuarbeitern.

Seit dem Rücktritt der Bismarcks (Herbert war kurz nach dem Vater in Pension gegangen) klaffte gewiß eine Lücke im hierarchischen Spitzengefüge des Reiches, keineswegs gab es dort jedoch ein Vakuum. Das von den beiden einst kontrollierte Revier wurde zur Domäne ihrer ehemaligen Helfershelfer. Vor allem der lichtscheue Friedrich von Holstein hielt sich ja durchaus für fähig, Außenpolitik im Stil seines ehemaligen Meisters zu betreiben. Die Materie beherrschte er, und Bismarcks taktische Tricks waren keinem vertrauter als ihm. Kam noch dazu, daß der Geheimrat durchaus auch eigene Konzepte entwickeln konnte; ein Bündnis mit England etwa schien ihm bedeutend vorteilhafter zu sein als der Geheimvertrag mit dem politisch immer instabiler werdenden Rußland. Holsteins Manko waren allerdings seine Neigung, alles und jedes mit den Mitteln der Intrige erreichen zu wollen, und sein Bedürfnis, sich stets hinter anderen zu verstecken. So geschah es fast zwangsläufig, daß sich um ihn eine Gruppe von Männern scharte, die Geist von seinem Geiste waren. Auch Philipp zu Eulenburg gehörte (anfangs noch) dazu.

Der uckermärkische Graf, erst Gardeoffizier, dann Diplomat, verfügte über eine Vielfalt verschiedener Begabungen, war ein guter Klavierspieler, gewandter Dichter, exquisiter Anekdotenerzähler und machte im Frack ebensogute Figur wie in der Uniform, vor allem verstand er es jedoch, unvoreingenommene Menschen zu betören. Wilhelm war ihm schon in seinen jungen Jahren geradezu verfallen. Der Prinz genoß es, mit dem um zwölf Jahre Älteren in die Welt der nordischen Sagas einzutauchen, sich den mystischen Stimmungen hinzugeben, die Eulenburg heraufzubeschwören verstand, oder, wenn dieser am Piano saß, für ihn die Noten umzublättern. »Wohl habe ich oft begeisterte Zuhörer bei meinen Vorträgen erlebt«, konstatierte Eulenburg selbst, »doch kaum jemals eine solche Begeisterung, wie ich sie bei Prinz Wilhelm auslöste. Da ich aber zugleich im Hause Bismarck aus und ein ging [sein Verwandter Friedrich von Eulenburg hatte zu den engeren Mitarbeitern des Kanzlers gehört] und leider tief in die Schleichwege der Politik ... eingeweiht war, so begreife ich, daß der junge Prinz in mich hineinblickte wie in einen Becher, gefüllt mit einer Mischung, deren Ingredienzien ihm vortrefflich schmeckten.« »Phili« war sogar sicher, »daß der Prinz in Freundschaft für mich erglühte«. Aber davon wußte auch Holstein, dem ohnehin nichts verborgen blieb. Eulenburg, zu jener Zeit noch ein kleiner Gesandtschaftssekretär in München, erfuhr, daß die allmächtige graue Eminenz sich für ihn interessiere. Es blieb nicht dabei allein.

Schon bald spricht der Ältere von »zwei solchen Weggenossen wie wir«, flötet der Jüngere zurück: »Mit der unvergleichlich roten und dürstenden Farbe des Mussigny male ich in meinem dankbaren Herzen Ihren Namen.« Die beiden haben sich nur zu einem einzigen Zweck verbündet: Holstein will über Eulenburg auf den Kaiser einwirken, Eulenburg seine Stellung bei Hofe ausbauen und Karriere machen, aber das heimliche Spiel bereitet ihnen auch angenehme Nervenkitzel, zumal sie erfolgreich sind. Nicht mehr von einem im Licht stehenden Hausmeier, der auch noch Verantwortung trägt, wird Wilhelm II. fortan manipuliert, sondern von zwei schattenhaften Figuren, die aus dem Dunkel operieren, im Zweifel ihre Hände stets in Unschuld waschen können und auch noch voneinander wissen, daß sie nicht völlig normal sind. Aber schon nähert sich dem dubiosen Gespann ein Dritter, der an ihrem Erfolg teilhaben und sich selbst emporarbeiten will: Bernhard von Bülow, damals, 1891, deutscher Gesandter in Bukarest, genannt »der Aal«. Bülow kannte Eulenburg aus gemeinsamen Tagen an der Pariser Botschaft, hat ihn aber seither aus den Augen verloren. Nun schreibt er aus heiterem Himmel: »Ich habe eine große Sehnsucht, Sie wiederzusehen, liebster Philipp.« Und da er mit dieser gefühligen Formulierung sofort ins Schwarze trifft, entwickelt sich aus seinem ersten Brief eine immer lebhafter werdende Korrespondenz. Bernhard nennt Phili (sie sind schon bald zum Du übergangen) »einen schönen Edelfalken in einem von Füchsen, Borstentieren und Wildgänsen erfüllten Wald«. Phili beklagt sich über

Holstein (der freilich auch ein enger Freund Bülows ist), daß dieser ihn zwingen will, den Kaiser »an die Wand zu drücken«, was er aber nicht tun könne, da er ein »anständiger Kerl« sei. Bernhard erkennt seine Chance, biedert sich noch mehr bei ihm an und erhält prompt den erwarteten Lohn. Als Wilhelm 1897 Adolf Marschall von Bieberstein, Staatssekretär des Äußeren (Nachfolger Herberts von Bismarck) loswerden muß, weil dieser in einen undurchsichtigen Verleumdungsprozeß verstrickt ist, schlägt Eulenburg Bülow als dessen Amtsnachfolger vor und wird nicht nur erhört, sondern steigt überdies noch in des kaiserlichen Freundes Achtung.

»Adoriere ich ihn«, schreibt Wilhelm nach einer gemeinsamen Rußland-Reise mit dem neuen Mann. »Welche Freude, mit jemandem zu tun zu haben, der einem mit Leib und Seele ergeben ist!« Der Aal hat sich auch beim Kaiser eingeschlängelt. Ist Holstein also ausgebootet? Das könnte Bülow sich nicht leisten. Mit staunenerregender Geschicklichkeit beginnt er einen Jonglierakt, dem selbst Bismarck seinen Respekt nicht hätte versagen können: er gewinnt das Vertrauen des vorübergehend vergrätzten Holstein zurück, überschüttet Eulenburg mit einer wahren Flut von Lobeshymnen auf Wilhelm, wohl wissend, daß der eigentliche Adressat davon erfahren wird, und vergißt über all dem keineswegs, Phili selbst immer wieder zu versichern, er »sage, schreibe, tue plötzlich nichts, ohne dabei an Dich zu denken«. Der schattenhaften Hausmeierei hat sich ein dritter Mann zugesellt oder, je nachdem, ein vierter.

Bereits 1894 hatte der *Kladderadatsch*, Berlins beliebtes Satiremagazin, eine Serie nicht gezeichneter Artikel aus dem »Irrenhaus« veröffentlicht. Die Helden der einzelnen Storys waren »Austernfreund«, »Graf Troubadour« und »Spätzle«; allen dreien wurde unterstellt, sie seien es, die gemeinsam des Kaisers Politik bestimmten. Auf wen die anonymen Autoren zielten, ließ sich unschwer erraten: Irrenhaus stand für Auswärtiges Amt, Austernfreund für Holstein, Troubadour für Eulenburg, Spätzle aber war Alfred von Kiderlen-Wächter aus Stuttgart, zweiter Agent des Geheimrats in Wilhelms engerer Umgebung.

Der robuste, zum Poltern neigende, mit einer ziemlich spitzen Zunge ausgestattete Diplomat hatte sich die Sympathie seines Kaisers dank vielerlei nützlicher Fähigkeiten errungen: er verfügte über einen unerschöpflichen Schatz von Herrenwitzen, war ein gewandter Artikelschreiber (nicht weniger als drei Zeitungen nahmen ihm regelmäßig seine Berichte über des Kaisers »Nordlandfahrten« ab, an denen er teilnehmen durfte), verstand es vortrefflich, den Mann zu spielen, der dem Volk aufs Maul schaut, und gehörte zu den besten Kennern der zwischenstaatlichen Beziehungen innerhalb Europas. Als der *Kladderadatsch* ihn und seine Kumpane bloßstellte, reagierte Kiderlen, wie es seiner direkten Art entsprach: er erklärte den verantwortlichen Redakteur als satisfaktionsfähig (da er als Leutnant »mit Uniform verabschiedet war«), forderte ihn zum Duell und fügte dem Mann eine leichte Wunde zu. Wer das Blatt munitioniert hatte, war damit noch immer nicht geklärt (später behaupteten zwei Beamte des Auswärtigen Amtes, sie hätten die Artikel geschrieben), aber schwerer wog ohnehin, daß die drei Männer im Hintergrund ihre Tarnkappen verloren hatten. Die Deutschen wußten nun, wie Deutschland regiert wurde. Bewirkte die Enthüllung wenigstens etwas? Keine Rede davon. Am Wilhelminischen Hof gab es längst derart viele Skandale und Kabalen, daß es stärkeren Tobaks bedurft hätte, um das lesende Publikum in den Harnisch zu bringen – aber aufgeschoben war nicht aufgehoben. Fürs erste konnten die Männer im Hintergrund noch unbehelligt ihre Fäden ziehen.

Holstein und Eulenburg wollten Caprivi loswerden. Der Admiral mit dem kugelrunden Seehundskopf ließ sich von ihnen nicht so manipulieren, wie sie es gerne gehabt hätten, außerdem schielte bereits Freund Bernhard begehrlich nach seinem Stuhl. Als die Zeit für den Kanzlersturz dann reif war, lief alles wie nach dem Lehrbuch für den kleinen Intriganten ab. Der Kanzler, ein »Mann ohne Ar und Halm«, wie er sich selbst bezeichnete, hatte erst die ostelbischen Großgrundbesitzer gegen sich aufgebracht, weil er die Zölle auf russischen Weizen herabsetzte, dann den preußischen Kultusminister wegen einer von ihm favorisierten Volksschulreform, endlich noch Botho von Eulenburg, den eigenen Nachfolger im Amt des preußischen Ministerpräsidenten, das er 1892 abgegeben hatte. Auf dem Höhepunkt seiner Schwierigkeiten lancierte Holstein einen Artikel in die Presse, der Caprivi als Sieger über Eulenburg und den Kaiser darstellte. Die Folge war vorauszusehen gewesen: Wilhelm ließ den Kanzler fallen – ebenso freilich Botho von Eulenburg.

Bülows Stunde war trotzdem noch nicht gekommen. Völlig überraschend präsentierte der Kaiser einer erstaunten Öffentlichkeit den süddeutschen Katholiken, vormaligen bayerischen Ministerpräsidenten, derzeitigen Reichssstatthalter von Elsaß-Lothringen, Chlodwig von Hohenlohe-Schillingsfürst, als zweiten Nachfolger Bismarcks. Der Franke hatte in Berlin so gut wie keine Hausmacht, ermangelte auch jeglicher Robustheit und zählte bereits fünfundsiebzig Jahre. Hoffen durfte Bülow also weiterhin; im Außenamt zog er, treulich geführt von Geheimrat Holstein, längst die entscheidenden Fäden. Und siehe: Hohenlohe folgte weitgehend seinen Vorschlägen, auch wenn ihm viele davon wider die Natur gingen. Bülow und Partner blieben auf England fixiert, das sie mittlerweile allerdings machtpolitisch überrunden wollten, er war für ein möglichst gutes Verhältnis zu Rußland (besaß dort auch riesige Güter), getan wurde dennoch, was sie wollten: verstärkter Flottenausbau, Erwerb neuer Kolonien in der Südsee und in China. Nach sechsjähriger Amtszeit war der Mann mit dem feingemeißelten Aristokratenkopf sowohl die beiden Drahtzieher als auch Wilhelm selber leid. Auf sein hohes Alter verweisend, bot er den Rücktritt an. Damit endlich war Bülows Stunde gekommen.

Zunächst einmal markiert das Jahr 1900, in dem der Aal Reichskanzler wurde, jedoch das Ende der Freundschaft zwischen Holstein und Philipp zu Eulenburg – und damit den Beginn einer Serie von Skandalen, wie Deutschland sie bis dahin noch nicht gekannt hatte.

Lieber als irgendwo anders war Wilhelm eigentlich in England; er betrachtete die Insel fast als seine zweite Heimat. Nahezu jeden Sommer zwischen 1889 und 1895, wenn die »Royal Yacht Squadron« in Cowes der Welt exklusivste Segelregatta eröffnete, erschien vor der Insel Wight auch die »Hohenzollern«, ob ihr Besitzer nun eingeladen war oder nicht. Für Wilhelms Onkel Edward, den Fürsten von Wales, begann damit jedesmal eine fürchterliche Zeit. Er nämlich war es, der sich um den hohen Gast zu kümmern hatte. Dabei konnte »Bertie« den Neffen ebensowenig leiden wie sein Vorfahr Georg August von Hannover dessen Ahnherrn Friedrich Wilhelm I. hatte ausstehen können, und zwar aus den nämlichen Gründen. Der »Soldatenkönig« pflegte den welfischen Vetter als »mein Bruder, der Komödiant« zu bezeichnen, wofür dieser sich mit der Titulierung »mein Bruder, der

Sergeant« revanchierte. Edward und Wilhelm hätten das gleiche Vokabular benutzen können: der Brite war ein ausgewiesener Lebemann und Dandy, so fett, daß er kein Pferd besteigen konnte, der Preuße hingegen machte trotz seines verkümmerten linken Armes als Reiter eine recht gute Figur, gab sich zudem als schneidiger Militär, als ungemein sittenstrenger Christ und war beim Umgang mit dem Onkel auf furchterregende Weise jovial. Coram publico nannte er ihn »alter Pfau«, zog Bertie damit auf, daß er nie gedient habe, versuchte aber vor allem, stets das letzte Wort zu behalten.

Als seine Gastgeber ihm einmal einen Infanteristen in neuer Feldausrüstung vorführten, forderte Wilhelm den Mann auf, sich zu Boden zu werfen, legte sich neben ihn und konstatierte triumphierend, daß der zusammengerollte Mantel auf seinem Tornister ihn behindere, weil er beim Zielen den Kopf nicht weit genug zurücklegen könne. Als Bertie ihn zum Ehrenmitglied der Yacht Squadron ernannte, spielte Wilhelm sofort den Boß, kritisierte die Regattaregeln, die Handicaps, kurzum das ganze Reglement. Und wenn wieder einmal eine der vielen Affären des um achtzehn Jahre Älteren ans Licht kamen, stand der Jüngere nicht an, ihm harsche Bußpredigten zu halten. Die Regattawoche, klagte Edward schließlich, sei nur noch eine Plage für ihn, seit Wilhelm in Cowes sein Wesen treibe, aber damit fand er nicht einmal bei seiner Mutter Gehör. Die Queen hatte ein ausgesprochenes Faible für den Sohn ihrer Lieblingstochter, und Wilhelm liebte sie mehr als alle anderen Mitglieder seiner Verwandtschaft. Trotzdem weigerte Victoria sich strikt, ihn politisch zu beeinflussen, auch wenn die Minister gelegentlich darum baten. Die alte Dame vermochte sich nicht vorzustellen, daß es zwischen Deutschland und England je zu Reibereien kommen könne.

Dasselbe galt eigentlich auch für Wilhelm. Seit Alexander III. sich nach der Nichtverlängerung des Rückversicherungsvertrages der französischen Republik anzunähern begann, buhlte der Kaiser noch drängender als früher schon um die Gunst der Briten; am liebsten wäre es ihm gewesen, wenn sie sich hätten entschließen können, dem deutsch-österreichisch-italienischen Dreibund beizutreten. Victorias Minister brachten es jedoch nicht übers Herz, in Europa Partei zu ergreifen; ihr zentrales Interesse galt der Erhaltung des Empire, und solange es ihnen gelang, die kontinentalen Mächte immer wieder gegeneinander auszuspielen, drohte, so glaubten sie, dem riesigen englischen Kolonialbesitz keine Gefahr.

Diese Situation begann sich 1893 abrupt in ihr Gegenteil zu verkehren. Frankreich und Großbritannien gerieten wegen irgendwelcher südostasiatischer Territorien hart aneinander. Westminster fürchtete schon, die Russen könnten möglicherweise über Afghanistan nach Indien marschieren, um ihre heimlichen Verbündeten militärisch zu entlasten. In dieser Lage mutete die Idee, sich doch mit dem Dreibund zusammenzutun, gar nicht mehr so abwegig an. Glücklicherweise geschah es dann, daß die »Hohenzollern« wieder einmal vor der Insel Wight auftauchte. Doch schien es nicht mehr der alte Wilhelm zu sein, der sich in die Regattawoche stürzte.

Bei einem Abendessen an Bord der Königsyacht »Britannia« erzählte er Bertie, Deutschland werde künftig »Weltpolitik« betreiben, seinen Kolonialbesitz vergrößern und eine Kriegsflotte auf Kiel legen, die stark genug sei, um in einem Krieg selbst gegen »die stärkste Seemacht« zu bestehen – damit konnte eigentlich nur Großbritannien gemeint sein. Am Tisch dürften nur erstaunte Blicke gewechselt worden sein; man wußte ja, wie er manchmal daherredete, der deutsche Kaiser. Dennoch kam es von da an immer häufiger zu Irritationen zwischen dem Inselreich und der stärksten Landmacht Westeuropas.

Wilhelm, von Jugend auf in alles vernarrt, was mit Nautik zu tun hatte, verschrieb sich immer mehr einem Mann, der den Deutschen predigte, ohne starke Seestreitkräfte seien sie nur eine Nation zweiter Klasse. Das war Alfred von Tirpitz, Mitbegründer des »Deutschen Flottenvereins«, der einflußreichsten »pressure group« des Reiches. Wer damals auf der Höhe der Zeit sein wollte, las die Bücher von Johann Kinau alias Gorch Fock aus Finkenwerder *(Seefahrt ist not, Sterne überm Meer)* und steckte seinen Sohn, sobald er fünf geworden war, in den kratzigen Kieler Matrosenanzug der Firma Bleyle aus dem küstenfernen Württemberg. Wilhelm hingegen erwärmte sich noch mehr als früher schon für den Admiralszweispitz (während sein Bruder, ein gelernter Marineoffizier, die nach ihm benannte Prinz-Heinrich-Mütze erfand). Als Seemann verkleidet, schleuderte der Kaiser auch drei besonders verquere Formulierungen ins Publikum: »Unsere Zukunft liegt auf dem Wasser« (einer Materie, in der man erfahrungsgemäß ertrinken kann), »Der Dreizack gehört in unsere Faust« und

»Die Hunde sollen zahlen, bis sie blau werden« – damit meinte er den Reichstag, der sich gegen seine Flottenausbaupläne sperrte. Immerhin, eines schienen seine theatralischen Auftritte zu bewirken: die Engländer umwarben ihn.

Joseph Chamberlain, Handelsminister und oberster Verwalter des Empire, war zu der Erkenntnis gelangt, es gebe in der westlichen Welt drei natürliche Partner, die, wenn sie sich zusammenschlössen, den ewigen Frieden erzwingen könnten: Großbritannien, die USA und Deutschland. Mit sanfter Beharrlichkeit suchte er seine Vision zunächst einmal Paul von Hatzfeld, dem Gesandten des Reiches am Hof von St. James, nahezubringen. Er rannte offene Türen ein – bei Hatzfeld. Wilhelm aber schrieb nach London zurück: »Steigen sie endlich von ihrem hohen Roß herunter, was?« Die Antwort läßt ziemlich tief blicken.

Das Verhältnis des Hohenzollern zum Land seiner Mutter glich in Wahrheit dem zu Vicky selbst. Er liebte und haßte, fühlte sich angezogen und zurückgewiesen, gab sich, in der ihm eigenen Weise, freundschaftlich-zutraulich und sah nur hochgezogene Augenbrauen. Da Wilhelm aber dünnhäutiger war, als ihm lieb sein konnte, reagierte er mit Auftrumpfen, steigerte sich in wüste Prahlereien hinein, um am Ende selbst zu glauben, er sei so eisenhart, wie er sich gab, und um dann doch wieder zu erkennen, daß einer ernsthaften Machtprobe weder seine Kräfte noch seine Nerven gewachsen gewesen wären. Im Grunde glich dieser Hohenzollern einem Kind reicher Leute, das früh geerbt hatte, dem aber zu seinem vollen Glück noch die Anerkennung des Restes der Menschheit fehlte, genauer: die Anerkennung derjenigen, denen er sich zugehörig fühlte. Bildeten nicht alle Herrscher Europas eine einzige Familie, von jenen in Oslo, Kopenhagen oder Den Haag bis zu den gekrönten Häuptern Rußlands, Österreichs, Bulgariens, Rumäniens und eben Großbritanniens? Samt und sonders waren sie doch miteinander versippt, verwandt, verschwägert, warum also wollten sie ihm an ihrem Tisch nicht den Platz zugestehen, den er als besonders herausragendes Clanmitglied beanspruchen durfte?

Wer Wilhelms Außenpolitik ab etwa 1898 verfolgt, könnte in der Tat dem Verdacht erliegen, sein Weltbild habe so oder so ähnlich ausgesehen.

Kaum hatte Chamberlain seine ersten Annäherungsversuche unternommen, da wandte sich der Hohenzollern an Vetter Nikolaj II. in

Petersburg (Alexander III. war 1894 nach einem Bombenattentat seinen inneren Verletzungen erlegen) und gaukelte ihm vor, die Briten verzehrten sich geradezu nach einer deutsch-englischen Allianz. Bevor er näher darauf eingehe, solle jedoch der »liebe Nikolaus« dazu Stellung nehmen, und zwar »offen und ohne Hintergedanken«, denn es gehe »um das Gut des Friedens für mein Vaterland« und »um die nächste Generation«. In Klartext hieß das: biete mir mehr als Chamberlain, und ich bin dein Mann. (Er hatte auch etwas von einem ziemlich verschlagenen Knaben an sich.)

So uninformiert, daß der das plumpe Manöver seines Verwandten nicht hätte durchschauen können, war Nikolaj Alexandrowitsch indessen keineswegs. Die Antwort, die er ihm gab, fiel ziemlich zurückhaltend aus. Wilhelm, etwas ungeduldig geworden, suchte daraufhin erneut Kontakte mit England. Diesmal jedoch schwieg Chamberlain; es war die Schuld Bülows und Holsteins, die sich in das Geschäft eingemischt hatten. Aber schon kam dem Kaiser eine neue Idee. Er ging auf Pilgerfahrt.

Weiß und strahlend wie Lohengrins Schwan fuhr Ende Oktober 1898 die »Hohenzollern« in den Hafen von Konstantinopel ein. Umwallt von einem weißen Umhang, ging Wilhelm an Land und trat auf seinen Gastgeber Sultan Abd ul-Hamid II. zu. Anschließend wurde er auf geradezu märchenhafte Weise bewirtet: Essen von massivgoldenem Geschirr, nach Tisch ein Schälchen voll Smaragden und Rubinen für die Damen (Auguste Viktoria war mit von der Partie). Noch später ging es ums Geschäft; der Kaiser erwies sich als recht geschickter Interessenvertreter der deutschen Industrie. Als die »Hohenzollern« weiterfuhr, hatten sich Türken und Deutsche über mehrere Großprojekte geeinigt, das spektakulärste davon: die Verlängerung der von Dresdner Bank und Deutscher Bank finanzierten Anatolischen Eisenbahn über ihre damalige Endstation Konya hinaus bis Bagdad.

Wilhelms nächstes Ziel war Haifa. Im Schmuck seines Adlerhelms (und des weißen Umhangs) ritt er von dort nach Jerusalem. Reisezweck: die Einweihung der durch Friedrich Wilhelm IV. gestifteten Erlöserkirche; es fiel in den Zuständigkeitsbereich der Kaiserin, die wegen ihrer Vorliebe für solche Betätigungen ohnehin schon den Beinamen »Kirchen-Auguste« trug. Donas Mann aber konnte es auch im Heiligen Land nicht lassen, sich rhetorisch zu betätigen. »Möge Seine

Majestät der Sultan und mögen die dreihundert Millionen Mohammedaner, die, auf Erden zerstreut lebend, in ihm ihren Kalifen sehen, dessen versichert sein«, versicherte er, »daß zu allen Zeiten der Deutsche Kaiser ihr Freund sein wird.« War ihm überhaupt klar, an welche Empfindlichkeiten er damit rührte? Sowohl der Zar als auch Großmutter Victoria, Kaiserin von Indien, zählten zu ihren Untertanen mehrere Millionen zum Teil höchst rebellischer Muslime.

Joseph Chamberlain und Robert Arthur Marquess of Salisbury, der britische Premierminister, schienen diesen Wink mit dem Zaunpfahl dennoch ernst zu nehmen. Nicht weniger als dreimal boten sie in den folgenden vier Jahren (bis 1902) den Deutschen ein Bündnis an. Jedesmal wurde ihr Vorschlag auf Bülows Rat (dem Holstein soufflierte) zurückgewiesen. England, folgerte nämlich haarscharf der Geheimrat, wolle lediglich die deutsche Armee als Schwertarm auf dem Kontinent und in Übersee gewinnen. Tatsächlich hatte England gerade Schwierigkeiten in Südafrika.

Eine von der »Cecil Rhodes Charter Company« angeheuerte Söldnertruppe war 1895 in die Burenrepublik Transvaal eingedrungen, um, behaupteten ihre Auftraggeber, für die am Oranjefluß lebenden Engländer mehr Rechte zu erkämpfen. Der hehre Vorwand wurde indessen nirgendwo für bare Münze genommen, am wenigsten in Deutschland: man kannte doch die Briten! Waren bei Kimberley nicht erst vor kurzem riesige Diamantfelder entdeckt worden? Die Buren unter ihrem Präsidenten Paulus Krüger, dem legendären »Oom [Onkel] Paul«, sahen das genauso. Sie schlugen die Eindringlinge zurück und warfen Leander Jameson, den Anführer der Bande, ins Gefängnis. Deutschland jubelte. Ging es die Deutschen überhaupt etwas an? Wilhelm, der aristokratische Populist, konnte jedenfalls der Versuchung nicht widerstehen, auf einen fahrenden Zug zu springen. Am 3. Januar 1896 gratulierte er Oom Paul telegraphisch zum Sieg seiner Männer über die »bewaffneten Scharen, welche als Friedensstörer in Ihr Land eingebrochen sind«. Am Kap begann der Burenkrieg, der fünf Jahre lang dauern und den Briten für ebendiese Frist weitgehend die Hände binden sollte. Dabei bekamen sie damals auch noch Schwierigkeiten an einigen anderen Ecken und Enden ihres Empires: die Franzosen machten Miene, sich Ägyptens zu bemächtigen, die Russen rückten in Richtung Mandschurei und Korea vor. Hatte Holstein vielleicht doch ein bißchen recht, wenn er meinte, Deutschland dürfe sich nicht zu billig verkaufen, je länger man England hinhalte, um so mehr werde es für eine Allianz bieten? Wie auch immer: ebendies blieb die Politik des Reiches gegenüber Großbritannien.

Aber dann geschah es doch, daß Briten und Deutsche gegen einen gemeinsamen Feind ins Feld zogen.

Im fernen China erhoben sich Anfang des Jahres 1900 »Faust-Rebellen« gegen alle ins Reich der Mitte eingedrungenen Kolonialmächte, auch die Deutschen, deren Flagge seit 1897 über Kiautschou auf der Halbinsel Schantung wehte. Nachdem einige der in Europa »Boxer« genannten Geheimbündler den Gesandten Berlins in Peking ermordet hatten, beschlossen acht westliche Staaten, darunter die USA und Rußland, ihrem Treiben ein Ende zu setzen. Wilhelm verlangte, es müsse unter deutscher Führung geschehen; er hatte auch schon den richtigen Mann dafür im Auge.

Alfred von Waldersee, der Mann seiner alten Freundin Mary Esther, geborene Lee, dem es auch nach Caprivis Sturz nicht beschieden gewesen war, in die Reichskanzlei einzuziehen, saß seit zwei Jahren als Kommandierender General in Altona, vom Kaiser endgültig fallengelassen. Nun wurde er aus der Versenkung geholt und zum Befehlshaber der internationalen Eingreiftruppe in China ernannt. Mit einer Rede, die jenseits der deutschen Grenzen noch mehr Widerhall wachrief als seine Krüger-Depesche, verabschiedete Wilhelm den nunmehrigen »Weltmarschall«.

Auf der Columbus-Kaje in Bremerhaven erklärte er vor dem Karree der strammstehenden Landsoldaten, das »alte Römische Reich« habe seine historischen Aufgaben nicht lösen können, wohl aber besäße das »neue Deutsche Reich alle dazu nötigen Voraussetzungen«. Beiden Gemeinwesen sei dennoch eines gemein, nämlich ihre Verwurzelung im Christentum, und das gebe hier und heute den Ausschlag. Denn, rief der Kaiser: »Jede heidnische Kultur, mag sie noch so schön und gut sein [wie die chinesische], geht zugrunde, wenn große Aufgaben an sie herantreten.« Wie aber kämpfte man als getaufter Germane im Zeichen des Kreuzes? Auch das gab der gekrönte Vordenker preis: »Pardon wird nicht gegeben; Gefangene nicht gemacht ... Wie vor tausend Jahren die Hunnen unter ihrem König Etzel sich einen Namen gemacht, der sie noch jetzt in der Überlieferung gewaltig erscheinen läßt, so möge der Name Deutschland in China in einer solchen Weise bekannt werden, daß niemals ein Chinese es wieder wagt, einen Deutschen auch nur scheel anzusehen ... und der Segen Gottes wird sich an Eure Fahnen heften.«

Schüttelte wenigstens jemand den Kopf über diese kruden Klitterungen? In England zumindest spitzte man die Ohren. Als Hunnen sahen sie sich also, diese martialischen Preußen, als Nachfolger der »Gottesgeißel« Attila. Es sollte haften bleiben. »The huns« heißt es noch heute, wenn deutsches Verhalten mit britischen Vorstellungen von gutem Verhalten kollidiert. Doch auch in Wilhelms engerer Umgebung tauschte man betroffene Blicke aus.

Waldersee, jetzt auf dem Weg nach China (als er dort ankam, hatten Briten, Russen und Amerikaner den Boxeraufstand praktisch bereits niedergeschlagen), vermutete ohnehin schon lange, daß sich beim Kaiser »eine geistige Störung« zu entwickeln drohe, und fürchtete, nach großen politischen Enttäuschungen könne »der Zusammenbruch« eintreten. Auch Eulenburg, der Wilhelm am besten kannte, schloß »Krisen« zumindest nervlicher Art keineswegs aus und versuchte Bülow behutsam auf diese Eventualität vorzubereiten. Sie schien tatsächlich immer näherzurücken. Das Verhalten des Hohenzollern wurde von Woche zu Woche exzentrischer, sein Geist entschwebte in völlig unbekannte Gefilde. Weit schlimmer war jedoch, daß das Ausland die kriegerischen Tiraden des hektischen Redners ernst zu nehmen begann. Vor allem den Briten und Amerikanern geriet »William the Kaiser« allmählich zu einem Phantom, das sich mit der hunnischen Gottesgeißel durchaus vergleichen, ja sogar zur Deckung bringen ließ.

Dann starb am 22. Januar 1901 auch noch der letzte Mensch im Vereinigten Königreich, der bis zuletzt nichts auf »Willy« hatte kommen lassen: seine Großmutter Queen Victoria. Ihr Nachfolger wurde »Bertie«, des Kaisers Intimfeind, nunmehr König Edward VII. Einen politischen Einschnitt bedeutete der Thronwechsel zwar kaum; Englands neuer Herrscher hielt sich noch strikter als seine Vorgängerin an die (ungeschriebene) Verfassung, die ihm so gut wie keinen Einfluß auf die Arbeit der gewählten Regierung gewährte. Das politische Klima auf der Insel änderte sich dennoch. Eine ganze Reihe von Irritationen, die das Verhältnis zwischen beiden Ländern bereits belasteten, konnten so allmählich ihre Wirkung tun.

Die Deutschen andererseits hätten sich um diese Zeit eigentlich fragen müssen, wie es um das von Bismarck hinterlassene Erbe in Wirklichkeit bestellt sei.

Der Alte aus dem Sachsenwald, 1898 gestorben, hatte bis zuletzt gegen die Politik seiner Nachfolger angekämpft und auch nicht verschwiegen, was er von Wilhelm II. hielt. In *Gedanken und Erinnerungen*, dieser monumentalen Rechtfertigung seiner politischen Arbeit, merkt er an: »Der Anspruch auf unbedingte Hingebung, auf Vertrauen und unerschütterliche Treue ist in ihm gesteigert, eine Neigung, dafür seinerseits Vertrauen und Sicherheit zu gewähren, hat sich bisher nicht bestätigt. Die Leichtigkeit, mit welcher er bewährte Diener, auch solche, die er bis dahin als persönliche Freunde behandelt hat [wie ihn, den Verfasser], ohne Klarstellung der Motive von sich scheidet, fördert nicht, sondern schwächt den Geist des Vertrauens, wie er seit Generationen in den Dienern der Könige von Preußen gewaltet hat.«

Die halb subversiven Praktiken, mit denen er, Bismarck die drei Herrscher, denen er diente, von den Hebeln der Politik, besonders der auswärtigen, fernhielt, werden freilich weder hier noch an einer anderen Stelle des Buches nachskizziert, und der Name jenes Mannes, den er in einer Machtposition sondergleichen hinterließ, bleibt völlig unerwähnt: einen Friedrich von Holstein schien es überhaupt nicht gegeben zu haben. Dabei muß der Ex-Kanzler, Ex-Ministerpräsident, Ex-Außenminister und Ex-Handelsminister, der bis zuletzt über hervorragende Informationsquellen verfügte, durchaus gewußt haben, daß der »Mann mit den Hyänenaugen« sein eigentlicher Nachfolger in der Wilhelmstraße geworden war – vor allem deshalb auch, weil er eine Materie hinterlassen hatte, mit der nur Geister, die seinem eigenen Geist wenigstens einigermaßen glichen, halbwegs zurechtkommen konnten. Abgesehen davon ist es weder Caprivi, Hohenlohe, Bülow noch Wilhelm II. gut bekommen, daß ihr ganzes Tun und Lassen von einem ständigen dumpfen Grollen aus dem Sachsenwald kontrapunktiert wurde: ihm, der von Baden-Baden bis Hamburg in Riesengestalt auf ungezählten Denkmalssockeln dräute, wären solche Fehler, wie diese vier sie machten, nicht unterlaufen!

Am Ende schien der tote Heros dann sogar aus dem Grab heraus noch einmal zuzuschlagen. Der erste jener Serie von Skandalen, die das letzte Jahrzwölft der Wilhelminischen Epoche überschatteten, wurde indirekt von Bismarck ausgelöst.

Eulenburg, seit 1896 Botschafter in Wien, seit 1900 Fürst, stand seinem kaiserlichen Freund so nah wie eh und je, hatte es sich aber aus halb privaten Gründen mit Holstein verdorben, womit er praktisch schon ein (politisch und gesellschaftlich) toter Mann war. Mit gewohnter Perfektion begann der Meisterintrigant sein ehemaliges Protektionskind zu demontieren und versuchte auch Bülow gegen ihn einzuspannen. Da der Kanzler indes seinen über Phili laufenden Draht zum Kaiser nicht gefährden durfte, gleichwohl den Geheimrat bei der Stange halten mußte, begann um die Jahrhundertwende in Deutschlands Nervenzentrum ein Eiertanz, der an die Komödien Eugène Scribes erinnerte. Daß davon auch die deutsche Politik betroffen wurde, ist zwar keineswegs direkt nachzuweisen, doch entsprach den Rivalitätskämpfen in der privaten Sphäre eine ganze Reihe von Fehlleistungen im Bereich der öffentlichen Angelegenheiten.

1903 etwa legte der von Holsteins Nadelstichen zermürbte Eulenburg alle öffentlichen Ämter nieder (ohne deswegen seine Favoritenrolle bei Hofe aufzugeben). Ein Jahr darauf bugsierte der Geheimrat Freund Bernhard in die »Marokko-Krise« hinein.

Frankreich und England hatten sich zu Anfang des neuen Jahrhunderts über ihre Interessen in Nordafrika geeinigt. Die Franzosen versprachen, auf Ägypten zu verzichten; dafür durften sie in den Territorien an der gegenüberliegenden Mittelmeerküste größeren Einfluß nehmen; es lief auf die frühere und spätere Inbesitznahme des noch unabhängigen Scherifenstaates Marokko hinaus. Ging das Abkommen Deutschland etwas an? Bülow meinte: nein; Wilhelm meinte: nein; Holstein verwies jedoch auf einen internationalen Vertrag aus dem Jahr 1880, der dem Reich gewisse Mitbestimmungsrechte in dieser Hemisphäre garantierte. Damit konnte zunächst der Kanzler gewonnen werden, weil er ohnehin nach einer Gelegenheit suchte, sich bei Chamberlain und Théophile Delcassé, dem französischen Außenminister, dafür zu revanchieren, daß sie, nachdem Englands letztes Bündnisangebot von ihm zurückgewiesen worden war, eine »entente cordiale«, eine Verbindung der Herzen, miteinander abgeschlossen hatten.

Bernhard wiederum gelang es, Wilhelm für seinen Vorschlag zu erwärmen, die Franzosen müßten »lackiert« werden. Auf ihrer bevorstehenden Frühjahrstour, schlug er vor, sollte zu diesem Zweck die »Hohenzollern« in Tanger Station machen und der Kaiser dem marokkanischen Sultan einen demonstrativen Besuch abstatten (nicht zuletzt war daran auch die Firma Mannesmann interessiert, die in dem rohstoffreichen Land Fuß gefaßt hatte). Zwar blieb Wilhelm das Vorhaben etwas suspekt (er durchlebte gerade eine seiner nachdenklichen Phasen), trotzdem gab er am Ende nach – zum eigenen Unheil. Das Wetter war stürmisch, als sie in Tanger ankamen, von der Überfahrt war ihm schlecht, das Pferd, auf dem er in die Stadt einreiten sollte, hatte keine Manieren. Die von Bülow (und Holstein) gewünschte Wirkung indes wurde erzielt: Frankreich schäumte, Delcassé trat zurück, Deutschland konnte eine internationale Konferenz erzwingen, die in Algeciras stattfand. Alle daran beteiligten Staaten garantierten Marokkos Unabhängigkeit. Also doch ein Erfolg? Bülow jedenfalls bekam den Fürstentitel verliehen. Aber warum mußte Holstein gehen?

Dem Geheimrat schwante längst, was die Zukunft barg. »Das Prestige Deutschlands«, schrieb er an Bülow, »ist in den letzten Jahren geschwunden, während unsere Gegner einen Ring zu bilden im Begriffe sind.« Als Bismarck-Schüler fügte er allerdings hinzu, dies sei keineswegs seine Schuld, sondern vielmehr darauf zurückzuführen, daß niemand auf ihn gehört habe. Und deshalb fordere er (auch eine Bismarck-Finte) die Genehmigung seines Abschiedsgesuches. Bülows Auge dürfte auf einem anderen Satz des Schreibens verweilt haben: »Persönliche Rücksichten habe ich nicht mehr zu nehmen.« Das mußte ernstgenommen werden (sollte ja auch die Bitte um Entlassung obsolet machen); Holstein war immer noch die Inkarnation des sprichwörtlichen Mannes, der zuviel wußte. Der Kanzler freilich gehörte ebenfalls nicht mehr zu den Anfängern. Er ließ das Gesuch einfach unbeantwortet; eine elegantere Möglichkeit, den Geheimrat loszuwerden, würde sich schon bieten. Sie bot sich, als der Reichstag eine Debatte über die Algeciras-Konferenz forderte.

Vor ihrem Beginn schickt Bülow Holsteins Rücktrittsverlangen an den Kaiser, mit der Bitte, es zu genehmigen, tritt dann vor das hohe Haus, um seine Politik zu verteidigen, und bricht während einer Rede des Sozialdemokraten August Bebel ohnmächtig zusammen. Echt oder gespielt? Als Freund Bernhard Tage später das Krankenzimmer wieder verläßt, kann er Holstein einigermaßen glaubhaft versichern, es sei alles eine Verkettung unglücklicher Umstände gewesen, um den Entlassenen im selben Atemzug zu bitten, er möge weiterhin, als quasi unabhängiger Berater, an seiner Seite ausharren. Kann der Geheimrat diesem akkurat auf seine Bedürfnisse zugeschnittenen Angebot – unabhängig heißt ja auch: ohne Verantwortung – widerstehen? Natürlich nicht. Bülow hat ihn ausgeschaltet und zugleich an sich gefesselt. Im übrigen braucht er ihn; die Zeiten werden stürmisch.

Wilhelm, der schon lange von der Vorstellung besessen ist, das Schlimmste, was den Völkern Europas drohe, sei »die gelbe Gefahr«, wird 1905 scheinbar glänzend bestätigt: das kleine Japan hat die Großmacht Rußland in einem hervorragend geführten Krieg aus ihrer beherrschenden Position an der mandschurischen Pazifikküste verdrängt. Und sofort möchte er aus der bedrohlichen Lage, in die Nikolaj II. dadurch geraten ist, Kapital schlagen. Er verabredet sich mit ihm bei der abgelegenen Insel Björkö im Finnischen Meerbusen. Am 23. Juli treffen ihre Yachten, die »Polarstern« und die »Hohenzollern«, dort zusammen. Sowohl »Nicky« als auch »Willy« sind in geständnisfreudiger Stimmung. Der Russe vertraut dem Deutschen an, daß er Edward VII. für einen ausgemachten »Unruhestifter« und Erzintriganten hält, womit er bei diesem offene Türen einrennt. Wilhelm wiederum vermeldet, die Franzosen, mit denen das Zarenreich seit 1894 verbündet ist, wollten wegen Elsaß-Lothringen nicht mehr »auf die Mensur« gehen, ein neuer deutsch-französischer Krieg sei somit ausgeschlossen und Nikolaj habe nicht zu befürchten, daß er als Partner Frankreichs jemals gegen Deutschland antreten müsse. Da dies den Zaren offensichtlich sehr erleichtert, glaubt Wilhelm, schon am Ziel seiner Wünsche zu sein.

Scheinbar beiläufig zieht er den Entwurf eines deutsch-russischen Vertrags aus der Tasche, der seit sechs Monaten unerledigt in den Schreibtischen Bülows und des russischen Außenministers Wladimir Graf Lambsdorff liegt. Wenn Nicky ihn unterschriebe, »würden wir gute Freunde der Gallier werden« und vielleicht, wer weiß, auch andere europäische Mächte um die Achse Berlin–Petersburg gruppieren können, nur eben England nicht – der »mischiefmaker« Edward wäre matt gesetzt. »That is quite excellent«, ruft der Zar begeistert (die ganze Unterhaltung findet auf englisch statt), »I quite agree!« Und sofort steigen sie in die Kajüte hinab, um das Papier zu signieren. »Mir stand«, schrieb Wilhelm später an Bülow, »das helle Wasser der Freude in den Augen – allerdings rieselte es mir auch von Stirn und Rücken herab.« So plastisch pflegte er sich auszudrücken, so einfach war es, große Politik zu machen.

Als Nikolaj das Papier jedoch seinen Ministern zeigt, gibt Lambsdorff vorsichtig zu verstehen, Vetter Willy habe ihn schlicht hereingelegt. Unter anderem verpflichtete der Vertrag jedes der beiden Kaiserreiche, dem anderen beizuspringen, wenn es von einer europäischen Macht in Europa angegriffen werden würde. Aber welche europäische Macht sollte Rußland anzugreifen versuchen und wie vielen annähernd gleichstarken potentiellen Gegnern stand andererseits Deutschland auf dem Kontinent gegenüber? Beschämt legte der Romanow das Dokument in die Schublade. Schon wieder hatte der Hohenzollern einen gutwilligen Partner verprellt. Kurz darauf verlor er den nächsten.

In dem Wochenblatt *Die Zukunft*, das schon immer für die Bismarcksche Politik eingetreten war, erschien eine Artikelserie voll dunkler Andeutungen über einige engere Freunde des Kaisers. Nur Eingeweihte verstanden, wer gemeint war, die aber erbleichten, vor allem Eulenburg und Kuno Moltke, der Berliner Stadtkommandant. Von Homosexualität war nämlich die Rede, einem eindeutigen Straftatbestand. Phili, der auch ahnte, von wem der Autor seine Informationen hatte, setzte sich ins Ausland ab. Allein Holstein konnte Maximilian Harden, den Herausgeber der Zeitschrift, mit entsprechendem Material versorgt haben. Doch dann beging er die Dummheit, wieder nach Deutschland zurückzukehren und sich dem Schutz seines kaiserlichen Freundes anzuvertrauen. Sofort nahmen die Attacken an Schärfe zu; alle Welt erfuhr, mit welcher Art von Menschen Wilhelm II. sich umgab: »Unmännliche Naturen, Spiritisten, Geisterseher«, so hatte schon Bismarck sie genannt. Und dessen ehemaliger Gefolgsmann brachte es jetzt ans Licht. Wie verhielt sich Eulenburgs Gefolgsherr? Er schickt ins uckermärkische Liebenberg, Philis Familiensitz: der eben noch mit dem Schwarzen Adlerorden dekorierte Vertraute sei von allen Pflichten und Privilegien dispensiert. Was tut daraufhin Harden? Aktive Homosexualität, berichtigt *Die Zukunft*, sei dem Fürsten nie unterstellt worden.

Zu einer Welle von Straf- und Zivilprozessen kommt es dennoch. Alle Vorwürfe gegen Eulenburg werden bis ins intimste Detail untersucht, ausgebreitet und der Öffentlichkeit zum Fraß vorgeworfen. Ein penetranter Duft geht von den Gerichtssälen aus, unvermeidlich, daß seine Schwaden auch den Hof streifen. »Die größte Dummheit der Hohenzollern«, nennt Englands lebenskundiger König das ganze Verfahren. Am Ende ist nichts erwiesen und nichts widerlegt. Trotzdem fordert die ganze Affaire außer Eulenburg noch eine Reihe weiterer Opfer, darunter drei Hohenzollernprinzen, alle der »Perversität« beschuldigt und aus dem Dienst gejagt. Auch Holsteins Position ist freilich erschüttert, doch kann man auf ihn noch immer nicht ganz verzichten. Wie steht es mit dem Kaiser selbst? Zumindest seine Nerven scheinen erheblich angegriffen zu sein. 1908 beschwört er den schlimmsten Skandal seiner gesamten Amtszeit herauf.

Am 28. Oktober veröffentlicht der Londoner *Daily Telegraph* ein Interview, das der deutsche Kaiser dem britischen Oberstleutnant Edward Stuart-Wortley gegeben hatte. Mit »ungewöhnlichem Freimut« hätten Majestät sich geäußert, merkt dieser an – es ist das »understatement« der Saison.

»Ihr Engländer«, sagte Wilhelm, »seid verrückt, verrückt, verrückt wie Märzhasen. Was ist über euch gekommen, daß ihr euch so völlig einem Argwohn überlassen habt, der einer großen Nation ganz unwürdig ist ... Ich habe mit allem Nachdruck, der mir zu Gebote steht ... erklärt, daß das Ziel meines Herzens der Friede ist und einer der mir teuersten Wünsche, in den besten Beziehungen zu England zu leben. Habe ich jemals mein Wort nicht gehalten? ... Die vorherrschende Empfindung in großen Teilen der mittleren und untersten Klassen meines eigenen Volkes ist England nicht freundlich. Ich bin also sozusagen in einer Minderheit in meinem eigenen Land.«

Höflich weist der verblüffte Interviewer auf einige Vorkommnisse hin, die den Verdacht wachrufen könnten, auch das offizielle Deutschland sei antibritisch eingestellt; die Rede ist vom Burenkrieg. Was sagten Majestät dazu? Frankreich und Rußland, erwidert der Kaiser, hätten ihn, Wilhelm, seinerzeit aufgefordert, »nicht nur die Burenrepubliken zu retten, sondern England bis in den Staub zu demütigen«. Das habe er jedoch entschieden abgelehnt und seine Antwort an Paris und Petersburg auch sofort Großmutter Victoria zukommen lassen.

»In den Archiven des Windsor-Schlosses« liege das Telegramm noch heute, »die Nachwelt« könne eines Tages nachlesen, wie treu er als einziger Monarch Europas »in der Stunde Ihres Mißgeschicks« zu den Engländern hielt. Es war keineswegs alles, was Wilhelm damals unternahm.

Von einem seiner Offiziere ließ er sich »während Ihrer schweren Woche, im Dezember 1889« Informationen über die Lage auf dem südafrikanischen Kriegsschauplatz verschaffen. »Mit den Zeichnungen vor mir arbeitete ich den Plan aus, der mir unter diesen Umständen der beste schien, und legte ihn meinem Generalstab zur Kritik vor. Dann sandte ich ihn eiligst nach England.« Auch dieses Papier müsse in den Archiven von Windsor Castle noch zu finden sein, er könne also gelassen »den unparteiischen Spruch der Geschichte« erwarten. Aber eigentlich sei er auf solche Rechtfertigung ja gar nicht angewiesen. »Als merkwürdiges Zusammentreffen, lassen Sie mich hinzufügen, daß der von mir aufgestellte Plan demjenigen sehr nahekam, der wirklich von Lord Roberts (dem britischen Oberkommandierenden in Südafrika) angenommen und von ihm erfolgreich ausgeführt wurde.«

Stuart-Wortley ist überwältigt. Jetzt also tritt die Wahrheit ans Licht: nicht Roberts hat den Burenkrieg gewonnen, sondern mit ein paar Bleistiftstrichen der deutsche Kaiser. Noch verblüffter ist die übrige Welt, als sie es erfährt.

Franzosen und Russen sind außer sich vor Empörung, denn natürlich konnte keine Rede davon sein, daß sie Wilhelm zu einer antibritischen Aktion hätten überreden wollen. In England hingegen breitet sich eher Erheiterung aus: niemand, außer dem offenbar etwas naiven Stuart-Wortley, nimmt Wilhelms Behauptungen ernst. Am heftigsten tobt der Sturm der Entrüstung in Deutschland. Was behauptete der Kaiser? *Er* sei eine Minderheit in seinem eigenen Land? Das Volk könne die Briten nicht leiden, während *er* allein sie schätze? Und die bewunderten, bemitleideten Buren habe *er*, quasi linkshändig, in den Untergang getrieben? War dieser Mensch vielleicht doch verrückt?

Diesmal wurde die Frage nicht unter wenigen Eingeweihten, sondern in aller Offenheit diskutiert; die Witzblätter hatten Konjunktur wie nie zuvor. Im *Simplizissimus* barmte der alte Kaiser auf seiner Wolke: »Er ist doch von Gottes Gnaden.« Erwiderte Gott: »Jetzt wollt ihr mir wieder die Schuld zuschieben.« Heinrich Zille zeichnete Wilhelm als tintenbeschmiertes Büblein, das von Mutter Germania und Vater Bülow angeschrien wird: »Haben wir dir nicht gesagt, du sollst nie mehr Korrespondenz spielen!« Der Kaiserbiograph Emil Ludwig meint, wenn es den Deutschen damals ernst gewesen wäre, hätten sie den Hohenzollern zur Abdankung zwingen können. Fragte sich freilich: Um wen dafür zu bekommen? Etwa Wilhelm, den Kronprinzen? Das war nur eine jüngere Kopie des Vaters, Verkörperung jener »Jungens vom Garde du Corps«, die Linckes berühmtes Couplet so charakterisierte: »In der schneid'gen Uniform / Knappheit prononciert! / In der Haltung, in der Form / Schlappheit zart markiert! / Schultern etwas vorgehängt, / Ein Parfum am Leib, / Das pikant zusammendrängt / Stall und Sekt und Weib.«

Majestät jedenfalls fuhren zu Max von Fürstenberg nach Donaueschingen, da Philis Liebenberg für Ferienaufenthalte ja nicht mehr zur Verfügung stand. So konnte es geschehen, daß am 10. und 11. November 1908 zwei Stücke über die deutsche Bühne gingen, die scheinbar nichts miteinander gemein hatten und doch au fond zusammengehörten.

Vor dem Reichstag in Berlin versuchte Bülow das Kapitel »*Daily-Telegraph*-Affäre« abzuschließen, indem er einerseits dem Kaiser praktisch einen Maulkorb verpaßte (»fernerhin« werde er »auch in Privatgesprächen ... Zurückhaltung ... beobachten« müssen), zugleich aber die Verantwortung für das Interview auf sich nahm. Die Sitzung dauerte noch an, als in Donaueschingen das andere Stück begann.

»Die wirklich ungewöhnlich glänzende und elegante Gesellschaft«, so ein Augenzeuge, »war nach Tisch in der schönen Halle des prachtvollen Schlosses versammelt«, da erschien Dietrich Graf von Hülsen-Haeseler, der Chef des Militärkabinetts, »als Ballett-Tänzerin kostümiert, was er auch sonst gelegentlich getan hatte, und begann zu tanzen.« Er tanzte sogar ganz »großartig ... Alles war aufs höchste amüsiert«. Als der Beifall verebbte, trat er auf eine Galerie hinaus, um Luft zu schöpfen. Plötzlich das Geräusch eines Sturzes. Der General im Tutu hatte einen Herzanfall erlitten; er war tot. Ein rasch herbeigerufener Ortsgeistlicher sah die seltsame Leiche und fiel in Ohnmacht. Man hatte Mühe, das zwittrige Geschöpf wieder in den preußischen Offizier zurückzuverwandeln, der er doch (eigentlich) war.

Auf den Bühnen des alten Hellas wurde das satirische Maskenspiel gewöhnlich nach der Tragödie gegeben, im wilhelminischen Deutschland ging es dem Trauerspiel voraus.

Der durch die »*Daily-Telegraph*-Affäre« angeschlagene Bülow kann sich im Reichstag immer weniger behaupten. Wilhelm entläßt ihn mit Kuß und Umarmung, womit er seinen letzten Hausmeier von einiger Statur los ist. Ersetzen kann ihn weder sein Nachfolger Theobald von Bethmann Hollweg noch, im Außenamt, Kiderlen-Wächter; beide müssen vor dem immer mächtiger werdenden Tirpitz kapitulieren, der das längst eingekreiste Deutschland zu einer den Briten ebenbürtigen Seemacht aufwerten will. Das Staatsschiff selbst treibt während der kommenden fünf Jahre eigentlich ohne Steuermann dahin, auf der Brücke ein Kaiser, der sich wieder als absolutistischer Herrscher gerieren kann, aber immer mehr dem Wahn erliegt, die ganze Welt habe sich (unverständlicherweise) gegen ihn verschworen, im übrigen aber hektischer denn je in seinem weiß-goldenen Hofzug durch die Lande schießt oder sich an Bord der »Hohenzollern« auf die hohe See hinaus flüchtet. So tritt schließlich ein, was Holstein kurz vor seinem Tod (im Jahr 1909) zu Bülow sagte: »Wenn Sie fortgehen, wird der Krieg unvermeidlich sein.«

Und so geschieht es ferner, daß auf dem Höhepunkt dieses Krieges noch einmal zwei Hausmeier die Bühne betreten und diesmal den Kaiser so gut wie völlig entmachten: Ludendorff und Hindenburg. Als auch sie mit ihrem Latein am Ende sind, fährt der Hohenzollern nach Holland, wo er noch dreiundzwanzig Jahre lebt.

Eine seiner letzten öffentlichen Äußerungen lautet: »Unter dem tiefgreifenden Eindruck der Waffenstreckung Frankreichs beglückwünsche ich Sie und die gesamte deutsche Wehrmacht zu dem von Gott geschenkten gewaltigen Sieg mit den Worten Kaiser Wilhelms des Großen: Welch eine Wendung durch Gottes Fügung. In allen deutschen Herzen erklingt der Choral von Leuthen, den die Sieger von Leuthen des großen Königs anstimmten: Nun danket alle Gott.« Mit »Wilhelm der Große« war Wilhelm I. gemeint. Der Adressat des Telegramms: Adolf Hitler.

Anhang

Stammtafel des Hauses Hohenzollern, fränkische (brandenburgisch-preußische) Linie

Friedrich III. (I.), Graf v. Zollern, Burggraf v. Nürnberg, † 1201

- **Konrad III. (I.)**, Burggraf v. Nürnberg, † 1261, Stammvater der fränk. (brandenb.-preuß.) Linie
  - **Friedrich III.**, * 1220, † 1297
    - **Friedrich IV.**, † 1332
      - **Johann II.**, † 1357
        - **Friedrich V.**, † 1398
          - **Johann III.**, † 1420
          - **Friedrich VI. (I.)**, Burggraf v. Nürnberg, Kurfürst v. Brandenburg, * 1372, † 1440
            - **Friedrich II.**, Kurfürst, * 1413, † 1471
            - **Albrecht Achilles**, Kurfürst, * 1414, † 1486
              - **Johann Cicero**, Kurfürst, * 1455, † 1499
                - **Joachim I.**, Kurfürst, * 1484, † 1535
                - **Albrecht**, Erzbischof v. Magdeburg u. Kurmainz, * 1490, † 1545
              - **Friedrich der Alte**, Markgraf v. Ansbach (und Kulmbach), * 1460, † 1536
                - **Kasimir**, Markgraf v. Kulmbach, * 1481, † 1527
                - **Georg der Fromme**, Markgraf v. Ansbach, * 1481, † 1543
                - **Albrecht**, Herzog in Preußen, * 1490, † 1568
              - **Siegmund**, Markgraf v. Kulmbach, * 1468, † 1495
- **Friedrich IV. (II.)**, Graf v. Zollern, † 1251, Stammvater der schwäb. Linie

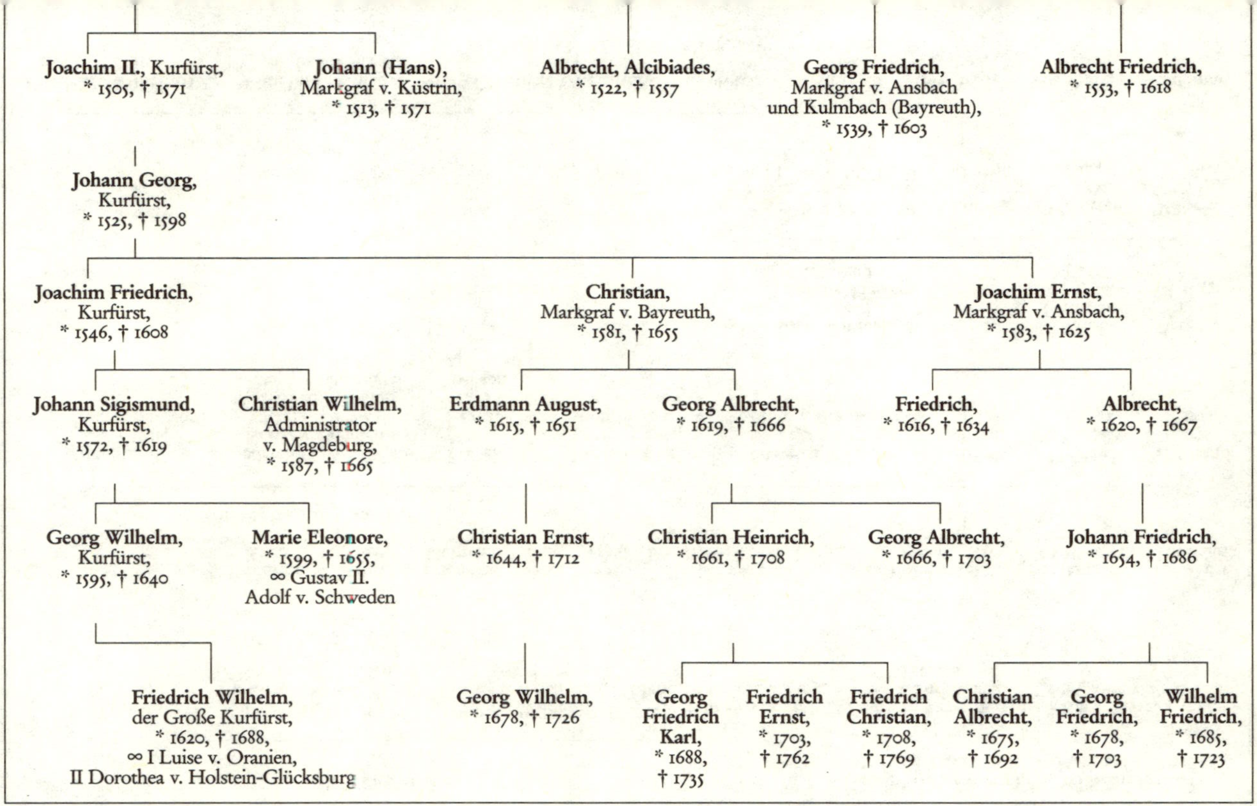
Joachim II., Kurfürst, * 1505, † 1571
Johann (Hans), Markgraf v. Küstrin, * 1513, † 1571
Albrecht, Alcibiades, * 1522, † 1557
Georg Friedrich, Markgraf v. Ansbach und Kulmbach (Bayreuth), * 1539, † 1603
Albrecht Friedrich, * 1553, † 1618
Johann Georg, Kurfürst, * 1525, † 1598
Joachim Friedrich, Kurfürst, * 1546, † 1608
Christian, Markgraf v. Bayreuth, * 1581, † 1655
Joachim Ernst, Markgraf v. Ansbach, * 1583, † 1625
Johann Sigismund, Kurfürst, * 1572, † 1619
Christian Wilhelm, Administrator v. Magdeburg, * 1587, † 1665
Erdmann August, * 1615, † 1651
Georg Albrecht, * 1619, † 1666
Friedrich, * 1616, † 1634
Albrecht, * 1620, † 1667
Georg Wilhelm, Kurfürst, * 1595, † 1640
Marie Eleonore, * 1599, † 1655, ∞ Gustav II. Adolf v. Schweden
Christian Ernst, * 1644, † 1712
Christian Heinrich, * 1661, † 1708
Georg Albrecht, * 1666, † 1703
Johann Friedrich, * 1654, † 1686
Friedrich Wilhelm, der Große Kurfürst, * 1620, † 1688, ∞ I Luise v. Oranien, II Dorothea v. Holstein-Glücksburg
Georg Wilhelm, * 1678, † 1726
Georg Friedrich Karl, * 1688, † 1735
Friedrich Ernst, * 1703, † 1762
Friedrich Christian, * 1708, † 1769
Christian Albrecht, * 1675, † 1692
Georg Friedrich, * 1678, † 1703
Wilhelm Friedrich, * 1685, † 1723

Friedrich Wilhelm, der Große Kurfürst

Georg Friedrich Karl, Markgraf v. Bayreuth

Wilhelm Friedrich, Markgraf v. Ansbach

Karl Emil, * 1655, † 1674

Friedrich III. (I.), Kurfürst v. Brandenburg, König von Preußen, * 1657, † 1713, ∞ II Sophie Charlotte v. Hannover

Philipp Wilhelm, Markgraf v. Schwedt, * 1669, † 1711

Albrecht Friedrich, Markgraf v. Sonnenburg, * 1673, † 1731

Friedrich, * 1711, † 1763, ∞ I Wilhelmine v. Preußen

Karl, * 1712, † 1757, ∞ Luise v. Preußen

Friedrich Wilhelm I., König in Preußen, * 1688, † 1740, ∞ Sophie von Hannover

Friedrich, * 1700, † 1771,
Heinrich, * 1709, † 1788

Karl, * 1705, † 1762,
Friedrich, * 1710, † 1741,
Wilhelm, * 1714, † 1744

Friederike, * 1732, † 1780, ∞ Karl Eugen v. Württemberg

Alexander, Markgraf v. Ansbach und Bayreuth, * 1736, † 1806

Wilhelmine, * 1709, † 1758, ∞ Friedrich v. Bayreuth

Friedrich II., der Große, König v. Preußen, * 1712, † 1786, ∞ Elisabeth v. Braunschweig-Wolfenbüttel

Luise, * 1714, † 1784, ∞ Karl v. Ansbach

Luise Ulrike, * 1720, † 1782, ∞ Adolf Friedrich v. Schweden

August Wilhelm, * 1722, † 1758, ∞ Luise v. Braunschweig-Wolfenbüttel

Amalie, * 1723, † 1787

Heinrich, * 1726, † 1802

Ferdinand, * 1730, † 1813

Friedrich Wilhelm II., König, * 1744, † 1797, ∞ II Luise v. Hessen-Darmstadt

Louis Ferdinand, * 1772, † 1806

August, * 1779, † 1843

Friedrich Wilhelm III., König, * 1770, † 1840, ∞ I Luise v. Mecklenburg-Strelitz

Ludwig, * 1773, † 1796

Heinrich, * 1781, † 1846

Wilhelm, * 1783, † 1851

Friedrich Wilhelm IV., König, * 1795, † 1861

Wilhelm I., König v. Preußen, Deutscher Kaiser, * 1797, † 1888, ∞ Augusta v. Sachsen-Weimar

Charlotte (Alexandra), * 1798, † 1860, ∞ Nikolaus I. v. Rußland

Karl, * 1801, † 1883

Albrecht, * 1809, † 1872

Friedrich, * 1794, † 1863

Adalbert, * 1811, † 1873

Waldemar, * 1817, † 1849

Friedrich III. **(Friedrich Wilhelm),** König und Kaiser, * 1831, † 1888, ∞ Victoria v. England

Luise, * 1838, † 1923, ∞ Friedrich I. v. Baden

Friedrich Karl, * 1828, † 1885

Albrecht, * 1837, † 1906, Regent v. Braunschweig

Alexander, * 1820, † 1896

Georg, * 1826, † 1902

Wilhelm II., König u. Kaiser, * 1859, † 1941, ∞ I Auguste Viktoria v. Schleswig-Holstein-Sonderburg-Augustenburg, II Hermine v. Reuß

Heinrich, * 1862, † 1929, ∞ Irene v. Hessen

Viktoria, * 1866, † 1929, ∞ I Adolf v. Schaumburg-Lippe II Alexander Zoubkoff

Sophie, * 1870, † 1932 ∞ Konstantin I. v. Griechenland

Friedrich Leopold, * 1865, † 1931

Friedrich Heinrich, * 1874

Joachim Albrecht, * 1876

Friedrich Wilhelm, * 1880, † 1925

Waldemar, * 1889, † 1945 ∞ Calixta zur Lippe

Sigismund, * 1896 ∞ Charl. Agnes v. Sachsen-Altenburg

Alfred, * 1924

Friedrich Sigismund, * 1891, † 1927

Friedrich Karl, * 1893, † 1917

Friedrich Leopold, * 1895

Friedrich Karl, * 1919

Wilhelm, Kronprinz, * 1882, † 1951, ∞ Cecilie v. Mecklenburg-Schwerin

Eitel Friedrich, * 1883, † 1942 ∞ Sophie Charlotte v. Oldenburg (gesch.)

Adalbert, * 1884, † 1948 ∞ Adelheid v. Sachsen-Meiningen

August Wilhelm, * 1887, † 1949 ∞ Alexandra V. zu Schleswig-H.-Sonderburg-G. (gesch.)

Oskar, * 1888, ∞ Ina Marie Gräfin v. Bassewitz

Joachim, * 1890, † 1920, ∞ Marie August v. Anhalt

Viktoria Luise, * 1892, ∞ Ernst August von Braunschweig

Wilhelm, * 1906, † 1940, **Louis Ferdinand,** * 1907, † 1994, ∞ Kira Großfürstin v. Rußland, **Hubertus,** * 1909, † 1950, **Friedrich,** * 1911, **Alexandrine Irene,** * 1915, **Cecilie Victoria,** * 1917, ∞ C. K. Harries (USA)

Viktoria Marina, * 1917, ∞ K. W. Patterson (USA) **Viktor Freund,** * 1919

Alexander Fedinand, * 1912, ∞ Irmgard Weygand

Oskar, * 1915, † 1939, **Burchard,** * 1917, **Herzeleide,** * 1918, **Wilhelm-Karl,** * 1922

Karl Franz Joseph, * 1915, ∞ II Luise Dora Hartmann

Friederike, * 1917, ∞ Paul I. von Griechenland

Personenregister

Das Ringen um die Vorherrschaft in M